奇海林 杨勇 翟媛 主编

中国地方学研究成果系列

地方学研究

第6辑

学苑出版社

图书在版编目（CIP）数据

地方学研究.第6辑 / 奇海林，杨勇，翟媛主编. – 北京：学苑出版社，2022.12
ISBN 978-7-5077-6559-5

Ⅰ.①地… Ⅱ.①奇… ②杨… ③翟… Ⅲ.①地方文化-中国-文集 Ⅳ.①G127-53

中国版本图书馆CIP数据核字（2022）第234258号

责任编辑：战葆红
出版发行：学苑出版社
社　　址：北京市丰台区南方庄2号院1号楼
邮政编码：100079
网　　址：www.book001.com
电子信箱：xueyuanpress@163.com
联系电话：010-67601101（营销部）　67603091（总编室）
经　　销：新华书店
印　刷　厂：内蒙古掌印文化科技有限公司
开本尺寸：710×1000　1/16
印　　张：34
字　　数：483千字
版　　次：2023年1月第1版
印　　次：2023年1月第1次印刷
定　　价：100.00元

编 委 会

顾　　问：奇·朝鲁　　陈育宁

主　　编：奇海林　　杨勇　　翟媛

副 主 编：王春霞　　龚萨日娜

委　　员：陶文辉　　甄自明　　乌宁夫

　　　　　甘宜汴　　奇慧

前　言

2002年9月16日，鄂尔多斯学研究会诞生，鄂尔多斯学实现了从无到有；2005年9月，由鄂尔多斯学研究会倡议，鄂尔多斯学、温州学等6家地方学研究机构联合创立了中国地方学研究联席会，鄂尔多斯学做到了由小到大；2017年10月，中国地方学研究联席会工作会议决定，从2018年始，由鄂尔多斯学研究会和北京学研究会每年组织编辑《地方学研究》两辑，1至5辑已分别由鄂尔多斯学研究会和北京学研究会编辑出版，现在第6辑即将问世，鄂尔多斯学正在走向远近闻名。

鄂尔多斯学研究会从无到有、由小到大、由弱到强，由名不见经传到海内外名声远扬，不断前进的动力源泉究竟为何？创始会长奇·朝鲁先生一语道破真谛："六个坚持"是根本原因，即坚持"立足学术、服务建设、创新机制、着眼发展"的办会宗旨，坚持"举社会之力、办大众之事"的办会理念，坚持"向心、奉献、低调、务实、节俭、高效"的会风，坚持"打造品牌地方学、构建和谐研究会"的目标，坚持"知识体系＋应用服务"的服务社会思路和坚持"因时代而立、因作为而兴、因交流而跃、因个性而美、因文化而强"的学科体系建设。

2022年，鄂尔多斯学研究会将迎来20岁华诞，为承前启后、继往开来、总结经验、赓续前进，我们商定将鄂尔多斯学研究会20年的研究成果编辑为《地方学研究第6辑》，以回望鄂尔多斯学文集的形式，献给关爱鄂尔多斯学研究会的所有同仁，既是一份厚礼，又是一片希望，更是一种鞭策；我们相信地方学研究机构和研究者借助鄂尔多斯学研究会的成功经验，相互学习交流，相互取长补短，在习近平新时代中国特色社会主义思想指导下，立足当地实践，用好"脚力、眼力、脑力、笔力"，在万卷书的基础上，用足万里路的智慧，发挥智库智力支撑作用，把新时代建设中国特色社会主义现代化的优秀文章书写在祖国四面八方的田野沃土之上。

本辑从地方学研究、地方经济发展研究、地方文化研究、地方历史研究、地方生态研究、地方人物研究和成吉思汗研究7个方面收集了全国地方学专家学者的两百余篇论文和研究报告，以发表时间先后进行排序。在此，编委会诚挚感谢所有作者提供的研究成果与付出的辛勤劳动。

文集的文稿摘录由南开大学博士生翟媛完成，后期整理由王春霞、龚萨日娜、奇慧完成，对这几位年轻人的辛勤劳动，深表谢意。

文集的出版得到荣誉会长奇·朝鲁、陈育宁两位老前辈的关心与关注，得到出版社的鼎力支持和帮助，在此一并致谢！文集中如有不妥之处，敬请各位同仁批评指正。

编委会

2021年9月16日

目 录

地方学研究

建立鄂尔多斯学的历史背景和意义…………………………………奇忠义（3）
试论鄂尔多斯学研究中对几个关系的把握…………………………阿云嘎（5）
关于鄂尔多斯学……………………………………………………陈育宁（8）
关于建立鄂尔多斯学的初步建议……………………………………陈育宁（10）
鄂尔多斯地区史研究的几个问题……………………………………陈育宁（12）
鄂尔多斯学研究的实践与思考………………………………………奇·朝鲁（15）
关于鄂尔多斯学对象、特点和方法的思考…………………………姚鸿起（18）
关于鄂尔多斯学研究会学术工作的三点建议………………………汤晓芳（20）
民族文化与鄂尔多斯学………………………………………………杨　勇（22）
以战略眼光看鄂尔多斯学研究………………………………………郝诚之（24）
浅谈姚江文化…………………………………………………………魏振纲（27）
对西口文化的探讨……………………………………………………张　贵（29）
弘扬闽南文化　促进统一大业………………………林少川　王伟明（31）
泉州市闽南文化研究现状……………………………………………张　明（33）
潮州学研究的现状及其对泉州学研究的启迪………………………南　泉（35）
文化多样性与差异性是地方学研究的着力点………………………齐凤元（36）
地方学建设之我见……………………………………………………奇·朝鲁（39）

鄂尔多斯模式与鄂尔多斯学 …………………………… 陈育宁（41）
鄂尔多斯学与地方学 …………………………………… 奇·朝鲁（42）
特色鲜明的地域文化——鄂尔多斯学 ………… 陈育宁 奇·朝鲁（46）
扬州文化概述 …………………………………… 扬州文化研究会（50）
鄂尔多斯学的产生背景和治学原则 ……………………… 潘 洁（52）
试论鄂尔多斯模式与鄂尔多斯学的关系 ………………… 王贵龙（54）
鄂尔多斯文化与地方学 …………………………………… 潘 洁（56）
浅论鄂尔多斯学及其研究会 …………………………… 奇·朝鲁（58）
关于鄂尔多斯学的若干思考 ……………………………… 潘照东（64）
对鄂尔多斯学研究会发展的思考 ………………………… 王春霞（66）
面向未来 共享发展 …………………………………… 奇·朝鲁（69）
玉门学作为地方学的研究意义初探 ……………………… 林 健（71）
地方学研究借助互联网走向社会 ………………………… 包海山（74）
关于地方学、区域文化学的再认识 ……………………… 陈 耕（76）
互联网＋学院 走出地方学研究的新路子 ……………… 包海山（79）
鄂尔多斯学：知识体系＋应用服务 ……………………… 陈育宁（81）
要正确认识地方学研究 …………………………………… 夏 日（84）
必须高度重视地方学研究 …………………………… 雷·额尔德尼（86）
关于鄂尔多斯学及其研究会的发展 …………………… 奇·朝鲁（88）
探究 收获 瞻念——回溯鄂尔多斯学及其研究会的15年
………………………………………………………… 奇·朝鲁（90）
以习近平新时代中国特色社会主义思想指导地方学创新发展
………………………………………………………… 曲 展（91）
鄂尔多斯学研究"三个走进"的思路与实践 …………… 王春霞（93）
对地方学的一点认识 ……………………………………… 陈育宁（95）
内蒙古学概念研究刍议 …………………………………… 裴聚斌（97）

鄂尔多斯学的构建与研究特征 …………………………… 杨 勇（99）
论地方学与地方发展 …………………………………… 奇海林（101）
鄂尔多斯学的由来 ……………………………………… 奇海林（104）
鄂尔多斯学的研究对象 ………………………………… 奇海林（119）

地方经济发展研究

鄂尔多斯经济现象研究与思考 ………………………… 夏　日（137）
鄂尔多斯的后发优势及其转化途径分析 ……………… 汪哲乐（140）
对我国沙产业和少数民族聚居区经济发展的几点思考 ……… 郝诚之（144）
眺望未来五年
　　——对全市经济社会和谐跨越发展的认识 ………… 鲍文彬（147）
论阿尔寨石窟的保护开发对鄂尔多斯旅游业的推动作用 …… 苏雅拉（148）
对鄂尔多斯市投资与经济形势的回顾与展望 ………… 刘海军（150）
探索西部开发的新路子
　　——"绿色乌审"发展模式分析 …………………… 潘照东（151）
从根本上解决"三农"问题的"一把钥匙"
　　——鄂尔多斯市农牧业经济收缩转移、集中发展实践启示录
　　……………………………………………………… 白晓明（153）
统筹协调　集中发展
　　——鄂尔多斯发展模式 …………………………… 夏　日（155）
浅析鄂尔多斯发展模式 ………………………………… 潘　洁（157）
三十年铸就辉煌
　　——改革开放以来鄂尔多斯经济走势分析 ……… 鲍文彬（159）
在群众性的伟大实践中探寻真理之路
　　——对内蒙古鄂尔多斯包产到户和畜草双承包的回顾 … 千奋勇（160）
鄂尔多斯科学发展与自主发展的有机结合 …………… 朱晓俊（162）

以人为本　科学发展……………………………………………阎秉忠（164）
坚持科学发展观　加快内涵发展步伐　全面提高我市教育教学质量和办
　学效益……………………………………………………阿拉腾乌拉（165）
改革开放以来鄂尔多斯市经济增长与居民收入关系管窥
　……………………………………………………王彦东　李相合（167）
历史的跨越
　——我看鄂尔多斯改革开放三十年……………………黄凤岐（168）
提高财政支农能力　推进城乡统筹发展……………高子奎　张玉兰（169）
以"城乡统筹、集约发展"战略推进鄂尔多斯现代农牧业发展
　………………………………………………………………赵守成（171）
关于组建物业管理集团　加强鄂尔多斯市物业管理的探索……孙　荣（173）
充分挖掘康巴什旅游资源优势　建设中国西部休闲旅游文化名城
　——关于康巴什新区旅游发展的建议……………………乔　明（175）
建设现代草原畜牧业新模式构想………………………………夏　日（177）
新常态下加强鄂尔多斯市财源建设问题研究…………………韩建强（181）
鄂尔多斯供给侧结构性改革的哲学思考………………………姚鸿起（183）
"一带一路"背景下鄂尔多斯的地缘经济战略…………………鲍志成（185）
鄂尔多斯实力评估与机遇承接的要素分析……………………唐　雷（186）
试论鄂尔多斯的三次创业及其启示……………………………姚鸿起（189）
康巴什让草原上升起不落的太阳………………………………杨　勇（192）
内蒙古改革开放40年的经验启示 ……………………………蔡常青（194）
鄂尔多斯40年发展的哲学思考 ………………………………姚鸿起（196）
关于打造鄂尔多斯"温暖全世界"升级版的思考………………杨鹏飞（197）
鄂尔多斯改革开放和现代化建设回顾与展望…………………白瑞芳（199）
扶贫四十年的精彩篇章……………………………苑春雪　王春霞（201）
鄂尔多斯市资源型经济高质量发展问题研究…………………韩建强（203）

四十年实现美好生活的夙愿 …………………………… 赵　谟　苏丽娅（205）
鄂尔多斯经济腾飞的经验与启示 ………………………………… 韩云鹏（207）
鄂尔多斯经济腾飞历程 ……………………………………………… 奇海林（210）
以高质量发展　推动鄂尔多斯全面小康社会建设 ………………… 李月琴（212）
展望2035年的鄂尔多斯 ……………………… 韩云鹏　钱格祥　奇海林（214）
高水平开放，推动鄂尔多斯高质量发展 ………………………… 皇甫欢欢（216）
特色旅游——鄂尔多斯未来经济可持续发展的新引擎 ……………… 肖　毅（219）
利用鄂尔多斯文化资源　发展地区特色旅游经济 …………………… 安　源（221）

地方文化研究

鄂尔多斯文化民族性的历史考察 …………………………………… 安　源（225）
试论鄂尔多斯大文化 …………………………………… 奇·朝鲁　包海山（228）
朱开沟文化对中华文化发展的影响与贡献 ………………………… 武家政（229）
鄂尔多斯文化管窥 …………………………………………………… 奇·朝鲁（231）
加快推进文化大市建设　实现鄂尔多斯跨越式发展 ……………… 赵新民（233）
试论鄂尔多斯生态文化 ……………………………………………… 姚鸿起（235）
弘扬游牧生态文化是民族文化大区建设的重要内涵 …………… 杨·道尔吉（236）
草原文化研究要重视思想的研究 ………………………………… 那仁敖其尔（238）
鄂尔多斯档案是鄂尔多斯文化中的珍奇瑰宝 ……………………… 乔布英（239）
鄂尔多斯文化研究述评 ……………………………………………… 旺楚格（241）
对鄂尔多斯文化学术研讨会课题研究的初步思考 ………………… 武家政（244）
关于秦直道的文化旅游价值与开发思路的探索 …………………… 杨　勇（246）
繁荣普及社会科学　推动社会全面进步 …………………………… 李洪波（248）
大力普及哲学社会科学　切实为我市经济社会发展服务 ………… 苏丽娅（250）
解读朱开沟文化 ……………………………………………………… 杨泽蒙（252）
鄂尔多斯传统文化的价值思考 ……………………………………… 旺楚格（254）

鄂尔多斯的草原文化……………………………………乔　明（257）
建设鄂尔多斯原生态文化保护区的思考…………………旺楚格（259）
充分开发利用蒙古族历史文化资源　推动鄂托克旗文化旅游业的繁荣
　　发展………………………………………………仁钦道尔吉（260）
关于鄂尔多斯市文化产业发展的几点想法………………王静有（262）
鄂尔多斯青铜器之再认识…………………………………杨泽蒙（264）
草原动物纹饰牌的审美特征浅析
　　——以鄂尔多斯动物纹饰牌为依据分析其审美特征………鲍红凌（266）
以科学发展观实践成吉思汗文化的旅游产业……………杨　勇（268）
鄂尔多斯首次民族文物普查回顾…………………………杨　勇（270）
加强蒙陕宁区域旅游合作　共创帝王陵旅游知名品牌
　　——关于建设中国西部最具魅力的帝王陵精品旅游线路的战略构想
　　…………………………………………………………乔　明（272）
论西口文化的核心精神……………………………………潘照东（275）
鄂尔多斯原生态曲调劝奶歌……………………………乌兰其其格（278）
文化创意产业发展与新一轮经济增长……………………姚洪起（280）
试论地域文化三位一体的研究模式………………………刘开美（282）
开发文化资源　保护文化生态……………………………陈育宁（285）
推进鄂尔多斯文化产业发展　打造区域发展新引擎…安　源　武　洲（288）
鄂尔多斯蒙古族传统文化…………………………………旺楚格（290）
遵循发展规律　搞好文化建设……………………………阎秉忠（292）
现代文明大潮中的蒙古族文化之现状及未来……………阿云嘎（293）
关于阿尔巴斯山岩画……………………………陈育宁　汤晓芳（295）
苏泊罕四百年的历史记忆…………………………………杨　勇（297）
传统文化与核心价值相结合………………………………杨鹏飞（299）
鄂尔多斯蒙古族文化特征及其现实意义…………………杨　勇（301）

漫谈鄂尔多斯精神…………………………………………… 潘　洁（303）
把鄂尔多斯建成特色鲜明的旅游目的地………………… 乔　明（307）
在文化大变迁时代抢救保护民族民间文化是地域文化研究的首要任务
　　…………………………………………………………… 杨　勇（308）
鄂尔多斯蒙古族宫廷文化及其特征………………………… 杨　勇（310）
鄂托克旗非物质文化遗产保护的现状与对策………… 白格日乐图（313）
游牧文化＝蒙古族传统文化?……………………………… 阿云嘎（316）
康巴什城市文化定位之思考……………………………… 旺楚格（318）
不断开创新时代鄂尔多斯社会科学普及事业新局面…… 李洪波（320）
改革开放四十年　鄂尔多斯市精神文明建设成果辉煌…… 苏雅拉图（321）
推动文旅融合高质量发展　让诗与远方更美…………… 杨鹏飞（323）
传承游牧草原文化　促进文化产业发展
　　——鄂尔多斯民族文化产业现状及其特征 ………… 杨　勇（325）
鄂尔多斯市民族文化产业发展成效和经验……………… 丁国春（327）
鄂尔多斯蒙古族民歌简论…………………………………… 柳　谦（329）
鄂尔多斯蒙古族及其文化特征……………………………… 杨　勇（331）
蒙古历史文化博物馆现状及发展思路……………………… 杨　勇（333）
阿尔寨石窟的开凿与藏传佛教艺术传入的年代探析…… 汤晓芳（335）
浅谈蒙古包的变迁………………………… 白斯古郎　白秀金（338）
蒙古族饮食理念的提升及烤全牛的礼仪设计……………… 杨　勇（340）
鄂尔多斯民间口头文学…………………………………… 葛云鹏（342）
浅谈漫瀚调民歌的继承与发展…………………………… 苏怀亮（344）
鄂尔多斯传统祭祀的基本特征…………………………… 旺楚格（346）
黄土天籁：永远的漫瀚调………………………………… 武　洲（348）
碰撞与交融
　　——大型音画舞剧《蒙古·传说》艺评 ………… 赵　媛（350）

吉祥哈达情深意长
　　——"蓝色民族"高尚的礼物 ···················· 王雅丽（352）
民族凝聚力是中华民族复兴的强大动力················ 陈育宁（354）
鄂尔多斯首家活态博物馆探析······················ 旺楚格（358）
民族复兴的历史追溯···························· 陈育宁（360）
鄂尔多斯民族文化的传承与创新发展·················· 旺楚格（368）
鄂尔多斯匈奴金凤冠···························· 奥东慧（370）
浅谈草原丝绸之路···························· 白格日乐图（373）
试论苏泊罕游牧文化活态博物馆对于民族文化传承与保护的意义
　　···································· 窦志斌（375）
雪域藏地的文化旅游体验·························· 杨　勇（377）
鄂尔多斯蒙汉语方言相互融合面面观·················· 粟治国（379）
藏传佛教在蒙古地区的传播
　　——以鄂尔多斯桑根苏如为例···················· 思　娜（381）
点赞内蒙古　思考70年·························· 奇海林（384）
中华民族从站起来、富起来到强起来·················· 李洪波（386）
民族文化繁荣发展的70年························ 旺楚格（388）

地方历史研究

研究历史　指引后人···························· 夏　日（393）
论秦汉时期鄂尔多斯地区的经济开发·················· 陈育宁（394）
萨拉乌苏探秘································ 杨泽蒙（396）
浅论红庆河古城、秦直道与昭君出塞·········· 甄自明　岳够明（398）
元代货币探究································ 虹宝音（400）
从镇守榆林的明朝总兵说起························ 陈育宁（403）
成吉思汗守陵人达尔扈特溯源······················ 旺楚格（405）

鄂尔多斯的战国时代
　　——鄂尔多斯地区西夏宋辽金时期史略与遗迹 ………… 甄自明（408）
鄂尔多斯长城修筑的自然、地理和历史原因 ………………… 甄自明（410）
乌兰木伦旧石器时代遗址近年来的考古新发现、新成果 …… 甄自明（413）
鄂尔多斯青铜器与草原丝绸之路 ……………………………… 甄自明（415）
要重视对草原丝绸之路的研究 ………………………………… 陈育宁（417）
鄂尔多斯辽代遗存探析 ………………………………………… 李军平（419）

地方生态研究

从钱学森的理论创新到内蒙古的科学决策 ………… 郝诚之　丁秀娟（423）
鄂尔多斯土地沙化和历代退耕还林还草的回顾与反思 ……… 陈懋才（425）
论鄂尔多斯生态现象 …………………………………………… 夏　日（427）
生态改善与认识升华　生态改善与观念转变
　　——对鄂尔多斯生态建设历程的回顾与认识 …………… 陈育宁（429）
鄂尔多斯市水环境污染及其防治 ………………… 王子光　窦德林（431）
再谈农牧业经济与生态建设 …………………………………… 何石曾（432）
浅谈查处环境保护违纪问题的对策 …………………………… 张　石（434）
以科学发展观为指导　大力推进鄂尔多斯的生态文明建设　萨仁高娃（435）
让沙海流淌绿色　建生态宜居之城
　　——由鄂尔多斯荣获"国家森林城市"称号谈起 …… 巴音道尔基（437）
从荒漠到绿色家园 ……………………………………………… 齐凤元（440）
金山银山与绿水青山共赢的鄂尔多斯40年 ………………… 奇海林（442）
做习近平生态文明思想的坚决践行者 ………………………… 杨鹏飞（444）

地方人物研究

洒向边疆都是爱
　　——忆著名科学家钱学森关怀内蒙古沙产业草产业发展二三事
　　………………………………………………………………………… 郝诚之（449）

云北峰与郡王旗和平解放
　　——为纪念云北峰同志逝世20周年而作 ………………… 聂生有（450）

阳早、寒春在城川的日日夜夜 ………………………………… 尉光明（452）

钱学森与内蒙古沙产业 ………………………………… 郝诚之　刘艾君（454）

王悦丰：忠诚的革命战士 ……………………………………… 甄达真（456）

殷玉珍：征服沙漠的女人 ………… 苏伟光　周晶宇　王雅丽　边俊祯（458）

侯钰蛇：领航内蒙古文化旅游产业集团军的缔造者 …………… 杨　勇（461）

执着普及蒙古族历史文化的追求者 ……………………………… 田　天（463）

萨冈彻辰与《蒙古源流》研究概述
　　………………………………… 阿拉腾松布尔　纳·巴图吉日嘎拉（465）

追忆鄂尔多斯最后的老红军战士齐学斌 ………………………… 国　税（467）

女英雄打造的大漠绿色奇迹 …………………………………… 于　妍（469）

成吉思汗研究

成吉思汗军事思想浅说 ………………………………………… 徐　钧（475）

成吉思汗伟大的人格和与众不同的用人政策 ………………… 朱耀廷（478）

论成吉思汗的军事哲学思想 ……………………………… 道尔基　奇倩（480）

奇颜文化与成吉思汗 ……………………………………… 那仁敖其尔（483）

中外学者评论成吉思汗的世界影响 …………………………… 巴拉吉尼玛（486）

成吉思汗经济思想初探 ………………………………………… 姚鸿起（488）

对办好成吉思汗文化论坛的初步思考 ………………………… 奇·朝鲁（490）

关于成吉思汗文化的再思考 …………………………… 陈育宁　杨满忠（492）

成吉思汗病殂时间地点及葬地 …………………………… 张相文（495）
成吉思汗祭祀刍议 ………………………………………… 旺楚格（497）
阿拉格苏勒德初探 ………………………………………… 旺楚格（500）
传承成吉思汗文化　弘扬达尔扈特精神 ………… 苏丽娅　赵　谟（503）
浅析成吉思汗陵建筑中透射出的蒙汉文化元素 …………… 张明星（505）
成吉思汗陵文化旅游开发价值探析 ………………………… 潘照东（507）
元朝的"守宫"与今日成吉思汗陵的渊源关系
　——兼论成吉思汗陵的性质 …………………………… 奇·斯钦（510）
成吉思汗与鄂尔多斯800年的历史渊源 …………………… 杨　勇（512）
评介《成吉思汗箴言选辑》 ………………………………… 色　音（515）
构建成陵大旅游格局的理念与建议 ………………………… 杨　勇（517）
谈成吉思汗箴言 …………………………………………… 旺楚格（519）
回望成陵四十年　迈向时代新征程 ……………… 特古斯　旺楚格（522）
谈成吉思汗灵榇西迁之重大意义
　——写在纪念成吉思汗灵榇西迁80周年之际 ………… 旺楚格（524）

地方学研究

地方学研究

建立鄂尔多斯学的历史背景和意义

奇忠义

鄂尔多斯学研究会已经市委市政府批准、市民政局注册登记，可喜可贺。鄂尔多斯学概念的提出和含义阐释，又一次为鄂尔多斯地区的政治、经济及文化建设提出了具有积极意义的目标。作为鄂尔多斯的一位老人、一位见证过许多事情的人，我由衷地为鄂尔多斯学的提出而感到高兴。第一，鄂尔多斯学的提出是江泽民同志"三个代表"重要思想在鄂尔多斯地区的具体表现。第二，鄂尔多斯学概念的形成是鄂尔多斯地区经济社会发展的结果。第三，鄂尔多斯学的研究是新时期鄂尔多斯文化发展的必然。鄂尔多斯人越来越成为一个值得骄傲的称呼。各民族、各行业、各阶层中都有鄂尔多斯人。鄂尔多斯学的研究同样要以地域性、多学科、综合性为特征，深入地进行工作，创造性地多出精品。鄂尔多斯学的研究任重而道远。不管在哪一个时期，承担这样艰巨的文化使命，必须要有一个组织者。他首先要热爱鄂尔多斯，并且要用马克思主义历史唯物主义武装自己，要勇于承担责任，要真诚地团结方方面面的专家学者。朝鲁同志正是这样一位勇敢而忠诚的共产党员。我相信，他会以一位共产党员的胸襟和毅力，与有志于这项事业的同事们齐心协力，把这项工作做好。区内外许多朋友都说：奇忠义在新时期最辉煌的业绩，就是组织了鄂尔多斯地区的历史文化研究。这是一个过誉的评价，我不敢当。我现在已经是76岁高龄的人了。中国共产党给我的恩德我一日不敢或忘。朝鲁等几位同志倡导的鄂尔多斯学研究这项事业，我衷心拥护，坚决支持，并且不遗余力地把我的余热献给这项事业。

奇忠义,鄂尔多斯市伊金霍洛旗人,中国人民政治协商会议内蒙古自治区第六届、第七届委员会副主席。

选自《鄂尔多斯学研究》2002年第1期

试论鄂尔多斯学研究中对几个关系的把握

阿云嘎

"关系",是世间一切事物的一个普遍属性,任何事物都有它的外部关系即这个事物与其他事物之间的关系,同时又有它的内部关系即其内部各要素之间的关系。要办好任何事情,首先必须了解这些关系,并且在具体操作中时常把握和处理好这些关系。因为怎样处理这些关系不仅关系到我们的工作进度和质量,而且还必定关系到我们的工作方向和目标。所以,处理好这个"外部"和"内部"关系是一个十分重要的问题。鄂尔多斯学研究必然包括社会科学和自然科学两个方面的内容。本文就其社会科学部分应该处理好的几个关系谈点个人的看法。

一是处理好共性与个性的关系,突出个性。

鄂尔多斯地区与我们整个国家、与华北地区、与内蒙古自治区其他地方都具有很多的共性,其历史沿革、现行体制和政策、社会发展进程、所面临的困难和问题等,均与全国、华北地区和内蒙古自治区其他地方存在着诸多的同一性。但同时,这些共性或者同一性在鄂尔多斯这个地方表现出来的时候又带出了它鲜明的地域特色,表现出了它的个性。所以我们要开展鄂尔多斯学研究,就必须注意两个方面的问题:一方面,从共性的角度去观照它,从全国、华北地区和全内蒙古自治区的角度去为它的诸多的问题给以定位;另一方面,研究具体问题时又必须突出它的个性。

二是处理好文化研究与其他研究的关系,以文化研究为前导。

鄂尔多斯学研究的内容十分庞杂,仅是它社会科学部分的内容也会有至少 20 个分支,而从这些分支中再细分下去,其规模和范围将十分可观。这样必然要产生一个问题：我们究竟能不能寻找出一个角度、切入点或者方向，把所有这些研究组织成一个有机的整体，而避免弄成"论文汇编"。那么，鄂尔多斯学研究最后应该落脚到什么地方？其广度和深度的关系应该怎么把握？我们应该要求什么样的成果？

我的设想是：第一，我们的研究应该对鄂尔多斯历史和现实中的诸多现象给予一种比较深刻的说明，也就是说应该回答这些现象为什么出现在鄂尔多斯，它们出现在鄂尔多斯的原因究竟是什么；第二，我们的研究不仅应该有广度，而且更应该有深度，而要达到一定的深度就必须避开现象的罗列或泛泛而论，要找出一些基本规律性的东西；第三，最后的成果应该是不仅要回答鄂尔多斯人做了一些什么，而且更重要的是要回答鄂尔多斯人怎么做的问题，也就是说必须寻找出鄂尔多斯人区别于其他地方人的独特的思维和创意，寻找出鄂尔多斯人与其他地方人的不同点。概括起来说，鄂尔多斯的事情都是由鄂尔多斯人办的，鄂尔多斯学研究的最后落脚点应该是研究鄂尔多斯人独特的行为模式和思维模式。如果真的是这样，那么鄂尔多斯学研究必须以鄂尔多斯文化研究为出发点和前导。因为只有从文化这个角度去着眼，我们才能够找到五光十色的社会现象的"根"和依据，才能够找到鄂尔多斯学研究的深化方向。

三是处理好挖掘、整理与研究的关系，把研究作为重点。

任何学科研究都必须以挖掘、整理为基础，同时把研究当作重点。在鄂尔多斯学研究中处理好这两者的关系的时候，还应该注意：首先应该抓好历史文化遗产的挖掘、整理。其次，必须把研究作为重点。过去有一种现象是把收集整理与研究混为一谈，往往将收集整理成果当作学术研究成果来对待。这是十分不应该的。要弄清楚，鄂尔多斯学研究的重点及其意义在于"研究"而不在于"收集整理"。我们应该把收集整理作为基础，在这个基础上加深研究。另外，要深化鄂尔多斯学研究，还必须学习和掌握当今世界很多新的概念和研究方法。

四是处理好重点和一般的关系，以重点问题的研究带动一般问题的研究。

要深化鄂尔多斯学研究，首先必须确定若干个研究重点题目，大家集中力量去突破它。而这些重点题目应该具备以下两个特点：首先必须是关系到研究全局的问题，这些问题一旦被突破，其他好多问题都能够迎刃而解；其次最好是热点问题，比如有些问题一直没有定论，虽经长时间的争论但至今没有结果，要是这种问题一旦被突破，就能够大大促进鄂尔多斯学研究的深化。

阿云嘎，鄂尔多斯市鄂托克旗人，内蒙古文联第五届、第六届主席。

选自《鄂尔多斯学研究》2002 年第 1 期

关于鄂尔多斯学

陈育宁

鄂尔多斯学研究会的成立，标志着鄂尔多斯学这门具有独特意义的学问及其命名开始得到越来越多人的认同，这门学问也随之进入一个科学发展的新阶段。建立起一门学问不是一件容易的事情，也不是短时间就可以完成的。它不仅需要认真的科学论证，还需要逐步完善和规范。目前我们还难以十分明确地给鄂尔多斯学一个明确的定义，不过，鄂尔多斯学形成发展至今，其内涵的基本框架已越来越清楚。鄂尔多斯学的应运而生是势在必行。

鄂尔多斯学的提出，是鄂尔多斯近一二十年来经济社会发展的必然结果。任何一个地区的开放和发展，都不是一个孤立的经济现象，而是经济、政治、文化包括人们社会心理素质的综合反映。经济现象的后面，必然还有一个文化现象，经济的持续发展，更离不开文化（包括思想观念）的支撑。所以，研究鄂尔多斯的文化现象，必然被提到日程上来。鄂尔多斯地区有着深厚的历史积淀和丰富的文化资源，其特殊性和典型意义表明了这种积淀和资源具有不可比拟与替代的优势。

鄂尔多斯独特的历史演进过程，构筑了许多有着强烈理性色彩的研究课题，这些课题之间的内在联系又造就成一门系统的学问——鄂尔多斯学，即以鄂尔多斯地区为对象，进行历史学、民族学、经济学、民俗学、生态学、宗教学以及文学艺术的综合、系统研究的学问。目前可以提出的主要研究内容有：历史沿革、自然地理与生态演变、民族关系及其特征、生产方式的演进及经济发展战略的选择与实施、政治制度与军事、考古与文献、文学艺术、语言、宗教与祭祀、民俗、人物、国内外研究动态与情报，等等，这些内容，既包括历史的，也包括现实的。当然，这只是一个初步的认识，还需要不断深化。

鄂尔多斯学的提出和建立，如同是一次创业，需要做许多扎实的基础工作。第一是要继续进行资料建设，抓紧收集在鄂尔多斯地区及其他地区（包括国外）的各种相关文字资料、实物资料、口碑资料、音像资料等，有些已属抢救之类；第二是要通过各种方式，培养出一批各方面的专家，要有一支专兼职的队伍；第三是既要有整体规划，也要有专项规划。提出课题，列出项目，抓住重点，组织力量，有所突破，有所建树。在研究工作中，要有品牌意识；第四是要加大宣传力度，使鄂尔多斯学建立在更多人认可和参与的基础上，培育其进一步发展的沃土。鄂尔多斯的各族人民更应该珍惜自己的这一宝贵资源，使之发扬光大，发挥出更大的社会效益。

陈育宁，宁夏回族自治区政协原副主席，宁夏大学原党委书记、校长、教授、博士生导师，鄂尔多斯学研究会专家委员会首任主任，鄂尔多斯学研究会荣誉会长。

选自《鄂尔多斯学研究会会员通讯》2003年2月15日第3版

地方学研究

关于建立鄂尔多斯学的初步建议

陈育宁

建立鄂尔多斯学的背景与意义：第一，鄂尔多斯地区历史文化悠久，积淀丰厚，是中国统一多民族国家最早开发地区和组成部分，具有十分鲜明的特色；第二，作为历史上北方多民族共同活动的舞台，鄂尔多斯地区是民族汇聚、交往最集中的地区，是研究中国历史上民族关系的典型；第三，蒙古鄂尔多斯部的进驻与开发，除了具有祭祀成吉思汗这一强有力的文化传统外，也在这个地区内集中体现了蒙古族民族经济与文化的基本内容、形成和特征；第四，该地区具有作为一个地理单元的特殊性以及生态环境的历史演变和生态重建曲折历程的典型性；第五，该地区有着由封闭走向开放，由单一自然经济走向多元市场经济，由荒凉走向生态重建，由贫困走向初步富裕，以及传统文化与现代生活有机结合、建立新型民族关系等的发展轨迹，是新的历史条件下中国西部民族地区发展的一个缩影；第六，对外开放以来所取得的举世瞩目的成就以及鄂尔多斯在国内外所产生的深远影响。对上述具有地方特色、历史与现实价值的丰富内容，从知识上系统归纳，从认识上加以升华，从规律上深入探讨，从理论上概括提高，使之成为鄂尔多斯最具价值的精神财富和民族地区借鉴的经验，提高鄂尔多斯的知名度，并传之后世，乃是当代人义不容辞的责任；加之目前各方面条件已趋成熟，建立专门的研究学是势在必行。

鄂尔多斯学的内涵：以鄂尔多斯地区为对象，进行历史学、民族学、经济学、民俗学、生态学、宗教学以及文学艺术的综合、系统研究的学问。

工作建议：第一，建立鄂尔多斯学研究会，为群众性学术团体，在全国发展会员并应有若干专职人员。待筹备条件成熟时，召开隆重的成立大会，可聘请国内外专家学者担任研究会名誉职务、兼职研究人员等。在此基础上，经过积极准备和创造条件，成立鄂尔多斯学研究中心。第二，创造条件，建立资料中心。目前有关鄂尔多斯的各类文献资料、实物资料、口碑资料及各种研究成果虽然十分丰富，但较分散，使用不便。如能先设立资料中心，收集集中各类资料，用现代技术整理编目检索，科学管理，对历史文献中的孤本、善本、珍本加以保护，对有些文献组织翻译、注释和出版，对一些知情古稀老人尽快进行采访，等等，以便提供使用、服务和交流。这项任务带有抢救性，宜给予必要投入，抓紧进行。第三，创办《鄂尔多斯学》刊物。刊登最新研究论文，介绍学者，介绍文献资料，报道研究和出版动态等。初期可不定期出或一年出一期（如《蒙古史研究》），但要高质量、高水平，注重研究价值。同时，刊物又是研究会的窗口和品牌，用以对外交流。编委主要由专家组成。蒙汉文可同期刊出。第四，资助出版《鄂尔多斯学研究丛书》。对于会员的研究成果（主要是专著），优先列入选题计划，有选择地给予资助出版，统一纳入《鄂尔多斯学研究丛书》，作为研究会支持的系列成果。专著封面用统一式样，在明显位置注明《鄂尔多斯学研究丛书》，设置统一的编委会。第五，举办鄂尔多斯学研究学术研讨会。争取每两年举行一次，成立大会可与第一次研讨会同时举行。每次研讨会有一个主要专题，依据专题邀请有关专家（包括国外专家），安排相应的实地考察。第六，宣传鄂尔多斯。以研究会的名义，取得企业支持，以拍摄专题片、举行展览会等多种方式向国内外介绍鄂尔多斯的历史文化、风土人情、古迹风光、企业产品、社会名流、建设成就以及研究成果等。第七，编纂《鄂尔多斯大辞典》。这是一项大工程，可考虑在时机成熟时进行。类似百科全书，为科学、规范、完整的市情工具书，不同于成果汇编，也不同于志书、年鉴，而是以词条解释的形式，将关于鄂尔多斯的古今各类知识融于其中。

选自《鄂尔多斯学研究》2002年第1期

地方学研究

鄂尔多斯地区史研究的几个问题

陈育宁

鄂尔多斯地区有着悠久的历史文化，同时又具有若干鲜明的历史特点。对这一地区历史的研究，无论是存史以总结经验，还是资政以为现实需要，都是一项富有意义的工作。这一地区许多历史特点所反映出来的某些规律，又说明它是一只可供解剖的麻雀。即使是从历史学学科的角度来讲，对这一块并不大的地区史的研究，还涉及中国通史、北方民族史、蒙古史以及地方史的许多问题，有一定综合研究的价值。因此，鄂尔多斯地区史的研究引起了人们的关注，近年来有了许多开拓性的进展。

研究鄂尔多斯地区史的原因：首先，用历史唯物主义和辩证唯物主义的观点，研究论述这一地区的历史，即使是从编写新的地方史志的一般意义上讲，"盛世修志"，以达到"资政、教育、存史"的目的，它也应该作为我们责无旁贷的任务。除此之外，鄂尔多斯地区历史发展的一些特点也很值得我们注意和研究。其次，中国历史上的一些重要事件和著名人物，也曾在鄂尔多斯地区留下了踪迹。如果实地考察，可以寻觅到不少各个时期的历史古迹、文物遗存。这样一个地处边疆的小小地区，不仅历史悠久，而且具有如此丰富的历史内涵和历史的连贯性，在内蒙古以至于整个北方并不多见。再次，鄂尔多斯正处于中原与西北和北方少数民族的联结处，它直接受到中原地区以汉族为主的先进经济文化的强烈影响。这里既是中原通向西北和北方的交通枢纽，也是少数民族和中原地区进行商业贸易的要道和重要市场。这样的自然条件和地理位置决定了鄂尔多斯地区一直是众多民族活动的地方。鄂尔多斯地区的历史，就是一部多民族的历史，是一部多民族互相交往的历史。从这个意义上说，它是我国古代北方民族历史的一个缩影。对这一地区历史的研究，自然也就具有典型意义。最后，我们并不是为研究而研究。了解过去是为了认识现在，研究历史是为了创造历史。我们面临当今鄂尔多斯地区的实际就会发现，现实的问题常常包含历史的问题，历史的问题常常仍是现实的问题。历史的规律和它所提供的经验，是我们今天各项决策的主要依据。这是今天我们研究鄂尔多斯地区史的主要原因，也是目的所在。

加强鄂尔多斯地区的民族团结，离不开对民族关系史的研究：鄂尔多斯地区自古以来是一个多民族活动的地区，如何看待这一地区历史上的民族关系，不仅是重要的历史问题，也是具有重要现实意义的问题。在民族关系表现的各个方面，经济关系是最本质的关系，是决定其他一切社会关系的基础。各民族之间，特别是游牧民族与农业民族之间，随着各自经济生活的不断发展，必然逐步形成互相需要的依赖关系和带有地区分工性质的供求关系。民族关系的存在和发展，首先是他们之间经济利益的存在和发展。少数民族与汉族之间通过不断地通贡、互市甚至掠夺，连成了一个互相补充的经济整体，中原地区的农业经济成为边疆少数民族社会经济和生产体系的一部分，边疆地区的畜牧业经济也成为中原地区社会经济和生产体系的一部分，彼此都不能缺少。在某种意义上说，民族之间在政治上的战与和，一般都是为了达到经济上的联系和依赖。这种经济上的联系和依赖，经历了两千多年的各种考验而持续存在，成为民族关系的纽带和民族关系十分牢固的基础，在这个基础上，逐步形成了多民族国家的统一体。鄂尔多斯地区正处于这种密切联系的交叉点上，所以这种民族关系的特点也就表现得十分明显。对于今天鄂尔多斯地区的各族人民来说，了解这一地区民族关系的历史是十分必要的，温故而知新，了解了这个历史传统，就会更加珍惜这个历史传统，发扬这个历史传统，自觉地依据历史发展的规律，发展和促进各民族间的经济联系和相互支援，维护和加强民族团结。任何不利于民族团结、破坏民族团结的行为都是不符合历史潮流的，都是不得人心的。这也是民族关系史研究为我们提供的最主要的历史经验。

　　制定鄂尔多斯地区的经济发展方针，离不开对沙漠化历史演变的研究。鄂尔多斯地区的沙质地表物质和干旱的气候环境，是沙漠化发生的基本内因。而人为的因素则是导致这一地区沙漠化的主要外因，而且在一定条件下起主导作用。人为的因素主要是农垦活动。农业的开发虽然是古代人们认识和利用自然的成果，曾经起过积极的作用，但人们对于自然规律的认识和掌握，又是一个曲折复杂的过程，特别是在古代生产力和科学技术水平都十分低下的情况下，人类很难正确地认识自然规律、协调与自然的关系。最初的开垦活动，在古代生态平衡状况较好的情况下，其破坏性似乎并不突出；越到后来，开垦所导致的沙漠化面积越大，生态环境日益脆弱，人为因素的破坏作用就越发突出，进而在短时间里就会造成明显的后果。特别应指出的是，自清末到民国时期，在鄂尔多斯地区集中进行了大面积的滥垦，把历来对草原的开垦推向了高峰，变成了对自然的疯狂掠夺。历史上曾经是美丽富饶的鄂尔多斯，完全改变了形象，一部分草场成了贫瘠、干旱、荒凉的沙漠化地区。人类无限度地向自然索取和盲目掠夺，得到的却是自然对人类的报复和惩罚。日前，鄂尔多斯地区实行了林业为主的经济建设方针，对沙漠的治理和利用出现了新的转机，这是党的十一届三中全会以后出现的新形势。而这一方针在实施前，曾经经历了多么漫长的反复和曲折，曾经付出了多么巨大的代价，自然其中也包含着对历史经验的科学总结，并进而把它作为决策的主要依据。从这里，我们也可以看出对鄂尔多斯地区史的研究，对制定这个地区的经济建设方针有着何等重要的意义。

　　　　　　　　　　　　　　选自《鄂尔多斯学研究》2002年第1期

鄂尔多斯学研究的实践与思考

奇·朝鲁

在鄂尔多斯，鄂尔多斯学这个新名词诞生之初，对好多人来说还是个搞不太明白的生词。但这个名词不是哪个人胡思乱想出来的，也不是谁生编硬造的。它是鄂尔多斯近一二十年来经济社会发展的必然结果，是鄂尔多斯地域精神文化与时俱进的必然产物。

我们知道，建立起一门新的学科不是一件容易的事情，也不是短时间就可以完成的。按照"实践—认识—再实践—再认识"的基本规律去实践，使我们的认识在实践中逐步深化。

回顾两年来的实践，我们对鄂尔多斯学及其研究根植于鄂尔多斯这块热土，萌发于这个时代的必然性有了更进一步的理解。概括起来有以下几点：

一是在几万年的历史演变中，鄂尔多斯积淀了丰厚的文化底蕴，形成了别具特色、极其富饶宝贵、极具开发利用价值的人文资源。它是中华民族文明史的重要组成部分，其特殊性和典型性又具有不可比拟和替代的优势。二是中华人民共和国成立后天翻地覆的变化，特别是改革开放以来二十多年中鄂尔多斯出现的特有的经济文化现象，成为国内外专家学者广泛关注的热点，众多的新情况、新问题成为鄂尔多斯学及其研究的新内涵、新课题。三是伊克昭盟改为鄂尔多斯市开启了鄂尔多斯这片神奇而富饶的土地上经济发达、文化繁荣、政治民主、人民幸福的新纪元。四是在当今世界经济全球化趋势使世界各国对于文化多样性着力维护的大势下，我们国家对地域性很强的民族民间传统文化遗产保护工作也给予了高度重视，进一步弘扬中华民族精神和先进文化，充分体现中华民族团结统一大家庭的优势。鄂尔多斯学研究会将始终坚持和把握好物质文明和精神文明建设的关系，为实现鄂尔多斯经济昌盛、政治民主、文化繁荣、人民幸福的美好憧憬，去努力实践、努力探索。

鄂尔多斯学研究会，是在自治区第一家乃至全国成立比较早的研究地方学的学术团体。两年来所做的工作以及所取得的成果，都实实在在展现于社会大众面前。据我会青年学者杨·道尔吉考察，目前被学术界公认的地方学（国外学者称之为地区学或区域学）有徽学和藏学，此外还有潮州学、温州学、泉州学和我们的鄂尔多斯学。正式成立研究机构运行的有温州学研究中心，从2003年9月成立以来，研究工作进展顺利，成果颇丰，在全国产生较大影响。和温州学研究中心比，鄂尔多斯学研究会的组织形式、运作方式与其并不完全相同，但各有千秋；不过，从总体效果上看，我们和人家的差距还是比较大的。鄂尔多斯人群体的智慧细胞并不少，智商发育也并不低，差就差在观念更新迟滞，实际行动迟缓上；光靠研究会本身的权威性和社会影响力、号召力是难以吸引集合、组织调动研究人才的，因此我们不会很快形成优势资源的整合；研究会运行机制、操作方式介于依靠政府和市场运作二者之间，办成一件事情也是很费心劳神的。在考察学习了温州学研究中心的经验后，可以肯定我们搞鄂尔多斯学研究在全自治区又创造了一个第一，只有鄂尔多斯学可以涵盖、包容鄂尔多斯极为厚重的文化内涵，体现鄂尔多斯区域品牌的真正价值，能将鄂尔多斯区域有价值的信息高度浓缩化；更为现实的是，它可以将"鄂尔多斯经济现象"与"鄂尔多斯文化现象"之间的互动发展关系、历史与现实之间的嬗变关系作为深入研究的中心任务。

创业难，难在对事业取得共识。由于各种社会因素的影响，对一个群众性民间学术团体搞鄂尔多斯学这么大的名堂，起初人们难免有这样那样的社会偏见，在舆论和行动上造成一些障碍。经过实践的历练，人们对这件事有了共识，事情就会好办。一个人能获得别人的信任，做一件事能得到公众的认可，是非常荣幸的，但这并非易事。先人对人生的哲理启迪我们以平常的心态、公道的心理、踏实的心情、宽阔的心胸去对待做人、做事、做官，去对待顺境和逆境，去对待成功和失误，去对待人生旅途中的转折。这是在领导岗位上和退下来后创办鄂尔多斯学研究会时，我所始终坚守的一种理念。

鄂尔多斯学及其研究事业从鄂尔多斯学研究会成立至今又近两年，说取得了多么大的成绩恐怕还为时过早，但总算"悲壮的启航"了，可以问心无愧地说我们是努力了，做了一个群众性民间社团能够做、应该做的一些探索性基础工作，并为鄂尔多斯的发展和进步做出微薄贡献。令我们感到自豪和欣慰的是，鄂尔多斯学和鄂尔多斯学研究会全体同仁的努力实践，被越来越多的人所关注、所接受、所理解，鄂尔多斯学研究会还被自治区社科联吸纳为直属团体会员。我们所举办的各项活动陆续展现在世人面前时，反响之热烈、赞誉之宽泛、帮助之有力都令我们感动。这也从另一个角度证明，鄂尔多斯学及其研究事业，社会需要它，政府需要它，民众需要它。这种需要就是我们的志愿，满足这种需要也就是我们的心愿。

人生苦短，回首往事，有过蹉跌，有过彷徨，可能有许多错讹，留下许多遗憾，但只要是用心去追求自己既定理想的目标，执着地走下去，就该无怨无悔地走到应去的地方了。有人可以把简单的事情复杂化，也有人可以把复杂的事情简单化，这样化来化去就构成五彩缤纷的世界画面，也就会给自己的人生旅途画上圆圆的句号。

奇·朝鲁，鄂尔多斯市达拉特旗人，原伊克昭盟副盟长、巡视员，鄂尔多斯学研究会首任会长，鄂尔多斯学研究会荣誉会长。

选自《鄂尔多斯学研究》2004年第3期

关于鄂尔多斯学对象、特点和方法的思考

姚鸿起

任何一门学科都有自己特定的研究对象和需要探索的领域，否则，就不成其为一门学科。那么，鄂尔多斯学应以什么为研究对象？它主要应研究哪些内容？笔者认为，鄂尔多斯学是研究"鄂尔多斯现象"产生、发展及其规律的科学。什么是"鄂尔多斯现象"？"鄂尔多斯现象"就是鄂尔多斯人通过各种活动（主要是生产活动、政治活动、科学试验活动）对鄂尔多斯自然环境、地理环境、社会环境（人文环境）等认识与改造的结果。

"鄂尔多斯现象"的产生、发展，经过史前、原始、青铜器、铁器时代到近现代，虽然发生了很大变化，但各种现象之间还是体现着一定的内在联系，遵循着一定的客观规律。这些内在联系或客观规律主要是：第一，人与自然和谐相处、和谐发展的规律。人只知从自然这个人的母体上贪婪地吸吮乳汁，而不给其以爱和营养补充，自然这个人的母体就会一天天憔悴、枯萎，鄂尔多斯就"沙碛不毛"，就"风沙满眼堪断魂"，就贫穷、落后。这就是人与自然和谐相处、和谐发展的规律。第二，只有民族团结，才能社会稳定的规律。众所周知，马背上的少数民族都是逐水草而居的。在中国历史上，古代北方的主要游牧民族，几乎都先后在鄂尔多斯这块沃土上留下了足迹。由于经济的原因所决定，各民族之间虽然经历过由统一到分裂、再由分裂到统一的长期曲折发展过程，但各民族之间总是"打打和和，和和打打，分不开，离不得"，其主流和总的趋势是相互联系、相互依赖的，是交好和团结的。由此，我们的结论便是：只有民族团结，才能社会稳定，这不仅是一个国家发展的客观规律，也是一个地区发展的客观规律。第三，经济、政治、文化协调发展的

规律。在中国历史上，虽然汉族有过封建割据，少数民族也建立过自己的政权，但大一统的政治制度和国家形态则是各民族的政治核心。元朝结束分裂状态，统一了南北，基本上奠定了中国版图的基础；清朝的统一最终实现了全国各民族的统一。虽然各民族都有自己独特的文化，但少数民族对汉族先进文化的认同与学习，汉族对少数民族优秀文化的采纳与吸取，都使各民族的文化得到了新鲜血液，从而使各民族之间形成了一种强大的内聚力，正是这种内聚力保证了各民族的共同发展与繁荣。由此可见，经济决定政治和文化，政治和文化又反作用于经济，经济、政治、文化协调发展是社会进步的一条重要规律。

任何一门学科都有自己的特点，否则，它就不能同其他学科相区别。鄂尔多斯学作为研究"鄂尔多斯现象"产生、发展及其规律的科学，其特点是同鄂尔多斯地区的特点相联系的。鄂尔多斯学的特点有综合性；系统性；连续性；应用性。

研究任何一门学科都要运用科学的方法，否则，其研究结果就不科学，就没有价值。鄂尔多斯学研究要运用的科学方法包括：调查与分析相结合的方法；历史与现实相结合的方法；形式逻辑分析和辩证逻辑分析相结合的方法；分期研究与分类研究相结合的方法。

姚鸿起，赤峰市喀拉沁左旗人，鄂尔多斯市委党校原教育长、教授，鄂尔多斯学研究会专家委员会副主任。

选自《鄂尔多斯学研究》2004 年第 4 期

关于鄂尔多斯学研究会学术工作的三点建议

汤晓芳

鄂尔多斯学研究会学术工作三点建议：一是尽快建立和完善《鄂尔多斯学研究成果目录索引》。鄂尔多斯学之所以能提出，是因为长期以来对鄂尔多斯的各方面研究已有了比较好的基础，有学术成果做支撑，搭建了一些好的展示这门学问的平台。因此说现在的研究队伍、学术界，以至全社会充分了解以往的研究成果，在原基础上推进研究取得新的成果是必要的。所以，建立和完善鄂尔多斯学研究的信息系统、检索系统就显得尤为必要。这是一项学术研究的基础工程。过去已搞过一些，现需要补充完善和分类整理，保证检索渠道的畅通。目前我们已知研究会已开始着手进行这项工作，建议扩大收集范围，将区内外、国内外的研究成果尽可能多地收集，近期可以印制出版目录索引，以后可以建立鄂尔多斯学研究网站。二是建议建立鄂尔多斯学研究基金。采取课题招标方法，扶植一批鄂尔多斯学标志性（重点）课题的研究。目前在鄂尔多斯地区已形成的企业与文化互动的好形势下，研究会与企业间也建立了良好的互相支持的关系。本着以服务求支持、以发展求贡献的思路，可以将企业的一部分支持、社会及个人捐助政府的支持建立鄂尔多斯学研究基金。三是建议筹备2006年召开鄂尔多斯学国际学术研讨会。2006年是成吉思汗统一蒙古各部、建立蒙古汗国800周年的时间，也是蒙古族作为一个民族共同体走向国际舞台的800周年。抓住这个时机召开国际性鄂尔多斯学学术研讨会十分必要。鄂尔多斯学的有关研讨早已引起国际学术界的注意，比较近的有1992年在比利时由欧洲文化中心召开的田清波（Mostaert, Antoine, 1881—1971）与鄂尔多斯的研讨会，陈育宁等人参加了。如果从现在开始着手准备，距开会大体还有两年，学术成果的准备时间是比较充分的。鄂尔多斯学研究会也可以考虑组织内蒙古大学、社科院等有关单位充分准备，这对提升鄂尔多斯学的地位，扩大国内外影响是有必要的。

汤晓芳，上海人，宁夏人民出版社编审，鄂尔多斯学研究会专家委员会副主任。

选自《鄂尔多斯学研究》2004年第4期

民族文化与鄂尔多斯学

杨 勇

鄂尔多斯民族文化的内涵：鄂尔多斯民族文化，是指在鄂尔多斯地区的少数民族创造的物质文化和精神文化，包括社会政治、经济、思想等各个领域的内容。如果从广义上讲，包括鄂尔多斯各个历史时期的少数民族文化。从狭义上讲，一般只包括近现代蒙古族文化。但是，作为鄂尔多斯来讲，早期历史形态下的民族文化，直接影响着蒙古族文化的产生和发展，直接影响这一地区社会经济和文化的发展进程，所以，对鄂尔多斯民族文化的研究，有必要强调从广义和狭义两方面进行，但其侧重面主要是对现阶段蒙古族文化的研究，要侧重于民族文化与新时期社会发展变化相互关系和作用的研究。

鄂尔多斯民族文化的历史发展与变化：鄂尔多斯的历史，其实就是一部民族文化发展史。鄂尔多斯地区从春秋战国直至近现代，中国北方游牧民族中的主要民族都曾在这里生存、繁衍或经营经略，创造出北方特色的鄂尔多斯民族文化。一是匈奴文化开创了鄂尔多斯民族文化的先河。二是赫连勃勃建立了鄂尔多斯唯一的都城。三是以鲜卑为代表的诸多民族入驻鄂尔多斯。四是突厥文化使鄂尔多斯民族文化进入一个新的阶段。五是宋代以来，鄂尔多斯地区受到辽、金、西夏、北宋等几方面的文化影响，而且几种文化都具有较强大的实力。六是蒙古族入居及文化影响。蒙古族入居从大的方面讲，分为两个阶段：第一次是成吉思汗的蒙古军队六次征战西夏，特别是1227年完成的攻灭西夏的战争后大量的蒙古族留居于鄂尔多斯，形成了新的游牧群体；第二次是明代中叶成吉思汗八白室进入鄂尔多斯地区，组成了守护成吉思汗宫帐为主体的鄂尔多斯部。至此，形成了鄂尔多斯蒙古族的主要构成框架。

鄂尔多斯蒙古族文化特点：首先，鄂尔多斯蒙古族文化具有北方游牧文化的特征。作为这一地区的文化代表，始终反映的是中国北方游牧文化的形态，具有草原民族文化的各种风格。其次，鄂尔多斯蒙古族文化具有蒙古族古代宫廷文化的特征。成吉思汗统一蒙古高原建立蒙古汗国，进行了无数的战争，从文化角度上讲，吸收了东西方文化的诸多成分。再次，鄂尔多斯蒙古族文化中具有蒙古族帝王祭祀的特征。诸如成吉思汗祭祀、成吉思汗苏勒德祭祀、蒙古尼伦部哈塔斤人的十三阿塔天神祭祀以及与成吉思汗相关的十多种祭祀，均为鄂尔多斯所特有，这些祭祀恰好代表着古代蒙古帝王祭祀的特征。

鄂尔多斯民族文化与鄂尔多斯学研究的关系：首先，文化是一个地区社会进步、经济发展、文明程度的重要标尺，从文化的角度了解和分析一个地区的历史规律和现实作用，不仅是鄂尔多斯民族文化的责任和义务，同时也是鄂尔多斯学研究的一个重要领域，二者有密不可分的关系。其次，鄂尔多斯学通过纵向和横向、系统和综合的研究，其主题是要为鄂尔多斯经济社会、文化建设服务，在这一点上，鄂尔多斯民族文化研究同样具有极大的可能性和义不容辞的责任。再次，提高鄂尔多斯知名度、打造鄂尔多斯民族文化的国际品牌，应当成为鄂尔多斯学研究和鄂尔多斯民族文化研究领域共同奋斗的一个目标。

杨勇，鄂尔多斯市准格尔旗人，鄂尔多斯市青铜器博物馆原书记，研究员，鄂尔多斯学研究会常务副会长兼秘书长。

选自《鄂尔多斯学研究》2004年第4期

以战略眼光看鄂尔多斯学研究

郝诚之

战略目标：应比温州学、扬州学更浑厚、更多彩，以综合活力与它们形成互补。由于鄂尔多斯地区是由特殊的地质构造、特殊的文化积淀、特殊的生态探索、特殊的变革追求、特殊的经济性格、特殊的团队精神和特殊的开放意识组成的，因而在此基础上形成的鄂尔多斯学，应比温州学、扬州学更浑厚、更多彩，以综合活力与它们形成互补。鄂尔多斯学既应是中国有关学科、史志、成果的独具特色的组成部分，又应是以鄂尔多斯为品牌标志的诸多学科的集大成。它既具有地域性、原创性、历史性、英雄性，又具有覆盖性、兼容性、时代性、创新性。世界可以从这里看中国，中国可以从这里看西部，西部可以从这里看民族地区、看草原文化、看马背英雄的生存和发展、看昨天和今天。也正因如此，鄂尔多斯学的研究是改革的产物，是时代的要求，是宣传中国的重要内容，研究者都有一份历史和现实的责任在肩，很可敬。

战略重点："五跨"研究，战略整合，服务决策，打造亮点。我国著名战略评论家黄方毅先生说："作为当代社会的产物，发展研究是如此之新，从而要求一种紧紧追踪时代脚步的'创新眼光'；发展研究又是如此之博，它兼容众多的领域和学科，从而又要求一种敢于渗透、善于剖析的横断眼光'。这两个要求，缺乏敏锐感觉、囿于传统知识结构的人往往都不能具备。"鄂尔多斯学必须确立有时代感的战略重点。一是交叉纵横，"五跨"研究。把单一研究变为跨学科、跨民族、跨地域、跨文化，甚至跨国的综合研究。二是居高临下，战略整合。要站在内蒙古看鄂尔多斯，也要站在中国看鄂尔多斯，从喜马拉雅山顶上看问题更好。看鄂尔多斯的历史贡献，看它的爱国情结，看它的变革勇气，看它的厚积薄发，看它的多元互补，研究鄂尔多斯如何从"资源富集带"转变为"经济隆起带"，为"黄河金腰带"上的鄂尔多斯早日成为西部大开发的示范区做理论准备。三是转化成果，服务决策。要总结规律，找到与时俱进与持续发展的增长点和制高点、竞争力和震慑力。四是盯住前沿，打造亮点。具体来说，第一，要把鄂尔多斯的发展放在区域经济和西部重点经济区的盘子里来研究，打造出个性、打造出特殊重要性来。第二，大旅游的发展要靠大交通、大历史、大文化。要大兴调查研究之风，鄂尔多斯学研究会应在大研究、研究"大"上发挥特殊的中坚作用。第三，鄂尔多斯学的另一个特点是多样、多元、多彩。

战略原则：必须有利于祖国统一、民族团结和地区繁荣。一方面，科学性和权威性结合，提高中华民族凝聚力。鄂尔多斯学的研究应当坚持"四个有"，即言之有理、言之有据、言之有位（品位）、言之有威。因为是科学的、高起点的、实事求是的、博采众长的，所以会具有很强的说服力和较高的权威性。另一方面，综合性和创新性结合，增强中华民族自信心。呼和浩特的昭君墓即青冢之谜已经破解，呼和浩特市博物馆副馆长孙利中的《青冢考》考证出呼和浩特市南郊的昭君墓是真正的汉代王昭君墓，将著名历史学家翦伯赞的结论推向实质性结果，昭君去世不是默默无闻，而是匈奴举国重视，有敦煌学的相关记载为证。大量的新考证托起了新结论，比如鄂尔多斯市伊金霍洛旗成吉思汗陵寝展示的成吉思汗帝王传世画像，经国内一流专家鉴定是元代画家当时绘制。

总之，鄂尔多斯学横空出世，不同凡响。市委重视，名家看好，独树一帜，引国人注目。它可以是空间意义上的，也可以具有更实质的意义。在实质意义上的鄂尔多斯历史与现实相结合的研究开始之后，不同资源之间相互联系、战略整合和由之形成一种新形态的文明，也就有了更现实的可能。我祝愿 21 世纪诞生的鄂尔多斯学，以其探索、创造、研究、贡献，给鄂尔多斯带来新的气象、新的智慧、新的突破、新的辉煌。

郝诚之,国务院发展研究所研究员,内蒙古沙草产业协会副会长兼秘书长。

选自《鄂尔多斯学研究》2004 年第 4 期

浅谈姚江文化

魏振纲

大家知道，姚江之滨河姆渡遗址的发现，生动形象地展示了早在7000年前，我们的先民在农耕、建筑、制陶与雕刻技艺等方面的卓越成就，丰富了中华文化的宝库。毫无疑问，这是一项重大的贡献。在这之后的漫漫几千年中，这里的人们又在不同的年代、不同的领域做出了具有历史意义的成就与贡献。以下择要而论：一是探求哲理，解放思想。魏晋时期，余姚涌现了虞翻、虞喜等一批研究《周易》的著名学者。宋明时期，余姚又有赵善誉、胡宗伋、陆恒等经学名家。至明中叶，这里出了一位思想界巨人王阳明。王阳明之后百余年，余姚又出了一位思想家黄宗羲。二是经世致用，振兴经济。姚江学者，不仅著书立说，同时学以致用，关注国计民生，致力经济发展。三是重教弘文，培育人才。作为文献名邦的余姚，更是重教育人之地。王阳明、朱舜水、黄宗羲三位名贤，正是有名的教育家。四是观天测地，崇尚科技。千百年来，姚江文人学者中有一批名闻海内的科技人才。东晋时期的虞喜，不仅精通经学，同时潜心天文。到了清代，黄宗羲七世孙黄炳垕，毕生从事科学研究。此外，元末明初的医学家滑寿（字伯仁）、清代的土木建筑学家叶樊（字季卫），分别在小儿麻疹诊断和桥梁建筑设计方面，取得了很大成果。五是广征博览，编志存史。姚江人文荟萃，编著史书、方志自然成了一项重要使命。距今近千年之际，曾任南宋秘书省著作佐郎兼权吏部左侍郎的高似孙，博雅好古，广集史料，撰写了《史略》《战略策考》《蜀汉书》等多部史书。明初，姚江学者宋僖应召至京参与《元史》的编纂工作。随后，余姚人士刘季篪以及宋绪、宋孟徽、赵肤迪、朱德茂、张廷玉等6人参加了《永乐大典》的编修。到清初，朝廷征诏黄宗羲编纂《明史》，他指派儿子黄百家和学生万斯同前往京城。六是雅韵美文，艺苑增辉。我国的文学作品，走过了漫长的创作道路。在不同的历史时期，有着不同的主流表现形式，大体上是按着"汉赋—唐诗—宋词—元曲—明清小说"这个程式向前发展。姚江文人的创作也循此而演进。我在这里虽然不可能一一提到余姚的历代人文史实，但已略述了这片土地上"代有才人出"的盛况。国内权威出版社商务印书馆选编的《中国人名大辞典》，收录余姚籍人士192人、外籍迁居入余姚的37人，合计有229人之多。

魏振纲，浙江省余姚市历史文化名城名贤研究会。

选自《地方学研究信息》2006年第2期

对西口文化的探讨

张 贵

西口文化的根基是华夏文化,是受华夏文化滋润而成长的一种文化。西口文化不论在哪个范畴和层次都丰富和发展了中华传统文化。

西口政治文化确立了官商合一的政治机构,它虽然不是资产阶级的民权社会,但有别于内地的行政管理模式。

西口商业文化的主流是晋商文化。创立于雍正初年归化城(今呼和浩特)的大盛魁,其创始人王相卿是山西太谷武家堡人。大盛魁曾为西口最大的旅蒙商号,雇员最多时有7000余人,极盛时期,贸易额达年白银1000万两。包头"复"字号,曾名列山西十大财东之冠,复盛公创始人乔贵发是山西祁县乔家堡人,仅乔家大院就占地8724.8平方米。杭锦旗杭二(杭侯和)是神木"走西口"到鄂尔多斯,他家占地是杭锦旗的一半,杭二估量自己的家产可用元宝挨着摆从神木到杭锦旗木花梢(200公里来回两趟)。是西口商业文化创造了晋商文化的辉煌。晋商在西口创造了"西口式"的经营模式,即投资人和经营者分离、经营者与亲属分离和行业联营等。西口晋商还形成突出的人生价值观——自制、吃苦和勤俭。

西口人文历史的丰厚铸就了西口文学艺术珍品的问世。如明末清初思想家顾炎武《自大同至西口四首》为代表的一大批西口诗词独具风格;蒙古族文史学家萨冈彻辰著有《蒙古源流》,罗卜藏丹津著有《蒙古黄金史》,都格尔扎布著有《蒙文汇通》《土默特志略》等;民国初年,塞外三大文豪荣祥、白映星、陈志仁的著作都突出民族融合的情意;民歌《走西口》传唱100余年,魅力无穷;西口地域流行的二人台剧种渗透着蒙古族的豪放和"走西口"

人的辛酸与胆量，有着西口文学艺术朴实豪放的边塞风格。

西口宗教文化的多元化。明代阿勒坦汗皈依藏传佛教，从此蒙古族广泛传播藏传佛教（喇嘛教），仅呼和浩特就有"七大召，八小召，七十二个勉勉召"。因为藏传佛教和汉传佛教同源共生，所以"走西口"人信仰的汉传佛教很快融入蒙古族的聚居地。同时，由于"走西口"人进入新的地域，最需要的是神的保护，所以西口地域同时建起各种神庙，如关帝庙、火神庙、龙王庙、马王庙，等等。百姓不问佛、道、儒哪个教派，有事就拜，有神就拜。各种宗教思想互相影响、妥协又相对独立。阴山脚下的美岱召从明末至清代多次修缮，是藏族、蒙古族、汉族文化交融一体的典型例子。

西口文化是西口地域各民族共同创造的文化，是西北地区文化宝库中的瑰宝，具有鲜明的民族特色和乡土气息，也是祖国文化宝库中的一颗璀璨明珠。虽然社会经济发展和全球一体化的大趋势，导致多民族无形文化的急剧消亡和流变，但人们在这一背景下也开始关注本土文化，关注人类自己生存的根基，关注人类文化不同的精神存在。由于西口地域社会经济形态和自然环境差异性大，文化发展不平衡，而且地区文化远离世界、远离现代文化背景，文化主观意识淡漠，因此研究西口文化任重而道远。西口文化研究尚在起步阶段，笔者抛砖引玉，愿西口文化研究更加科学规范，以促进社会主义精神文明建设，适应社会主义市场经济发展的需求，把内蒙古建设成民族文化大区。

张贵，内蒙古包头市西口文化研究会。

选自《地方学研究信息》2006年第1—2期

弘扬闽南文化　促进统一大业

林少川　王伟明

闽南文化是中华文化的重要组成部分，它上联中原、吴越，下结台湾，博大精深、源远流长。台湾汉族同胞大部分是闽南人，操闽南方言，宗教信仰、生活习俗等都与闽南相同。因此，闽南文化对台湾人民同样有着巨大深刻的感召力、凝聚力。在促进祖国和平统一的伟大事业中，闽南文化具有独特的不可替代的作用，具有独特的功能性价值：一是增强台湾同胞对中华文化认同感的基石。闽南文化能够成为两岸亲密交流与合作的纽带和桥梁，将这块基石打牢了，就能更好地构筑起以中华文化统一中国的精神巨厦。二是接近台湾人民、争取人心的黏合剂。由于台湾本土保留着浓厚的闽南文化，绝大多数台湾老百姓对祖籍地和祖先、神明都怀有虔敬与向往之情，爱屋及乌，他们对海峡西岸的闽南地区、闽南人也自然怀有好感，利用闽南文化可以使两岸人民在心理感情上走得更近，相处得更融洽。三是破解台湾当局"去中国化"和文化"台独"图谋的利器。从实践上看，"台独"势力鼓吹的"去中国化"碰上了一个死结，即台湾无法创造出完全脱离中华文化母体的纯粹的"本土化"的"台湾文化"，在相当程度上反而是向闽南文化复归。四是瞭望中华文化复兴的窗口。台湾的文化直接源于闽南文化，具有鲜明的海洋文化特质。闽台两地在创造辉煌的经济成就的同时，也创造了宝贵的精神文化财富——"特区经验""泉州经验""晋江模式"，它们都为21世纪中华文化实现伟大的复兴注入了生动活泼的内容，提供了丰富可信的实证案例，可以视为瞭望中华文化复兴的窗口。

在推进祖国和平统一的进程中，政治、经济、文化、军事、外交等领域应当多管齐下，相互配合。为了破解文化"台独"，争取台湾民心，促进祖国和平统一大业，我们特别需要制定对台文化战略，其中，闽南文化可以起到排头兵与黏合剂作用。

　　林少川，福建省政协委员，泉州市委宣传部泉州学研究所所长；王伟明，泉州市政协委员、副秘书长。

选自《地方学研究信息》2006 年第 2 期

地方学研究

泉州市闽南文化研究现状

张 明

泉州是国务院首批公布的 24 座历史文化名城之一，古称刺桐城，文化积淀深厚，素有"海上丝绸之路起点""世界宗教博物馆""海滨邹鲁"等美誉，是闽南文化的重镇。早在唐宋元时期，泉州因东方第一大港——刺桐港而名扬海内外，呈现"涨海声中万国商""市井十洲人"的繁盛景象，泉州文化大放异彩，伊斯兰教、印度教、古基督教、摩尼教、犹太教、佛教等世界多种宗教在泉州广泛传播，留下大量遗迹遗物，使泉州成为多元文化和谐共处、互促共荣的载体，形成了以海交文化、宗教文化、民俗文化等交汇共荣的多元文化，这种多元性、包容性特质正是闽南文化的主要特征。至今泉州仍保留着大量的静态文化和动态文化，目前，全市拥有国家级重点文物保护单位 14 处。泉州是台湾同胞的主要祖籍地，与台湾一衣带水，地缘相近、血缘相亲、法缘相循、商缘相连、文缘相承，是加强与台湾同胞联系与交往的重要窗口和基地。

泉州文化是闽南文化的重要组成部分，在闽南文化中占据独特的历史地位，因此，泉州市在闽南文化研究中一直发挥着重要的作用。长期以来，经泉州的专家学者、文史工作者的不懈努力，闽南文化的许多领域得到较深入和广泛的探讨，取得较为丰硕的成果。比如，在泉州港与海上丝绸之路、南音南戏、宗教文化、民间信仰、华侨华人、历史人物研究等方面，就举办了多次国际性学术研讨会，发表了大量的学术论文，挖掘整理了大量文史资料，编辑出版了大量书籍，像《泉州历史文化丛书》《泉州传统戏曲丛书》《泉州港与海上丝绸之路》《泉州学研究》《学术泉州》《泉州文史研究》《泉州宗教石刻》《泉州史迹研究》《南戏论集》《妈祖文化研究》《郑成功研究》《施琅研究》《俞大猷研究》《李贽研究》《幸园笔耕录》《泉山采璞》《泉州家族文化》《泉州南少林研究》等，还有有关部门出版的报刊如《泉州文史》《泉南文化》《海交史研究》《泉州学林》《泉州文史资料》《华侨大学学报》《泉州师范学院学报》等发表的各个阶段的学术论文，它们都从各个侧面拓展了闽南文化研究。

张明，泉州学研究所副所长。

选自《地方学研究信息》2006 年第 2 期

潮州学研究的现状及其对泉州学研究的启迪

南 泉

潮州学研究至今已走过了十几个年头。研究潮州学的发轫、发展、成果及其成功经验，对于泉州学研究的开展有着积极的借鉴意义。

1991年8月潮汕历史文化研究中心的成立，标志着潮州学研究的发轫。潮州学研究的发展成果及其经验包括：第一是编辑出版《潮汕文库》。十几年来，《潮汕文库》三个系列（第一系列是基础课题；第二系列是重点项目；第三系列是通俗读物）共出版了论著、丛编、小丛书100多部（本），计数千万字。第二是建设潮州学资料库。十几年来，潮州学资料库已收藏各种资料数万册（件），其中具有较大特色的是：方志、族谱等地方历史文献；潮剧、潮乐、潮州歌本；海外潮人资料（含"侨批"等）；海内外潮人在各个领域的著作。第三是积累筹集资金，为潮州学研究提供物质保证。开展潮州学研究是一项系统工程，没有一定的资金保证，将是寸步难行。

潮州学研究对泉州学研究的启迪：在学术研究方面，要树立和动用新观念、新手段、新方法，确立重点课题，高起点、严要求，力争研究成果出精品、出佳品；建立健全泉州学研究中心资料库；开设中国泉州学网站；加强协作，拓展泉州学研究的新领域；筹建泉州学研究传播专项资金。

选自《地方学研究信息》2006年第3期

文化多样性与差异性是地方学研究的着力点

齐凤元

差异即特色，特色即个性风貌，二者双向互动，相辅相成，构成地域文化的特质。中华文化是多元文化的统一，是中华民族智慧的结晶。过去在我们的概念里，认为中国的历史文化是一源的、单线的，是出自一个中心的，即"中原正宗""黄河一元"。近年来，经过考古发现和文献研究，转而强调中国历史文化的多元性、多线性。以文化地理学划分，中国历史文化可以概括为三大板块：黄河流域文化、长江流域文化和北方草原文化。三种文化的相互碰撞、交流、吸收、融合，共同造就了光辉灿烂、博大精深的中华文化。因地域的差异和文化形态之别，三大文化中又包孕着群星璀璨的地域文化。诸如黄河文化的齐鲁文化、中州文化、燕赵文化、三晋文化、三秦文化、陇右文化等；长江文化的吴越文化、两淮文化、荆楚文化、巴蜀文化、滇黔文化、岭南文化、闽台文化等；草原文化所涵盖的地域可以总括为中国北方广大地区。草原文化如果以历史人类学划分，东有红山文化，中有大窑文化，西有河套文化。（以长江流域下游的吴文化为例。吴文化即吴地、吴人的传承文化）

吴地，一般说来即是以太湖流域为核心，西到南京，北至扬州、淮阴一线以南地区，东合上海，南括浙西地区。学界认为这个地区具有江南水乡的典型性，吴文化是一种"稻渔并重、船桥相望、景观独特的水乡文化"。以黄河流域上游的陇右文化为例。陇右地区位于青藏高原、内蒙古高原和黄土高原的结合部，在水分、热量和植被等地理因素上属于典型的过渡型自然带，这为陇右地区发展农业、经营畜牧或半农半牧的经济提供了可能。其鲜明的地域特征之一是开放性与兼容性，特征之二是尚武精神和功利色彩浓厚。特征之三是质朴性。

彰显特色，挖掘内涵，是地方学研究地域文化的永恒课题。文化是一个民族的灵魂与血脉，不同国家、不同地区与不同民族独特的文化和传统是赖以生存、延续的条件。特色是地域文化的生命，它就像空气，看不见、摸不着，但离开它，就会窒息而死。以鄂尔多斯地域文化为例，近几年来，为挖掘与弘扬鄂尔多斯文化内涵及其特色，鄂尔多斯学研究会曾多次举办学术研讨会，取得了厚重的学术成果。成果之一是明确了鄂尔多斯文化的起源、构成、归属及特征。鄂尔多斯文化是黄河文化和草原文化的组成部分。鄂尔多斯文化是多民族人民共同培植的一种多元融合、风格独特的文化。成果之二是挖掘鄂尔多斯文化中最鲜明的人文特色。即降福引善的吉祥文化，滋润了鄂尔多斯游牧民族勤劳淳朴、热情好客的品德；源远流长的宗教文化，陶冶了蒙古民族虔诚质朴、与人为善的心理素质；享誉中外的鄂尔多斯诗文歌舞，展示了鄂尔多斯人的聪明才智和艺术特长；相互渗透的民族融合文化，塑造了鄂尔多斯人海纳百川的气质和开阔明朗的包容吸纳精神。从学术研究角度讲，挖掘、彰显和弘扬地域文化特色就是为学术研究提供丰富的人文资源。这种资源是由民众创造并拥有的，在民众中传衍着的文化形态。这是一个动态的过程，其中有自然的淘汰，也有人为因素。

在地域文化研究中，地方学担负着学术创新的历史使命。在全球对于文化多样性的着力维护与普遍关注，特别是对于地域性很强的传统文化的保护、传承和弘扬日益重视的大背景下，地方学应运而生，大有扑面而来之势。各地所建立的与地域文化相适应的地方学这门学问，其研究对象无疑是这个地区。正如鄂尔多斯学研究会专家委员会主任委员陈育宁教授指出的，地方学是"研究那些具有自身特色、自成体系，有自身发展规律的社会文化现象、经济现象，把这些研究的问题加以理性概括，成为一门有专门知识和理论方法的学问，构成为'学'"。

齐凤元，鄂尔多斯日报社原社长、总编辑。

选自《鄂尔多斯学研究》2007年第4期

地方学建设之我见

奇·朝鲁

关于鄂尔多斯与鄂尔多斯学：鄂尔多斯这个名词确实是与成吉思汗联系十分紧密的蒙古文名词，文字最早记载于《蒙古秘史》，写作"斡儿朵思"。鄂尔多斯原意指蒙古成吉思汗及其大将们下榻的"宫帐"，汉意为"众多宫帐"或"宫帐群"。成吉思汗时代借指成吉思汗的禁卫军，其后逐渐演变为泛指守卫"四大斡儿朵"及"宫帐群"的人们，以后又成为由成吉思汗后裔和守护"八白宫帐"的"达尔扈特"以及敬仰成吉思汗而聚集在一起且随着祭祀成吉思汗英灵的"白八宫"游荡在漠北漠南草原上而形成的鄂尔多斯蒙古部落名称。

鄂尔多斯学的创立，是鄂尔多斯深厚的历史积淀和丰富的文化资源以及改革开放 30 年来经济社会实现跨越式持续协调发展的产物。据民族史学家陈育宁教授考证，鄂尔多斯是河套文化（萨拉乌苏晚期智人）的发源地，从旧石器晚期开始，鄂尔多斯地区是我国北方古代文明的发祥地之一，是游牧民族活动的舞台，是民族汇聚、交往最集中的地区，是中国统一多民族国家形成时最早开发和组成部分。

关于鄂尔多斯学的共同认识：一是鄂尔多斯学是以鄂尔多斯为研究对象的地方学。地方学，就是一个地区长期形成的有自己独特特征、自成体系、有自身规律的专门学问；是把国内某一地区作为相对独立的研究对象，除了涉及该地区的地理、历史、人文、民族等之外，还要揭示该地区在现阶段的生存状况和发展方式等诸多方面所呈现出的特点；地方学是一门交叉科学、边缘科学、综合科学，地域性和综合性是其显著特点之一。二是鄂尔多斯学以地区历史、文化、经济、民族、生态环境及其互促联动发展规律为研究内容，是研究"鄂尔多斯现象"产生、发展及其规律性的科学，具有强烈的为区域发展服务的意识，其出发点和归宿就是面对鄂尔多斯历史与现实去探索规律。如人与自然和谐相处，各民族共同团结奋斗共同繁荣的发展规律，地区经济、政治、文化、社会四位一体和谐发展的规律等，以人为本，为人的全面发展服务。三是鄂尔多斯学有独具特色的基本内涵。如具有独特的资源禀赋地质矿产、生态环境、文化积淀，特殊的经济社会变革追求，易于凝聚的团队精神、地区性格和开放意识等。四是鄂尔多斯学以人为本，研究鄂尔多斯人及其人文精神，注重鄂尔多斯亲和力、向心力、创造力的传承和弘扬，历久弥新，与时俱进。具有宣扬知识、揭示规律、凝聚精神的功能和发挥引导决策、服务经济建设、提高人口素质的作用。五是鄂尔多斯学以鄂尔多斯为品牌标志，注重历史与现实、传统与时代对接，打造地域大文化国际品牌，是在独有传统智慧基础上构建新区域新文化的诸多学科的集大成者。六是要以世界的全国的科学的眼光去看去研究鄂尔多斯学。确立地方学要有世界的眼光和大中华的胸怀。正如有专家所言，用战略眼光看鄂尔多斯学研究，要采取跨学科、跨民族、跨地域、跨文化，调查与分析、形式逻辑分析与辩证逻辑分析、分期与分类研究等相结合的方法进行综合研究。关于地方学建设：一是对地方学应有一个基本估价。二是地方学的建设要把握住传统。三是地方学的建设要把握住核心。四是地方学的建设要把握住创新。五是地方学的建设要把握住资源。

选自《鄂尔多斯学研究》2007 年第 4 期

鄂尔多斯模式与鄂尔多斯学

陈育宁

近年来鄂尔多斯的快速发展及所创造的"鄂尔多斯模式",就经济因素本身来讲,有许多值得总结的经验,更重要的还要从思想文化的形态上寻求深层次的原因。2002年初,鄂尔多斯的专家提出了创立鄂尔多斯学的建议。作为一门地方学,鄂尔多斯学就是以鄂尔多斯为研究对象,主要以那些具有自身特色、自成体系、有自身发展规律的社会文化现象、经济现象为研究重点,也就是把具有地域和民族的特殊性、甚至唯一性的经济社会文化现象加以理性概括,成为一门有专门知识和理论的学问,构成"学"。

鄂尔多斯学的基本内涵包括:第一,鄂尔多斯较完整地保留了蒙古族最主要的传统文化,是蒙古传统文化的标本;第二,鄂尔多斯保留了蒙古族最完整、最丰富、最有特征的祭祀文化;第三,鄂尔多斯有着研究和传承地区文化的深厚的传统;第四,创造了经济社会跨越式发展奇迹的鄂尔多斯模式及支撑这一奇迹的鄂尔多斯精神,构成了鄂尔多斯学的新内容;第五,鄂尔多斯坚持改善生态环境、与自然和谐相处的经验和模式,具有建设生态文明的示范和引领作用。

文化在与经济的相互交融中体现着越来越突出的实力和动力作用。发展先进文化与发展先进生产力一样都是我们实现现代化的战略任务。"鄂尔多斯模式"与鄂尔多斯学为我们提供了鲜活的例证。

由对鄂尔多斯学的分析来看,它所涵盖的基本内容都属于文化的范畴,它所具有的功能不能忽视,其一是传承功能,其二是凝聚功能,其三是激励功能,其四是创造功能。

选自《鄂尔多斯学研究》2007年第4期

鄂尔多斯学与地方学

奇·朝鲁

关于鄂尔多斯学：鄂尔多斯——成吉思汗时代"众多宫帐"——蒙古部名称——"河套"蒙古名称——当代地级市名称，其深厚的历史底蕴、富有特色的文化资源、改革开放创造的鄂尔多斯经济现象、中国西部民族地区科学发展的鄂尔多斯模式等，奠定了鄂尔多斯学物质的和非物质的立学基础。

鄂尔多斯学的创立，是鄂尔多斯深厚的历史积淀和丰富的文化资源以及改革开放30年来经济社会实现持续协调跨越式发展的产物。据民族史学家陈育宁教授考证，鄂尔多斯是河套文化（萨拉乌苏晚期智人）的发源地，从旧石器晚期开始，鄂尔多斯地区是我国北方古代文明的发祥地之一，是游牧民族活动的舞台，是民族汇聚、交往最集中的地区，是中国统一多民族国家形成时最早开发和组成部分。鄂尔多斯一直是游牧与农耕两种文化交错区。自蒙古鄂尔多斯部驻牧这块较为封闭且相对独立的地区，500多年来一直较完整、较稳定地聚居在这一地区。因此，这一地区也就较完整地保留了鄂尔多斯蒙古最基本的传统文化，成为蒙古族传统文化的标本，草原文化的集大成。这一地区有唯一保留至今的最完整、最丰富、最有特征的成吉思汗祭祀、苏勒德祭祀等祭祀文化；有萨冈彻辰著《蒙古源流》等研究和传承自己历史文化的深厚传统；有反帝反封建的"独贵龙"运动和抗日战争、解放战争等鄂尔多斯革命文化。中华人民共和国成立以后特别是改革开放以来，鄂尔多斯人弘扬敢为人先、勇于创新的精神，使这里的经济、社会发展持续出现了引起世人注目的巨大变化：2007年与1978年相比，GDP增长332倍，达到1150.9亿元；财政收入增长1065倍，达到200.8亿元；城镇居民人均收入增长58倍，达到16226元；农牧民人均收入增长31倍，达到6123元。各路专家学者将"九五""十五"期间这一变化过程称为"鄂尔多斯经济现象""鄂尔多斯文化现象""鄂尔多斯生态现象"乃至"鄂尔多斯模式"，对此加以研究。

以上这些具有鄂尔多斯地域和民族特色，由鄂尔多斯地域经济、政治、文化、生态等社会现象构成的大文化体系，鄂尔多斯人与自然环境和社会生态相适应的生存、生产、生活规律，等等，必然成为人们十分关注并研究的热门课题，也就构成了鄂尔多斯学物质的和非物质的立学基础。鄂尔多斯学可以涵盖、包容鄂尔多斯极为厚重的文化内涵，体现鄂尔多斯区域品牌的真正价值，能将鄂尔多斯区域有价值的信息高度浓缩化。更为现实的是，它可以将"鄂尔多斯现象"或"鄂尔多斯模式"研究深化为对各客体间互动发展规律、历史与现实间嬗变规律的研究，为主体所知所用。

经过6年研究实践，我们在鄂尔多斯学的一些主要方面有了共同的认识：第一，鄂尔多斯学是地方学，就是鄂尔多斯地区长期形成的有自己独特特征、有自身体系、有自身规律、有专门知识和理论的学问。第二，鄂尔多斯学是以地区历史、文化、经济、民族、生态环境及其互促联动发展规律为研究对象，是研究"鄂尔多斯现象"产生、发展及其规律性的科学。具有强烈的为区域发展服务的意识，其出发点和归宿就是面对鄂尔多斯历史与现实去探索规律。如人与自然和谐相处、各民族共同团结奋斗共同繁荣的发展规律，地区经济、政治、文化、社会"四位一体"和谐发展规律等。第三，鄂尔多斯学有独具特色的基本内涵。如保存完整的鄂尔多斯民族文化、独具特色的祭祀传统、生态重建的历史经验、充满活力的经济实力、推动发展的文化魅力、敢为人先的创新精神等。第四，鄂尔多斯学以人为本，为人的全面发展服务。研究鄂尔多斯人及其人文精神，注重鄂尔多斯亲和力、向心力、创造力的传承和弘扬，历久弥新，与时俱进。鄂尔多斯学具有宣扬知识、揭示规律、凝聚精神的功能和发挥引导决策、服务经济建设、提高人口素质的作用。第五，鄂尔多斯学是以鄂尔多斯为品牌标志，注重历史与现实、传统与时代对接，打造地域大文化国际品牌，是在独有传统智慧基础上构建新区域新文化的诸多学科的集大成者。第六，要以世界的全国的科学的眼光去看去研究鄂尔多斯学。确立地方学要有世界的眼光和大中华的胸怀，用战略眼光看鄂尔多斯学研究，要拓展跨学科、跨民族、跨地域、跨文化的视角，采取调查与分析、形式逻辑分析与辩证逻辑分析、分期与分类研究等相结合的方法进行综合研究。

关于地方学：第一，对地方学应有一个基本认识。"地方"是客观存在的，能不能成为或称为"学"要看内外部诸多条件。地方学要具备"四有"要件，即独特特征、自身体系、自身规律、专门知识和理论等要件。从某种意义上说，地方学是一个地方的大文化学，是把国内某一地区作为相对独立的研究对象，除了涉及该地区的地理、历史、人文、民族等之外，还要揭示该地区在现阶段的生存状况和发展方式等诸多方面所呈现出的特点。地方学是一门交叉科学、边缘科学、综合科学，地域性和综合性是其显著特点之一。在中国960多万平方公里土地上，因自然地理和人文历史差异而形成不同"地方"。一个地名、一个人名就是一串文化符号。然而，历史证明或必将进一步证明，中华民族根脉认同是不会轻易改变的，即使成为或称为地方学，也是中华大文化的有机组成部分。就通常所说的全球化概念而言，主要是指世界经济市场化的全球化，我看世界多元文化即使全球化，那也是很遥远的事情。更何况在现代经济社会发展中，文化多样化还在强化，当今世界究竟谁化谁、怎样化还是个全球性尖锐问题。我们坚守中华大文化底蕴的意志理应更加坚强，文化自觉和文化自信意识理应更加强烈。因此，体现中华民族大家庭文化特色的地方学方兴未艾应该说是好事。有学者说，中华人民共和国成立几十年来，我们经历了"政治中国""经济中国"，现正走向"文化中国"，这不无道理。我看我们正在走向有中国特色的经济、政治、文化、社会和谐一体与科学发展的现代化中国。地方学研究和国学研究同样以维护国家统一和社会和谐为基本目标，而最高目标是各民族各地区共同发展与共同繁荣，实现中华民族伟大复兴。第二，地方学建设要把握住传统。能统一传承下去的东西，即能世代相传的具有特色的社会因素叫传统。大中华大传统是根基，地方小传统是特色。传统文化，包括思想、道德、制度等是历史的积淀，任何现实的选择都不是任意的，是以传统为根基的，这是地方学立学之基础。这种传统对文明的进步积蓄着力量。只要我们用新的科学发展观把握住传统去搞好地方学建设，以传统承载时尚，与时俱进体现时代性，必将对现代和未来都会产生巨大的影响。第三，地方学建设应突出价值核心。核心是和谐文化建设。建设和谐文化是构建和谐社会的灵魂工程，地方学建设服务于构建和谐社会，始终要把握住这个核心，突出以共同理想和道德情操、指导思想和共同精神为主线的社会主义核心价值体系。要坚持"双为"方向和"双百"方针，把社会主义核心价值体系融入地方学建设的全过程，引领社会思潮，尊重差异，包容多样，最大限度地形成社会共识，促进人的全面发展。第四，地方学建设要坚持创新。地方学要把握住传统中的先进性、和谐性内容去创新。要大力提倡有态度、有思想的学术风格和创新精神。地方学研究要凸显传统文化的和谐内核，弘扬传统文化的地方特色，在现代性中体现传统性，在传统共性中体现时代多彩个性。地方学研究团体要顺应深化改革潮流，创新体制和机制，增强持续发展活力。作为民办非企业学术团体，要想充分发挥提供服务、反映诉求、规范行为、资政育人的社会功能，除加强自身建设外，更需要各级党政不断完善培育、扶持和依法管理的政策法规并加以落实。第五，地方学建设要注重整合人力资源。人力资源是地方学建设最关键、最稀缺的资源。要想搞好地方学建设，就要下大力气搞好人力资源整合，使众多专业性人力资源聚合为综合性人力资源，形成一支有求真务实精神和有智商、智慧、人格的研究团队。这也是经济转轨、社会转型时期在实践操作中的难点之一。这一点与发达地区相比，我们西部欠发达民族地区显得尤为突出。我相信，只要我们遵照党和国家驾驭转轨转型的大政方针，从地区实际和地方学建设实践出发，政府配置和市场配置资源相结合，创造性地采取行之有效的措施办法，人力资源乃至其他资源问题总是会解决得越来越有利于地方学建设的健康、持续发展。

选自《鄂尔多斯学研究》2007 年第 4 期

特色鲜明的地域文化——鄂尔多斯学

陈育宁　奇·朝鲁

从当前"文化热"说起：近年来，许多原来贫困落后的少数民族地区，经济迅速发展，社会生活发生了巨大变化，成为一个十分引人注目的现象。人们自然要问，是什么原因使过去贫困落后的地区在较短的时间内迅速发展富裕起来？就经济因素本身来说，可以总结出若干条原因。但是，除了经济因素外，从更深层次看，还要从思想文化上寻找原因，即如何通过观念创新和文化支撑，形成综合的发展动力。任何一个地区的开放和发展，都不是一个孤立的经济现象，而是经济、政治、文化（包括人们思想观念和心理素质）的综合反映。原来贫困落后的少数民族地区的迅速发展，离不开人的思想观念的变化，离不开文化底蕴的支持。过去很长时间里，人们看到的是这些地区生态脆弱、经济不发达的一面。有的地方虽然有丰富的地下资源，却一直没有形成经济优势，长期处于贫困状态。但另一方面，这些地区有悠久的历史，丰富的文化，曾经是中华民族文明的发祥地之一，是众多民族的诞生地，也是相当长时间的政治中心地。我们只有看到这些地区外在的表象，又看到其丰富的内涵，才能对它们形成完整的认识，才能在今天的开发和建设中把外在的开发与内在的传统继承有机地结合起来。这些地区的开发，理所应当地包括文化开发，使经济、文化互补互动，形成综合实力，取得经济、社会和人的协调发展。在创造了科学发展"鄂尔多斯模式"的鄂尔多斯市，2002年在市委、市政府的支持下，由一批退下来的热心于文化事业的老同志、老专家和实际工作部门的同志，组建了一个鄂尔多斯学研究会。提出创建鄂尔多斯学，一个以当地特色文化为研究对象的地方学，就是要给自己地区的特色地域文化赋予一个恰当的名称，搭建一个发展平台。经过7年时间，围绕着这个"学"的建立，组织队伍，立起项目，开展研究，把这个地区的历史文化归拢起来，排列成特色鲜明、内涵丰富的几个主要内容，已形成了一个地域文化的框架。得到国内地方学界和社会的认可，也成为地方政府进行文化建设、开展文化活动的重要平台。

鄂尔多斯学的基本内涵：作为一门地方学，鄂尔多斯学就是以鄂尔多斯为研究对象，主要以那些具有鲜明特色、自成体系、有自身发展规律的社会文化现象和经济现象为研究重点，也就是把具有地域和民族的特殊性甚至唯一性的经济社会文化现象加以理性概括，成为一门有专门知识和理论的学问，构成"学"。

鄂尔多斯学的基本内涵包括：第一，鄂尔多斯较完整地保留了蒙古族最主要的传统文化，是蒙古传统文化的标本。鄂尔多斯部落在形成之初由于是成吉思汗的嫡系，而成为最具有蒙古族传统特征的一个群体。第二，鄂尔多斯保留了蒙古族最完整、最丰富、最有特征的祭祀文化。从历史上来讲，蒙古族是一个崇尚祭祀的民族。它受到原始萨满教及其他文化观念的影响，长期以来形成了对天、地、山等自然界的崇拜，对祖先对长辈的崇拜，对战功和英雄的崇拜等，这种崇拜的观念集中表现在长期形成的祭祀活动中，使祭祀活动成为有民族特征的文化现象。除了这些蒙古族普遍存在的祭祀内容外，鄂尔多斯蒙古族还保留着独有的、最具个性的祭祀文化，一是对成吉思汗的祭祀；二是鄂尔多斯蒙古族民间普遍存在的苏勒德祭祀。第三，鄂尔多斯有着传承地区文化的深厚传统。尽管鄂尔多斯是相对独立的地理单元，但它又处在北方游牧文化与中原农业文化汇合之处，多种文化在此相互影响、相互融合，在相互吸收中得到了丰富，增强了传承的生命力。正因为如此，鄂尔多斯部落重视文化的传承和文化的研究，在蒙古社会具有较高的地位。第四，创造了经济社会跨越式发展奇迹的"鄂尔多斯模式"及支撑这一奇迹的"鄂尔多斯精神"，构成了鄂尔多斯学的新内容。鄂尔多斯市从自治区内倒数一二名，发展到今天的走进前列，无不得益于解放思想。打破发展唯条件论，实现了由贫困落后向富裕文明的历史性跨越；打破发展唯资源论，正在实现由单极向多极支撑、多元发展的历史性转变；打破发展唯经验论，开创了改革创新、科学发展的新局面。这是"鄂尔多斯模式"中最有价值的经验。第五，鄂尔多斯创造了生态建设的新经验、新模式，具有引领和示范的重要作用。多年来，鄂尔多斯各民族坚持不懈地探索如何改善恶劣的生态环境，走过了一条艰难而曲折的道路。被称为西部地区科学发展典型性的鄂尔多斯模式，其中的一条主要经验就是"实现了由生态恶化地区向绿色大市的历史性跨越"。

鄂尔多斯学的主要特点：第一是传统性。鄂尔多斯地域文化历史悠久，空间稳定，积累丰厚，持续不断。正因为有这样一个传统，鄂尔多斯学的基本线条是清晰的，比如多元文化的线条是清晰的，多民族汇合的线条是清晰的，人与自然关系的线条也是清晰的，所以它成为北方多民族地区具有代表性的地区。第二是民族性。包括两方面：一是鄂尔多斯地区是一个多民族、多元文化既融合又各具特点、各留下其印迹的地区；二是由于其特定的历史地理条件，保留了较完整的蒙古族的传统文化，是蒙古族传统文化的一个标本。第三是唯一性。其最具特色和最有标志性的成吉思汗祭祀，是这个地区唯一拥有的，内涵极其丰富，是蒙古族共同民族心理的全方位的反映。第四是典型性。其生态演进具有典型性，是生态恶化又走向恢复的一个缩影。历史上农、牧的频繁交替，民族政权的频繁进出，都和这里的生态演变紧密联系在一起。今天人们认识到"科学发展，生态先行"，终于找到了一条正确的道路。观念的问题还要观念来解决，人造成的失误还要人来纠正。经过一二十年的艰苦努力，使生态环境恢复过来，原来人的观念、人的力量、人的责任的作用有这么大。做到这一步，经历了很长时间，也有很多经验和教训，这也是鄂尔多斯生态现象提供给我们最具说服力的典型。第五是传承性。民间文化的传承是鄂尔多斯更具力量的传承。在鄂尔多斯，大量非物质文化在民间保留着，但问题是我们对它的挖掘、整理、研究不够。第六是创新性。创立鄂尔多斯模式，这是鄂尔多斯的创新，也是鄂尔多斯学研究的内容。从资源优势达到经济优势，走出这样一条道路，付出了多少年的代价。这个创新给西部资源富集而又曾经贫困不堪的地区的发展提供了信心，提供了样板，提供了希望。人们学习这个模式，主要是学习鄂尔多斯人敢为人先的创新精神。

选自《鄂尔多斯学研究》2010年第2期

扬州文化概述

扬州文化研究会

古老而丰厚的华夏文明，是由中国境内多姿多彩的各种地域文化构成的。伟大的祖国幅员辽阔，南方的鱼米之乡、北国的黄土高原、东部的沧海碣石、西域的大漠孤烟，形成了各地居民的不同性格心理与不同文化风貌。而扬州文化，就是祖国大家庭中历史最悠久、内涵最丰富、特征最鲜明的地域文化之一。

扬州历史文化有着鲜明的特点：其一，它在以博大的胸襟容纳百川的同时，始终保持着自己的个性特征。扬州文化是开放型的。其二，它在向四面八方辐射自己的文化影响的同时，依然坚守着自己的精神家园。就像世界上许多文化名城一样，扬州文化具有强势效应，以各种各样的方式不断向周边地区输送自己的文化，有的甚至传布到了遥远的地方。其三，它在不断拓展自身外延的同时，不懈地追求内涵的精致与完美。扬州文化是博大精深的，从形成独特体系和鲜明风格的角度看，大体可分为三种形态、三个层次。三种形态，即物质形态，如建筑、园林、街巷等；艺术形态，如戏剧、曲艺、书画、工艺等；观念形态，如人文精神、风俗民情等。三个层次，即学术、艺术、技术。其四，它在大力提倡消费与享受的同时，表现出对现实和人生的终极关怀。扬州文化是多元的，又是统一的，是高雅文化与通俗文化的统一，文人文化与平民文化的统一，理念文化与具象文化的统一。

诚然，同世间一切事物无不具有两重性一样，区域文化也有着两重性。在经济运行和社会发展中，每一个活动主体都不可避免地感受着、反映着文化背景的深沉力量，人们既享受着积极文化所给予的强大推动力，又承受着消极文化带来的顽固束缚力。所以，今天我们研究传统文化，就必须取其精华，去其糟粕。唯有如此，才能真正做到继往开来、承先启后，才能实现我们的宏伟目标。

选自《鄂尔多斯学研究》2010年第4期

鄂尔多斯学的产生背景和治学原则

潘 洁

鄂尔多斯学研究会建立于2002年9月16日。9年来,以其独特的治学理念、丰硕的学术成果,受到鄂尔多斯市党政领导的高度重视、社会各界及广大群众的普遍认可,获得各级各类奖励和荣誉称号十多项(次),并且初步确立了在全国地方学(地域学)领域的声誉和地位。

鄂尔多斯学产生的背景:第一,独特的历史轨迹,火热的现实生活。鄂尔多斯市的前身是伊克昭盟。这里是人类文明的发祥地之一。几万年前,"河套人"即繁衍生息于萨拉乌苏河流域。后来成为我国北方少数民族的栖息地,草原文化与中原文化交会之所,也曾是烽火连天的古战场。鄂尔多斯市与鄂尔多斯人,现有水平、相对地位、发展势头、进取张力,都是以前任何年代无法比拟的。这一切是如何来的?客观条件主观因素何者为先?存在问题与解决方法是什么?都值得有识之士冷静看待、认真思考、细致总结。这是鄂尔多斯学产生的宏观动因。第二,快速发展的经济与积淀深厚的文化以及它们之间的内在渊源,是鄂尔多斯学产生的较为直接的动因。鄂尔多斯学研究事业诞生,是以经济为缘起,以文化为切入点的。研究会以研究本地区的历史、民族、民俗、生态、人物、沙草产业为己任,但经济、文化显然是研究的主轴。而经济与文化可以说是孪生姐妹,难以分割。第三,肥沃的土地,勤奋的耕耘者。火热的现实生活,一日千里的经济文化,给研究者提供了层出不穷的课题。数不清的理论问题和实践问题需要去挖掘、整理、诠释、推介、普及。恰在这时,土生土长的鄂尔多斯知识分子、长期担任教师、后来多年从事党政领导的奇·朝鲁从副盟长领导岗位上退下来,思考着如何继续为社会效力,为大众造福。

鄂尔多斯学的治学原则：第一，以人为本。人创造了一切，人也是资源、财富、文化、精神的载体。研究会创立之初，即着眼于人。努力以自己的活动服务于人，造福于人，以文化人。第二，厚今薄古。地方学不可能致力于基础理论研究，而只能从事应用研究。即使涉及历史和历史人物，也是为给今人以某种启示和引导。第三，开放办会，博采众长。鄂尔多斯学研究会于2005年倡议成立了中国地方学联席会并连续担任两届主席单位。第四，淡泊名利，甘于寂寞，勇于奉献，树立一代崭新学风。研究会一向不争名位，不事张扬，但开展学术活动既活跃又严谨，做到了低投入，高产出。第五，树立全局意识，和谐意识，超前意识。立足鄂尔多斯，放眼全区全国。既将本会全部活动纳入市委、市政府的部署和规划之中，又密切联系各族各界人民群众，衔接政府施政与百姓诉求，诠释上级意图，反映大众呼声，为构建和谐、推进文明做出应有的贡献。从2008年起，研究会确立了"创品牌地方学，建和谐研究会"的目标。研究会已形成了成熟的办会理念，探索出一整套治学方法与运作技巧。下一步，打算逐步实现由以数量争先向以质量取胜、由全面覆盖向重点突破、由运转的随意性与慢节奏向治学规范化与高效率的转变。鄂尔多斯学研究事业在未来的岁月里，定将成为地方软实力的重要组成部分，定将为鄂尔多斯市更加繁荣昌盛、鄂尔多斯人民更加富裕幸福做出足以载入史册的贡献。

潘洁，原伊化集团副总裁，高级经济师，鄂尔多斯学研究会专家委员会副主任。

选自《鄂尔多斯学研究》2011年第4期

试论鄂尔多斯模式与鄂尔多斯学的关系

王贵龙

一个特定的区域，可以有它的地方史，也可以有地方志。在有特殊学术研究价值的地方还可以有地方学。地方史，是以记叙过去为主的，主要记叙该地区人类社会的活动，如重大的政治、经济、军事事件等，包括物质文明和精神文明的变化发展。史书以大事为主要线索，记录这些方面的重大变化，史的体裁接近于纪事本体。史是后代人写过去，写史主要须依靠史料，是作者对搜集和考察到的史料加以整理而成。地方志，是以记叙现状为主的（当然也需要追溯些过去）。志书的特点是分门别类、面面俱到，涉及农、林、牧、副、渔、工、矿、交通、人口、民族、风俗、制度、职官、文化、教育、人物、古迹，等等。因地方志以记述现状为主，主要是依靠调查采访和过去留下的现成资料。志是当代人写的，写作的人则是各个行业的专业人员。地方学，是研究特定地区政治、经济、社会、文化艺术诸方面发展、变化及其规律的学科，是将该地域对人类文明进步做出的成果作为研究对象。因此，该特定地域是否具备成为地方学的条件，要看它有无对人类文明做出重要贡献、有无学术研究价值。史和志多讲真实，不讲分析研究；而地方学多讲学术性，要探寻事物的规律。所以，地方学的研究人员多属于专家学者或专业人员，其研究对象可以是历史的，也可以是现今的。

什么是"鄂尔多斯模式"呢？"鄂尔多斯模式"是以实现工业化、信息化、城镇化、市场化、国际化为主要目标，以能源加工、转化、增值与生态保护、开发、利用并重为主要途径，以城乡经济共同发展为主要形式，以市场运作和政府主导相结合为主要特征，以全体市民共创共享发展成果为根本目的的鲜明的民族地区的经济发展模式。

"鄂尔多斯模式"和鄂尔多斯学有什么关系呢？第一，鄂尔多斯创新、跨越发展形成的"鄂尔多斯模式"是鄂尔多斯学的基础。鄂尔多斯创新、跨越发展，创造了丰富而珍贵的人类成果和学术研究价值，为鄂尔多斯学的创立奠定了雄厚的基础。也可以说，没有"鄂尔多斯模式"的诞生，也不会有鄂尔多斯学的创立。第二，"鄂尔多斯模式"是鄂尔多斯学研究的丰富核心内容。诸如被人们认定的"鄂尔多斯模式"的内涵是什么？对鄂尔多斯发展成果有哪些规律性的认识？"鄂尔多斯模式"形成的内部条件和外部条件是什么？"鄂尔多斯模式"的基础理论又是什么？"鄂尔多斯模式"对内蒙古自治区和中国西部地区乃至对全国的经济发展的影响是什么？虽然鄂尔多斯基础差，其又好又快的发展速度达到世界领先水平，但一个事物不可能是完美无缺的。鄂尔多斯在今后的发展中，还有哪些地方值得改进？还有哪些教训值得反思？这些问题都是值得鄂尔多斯学研究的内容。第三，鄂尔多斯学研究有一个非常明显的特点，就是鄂尔多斯学研究的广泛性和高度性。一般地方学的研究，往往只是相关的少数专家学者参与其中，而鄂尔多斯学也由于"鄂尔多斯模式"的存在，受到多方面的高度关切、重视和参与。鄂尔多斯学研究会因"鄂尔多斯模式"的存在，有无限宝贵的资源和相关的无限的生命力，"鄂尔多斯模式"将会因鄂尔多斯学的研究更加发扬光大，将为鄂尔多斯和全国的现代化建设做出更大贡献。

王贵龙，内蒙古新闻出版局原主任。

选自《鄂尔多斯学研究》2012 年第 1 期

地方学研究

鄂尔多斯文化与地方学

潘 洁

鄂尔多斯的历史特征：鄂尔多斯这个由蒙古文音译过来的名词被人们熟知，只不过是20多年的事情。起初它是个蒙古部落的名称，这个部落于15世纪末进入黄河前套。清初实行盟旗制度，将鄂尔多斯设为一盟（即伊克昭盟）、六旗。自此，鄂尔多斯成为一个行政区划。史地学者将以伊克昭盟为核心的、面积约30万平方公里的地段称为鄂尔多斯台地，纳入李四光地质理论规划的以富含油气为特征的第二沉降带，非业内人士很难明了这个台地的边界。20世纪80年代，作为改革开放的标志性工程，以补偿贸易方式建成的伊克昭盟羊绒衫厂，将所产羊绒衫的品牌定为鄂尔多斯，"鄂尔多斯（羊绒衫），温暖全世界"的广告词很快传遍全国，几至家喻户晓。90年代，羊绒衫厂扩展为鄂尔多斯羊绒集团，成为伊克昭盟的支柱产业、三大企业集团之一。其风头、名气大有压过所在地市名（东胜市）、盟名（伊克昭盟）之概。鄂尔多斯的地上、地下自然资源广受夸耀和追捧。这是上天赋予的。其被发现、开发都是近几十年的事情，在历史上似乎不曾发挥过明显的作用，然而在当代的经济、社会生活中，却在逐步展现其奠基、驱动、甚至改变命运的作用。

鄂尔多斯的文化趋势：鄂尔多斯文化是以蒙古族文化为主流，蒙汉各族人民共同创造的饶有个性、质地优秀的文化。其源头是草原文化，汇入了黄河文化的干流，是中华文化大系里的支流和枝叶。纵观许多个世纪以来鄂尔多斯人的生活习俗、行为规范、处世风格、思想信仰、学说著作和在新时代的聚散、蜕变、演化、升华，本文试图将鄂尔多斯各民族、各阶层人民的文化特征、价值观念归纳为这样几点：第一，爱国爱乡，向心不移。第二，团结融洽，命运与共。第三，坚韧不拔，勤劳质朴。第四，和谐包容，善取人长。第五，荣耻不惊，敢为人先。第六，热爱改革，向往明天。总之，鄂尔多斯人，是中华大家庭里积极向上、品质优良的一分子。

地方学产生和发展的条件：鄂尔多斯学和它的研究会出现在2002年9月16日。是我区以行政区划命名学科及学术研究单位的第一家。当时全国的同类研究单位约有20家。2005年，鄂尔多斯学研究会联系泉州学、温州学、扬州学、潮州学和徽学等几家地方学团体成立了中国地方学研究联席会并担任两届共四年的轮值主席方（2008年底移交给北京学研究中心）。如今，经过十年的发展，全国有40多家地方学研究单位。地方学的出现是时代的产物，是改革开放的必然。根据本人的观察和思考，地方学产生、发展的条件是：政治昌明、社会稳定、经济发展、文化厚重。

全国现有的数十家地方学研究团体中，大部分是依照行政区划设立的。分为省市级、地市级、县市级。省市级中有北京学、上海学、徽学、晋学，还有香港学、澳门学；地市级的数量较多，有前面说到的潮州学、温州学、泉州学、扬州学等，差不多各省都有。这是因为在我国五级政府的层级中，地市居中，上有中央、省市，下有县市、乡镇。有一小部分是跨越行政区域设立的，如三峡学、敕勒川文化以及可能出现的长三角、珠三角、环渤海等地方学。藏学、蒙古学是研究特定民族的，与地方学形态、内涵、方式都不一样，因而不属于地方学。再以团体性质区分，现有地方学研究单位大致分为官办、民办和民办公助几种。

总之地方学团体要想立得起来，办得下去，必须在增强地方软实力上有所作为。鄂尔多斯学的理念是"立足学术，服务建设，创新机制，着眼发展"。

选自《鄂尔多斯学研究》2013年第3期

浅论鄂尔多斯学及其研究会

奇·朝鲁

地方学四要素：一个地方构成"学"要具备"四有"，即有自身特征的研究对象，有自成体系的研究内容，有其自身的发展脉络和规律，有相应的理论知识和研究方法等，这四点也可称为地方学的四要素。繁衍生息在鄂尔多斯这方热土上的各族人民传承并创造了鄂尔多斯文明和文化。各路文人学者为此奉献了聪明才智，呕心沥血，创造了浩如烟海且自成体系的文明成果。比如鄂尔多斯与成吉思汗的渊源联系，使这里成为祭奠成吉思汗英灵的圣地，有了世界上唯一传承至今的成吉思汗和苏勒德祭祀礼仪，成为丰富完整且有特色体系的祭祀文化。又如蒙汉民族长期和谐共处，草原游牧文化与中原农耕文化相交相融形成的"漫瀚调"等地域和民族特色鲜明的许多文化遗产，都可成为构成鄂尔多斯学的优势资源。人们发现鄂尔多斯的发展变化不只是依赖自然资源的孤立的经济现象，而是经济建设与文化建设并行、生态重建与经济发展并赢、人文资源开发与自然资源开发并举的综合现象。人们在研究认识鄂尔多斯经济振兴飞跃、文化传承创新、生态演进重建的过程中，逐步形成了综合性研究鄂尔多斯发展规律的态势，鄂尔多斯研究者的思维广度和深度不断拓展，进而研究和认识了鄂尔多斯人与自然环境和社会文明进步相适应的生存、生产、生活的一些规律性。对鄂尔多斯这些历史和现实的存在进行理性思考和科学阐释，就可成为一门有特色、有体系、有规律、有理论且有实践意义的学问，最恰当的表述就是鄂尔多斯学。

鄂尔多斯学与地方学：当前对地方学研究对象的界定，全国各地大体上有两种情况，一种是将该地方综合体作为研究对象，其研究内容从古至今、综合全面；另一种是将该地方的某一领域或某几个方面作为研究对象，突出其特色和个性。无论哪种情况，地方学以特定地方为研究对象这一点是共识。就是说，以某一特定地方为研究对象的学问就叫地方学。地方学在研究内容上有两个特点，一个是综合性特点，对一个地方的经济、政治、文化、社会、生态、民族等各方面的内容进行综合性研究，所以涉及许多传统学科；另一个是地域性特点，即具有该地方自身特色、自成体系、有自身发展规律的一些特殊的地域性特点的研究内容，对这些具有地域特色的社会文化现象和经济现象进行研究。

鄂尔多斯学，就是以鄂尔多斯地方为研究对象的一门学问。在研究对象的界定上具有地方学的基本属性。在研究内容上，主要以鄂尔多斯从历史到现实的那些具有自身特色、自成体系、有自身发展规律的社会文化现象、经济现象、生态现象为研究内容。对此进行综合性研究，突出其地域特色，从知识上系统归纳，从认识上加以升华，从规律上深入探讨，从理论上概括提高，使之成为鄂尔多斯最具价值的精神财富和科学知识。鄂尔多斯学的提出和创建，是对鄂尔多斯人文资源的丰富性、独特性给予了新的认识和评价；是对鄂尔多斯地域及民族特色文化资源和文化体系的一个新概括，建立起的一个新的知识架构。从这一点上说，鄂尔多斯学又是鄂尔多斯大文化学，是鄂尔多斯经济快速发展带来人们对文化需求日益提升的必然结果，它调动了人们认识文化、开发文化、建设文化的积极性，将成为经济社会发展的精神动力和软实力。鄂尔多斯学作为地方学，与我国传统的方志学有一定的渊源关系，但它又不同于方志学，它是随着地域文化的发展及人们对地域文化的认识提升和提炼后产生的一门新兴学科。

鄂尔多斯学的时代背景：改革开放的时代是鄂尔多斯学的"天时"。如果没有改革开放的时代，就不会有全国各地地方学的兴起，也就不会有鄂尔多斯学。改革开放给鄂尔多斯带来的发展变化是深刻而多方面的。鄂尔多斯热土是鄂尔多斯学的"地利"。历史地理上的鄂尔多斯，处于黄河上中游三面环绕，贺兰山、阴山、吕梁山山脉三面环抱的一个地理单元。其适宜人类生存发展的自然生态环境和富庶的地上地下自然资源，对北方游牧民族和中原农耕民族都有很强的吸引力。建设和谐文化、和谐社会是鄂尔多斯学的"人和"。和谐文化是和谐社会的灵魂工程。在经济全球化和文化多元化的世界大势下，我们党和国家提出建设和谐文化、构建和谐社会的重大决策。鄂尔多斯文化的创造力、亲和力、向心力有了充分释放的机遇，解放和发展文化生产力，成为构建和谐鄂尔多斯、促进鄂尔多斯科学发展的强大动力。总之，鄂尔多斯学是改革开放时代文化大繁荣大发展的产物，也是鄂尔多斯天时地利人和的表征物，有其生成的缘由、存在的理由和发展的空间，已被社会大众所接纳。鄂尔多斯学作为试图研究并揭示鄂尔多斯自然规律、经济规律、社会规律的综合性地域性学科，将继续接受鄂尔多斯扩大开放、深化改革、转型发展、文明进步的实践检验，并在研究、诠释、认识社会实践的过程中，逐步充实、规范、提升和完善自己。

鄂尔多斯学与鄂尔多斯文化：鄂尔多斯学与鄂尔多斯文化之间的关系有点像"鸡和蛋"的关系。鄂尔多斯学是一门综合性系统性地研究鄂尔多斯经济、政治、文化、生态、社会五位一体内在规律的学问，是鄂尔多斯文化的学术理论体系；鄂尔多斯文化是鄂尔多斯学的基础和主干，是鄂尔多斯学研究的核心内容；鄂尔多斯学又是广义鄂尔多斯文化的组成部分，二者之间是辩证统一的关系。总之，遵循马克思主义认识论和方法论，去探寻、认知事物发展变化的内在规律，包括鄂尔多斯学与鄂尔多斯文化及其与鄂尔多斯经济、政治、生态等社会文化现象的内在客观规律，是鄂尔多斯学研究的根本任务。而运用规律，引领发展；认识自我，超越自我；集成创新，道法自然是鄂尔多斯学研究的终极目标。

鄂尔多斯传统文化：当代鄂尔多斯文化，处于传统与现代相互依存、并行不悖的现状，诚然也面临着既要尊重多样性又要恪守统一性、既要加速现代化又要保护传承优秀传统文化的两难选择。用新时代的新视野，观察分析、研究认识鄂尔多斯传统文化的过程，就是一个弃其糟粕、取其精华的过程，也就是保护传承和与时俱进地改造创新的过程。鄂尔多斯传统文化是中华文化的组成部分，是宝贵的人文资源和精神财富，是建设鄂尔多斯和谐文化的底蕴。我们的鄂尔多斯学研究，要以科学发展观引领，正确认识鄂尔多斯传统文化的当代价值，吸取其和谐思想内涵，弘扬其开放包容风格，体现其改革创新精神，焕发其新的生机活力，形成优秀传统文化传承体系，使其真正成为支撑鄂尔多斯人生存发展、生活幸福的持久的精神动力源泉。

鄂尔多斯文化软实力：如同对鄂尔多斯学与鄂尔多斯文化之间关系的研究，对地方学与地域文化的诸多问题的研究，有待于从理论与实践的结合上继续深化。在开展鄂尔多斯学研究十多年的实践中，我们着力于对鄂尔多斯文化与经济、政治、生态、社会五位一体辩证统一关系的研究，初步明确了以鄂尔多斯文化为主线的鄂尔多斯学的基本内涵，深入探讨鄂尔多斯学的研究对象、研究重点、研究方向和方法，发挥鄂尔多斯学的软实力功能，取得了阶段性成果。鄂尔多斯学要集成创新、科学发展，就要集中华文化之大成，对中华传统文化重要组成部分的鄂尔多斯文化，经过去粗取精、去伪存真的科学扬弃，使之古为今用；借鉴世界各国现代科学文化和地方学研究的有益成果，洋为中用，为我所用。在促进鄂尔多斯文化现代化的进程中，构筑鄂尔多斯学科学发展的理论体系，更好地服务于鄂尔多斯经济、政治、文化、生态、社会五位一体创新发展。

鄂尔多斯经济发展：研究鄂尔多斯经济的着力点，主要在于准确研判形势，发现新问题，正视新挑战，应对新风险，抓住新机遇，使鄂尔多斯经济在科学发展的轨道上顺利前进。鄂尔多斯学研究会的专家学者都要积极参与鄂尔多斯经济研究活动，密切关注国内外发展大势，理性研判鄂尔多斯发展态势，胸怀发展大局，心系市情民意，把握正确导向，阐释利弊得失，凝聚人心，激励人气，满怀信心，克难攻坚。当今时代，是经济发展高度依赖科技智慧的时代，也是科学文化引领经济发展的时代。经济发展越是遇到艰难险阻时，越要倾心于民，问计于民，取信于民；越要发挥精神文化的引领疏导和排忧解难的功能；越要重视民间智库作用，研究阐释并倡导内敛平和、诚信务实、兼容大度、矢志不渝的鄂尔多斯精神，传承宽厚重义、通情达理、和衷共济的纯朴民风；越要恪守唯物辩证、务实求真的学风和真话实话多说，空话大话少说，假话坏话不说的文风，研以致用，更好地服务鄂尔多斯经济发展、社会和谐、民生幸福，为把鄂尔多斯建设得更加美丽、富裕、文明、和谐而共同努力。

鄂尔多斯生态：鄂尔多斯生态研究，是鄂尔多斯学研究的重要内容之一。这里说的生态是指生物在一定的自然环境下生存和发展的状态，即自然生态。其中主要是指人类在一定的自然环境下的生存和发展状态。鄂尔多斯人和各种生物之间以及与周围环境之间相互作用构成的整个体系可称为鄂尔多斯生态系统或鄂尔多斯自然生态环境。对鄂尔多斯生态研究的要点，就是从研究鄂尔多斯自然生态系统演进的历史入手，深入解剖和认识人类在与自然关系上的得失，认真检讨人类自身的思想和行为，真正找到问题的症结所在并加以解决，从而达到自然生态环境的动态平衡。

鄂尔多斯精神文化：鄂尔多斯学研究会创立至今，把研究鄂尔多斯人及其精神作为鄂尔多斯学的基本内涵之一，开始进行了持续深入的研究。特别是鄂尔多斯奇迹般的发展变化被称为"鄂尔多斯模式"并成为国内社会各界关注的热点之后，回应鄂尔多斯人是否只"靠挖煤卖煤发展起来"的声音，更成为鄂尔多斯学研究者理性思考和科学探究的一个重要课题。在鄂尔多斯学研究会举办的各类论坛研讨会上，在我会专家学者以及社会各界撰写发表的论文中，从不同视角对此都展开了热烈的讨论，进行了广泛深入的研究。现在越来越清楚的是，鄂尔多斯丰富的自然资源是经济社会发展所需要的重要物质基础。但资源优势转化为经济优势的过程，靠的是政策英明、领导精明、群众开明，靠的是鄂尔多斯人传承和发扬的鄂尔多斯精神，这才是真正推动鄂尔多斯改革发展、加速持续向好的内在动力。

改革开放中的鄂尔多斯学研究会：鄂尔多斯学研究会，是鄂尔多斯改革开放时代的特产，是鄂尔多斯人力行改革开放、跨越发展的标志性事物。新世纪初成立的鄂尔多斯学研究会，伴随鄂尔多斯不断深化改革、扩大开放的步伐走过了十几年前进历程。如今在全面深化改革的新时代，处在建成更加富裕、文明、和谐、美丽鄂尔多斯进程中的鄂尔多斯学研究会，将进一步释放社会组织活动力，发挥好创新社会治理、增强社会活力、提升社会文明素质的功能作用，昂首阔步前进。

选自《鄂尔多斯学研究》2014年第1期

地方学研究

关于鄂尔多斯学的若干思考

潘照东

鄂尔多斯学的内涵与框架基本清晰：第一，鄂尔多斯学属于地方学的范畴，其研究范围以鄂尔多斯地区为研究对象，以现在鄂尔多斯市行政辖区为主体，涉及相邻的内蒙古中西部、宁夏北部、陕西北部、山西西北部有关地区。第二，鄂尔多斯学的研究内容包括鄂尔多斯地区的自然地理状况及其生态环境的变迁，人类文明的形成及其演变，生产方式、生活方式的特点及其演变，地区和民族文化、艺术的特点及其演变，政权更替、行政区划及其变迁，军事组织、战争及其历史影响，宗教活动及其演变，重要人物及其事迹，现代化建设及其发展，考古与文献，国内外研究动态及其比较。第三，鄂尔多斯学历史文化、民族文化方面的研究重点，是蒙古族鄂尔多斯部的历史、文化，以成吉思汗祭祀为代表的蒙古族祭祀文化。第四，鄂尔多斯学现实问题研究的重点，是鄂尔多斯模式及其创新、发展。鄂尔多斯能够从位于内蒙古自治区各盟市后列的贫穷、落后地区强势崛起，后来居上，成为自治区现代化建设的排头兵、西部大开发中落实科学发展观的典范，的确是耐人寻味、发人深省的。

识古鉴今，资政育人，充分发挥鄂尔多斯学研究的社会价值：研究会组织专家，注重将经济社会发展的历史、现状、未来相结合，总结历史经验教训，客观分析优势、劣势、制约条件、机遇与挑战，向党政领导机关提出有针对性的建设性意见。研究会专家坚持不唯上、不唯书、要唯实，一切从实际出发，以实事求是的治学态度，完成了一批高质量的成果，产生了广泛的影响。

继往开来，与时俱进，开创新的局面：首先，研究领域需要进一步拓展。

鄂尔多斯学研究会成立以来，着力推动对鄂尔多斯学的研究，编辑和出版了《鄂尔多斯学研究》会刊、《鄂尔多斯学研究文选》、《鄂尔多斯文化论集》、《鄂尔多斯学研究成果丛书》、《鄂尔多斯大辞典》、《鄂尔多斯学概论》，发表了大量的研究成果，产生了十分广泛的影响。其次，研究队伍需要大力加强。

潘照东，南京人，内蒙古社科院研究员，鄂尔多斯学研究会专家委员会副主任。

选自《鄂尔多斯学研究》2014年第3期

对鄂尔多斯学研究会发展的思考

王春霞

20世纪60年代国外兴起地区学（或区域学），在我国称为地方学（或地域学），作为一门新兴学科则在20世纪80年代兴起，目前仍然处在讨论中。地方学在研究内容上有两个特点，一是综合性特点，对一个地方的经济、政治、文化、社会、生态、民族等各方面的内容进行综合性研究，所以涉及许多学科；二是地域性特点，即具有该地方自身特色、自成体系、有自身发展规律的一些特殊的地域性特点的研究内容，对这些具有地域特色的社会文化现象和经济现象进行研究。鄂尔多斯学研究会的工作和发展表明地方学研究对促进经济发展、繁荣社会事业、创新社会治理、提供公共服务等方面可以发挥重要作用。

鄂尔多斯学研究会的基本情况：鄂尔多斯学研究会成立于2002年9月16日，是内蒙古自治区第一家地方学研究学术团体，是我国西部地区成立较早的地方学研究组织。我会还是鄂尔多斯市社科院下设的3个研究所之一，是内蒙古社科联的直属研究会。我会目前有会长1人，副会长5人，秘书长1人，副秘书长4人，理事29人，常务理事11人，会员210人，单位会员35个，专家委员会有委员136人。研究会设会员部、编辑部、秘书处，驻会工作人员6人。研究会成立13年来，先后编辑出版发行了80多部文集、专著、辞书等，144期《鄂尔多斯日报·鄂尔多斯专刊》，52期《鄂尔多斯学研究》季刊，总篇幅达2000万字之多。13年来，我会连续获评市级、自治区级、国家级"先进学会""先进民间组织""先进社会组织"和"全国大中城市先进社会科学团体"等称号。许多专家的论文著作获得市、自治区优秀成果奖项。会长奇·朝鲁获得自治区、全国离退休干部先进个人光荣称号。

鄂尔多斯学的基本内涵：鄂尔多斯学，就是以鄂尔多斯地方为研究对象的一门学问。在研究对象的界定上具有地方学的基本属性。在研究内容上，主要以鄂尔多斯从历史到现实的那些具有自身特色、自成体系、有自身发展规律的社会文化现象、经济现象、生态现象为研究内容。在进行综合性研究过程中，突出其地域特色，从知识上系统归纳，从认识上加以升华，从规律上深入探讨，从理论上概括提高，使之成为鄂尔多斯最具价值的精神财富和科学知识。

鄂尔多斯学研究会未来的发展方向、目标：我们的奋斗目标是"创品牌地方学，建和谐研究会"。要达到"创品牌地方学"这个目标，就要在创"品牌"上下功夫。主要有四个方面：一是要建立学科理论框架。二是要彰显特色。包括民族特色、地域特色、文化特色、学术特色、时代特色等，以特色塑造品牌。三是论文、著作既要有一定的数量，更要保证质量，以品质取胜，以品位彰显品牌。四是要培育一支学风好、文风正的学术研究团队，以团队打造品牌。要"建和谐研究会"，就要从四个方面继续努力：一是要自觉执行国家、自治区、市关于社团发展建设的法律法规。二是要充分发挥核心团队的作用。主要是研究会领导核心作用和专委会主力军作用。三是要提倡解放思想，实事求是，营造独立思考、鼓励创新的环境氛围，使大家有为有位、勇于创新、争做贡献。四是研究会要操守"向心、奉献、低调、务实、节俭、高效"的优良会风。"向心"就是要以社会主义核心价值观凝聚人心，保持心向祖国、心向党、心向人民的高度一致；"奉献"就是要淡泊名利，把社会效益放在首位，使社会效益和经济效益有机统一；"低调"就是戒浮躁，不张扬，宁静致远；"务实"就是说实话，办实事，求实效；"节俭"就是反对铺张浪费，珍惜人、财、物资源，少花钱、办好事；高效就是效率高，效益大，效果好。

　　王春霞，鄂尔多斯市乌审旗人，鄂尔多斯市政协委员，鄂尔多斯学研究会副会长兼副秘书长。

选自《鄂尔多斯学研究》2015年第3期

面向未来　共享发展

奇·朝鲁

鄂尔多斯学研究会与鄂尔多斯应用技术学院的紧密合作迈出新步伐。从2015年秋季新学期开始，在部分院系开设"鄂尔多斯学"必修课和"区域经济"选修课，并定期举办专题讲座共同课，开启了鄂尔多斯学走进大学校园，登上大学讲台，面向未来、传承研究、共享成果、持续发展的新篇章。鄂尔多斯学研究会成立13年来，在鄂尔多斯市委、市政府高度重视、亲切关怀、鼎力扶持下，始终致力于鄂尔多斯学学科知识理论体系的构筑，应用服务于鄂尔多斯深化改革、扩大开放、经济加快转型、社会和谐进步、文化产业成型、生态文明演进等伟大实践。我们主办或联办过30多次有各级相关社会组织的专家学者出席的各类研讨论坛，倡导成立全国地方学研究联席会并派员出席全国各地各类研讨活动50多人次，编辑出版近2000万字的书籍、报刊和网络影视作品，从而广泛深入地传播了研究鄂尔多斯学和认识与宣传鄂尔多斯的好声音、好信息，取得了系列社科文化研究成果，发挥了学术类社会组织的"正知、正念、正能量"，荣获市级、自治区级、国家级"先进学会""先进民间组织""先进社会组织"称誉。

党的十八大以后，正值鄂尔多斯学研究会第三届期。第三届理事会继续秉持"存史、立论、资政、惠民"的办会宗旨，秉持"立足学术、服务建设、创新机制、着眼发展"的办会理念，操守"向心、奉献、低调、务实、节俭、高效"的办会会风，适应经济社会发展新常态，树立社会组织发展新理念，整合鄂尔多斯学研究新资源：一方面，进一步以构筑有自身特色、自成体系、有其内在联系和规律的知识体系为主攻目标，深化对鄂尔多斯蒙古族传统文化、独具特色的祭祀文化、经济改革转型、增强文化软实力、建设生态文明、弘扬精神品质等六大领域的研究。另一方面，进一步拓展应用服务的广度与深度，提升应用服务的质量效益。其一，以中国地方学研究联席会为桥梁纽带，密切与全国地方学研究团体的联络、联谊，开放办会，走出去、请进来，相互学习交流。其二，以鄂尔多斯应用技术学院为传承传播鄂尔多斯学的平台，面向未来，开拓共同研究、共享发展的新途径。这样，借鉴全国地方学研究最新成果和应用服务的最新经验，在已出版的《鄂尔多斯学概论》基础上，继续深化研究，逐步形成系统性、综合性的知识体系及与应用服务相融合的鄂尔多斯学学科体系。

生长在鄂尔多斯文化热土上的鄂尔多斯学研究会与鄂尔多斯应用技术学院有着天然的血脉联系。鄂尔多斯应用技术学院是鄂尔多斯文化的殿堂、人才的襁褓、知识的摇篮。鄂尔多斯学是关于鄂尔多斯的昨天、今天和明天的科学文化知识，是学子们应学习研究、掌握吸收的文化营养和精神食粮。鄂尔多斯学研究会是专门研究鄂尔多斯学的社会组织，是社科文化爱好者及志愿者们施展才华、享受生活、体验价值的舞台。鄂尔多斯历史上风云际会、英雄辈出，改革开放以来的鄂尔多斯发展风起云涌、世人瞩目，生活在这热土上的 200 万各族人民勤劳睿智、可敬可爱，丰富多彩的历史风云、如火如荼的现实生活、第三次创业的宏图伟业、凝心聚力的"五个共同"，为鄂尔多斯学研究拓展着深远的空间，为鄂尔多斯学研究会和鄂尔多斯应用技术学院创造着广阔的活动舞台，都为我们携手并进、共同学习研究、共同有所作为、共同持续发展创造了良好机遇。

选自《鄂尔多斯学研究》2015 年第 4 期

玉门学作为地方学的研究意义初探

林 健

地方学是以特定地理单元作为研究载体的综合性学科。以敦煌学为代表的地方显学吸引了多学科学者驻足，已形成完善的学术体系，为文化的传承与发扬发挥了重要的作用。随着社会经济的发展，特别是城镇化的加速，各种地方学体系建设得到了学术界和地方政府的重视，北京学、温州学、鄂尔多斯学等学科层出不穷。多数新兴地方学科在保持地方学文化价值的同时亦注重其现实意义，成为经济与社会发展的催化剂。

玉门概念的内涵：建立玉门学研究体系，首先需要确定玉门这一概念的内涵。玉门的内涵源于地理名称指向性。玉门作为地名，《山海经》中始有记载："大荒之中，有山名曰丰沮玉门，日月所入。"从主要史实及行政区划因素出发，狭义的玉门地理概念是指现今玉门市辖域。广义的玉门地理概念必然包含各个时期的玉门军、政、企辖地或驻地，特别是玉门关与玉门油田涵盖的地理范围。地理指向性确定了玉门概念的空间范围，而玉门概念的时间范围则不局限于汉置玉门关之后的历史。以人文研究为核心的传统地方学往往追溯至当地得以考证的人类文明起源时期，就此而言，玉门学的研究对象可追溯至火烧沟文化遗址所代表的新石器时代。考虑玉门现代经济与石油资源的密切联系，在分析特定问题时，玉门学的研究对象甚至可追溯到地球矿产形成的地质时期。地方学关注地方社会延续与文化传承，必然涉及可持续发展问题。作为资源枯竭型城市的玉门，经济转型对于长远发展势在必行。因此，玉门概念的时间范围也必须涵盖可预期的未来。

玉门学研究的可行性与必要性：玉门学作为一门地方学，其研究的可行性在于玉门这一地理单元满足地方学研究的基本特征，而必要性在于这一地理单元存在地方学研究的独有价值。一是玉门基本特征造就的研究可行性。二是玉门独有价值蕴含的研究必要性。三是其他地方学对建立玉门学的启示。相比之下，鄂尔多斯学的建立和发展对于玉门学的参考价值较大。鄂尔多斯与玉门具有相似之处：民族交融、移民众多、矿产丰富、经济转型，等等。蒙古族民族传统文化与区域经济的鄂尔多斯模式可谓鄂尔多斯学的主要纽带。当地政府高度重视人文资源与民间智库对于社会经济可持续发展的作用，以民办公助体制成立的鄂尔多斯学研究会逐渐成为凝聚学人、传承文化、激励创新、创造价值的"学术发动机"。研究者们既注重历史考据，出版了大量富有学术价值的作品；也关心现实发展，为近年来的经济转型出谋划策。玉门地理单元的基本特征与独有价值并不逊色于鄂尔多斯。在城市精神和文化符号方面，玉门相比鄂尔多斯色彩更加鲜明；在产业结构和城市布局调整等问题上，玉门相比鄂尔多斯矛盾更加突出。因此，建立玉门学的内在条件成熟，预期产出丰厚。研究玉门学有必要借鉴鄂尔多斯学的立足点和方法论，特别是民办公助体制这一外部条件对于发展学术和刺激经济的双重作用。

玉门学的研究问题：一是典型问题。包括玉门文化开放性研究；玉门移民社会形态研究；玉门经济转型中的人文策略研究等。二是文献研究。

玉门学研究的迫切性：

研究玉门问题的迫切性首先在于当代重要研究对象走向消失的危险。

研究玉门问题的迫切性还在于其对于资源枯竭型城市社会经济转型的促进作用。基于玉门的研究与实践对于中国众多资源枯竭型城市，特别是河西走廊地区其他工矿城市以人文思路探索可持续发展之道具有重要参考价值。另外，地方学实践经验表明，在学术资源相对匮乏的地区，综合性的学科框架有助于集中人力物力资源，高效开展研究工作。因此，对于关乎经济民生的诸多玉门问题，构建综合而统一的玉门学体系具有迫切的现实意义。

林健，中国科学院大学工学博士。

选自《鄂尔多斯学研究》2016年第2期

地方学研究借助互联网走向社会

包海山

地方学研究走向社会，不局限于特定的研究人群，也不局限于报刊、书籍等传统媒介，借助于无限广阔的互联网平台大有可为。鄂尔多斯学研究会在民间智库草根网建立了团体博客"地方学研究"，在走向社会的过程中，在不同阶段可以发挥不同的作用：一是在起步阶段，主要集中展示已有成果；二是在发展阶段，可以交流互动，共同创造新的成果；三是进入收获阶段，可以分享成果，在具体应用中体现研究成果的内在价值。当然，起步、发展、收获都是相对而言的。在螺旋式的前进发展中，已经获得的成果，还可以成为新的发展的一个起点。

对于鄂尔多斯学研究来说，我们将用半年的时间把14年的探索学科建设的成果展现出来，并且努力搜集、刊载更多有关中国学和各个地方学的研究成果；与此同时，我们认真学习、吸收、消化、整合这些已有成果，理清思路，捋顺脉络，这是起步阶段的主要工作。在此基础上，我们将广泛交流，精准对接，真诚合作，进入协同创新发展阶段。在注重学术研究的专业互联网平台上，要有具体的课题项目，才能提高交流、合作、创新的效率，取得更有价值的研究成果。未来几年，在学科建设方面，我们规划完成三部专著，以此在穿越时空的互联网平台上，吸引、汇集和整合更多人的智慧和能力。也就是说，"地方学研究"走向社会，不仅可以展现成果，讲授知识，而且更为重要的是可以让更多人了解创造知识的过程，甚至可以参与其中，为构建新的学科知识体系贡献自己的智慧和力量。

每个地方学都是跨多学科的综合性、系统性的学科知识体系，而各个地方学所跨的哲学、历史学、经济学、社会学、生态学等本身又是一个系统性学科。那么，以经济学为例，北京学、上海学、广州学、杭州学、鄂尔多斯学等所跨的必然是具有内在紧密联系的学科体系。对此，我们从"中国学"的视野来思考，就会看得更清晰些。

习近平总书记在哲学社会科学工作座谈会上的讲话，对于构建"中国学"具有重要的战略指导意义，他说："中国特色哲学社会科学应该涵盖历史、经济、政治、文化、社会、生态、军事、党建等各领域，囊括传统学科、新兴学科、前沿学科、交叉学科、冷门学科等诸多学科"；"要按照立足中国、借鉴国外，挖掘历史、把握当代，关怀人类、面向未来的思路，着力构建中国特色哲学社会科学，在指导思想、学科体系、学术体系、话语体系等方面充分体现中国特色、中国风格、中国气派"。我们可以把这种具有中国特色的学科体系理解为"中国学"。

互联网在重组人类思维，"互联网＋"时代在促进学术研究方式的转型。未来几年，我们将在互联网平台上，在公开、透明、自由的学术研究范围中，愿意与所有对课题项目感兴趣的有识之士，共同合作完成《"中国学"视野下的鄂尔多斯学研究》《鄂尔多斯学与各个地方学》《鄂尔多斯学的构建与应用》（暂定名）三部专著。人们的探索角度、思维方式、写作风格等是多样的，而所揭示的客观规律是同一的，我们确信有智慧、有能力使更接近于客观规律的研究成果形成一个有机整体。

包海山，鄂尔多斯市鄂托克前旗人，鄂尔多斯学研究会专家委员会原秘书长。

选自《鄂尔多斯学研究》2016年第2期

关于地方学、区域文化学的再认识

陈 耕

中国特色、中国风格、中国气派的话语体系必须有相应的学术体系支撑，学术的理念必须由学科来体现。人是学科培养的。学科的核心是体系：概念、结构、方法、标准。一百年来，按西方学科标准对戏曲、中医等中国传统文化的分类，肢解了中国学术体系。必须从中国文化的思维方式、思想文化体系出发，推动中国特色学科体系的探索与建构，重建中国学科的概念体系和标准体系。地方学、区域文化学有可能成为中国特色学科体系的突破口。

一百年来，中国人向西方学习，引进西方文化。大概可以分成三个阶段，3个30年。第一阶段1919—1949年。1919年"五四运动"打倒孔家店，新文化运动，上上下下、左派右派都认为我们自己的中华文化不行了。甲午战争，连日本都可以把你打败；八国联军，任意烧杀抢掠；还要割地赔款。中华文化不行了，就是要西方文化。所以，这30年就是引进西方文化，各种各样的西方文化都进来了。西方文化不是铁板一块，主要有两支，一个是马克思主义，一个是资本主义。实际上当时进来的还有无政府主义、法西斯主义等等，都是西方文化。总之，这30年资本主义也好，社会主义也好，都进来了。当然，话语权在当权者，主流的学术体系是资本主义，在大学的学科体系主要表现在人文学科对康德、黑格尔的推崇，以及经济学、社会学、人类学等学科的设立。第二阶段1949—1979年，共产党夺取政权，社会主义战胜了资本主义，大量地引进苏联的社会主义文化，计划经济和它相关的话语体系、学术体系。首先是马克思主义成为学术的主流；另一方面，经济学变成政治经济学，社会学、人类学等被边缘化，到"文化大革命"时期甚至取缔。1978年"三中全会"开始了一个新的学习时代。第三阶段1979—2009年，大量引进西方资本主义文化。经济学、社会学、人类学各种各样的学科设立，各种各样的学派进入。2008年美国金融危机引起全世界震荡，也使人们更加清楚地认识到完全按美国资本主义那套也是不行的。党的十八大以后，中国共产党在文化建设上有三个"前所未有"。第一，2014年2月24日，习总书记在中央政治局十三次集体学习时强调："培育和弘扬社会主义核心价值观必须立足中华优秀传统文化。"中宣部副部长王世明来厦，专门阐述这四个字，"必须立足"，就是"不二选择"。这是前所未有的。过去，社会主义核心价值观要立足在马克思列宁主义上，怎么现在必须立足在中华优秀传统文化上呢？第二，共产党是"五四运动"打倒"孔家店"起家的。"文化大革命"时期"批林批孔"，孔老二被视为封建落后的代表。中华人民共和国成立后，没报道过党的领导人去孔庙。但是，习总书记2014年去了孔庙。到北大没有接见自然科学学者，而是见了当代中国儒学的代表汤一介老先生。习总书记在2014年世界儒学大会上的长篇讲话，高度评价儒学和中华传统文化：优秀传统文化是一个国家、一个民族传承和发展的根本，如果丢掉了，就割断了精神命脉。第三，2016年5月17日，习总书记在哲学社会科学工作座谈会上的讲话强调"要按照立足中国、借鉴国外，挖掘历史、把握当代，关怀人类、面向未来的思路，着力建构中国特色哲学社会科学，在指导思想、学科体系、学术体系、话语体系等方面充分体现中国特色、中国风格、中国气派"。这也是前所未有的。三个"前所未有"还体现出中国正在从"向西方学习"，转变为同时也"向传统学习"。一个发展中国家的独立，首先是政治独立，其次要经济独立，最后还要有文化的独立。当我们重新审视地方学、区域文化学，发现有三个"找不到"：找不到学科、找不到标准、找不到概念。中国话语有两个层面的指谓：一是一套中国独有的概念体系，二是体现中国文化核心价值的内在精神。讲好中国故事，一要有引人的故事，二要有生动的表达。概念体系是表达形式，内在精神是思想实质、是价值取向，二者完整形成中国话语，缺一不可。地方学尚未被肢解，有自己独特的思维方式、结构体系。如何以当代的、中国的方式，科学表述中国地方文化独特的内在精神和地方学研究的对象、内涵、外延的概念，建构中国地方学的概念体系，这是中国地方学学科建设的关键。当然，建构综合学科的概念，不是短时间可以解决的问题。完全正确、一致的概念不可能立等可取，甚至由于文化本身的不断创新发展，可能永远都难以达成一致。它就像真理，我们各自从不同角度认识它、追求它、逼近它，但永远没有终极。在追求目标的过程中，正是不同学术观点的碰撞交流，才能碰撞出思想的火花，不断推动学术的发展。理论永远是灰色的，生命之树常青。问题是创建新学科的导向。三个"找不到"，正是我们的起点。中国有不同于西方的思维方式、思想文化，必须从中国文化自身的综合性、系统性特点出发，推动中国特色学科体系的探索与建构，重建中国学科的分类方法、学科标准、概念体系。地方学、区域文化学受到西方学科体系的影响较少，有可能成为中国特色学科体系的突破口。

陈耕，福建省民间戏曲学会会长，厦门市闽南文化研究会常务副会长，厦门大学兼职教授。

选自《鄂尔多斯学研究》2017年第2期

互联网＋学院
走出地方学研究的新路子

包海山

鄂尔多斯学研究会 2017 年工作要点提出，我们将实施"一体两翼"与"三个走进"发展战略。一体是以鄂尔多斯学的研究与应用为主体；两翼，其一是培养人才、提高素质，其二是体现价值、创造财富；三个走进是走进大学、走进基层、走进网络。这是一个综合性的系统工程。鄂尔多斯学的学科建设需要培养新的人才，需要不断提高研究者素质；而在应用服务中，需要体现研究成果以及研究者自身价值，需要创造财富、筹集资金，使鄂尔多斯学研究与应用的事业可持续发展。在信息社会、网络时代，相对而言，走进网络就会效率更高，影响力更大。我们可以通过互联网平台全方位、深层次、系统性走进大学、走进基层、走进社会，也可以通过互联网平台培养人才、提高素质以及体现价值、创造财富。这就是互联网＋鄂尔多斯学的研究与应用。2016 年初，我们在学术性专业网站草根网建立了团体博客"地方学研究"，这是鄂尔多斯学走进网络的有效途径，也是草根智库理事会与鄂尔多斯学研究会共同打造的一个品牌。草根网上线十年来，有 600 多名海内外学者开通博客，累计发表文章 8 万多篇，有注册评论员近 1.2 万名，发表评论 73 万多条，每天访问量 8 万—10 万人次。其中，鄂尔多斯学研究会的两个博客进入前百名：一是团体博客"地方学研究"，近一年发表文章 500 多篇，访问量达 500 多万人次，排名第 29 位；二是包海山博客，4 年多发表文章 590 多篇，访问量达 280 多万人次，排名第 54 位。2017 年 1 月 5 日，鄂尔多斯学研究会与鄂尔多斯职业学院在学院召开座谈会并举行合作签约仪式。学院领导希望双方能够全面、持续、系统性合作。我们认为，把走进大学与走进网络结合起来，或者说借助可以随时互动交流的互联网平台，使鄂尔多斯学研究成果整体性走进大学，就能够有效地促进全面、持续、系统性合作。鄂尔多斯学研究会荣誉会长奇·朝鲁在座谈会上特别强调，只有了解和热爱鄂尔多斯，才能更好地建设鄂尔多斯。他还指出："我们不管研究、探讨什么文化，最终都是为了教育人，改变人的思想意识。文化的实质就在于以文'化'人，发挥文化教化人的作用。"这与鄂尔多斯职业学院"以育人为中心"的教学宗旨是相通的。共同的理想，相同的目标，在互联网平台上能够更便捷地形成合力，提高效率，从而发挥更大的社会作用。互联网是一个全方位开放的系统。鄂尔多斯人最显著的特点就是具有开放意识和坦荡胸怀，也由此形成了鄂尔多斯学走进网络、走进大学、走进基层、走进社会的最大优势。我们了解、热爱、建设鄂尔多斯，就从理解和发挥鄂尔多斯人的显著特点和最大优势开始。

选自《鄂尔多斯学研究》2017 年第 1 期

鄂尔多斯学：知识体系＋应用服务

陈育宁

伴随着鄂尔多斯学的创建和发展，十多年来也是我们对地方学探索和认识深化的过程。从某种意义上说，鄂尔多斯学就是我们了解并进入地方学领域的一块试验田。一般来说，地方学是以传统文化为基础的，也即以一个特定地域历史积淀的文化资源为主要内容。这一类地方学的文化内涵，实际上也是我国传统文化的重要组成部分，也可以说是大国学的一部分。改革开放以来，各地重视开发利用当地文化资源，整合文化软实力，提出了新的地方学品牌。有的将历史文化资源与现实文化发展结合起来，创新了地方学的领域，强化其服务功能，积累了新鲜的经验。这一类新创建的地方学注重将共生于一个地域的历史、现实、外来的文化元素融于一个平台，整合在一个研究领域，又突出其最具代表性的特点，以形成自己的地方学品牌。各种地方学虽然各有特点，但是它们又彰显出地方学所共有的特征，即社会性、地域性、综合性和应用性（服务性）。

鄂尔多斯学是新出现的一种地方学，它的产生，除了有社会大环境的条件外，还有自身一些特殊的背景因素。一是鄂尔多斯丰富而独特的历史文化资源。由于地理环境、民族关系、历史传承等原因，鄂尔多斯所积淀的历史文化资源所具有的独特性、民族性、多样性、连贯性极为鲜明，这是一座富矿，是一大笔财富，越深挖，越丰富多彩。二是现实发展的需要。改革开放以来，鄂尔多斯经历了巨大的变化，这种变化带给人们思想的震荡更为激烈。三是文化自信。一个国家、一个民族的发展与强大，必然源于对自己文化的自信。我们所说的道路自信、理论自信、制度自信，都是以文化自信为基础的。

鄂尔多斯学研究会成立十多年来，在奇·朝鲁会长领导下，一直坚持的办会宗旨是立足学术、服务建设、创新机制、着眼发展。我在 2010 年 9 月 15 日"地方学与鄂尔多斯发展"研讨会的发言中提到，鄂尔多斯学的创建与发展表明：资源是基础，创新是主线，结合是关键。无论是办会宗旨还是办会体会，都涉及鄂尔多斯学学科架构的两个基本支撑点及其结合：知识体系（文化资源的整合与研究）与应用服务（发挥地方学的功能）的结合，也可以说，这是我们对地方学本质特征的认识，在今后地方学的创新与发展中也需要继续坚持。通过鄂尔多斯学的实践，我们可以把它的学科架构归纳为：鄂尔多斯学＝知识体系＋应用服务。所谓地方学的知识体系，就是指对地方历史文化及现实发展最具特征、最有代表性现象及知识的系统归纳和表述。一个完整的学科架构，还在于要发挥知识体系的社会功能，即应用和服务。如果仅仅将零星知识归拢成文、结集成书，出版扬名后束之高阁，那地方学就没有存在的意义了。"地方"需要"学"，"学"为"地方"而生，合之谓"地方学"。这些年来，鄂尔多斯学之所以生存、发展，并得到社会各方面的认可支持，就在于它始终把应用服务放在重要位置，认识到应用服务不是附属性的，不是次要的，而是鄂尔多斯学内涵的组成部分，是鄂尔多斯学学科建设的题中应有之义。对地方学的这种认识，贯穿在建会以来的所有活动中，将对鄂尔多斯学的知识内容与地方的文化需求、文化活动、学术研讨、宣传普及、报刊网络等结合起来，积极参与，热情服务，协助地方做了许多工作，产生了很大影响，以至于地方的领导和群众都感到，鄂尔多斯学是地方不可缺少的软实力，是地方理所应当的文化名片。知识体系与应用服务的紧密结合，使应用服务言之有物，既有实践，又有理论，有品位、有层次，能很好地发挥指导性作用；应用服务不仅使知识体系有了用武之地，也使知识体系接了地气，检验了自己，丰富了自己，新鲜的实践经验能及时得到提升。这是地方学的一大优势，可以弥补学术研究与社会需求相脱节的缺憾，探索一种相结合的有效途径。因此可以说，知识体系与应用服务是地方学的两只轮子，相辅相成，缺一不可。

我们虽然有了以上一些体会，对鄂尔多斯学未来的发展也满怀期待，但我们也看到，这些年地方学的发展也是有曲折的，未来的创新发展任务依然艰巨。一个时期强调文化工作，地方学涌现不少，但真正坚持下来是不容易的。有的起步设想很好，但步履艰难，效果不明显。我们总结交流的目的，既需要进一步明晰思路，探索创新路径，又需要鼓舞自信，勇于坚持。我们寄希望于领导的支持，更要看重我们自身的努力和基础工作。常言道，有为而有位。不断创新思路，改善地方学的发展环境和条件，是我们责任所在。

选自《鄂尔多斯学研究》2015年增刊

要正确认识地方学研究

夏 日

这几年全国各地的地方学研究活动非常活跃，队伍越来越多，研究的地区也不断地扩大，成果都很丰富。尤其是中国地方学联席会成立之后，有了这样一个松散的组织，就可以协调统一步伐，统一行动，互相借鉴，互相促进，使地方学的研究开始了一个新的阶段。地方学的研究作为一种文化现象、文化活动，其作用是非常大的。首先，它是大国学的一个补充，现在看来不容置疑。原来有一些国学家把国学垄断得太厉害了，把国学的范围限制得也非常严格。现在看来这个严格的限制被打破了。地方学中有的地方是少数民族地区，民族特色、地区特色都非常浓。其次，就是要总结与回顾鄂尔多斯学研究会的工作，鄂尔多斯学研究会研究了地方学方面的许多内容，这些内容也起到了它相应的作用。一是提升了城市形象、地区形象、特色形象，当然也在提高着这个地区人员的素质。二是增强了地域的知名度、吸引力。三是开展了不少特色文化活动。四是推动了经济的发展。五是整合知识、整合地方上的地方学，借用国学的概念解释，就有关地方上的知识、学问，把这个地方上的知识学问整合到一起，出了一本《鄂尔多斯大辞典》，是整合的结晶、整合的成果。六是建立了一些有特色的文化品牌，如阿尔寨文化、秦直道文化、《蒙古源流》文化、准格尔旗的漫瀚调，这些都已经形成了一种文化品牌。再次，地方学研究要有几个重要特点，这也是从鄂尔多斯学研究的活动中感觉到的。一是研究对象的一体性，我们研究的不完全是社会科学，还有自然科学，比如鄂尔多斯的生态现象，它就包含着自然科学，其中也有一些边缘科学，可以说社会科学、自然科学和工程技术都有。鄂尔多斯学在这方面搞了很多。另外，它主体性包含着空间、时间。时间上有历史、空间上有现实的各个领域。二是综合性，这种综合性每个地区的研究内容不一样，鄂尔多斯是综合的，社会、经济、历史、文化、思想都有。这个地方上的历史悠久，历史上积淀的文化很深厚，所以它是综合的。三是群众性或者社会性，鄂尔多斯学研究会的这个特点是很浓的，一大批离退休的老同志参与进来，他们过去并不是做这方面工作的，那么他们进来以后，参与了研究，参与了活动，有了著作，有了文章，有不少同志已经成了这方面的专家，形成了一种群众性的研究。四是特色，地方学就是要有特色。特色就是特殊性，就是个性，鄂尔多斯不同于扬州，有自己的特殊性的个性。有了这种特殊性和个性，便形成了特色。

夏日，鄂尔多斯市准格尔旗人，内蒙古政协原副主席，全国政协民族委员会原副主任，鄂尔多斯学研究会荣誉会长。

选自《鄂尔多斯学研究》2017 年第 3 期

必须高度重视地方学研究

雷·额尔德尼

地方学应该是一门很大的学问，一门综合性的课题。在这样一个幅员辽阔的国度，不同的地域，由于历史发展和地域环境的差异，在生活、风俗、语言、文化和经济、科技、学派等诸多方面，都会存在着差异和特殊性。不同民族、不同区域的地域文化研究和地方学研究，是一个国家大文化建设的分支，也是一个国家大文化建设的基石。要充分认识地方学研究的重大意义和深远的现实意义，充分认识地方学研究对社会发展进步的促进和保障作用。第一，深厚的文化历史底蕴是地方学研究的基础和潜力，也是地方学研究得天独厚的条件。从中华民族兴旺发达的唐朝至今，我们的经济文化都有深厚的底蕴。地方学是中华民族文化的重要组成部分，传统文化是地方学研究的核心内容，它决定了地方学研究的基本特征，这就是文化底蕴。没有传统文化，就没有文化底蕴。有了这个基础，有了这个前提，有了历史文化底蕴，才有研究的基础和空间。第二，有传统的文化氛围和一支有学术功底的文化人才队伍，构建研究平台，壮大专业队伍，才能使地方学研究进一步走向成熟和辉煌。从2005年由鄂尔多斯学、温州学、潮州学、扬州学、泉州学、徽学等6家研究团体发起建立中国地方学研究联席会并运转12年的历史进程可以完全证实这一点。第三，地方学与地域文化研究，必须为推进当地经济社会发展服务。发展是硬道理，但是发展是全面的、科学的、可持续的。搞文化与地方学研究，必须与经济社会发展相互依托，互为条件，互为推动，起到双赢和多赢的作用。经济发展的时候就要考虑到文化的发展、文化的底蕴，就要考虑社会的全面发展。

雷·额尔德尼，鄂尔多斯市达拉特旗人，内蒙古自治区人大常委会原副主任，鄂尔多斯学研究会荣誉会长。

选自《鄂尔多斯学研究》2017年第3期

地方学研究

关于鄂尔多斯学及其研究会的发展

奇·朝鲁

15年我们走过来了,到9月16日鄂尔多斯学研究会满15周岁。对一个人来说,15年也不算短,但对一个事业来说,对中国地方学界来说,还是个少年期。尽管我们做了一些工作,但是和别的地方学相比,特别是崛起的杭州学,我们不敢比,毕竟不是在一个层次上,但是我们有自己的特色。鄂尔多斯学及其研究会走过了15年,历届市委、市政府高度重视和亲切关怀,历届人大、政协大力扶持与关照,市直各部门单位以及旗区全力以赴、鼎力相助,我始终对他们抱有感恩之心。这是第一。第二是要感恩的就是陈育宁教授夫妇两人,可以说是十五年如一日,劳心费神、无私奉献,鄂尔多斯学才能够立起来,鄂尔多斯学研究会才有所成绩。第三是感恩老中青专家学者,年龄有80多岁的、70多岁的、60多岁的,也还有70后、80后、90后,他们那种热爱鄂尔多斯、研究鄂尔多斯、认识鄂尔多斯,要建设鄂尔多斯的初心不改,奋斗了十几年,所以我对他们感恩在心。

关于2016年以及今后的发展:从2015年以来,鄂尔多斯转型发展进入新常态,鄂尔多斯学研究会也转型发展进入新常态,具体特色有四个方面,我把它概括为"四化"。一是继续推进年轻化。我们一直提倡要年轻化,特别是从2015年以来,年轻化迈出了一大步。老同志该退的退,该离的离,在专家学者方面大量吸收70后、80后,甚至还有90后。现在37个理事,60岁以上的不到30%。鄂尔多斯学进入大学校园以后,好多年轻教师报名参加,这是年轻化方面。二是专业化。以《鄂尔多斯学概论》为蓝本,以确立鄂尔多斯学学科这个方面进行专业化研究。研究会这几年在诸多领域也进行了专业化研究。

到目前为止，《鄂尔多斯学概论》是全国为数不多的有关地方学的专著之一，以后要以此为蓝本，构建鄂尔多斯学学科体系，深化研究。这方面要加大培养中青年人才的力度，这就需要内蒙古大学鄂尔多斯学院的师生很好地成为打造品牌地方学的主力部队，所以要进行专业化研究。三是信息化也叫数字化。我会早就建立了鄂尔多斯学研究会网站，从2015年以后责成专人在互联网上搞互联网+，建微信群、博客群、草根网团体博客"地方学研究"，时间短、效果好。这引起了中国地方学研究联席会北京学研究所的重视，要共同搭建一个平台，今后要在这方面加大工作力度。不仅要把原来的一报一刊和书出好，还要借助数字化进一步做好研究成果的交流、传播、深化方面的工作。四是要规范化。我会十几年来之所以成为从地方级到国家级的先进集体，是因为一直是按照国家的规章制度办事。时代在发展，事物在变化。新的形势下，规章制度还要继续规范，在创新中规范，规范中创新。对以往一些规章制度要重新审视、重新修订，新的制度要建立。比如，网络制度已没有，需要重新建立。实践证明，只有在规范化过程中，才能创新。鄂尔多斯学研究会好多机制体制的运行，都是在规范中创新的。北京学是事业机构，鄂尔多斯学是民办+官办的团体，杭州学的体制完全是国办的。这次把鄂尔多斯学研究中心放在大学，这又是一种结合的渠道，也是一种创新。一个地方有一个地方的特色，一个地方有一个地方的模式。我们要学习杭州学、北京学的经验，然后把这个好经验拿到鄂尔多斯来实施。

选自《鄂尔多斯学研究》2017年第3期

探究　收获　瞻念——回溯鄂尔多斯学及其研究会的15年

奇·朝鲁

15年在太阳与地球相对运动时空中是15次春夏秋冬轮回，即5475次日出日落的天时。对鄂尔多斯大地上诞生的鄂尔多斯学及其研究会来说，是全体会员和专家学者们与时俱进的探究、收获、瞻念中充实而快乐生活的15年。今天，再回首探究的艰辛，再回味收获的欣慰，再回想瞻念的豪情，可以说是我们最朴实、最有意义的庆贺和纪念了。值此，我作为这15年的亲历者、见证人，用15年来所做的三件大事、所收获的三点感悟、所希冀的三点瞻念来向读者做一简要表述。祈望读者同仁不吝赐教，勘误指正。

三件大事：第一件大事，创建了一个地方学品牌——鄂尔多斯学。这是三件大事中的核心，其他两件围绕这个核心而展开。第二件大事，创办了一个探究活动的平台——鄂尔多斯学研究会。这是三件大事中的重要保障性大事，它是为专门研究探索鄂尔多斯学提供组织保障的公益性社会组织，是内蒙古自治区第一家在中国西部较早成立的地方学研究团体，它一成立就成为内蒙古自治区社科联的团体会员单位。第三件大事，创组了一支研究团队——鄂尔多斯学研究会专家委员会。这是三件大事中的关键性大事。在鄂尔多斯学研究会成立的同时，组建起以陈育宁教授为主任委员的由31人组成的专家委员会，这在当年是鄂尔多斯学研究会的一大发明创举。

我想谈的三点感悟：一是不忘初心，听党话、跟党走。二是实事求是，说实话、办实事。三是一往无前，不自傲、不自卑。再说三点寄语、瞻念，就是三句瞻望并思考前途的话：一是坚持不懈，前途远大。二是踏实做事，打造品牌。三是继往开来，事业恒久。

选自《鄂尔多斯学研究》2017年第4期

以习近平新时代中国特色社会主义思想指导地方学创新发展

曲 展

地方学是伴随我国改革开放历史进程而发展起来的、运用马克思主义理论与方法专门研究一个地区或地方发展规律的一门新兴学科，是对该地区经济、政治、军事、生态、文化等现象进一步阐释，进而对该地区自然与人类社会发展规律探究并最终对该地区经济、社会等诸方面发展形成推动力的一门新兴学科。地方学要在当前国内国际新形势下大有作为，就必须毫不动摇地坚持以习近平新时代中国特色社会主义思想为指导，这是地方学创新发展的根本遵循。

其一，以习近平新时代中国特色社会主义思想为指导的必然性。当前，地方学的研究立足于该地物质与意识的互动关系，人作为最根本的参与者，其对二者关系的把握直接影响着地方学发展与进步。地方学研究的发展与深化是一项系统工程，要从全面的、发展的、辩证的角度去审视与反省。贯穿其中的根本要求是：地方学理论的研究者应当是习近平新时代中国特色社会主义思想的坚定拥护者。由此可见，地方学学科创新发展，坚持以习近平新时代中国特色社会主义思想为指导有其特定的规律性和必然性。其二，以习近平新时代中国特色社会主义思想为指导的实践性。地方学唯有以习近平新时代中国特色社会主义思想为指导，坚持问题导向，聆听时代的声音，回应时代的呼唤，认真研究解决重大而紧迫的问题，才能真正把握住历史脉络，找到发展规律，推动创新发展。实现这一目的的关键在于广大地方学研究工作者要高举习近平新时代中国特色社会主义思想理论旗帜，自觉把习近平新时代中国特色社会主义思想贯穿研究全过程，将其转化为清醒的理论自觉、坚定的政治信念、科学的思维方法，这是坚持以马克思主义为指导的实践追求。在此境遇中，推动地方学创新发展，必须坚持以辩证唯物主义和历史唯物主义为根本指导方法，不断提升战略思维、创新思维、辩证思维、历史思维、底线思维能力，多层次、全方位、广渠道开展研究，掌握学科发展中的新情况新问题，在揭示学科发展基本规律上不断有所发现有所创造。其三，以习近平新时代中国特色社会主义思想为指导的价值性。地方学研究者要有所作为，就必须以此为导向，把牢时代脉搏，立足中国特色社会主义事业的伟大实践，深入分析当地经济社会发展的实际，认真总结地方经济社会发展的宝贵经验，找准当地经济社会创新发展的新问题、真问题，自觉把个人学术追求同国家、民族、地区发展紧紧联系在一起，努力交出经得起实践、人民、历史检验的研究成果，切实推动经济社会全面发展。

地方学要把坚持习近平新时代中国特色社会主义思想与发展地方学统一起来，结合新的实践不断做出新的理论创造，把推动学科创新发展，落到研究地区（区域）发展和党执政面临的重大理论和实践问题上来，落到提出解决问题的正确思路和有效办法上来，用习近平新时代中国特色社会主义思想占领意识形态阵地，旗帜鲜明地同各种错误思潮做斗争，努力为揭示我国社会发展、人类社会发展的大逻辑大趋势做出应有贡献。

曲展，乌兰察布市人，鄂尔多斯应用技术学院马克思主义学院副院长、副教授，鄂尔多斯学研究会专家委员会委员。

选自《鄂尔多斯学研究》2017年第4期

鄂尔多斯学研究"三个走进"的思路与实践

王春霞

鄂尔多斯学研究经过十多年的实践，2016年底，奇·朝鲁会长提出了"三个走进"的实践思路，即走进大学、走进基层、走进网络。如今，"三个走进"这个鄂尔多斯学研究会富有地方性、时代性、前瞻性的行动指南已经付诸实施，并且成果丰硕。

鄂尔多斯学研究走进大学。一是鄂尔多斯学走进大学，通过较为系统、科学及完整地开展教育活动，进行课堂教学、理论研究、社会实践，可以使学生掌握鄂尔多斯学的基本知识。二是鄂尔多斯学是一门综合学科，鄂尔多斯学研究会是鄂尔多斯乡土教育的典型阵地。三是在鄂尔多斯学研究领域进行理论研究和实践活动，特别是在学院里培养一批中青年骨干研究人员，以鄂尔多斯学为主要研究方向。四是为鄂尔多斯开展科普活动提供了重要理论阵地和实践基地。鄂尔多斯学之所以生存、发展，并得到社会各方面的认可支持，就在于它始终把应用服务放在重要位置，并认识到应用服务不是附属性的，不是次要的，而是鄂尔多斯学内涵的组成部分，是鄂尔多斯学学科建设的题中应有之义。五是随着鄂尔多斯学研究的深化，研究会逐渐意识到急需要培养中青年一代人。

鄂尔多斯学研究走进基层。鄂尔多斯学走进基层，就是重点在各旗区开展调查研究活动。2016年以来，我们重点在西部牧区的鄂托克旗对阿尔巴斯羊绒原产地老牧区苏木和棋盘井煤矿以及工业园区的发展进行调查研究；走进康巴什，举办了"康巴什论坛"，走进杭锦旗，成立了"鄂尔多斯学杭锦旗研究会"；走进伊金霍洛旗纳林塔镇，成立了"鄂尔多斯学长城文化研究中心"；走进鄂托克前旗，开展了"特色乡村文化定位与建设研究"；走进乌审旗嘎鲁图镇，开展了"嘎鲁图红色文化与民族文化乡村旅游研究"。

鄂尔多斯学研究走进网络。鄂尔多斯学走进网络，就是建设鄂尔多斯学研究会网络化信息平台，提升"鄂尔多斯学研究会"网站建设，搭建起"鄂尔多斯学研究""地方学研究"的微信公众平台，在民间智库草根网建立了"地方学研究"团体博客，首创了地方学研究成果与动态信息的发布平台，迅速成为中国地方学研究最重要的网络信息平台。

"三个走进"，是鄂尔多斯学研究会针对鄂尔多斯众多项目、众多主题和众多领域，从地方经济建设和文化建设的角度，以多种形式进行一系列的指导、研究、宣传和实践活动，成为鄂尔多斯学研究会的一个全新发展理念和途径。同时，也是繁荣哲学社会科学、推动社会科学普及的前沿阵地。鄂尔多斯学研究会今后的研究中要继续从"走进大学、走进基层、走进网络"的研究方向发展，要在实践中不断探索，要坚定信心研究鄂尔多斯学，把鄂尔多斯学打造成品牌地方学，把鄂尔多斯学研究会打造成和谐研究会。我们相信，在这个方针的指引下，鄂尔多斯学、鄂尔多斯学研究及鄂尔多斯学研究会的事业将会走得更高、走得更远。

选自《鄂尔多斯学研究》2017年第4期

对地方学的一点认识

陈育宁

地方文化是地方学的基础，但是地方文化并不等于地方学。地方学也不是泛指对地方文化的研究，而是人们对地方文化的认识提升、提炼后产生的研究门类，或者说是指对一个特定地域具有代表性的文化资源的整合与研究。20世纪60年代国外兴起地区学，是研究人与物质环境的相互作用及人的适应能力的学科，主要是人地关系。而我国的地方学有较久的历史，所涵盖的内容要宽泛得多。作为地方学，其功能和价值首先是传承，文明的传承，文化的传承。一个地区形成的文化积累，就是一种资源。将这种资源开发出来，有序利用，达到服务社会的目的，地方学的整合与研究是一个有效的途径和平台。其次是提高文化的自觉和自信，形成人心的凝聚力、民族的凝聚力。民族复兴是以文化的自觉和自信为基础的，这种自觉和自信是建立在对文化的认同上的。地方学在许多问题上可以承担一个地区文化认同的工作。地方学的研究有共同关注的主题，有针对性，能促成共识，能联通感情，有实际效果。再次是服务和应用。发展中会遇到新问题，有些问题需要地方学来面对，需要从当地历史文化的实际出发，需要有接地气的理论积淀来解读现实问题，提出咨询和建议。地方学对地方遇到的问题不能回避，服务和应用是地方学的应有之义。最后是交流借鉴。地方学以地方问题和地方特色为主，没有统一模式，更需要互相交流借鉴，互相补充完善，互相促进发展。

鄂尔多斯学的基本内涵问题，概括了六个方面的内容作为一个基础框架。第一，较完整地保留了蒙古族的传统文化。第二，保留了蒙古族独具特色的祭祀文化。第三，生态演进的历史经验。第四，传承文化的深厚传统。第五，创造了经济社会跨越式发展的奇迹。第六，敢为人先的鄂尔多斯精神。

选自《鄂尔多斯学研究》2008 年第 3 期

内蒙古学概念研究刍议

裴聚斌

内蒙古学的起源：目前内蒙古学还处于起步阶段，虽然从它的内涵来说，它是研究内蒙古这样一个特定区位综合体的产生、发展演化规律的综合性学科。也就是说，通过对内蒙古这个综合体的产生、发展演化规律的整体研究，可以为内蒙古经济和社会的发展提供重要的借鉴和理论依据。但是，它的学术内涵、理论架构、研究方法等基本问题还没有开始研究。所以，内蒙古学研究的当务之急，是需要对这些基本问题进行多次有目的的研究讨论，为未来的研究打好基础。

内蒙古学的概念：内蒙古学的概念由时间、空间、内涵三个范畴构成。内蒙古学是研究内蒙古这样一个特定区位综合体的产生、发展、演化规律的综合性科学，属于地方学的一个分支。内蒙古学要研究的是内蒙古这个特定综合体产生、发展、演化的内在规律。这就决定了内蒙古学研究的宏观性、整体性、独特性和实践性。

内蒙古学的研究范围：内蒙古学需要研究整个内蒙古地区。通过对城市、牧区农村的经济、文化、社会、环境、人口、资源等错综复杂的问题的综合性研究，从内蒙古区域的形成、演化、发展过程中找到民族地区团结进步发展的历史渊源及其规律，为内蒙古的未来发展提供历史参照。与此同时，也要组织开展内蒙古旅游发展、草原经济与管理、地方文献等其他方面的研究，重点注意引导各个领域的研究都要有内蒙古学独特的研究视角和研究特色，各个领域的研究都应注意从内蒙古地域文化角度和地域综合性角度去寻找发展的渊源、规律、动力机制和特点。

内蒙古学的研究方向必须依托上面论述的重点，确立以下三个重点方向。从民族区域自治这个重点来说，内蒙古地区族群的演变和中原地区关系变迁的规律，民族团结是历史的主流。所以，把民族团结融合是中华一体多元的国家民族特性作为民族区域自治这个重点的主要研究方向，既具有深远的历史意义，又具有重要的现实意义。科学学科创生和演化的历史表明，寻觅、辨析、确认特有的研究对象，是一门学科生成和发展的前提条件。一座城市作为一个人类聚落、行政区域、社会系统，它的过去、现在和未来，对所在区域发展起着举足轻重的综合作用。就内蒙古近现代的发展来说，特别是改革开放以来的发展，主要体现在城市的发展上。而从内蒙古城市的缘起和社会制度关系的内在联系来说，社会主义制度建立是内蒙古城市崛起的充分必要条件。所以，把内蒙古的城市发展作为内蒙古学的主要研究方向之一，是符合实际的。从内蒙古的区域性特点来说，内蒙古农牧区的发展具有历史的传承性，产业结构的特殊性，生态建设的独特性，地理地貌的多样性。这种区域特点决定了社会性和生产生活的有机平衡是内蒙古农牧区发展的基本原则。所以，把畜牧业发展和生态建设有机结合作为内蒙古学的主要研究方向之一，对现代农牧区脱贫和实施乡村振兴战略无疑具有思路上的拓展性，同时也是地方党委和政府制定具体政策的重要理论依据之一。

裴聚斌，山西人，内蒙古北宸智库研究员。

选自《鄂尔多斯学研究》2008 年第 3 期

鄂尔多斯学的构建与研究特征

杨 勇

地方学是一门研究特定地域总体属性的综合学问，既研究这一地区的历史与文化根脉，也关注当前经济社会发展的特性和总体发展规律。近年来，我国各地关于地方学的研究方兴未艾，地方学的研究为经济社会发展提供了特定的文化营养和历史动力。

鄂尔多斯学：鄂尔多斯学简单通俗地讲，其实就是研究鄂尔多斯地方的一门学问，这个地方的学问包括了这个地方自然与人文的各个方面。鄂尔多斯学研究的内容，选取有鄂尔多斯特色的六个方面，这六个方面就是鄂尔多斯学17年来研究的重点，第一方面是历史文化；第二方面是地方文化；第三方面是祭祀文化，祭祀文化特意说一下，成吉思汗祭祀主要集中在鄂尔多斯，或者说从成吉思汗到忽必烈这一段时间的蒙古汗国时期的帝王祭祀文化体系都集中在鄂尔多斯，离开鄂尔多斯，你再也找不到这一段时间有关蒙古汗国帝王的任何一个人的祭祀和圣物的祭祀，所以这是我们的一个特点；第四个方面就是地方经济的发展；第五个方面是生态文明的发展；第六个方面是关于鄂尔多斯精神的研究。

鄂尔多斯学研究会：鄂尔多斯学研究会是一个平台。对于鄂尔多斯学研究的问题，我们去研究它，它存在着；我们不去研究它，它也存在着。我们只是把这些问题和概念用一个研究会的平台单独地拿出来，作为一个学问来研究。我们在2002年成立的鄂尔多斯学研究会，是鄂尔多斯市原来的一位老领导奇·朝鲁创导成立的，他是成吉思汗黄金家族的后裔。2002年9月16日，正式成立了鄂尔多斯学研究会，然后就逐步地开始做鄂尔多斯学的研究工作。

鄂尔多斯学研究的特征：第一，在方法和方向上，我们寻求到了自己的发展角度。老会长通过大家的智慧提出了研究会的发展方向和任务，概况为八个字：存史、立论、资政、惠民。第二，在管理体制上务实、大胆、创新。鄂尔多斯学研究会作为民间组织，我们采取的办法就是公办与民办相结合。公办与民办相结合的例子是鄂尔多斯学研究会与鄂尔多斯学研究所两块牌子一套人马。第三，采取会员制与专家委员会制度相结合的方法。第四，在运行机制上，坚持"举社会之力、办大众之事"的原则。第五，在办会理念上，提出"立足学术、服务建设、创新研究、着眼发展"的16字方针。

鄂尔多斯学研究的困惑：我们的困惑简单地讲有四个方面，第一是研究质量和水平如何要提高。十几年了，我们还在原来的路子上踏步不前，学术研究水平没有多么大的进步。第二是应用服务如何做得更加有针对性，更加精准、更加实效。第三是后备人才力量不足，我们是少数民族地区，人口较少，大专院校也少，各方面都缺少专家，我们在依靠遍布在国内外的专家委员会成员的同时，如何培养出本地的一些后备力量进来。第四是经费保障是困扰我们的最大问题，研究会经费没有可靠保障，没有连续性保障，当然有办法保障经费，但是应该有一个连续性保障机制。

鄂尔多斯学研究的展望：从长远目标来讲，鄂尔多斯学研究会的第一个目标就是打造品牌地方学，构建和谐研究会，一定要把中国地方学、鄂尔多斯学的品牌做大做强。第二个目标是要系统地研究鄂尔多斯历史文化，保护传承鄂尔多斯民族文化，鄂尔多斯历史与民族文化非常有特点，我们要在这方面下大功夫。第三个目标是要形成一批精品研究成果，我们前面做了三个精品研究成果，后面还要继续以精品研究成果作为突破口。第四个目标是要进行大数据平台构建和服务，这是一个漫长的工程，我们现在正在和市委宣传部探讨这个问题。第五个目标就是鄂尔多斯学研究一定要走出草原，走向全国，走向世界。这就是我们的长远目标。

选自《鄂尔多斯学研究》2019年第1期

论地方学与地方发展

奇海林

鄂尔多斯学因时代而立。时代面临着新问题，问题是时代的格言，是公开的、无所顾忌的、支配一切个人的时代之声。问题是创新的起点，也是创新的动力源。一切学问只有聆听时代的声音，回答时代的呼唤，才能把握历史脉络，找到发展规律，推动理论创新和实践创新。人类实践一再证明，不同时代有着不同问题，不同问题需要不同的解决办法，而各有特色的方法几乎全部来自不同的学问解答，不同学问就是不同时代的产物。鄂尔多斯人在改革开放这个伟大时代不仅创造出许多人间奇迹，"三次创业"实现三次转型发展，团结奋进、走进前列、战胜自我、推进文明、实现跨越，而且立于时代潮头的大浪之中，创造出鄂尔多斯模式，创立了鄂尔多斯学，硬实力和软实力都得到长足发展，实现了富裕和文明双飞跃。

鄂尔多斯学因作为而兴。历史上的鄂尔多斯先因部落得其名，后泛指区域，2001年被国务院确定为地级市名。鄂尔多斯学诞生在鄂尔多斯，时间是2002年9月16日。鄂尔多斯学从出生之日起，就始终坚持用马克思主义的立场观点方法来研究解决鄂尔多斯的问题。在发现问题、研究问题和回答问题时，坚持以中国特色社会主义理论体系为指导，正确处理了问题与思想这对关系；在学术与政治这对关系方面，坚持旗帜鲜明讲政治的同时，又善于用学术来讲好政治，做到以理服人；在历史与现实这对关系上，既有无比深厚的历史底蕴和视野，又特别注目现实的发展与成就；在理论与实践这对关系方面，既大胆用理论来明辨是非、知晓善恶，又充分用实践来检验和发展理论；在地方研究与中华文化和世界潮流这对关系方面，既有世界眼光，又立足地区实践，还有机对接国情国策，在放眼全球认识和把握世界大势和时代潮流的同时，又顺应我国发展新常态的新变化，更着力解决鄂尔多斯转型发展的各种挑战。立于改革开放伟大时代的鄂尔多斯学，一出世就与众不同，其表现如下：

一是起点高。研究会立足存史、立论、资政、惠民的高起点。突出地表现在研究会研究人员是由"三结合"构成的，有研究鄂尔多斯的专家学者，有退下来的老领导、老同志，还有实际工作部门的同志，这种"三结合"的组成结构，优势在于"1+1+1＞3"，思想、经验、方法交流碰撞，产生出众多的精神火花，形成数不清的理论脉络，经过淬炼，出现了大量的报告、论文、著作，为各级领导、各行各业提供资政智囊作用。二是作为大。鄂尔多斯学研究会初步破解了社会科学研究领域中存在的"两个循环"之难题。所谓"两个循环"，一个是一些专家学者的研究是学院式的，提出课题、进行研究、写成文章写成书、发表出版，评奖评职称、任务完成，这个循环就结束了；另一个是在实际工作部门，领导出题目，如发展战略、发展规划，秘书班子按照领导意图写成报告，然后开会、领导做报告，形成文件、下达贯彻，这个循环也完成了。三是成果丰。十多年时间里，鄂尔多斯学研究会组织学术会议近70场，出版《鄂尔多斯大辞典》《鄂尔多斯学概论》《鄂尔多斯学研究》《成吉思汗文化论集》《温暖世界　骄子情怀：鄂尔多斯民营经济40年》《伊金霍洛旗改革开放40年（1978—2018）》等百余部论著。四是获奖多。从2002年至2018年，先后获得市里各类奖12项，连续多年被评为全市先进学会。

鄂尔多斯学因文化而强。鄂尔多斯学生机勃勃存活这些年的实践告诉人们，地方学不仅因时代而立，因作为而兴，还因文化而强，这是地方学发展的生命逻辑。这正如习近平总书记所说的，文化自信是更基础、更广泛、更深厚的自信，是更基本、更深沉、更持久的力量。鄂尔多斯学既是历史的，也是当代的，不仅是民族的，也是地区的，更是世界的，只有扎根脚下这块生于斯、长于斯的土地，鄂尔多斯学才能接住地气、增加底气、灌注生气，在创新中站稳脚跟，枝繁叶茂，走得更远、更高。

综上，从鄂尔多斯学创立、中兴到强盛，从鄂尔多斯由贫穷进入"绿富同兴"，可以得出如下结论：地方学皆因时代而立，因作为而兴，因文化而强；地方学强势则助力地方发展，地方学混乱则制约地方发展，地方学缺位则地方发展迟缓；反之，地方快速发展时亟需地方学提供理论支撑，地方发展迟滞时疏忽地方学的作用，地方发展停顿时地方学就会销声匿迹。

奇海林，鄂尔多斯市准格尔旗人，鄂尔多斯市社会主义学院原常务副院长，市委党校原副校长、教授，鄂尔多斯学研究会第二任会长、第二任专家委员会主任。

选自《鄂尔多斯学研究》2019年第3期

鄂尔多斯学的由来

奇海林

问世于2002年9月16日的鄂尔多斯学，不知不觉就要迎来20岁生日，总结学问征程，理清学术关系，构建学术体系，发挥话语作用，吸取教训经验，找寻运行规律，把准发展动力，推动前进趋势，更好服务社会，无疑是吾辈不可推卸的历史性责任。

鄂尔多斯学与其他地方学同出一辙，既有地方学的共性，又有其独特个性，属于祖国地方学百花园中的一枝奇葩。某种地方学的诞生或出现，总要经过"自发"即碎片化阶段，"自觉"即理性化阶段，"自为"即成熟化阶段，"无为"即退化阶段，"退位"即销声匿迹阶段。

鄂尔多斯学的出现既是当地人们社会文化生活中的一件奇事，也曾在内蒙古自治区范围内引起一定程度的争论。经过近20年研究与服务过程中的历练，鄂尔多斯学日臻显露其框架，逐步趋向系统、规范。

作为后来研究鄂尔多斯学的学者，面对前辈的丰硕成果，面对世人的众说纷纭，经过两年多的阅读，经过多次交流、交锋，经过多番理性思索，现将鄂尔多斯学由5个因素综合发酵而成的观点公开刊发，旨在就教于各位同仁。

一、时代催生

时代是思想之母，实践是理论之源。变革时代呼唤变革思想，伟大愿景呼唤伟大理论，社会发展需要催生人文实用学问。当今世界正处在不稳定、不确定、不安定的变局期，正步入大调整、大变革、大转折的前奏期，全球治理体系频现失序、失焦、失灵危险，治理赤字加速膨胀；丛林法则恶性回潮，地缘政治博弈趋于白热，强国欺压弱国、大国霸凌小国、富国剥削穷国司空见惯；零和博弈、你输我赢、你死我活狭隘思想沉渣泛起；生态危机、环境危机、资源危机叠加演变，人类社会停滞、倒退、毁灭风险陡升，走到了新的十字路口。正如习近平总书记所言，人类正在经历着百年未有之大变局。正是这个史无前例的大变局，孕育出习近平新时代中国特色社会主义思想。

人类社会每一次重大跃进，人类文明每一次重大发展，都离不开哲学社会科学的知识变革和思想先导。我国哲学社会科学工作者应积极回应时代要求，以提升原创能力为出发点，不做国外理论的"搬运工"。哲学社会科学研究要立足中国特色社会主义伟大实践，守正出新，提出具有自主性、独创性的理论观点。习近平总书记指出，"一切有价值、有意义的文艺创作和学术研究，都应该反映现实、观照现实，都应该有利于解决现实问题、回答现实课题。希望大家立足中国现实，植根中国大地，把当代中国发展进步和当代中国人精彩生活表现好展示好，把中国精神、中国价值、中国力量阐释好"。我国理论工作者应该把文章写在中国的大地上。

改革开放以来，鄂尔多斯因资源优势，因团结奋进，因市场需求，因穷则思变，因抢抓机遇，地区面貌发生惊天动地的变化。新变化带来新问题，问题是时代的格言，是公开的、无所顾忌的、支配一切个人的时代之声。问题是创新的起点，也是创新的动力源。一切学问、学术只有聆听时代的声音，回答时代的呼唤，研究时代的问题，才能把握历史脉络，找到发展规律，推动理论创新和实践创新。恩格斯曾经说过，每一个时代的理论思维，都是一种历史的产物，在不同的时代具有非常不同的形式，并因而具有非常不同的内容。为什么鄂尔多斯学出现在2002年呢？或者说为什么鄂尔多斯撤盟设市伊始偏就出现了一个鄂尔多斯学研究会呢？鄂尔多斯学研究会专家委员会首任主任陈育宁先生给出了明确的回答："我在2002年初解释鄂尔多斯学这个名称时提出，鄂尔多斯学是以鄂尔多斯为研究对象的一门学问。鄂尔多斯学这个概念不属于目前我国对于人文社会科学所界定的学科范畴。而鄂尔多斯学则是以鄂尔多斯的历史、文化、经济、自然环境变迁等众多领域为研究对象,它不是一门学科,而是一门地方性的综合学问,这门学问里包含了不同学科,不同的学科里又包含了若干鄂尔多斯学的子系统。比如研究鄂尔多斯历史时,必然涉及蒙古史,这部分内容在人文社科的学科规范中,是属于历史学这个一级学科之下的一个二级学科专门史的内容,在专门史中又是属于民族史的范围。作为鄂尔多斯学这个概念,显然和规范学科中的历史学、法学、经济学等学科概念不属于一个范畴。'鄂尔多斯学'的概念应该怎样去理解呢？鄂尔多斯学就是以鄂尔多斯为研究对象,主要是以那些具有自身特色、自成体系、有自身发展规律的社会文化现象、经济现象为研究对象,把这些研究的问题加以概括提炼,成为一门有专业知识和理论方法的学问,构成'学'。"他说："鄂尔多斯学是以一个特定的地区为研究对象,但仅这一点是不能构成一种专门的地方学问的,因为每一个地区的历史、文化、民族、民俗、经济、社会的发展,都有可研究的内容,但是不能说每个地区的研究都是一门'学'。要形成一个专门的学问,必然要有它一些特殊的内容,有它自身的体系,有它自身的规律性的东西,还有历来对它研究成果的积累所形成的基础。从这个意义上讲,尽管每个地区都有自身专门的研究,但不一定都能概括成一门'学'","构成一门专门的地方学,应该有其独具特色的基本内涵。鄂尔多斯学的基本内涵和特征是什么呢？第一,鄂尔多斯较完整地保留了蒙古族最基本的传统文化,是蒙古族传统文化的标本。第二,鄂尔多斯保留了蒙古族最完整、最丰富、最有特征的祭祀文化。第三,鄂尔多斯有着研究和传承地区文化的深厚传统。第四,改革开放以来,鄂尔多斯走出了一条资源转换促进发展的成功道路,构成了鄂尔多斯学研究的新内容。"

地方学发展变化的实践一再证明,不同时代有着不同问题,不同问题需要不同的解决办法,而各有特色的方法几乎全部来自对不同学问、学术的解答,不同学问、学术就是不同时代、不同国家或地区的产物。习近平总书记指出:"当代中国的伟大社会变革,不是简单延续我国历史文化的母版,不是简单套用马克思主义经典作家设想的模板,不是其他国家社会主义实践的再版,也不是国外现代化发展的翻版,不可能找到现成的教科书。我国哲学社会科学应该以我们正在做的事情为中心,从我国改革发展的实践中挖掘新材料、发现新问题、提出新观点、构建新理论,加强对改革开放和社会主义现代化建设实践经验的系统总结,加强对发展社会主义市场经济、民主政治、先进文化、和谐社会、生态文明以及党的执政能力建设等领域的分析研究,加强对党中央治国理政新理念新思想新战略的研究阐释,提炼出有学理性的新理论,概括出有规律性的新实践。这是构建中国特色哲学社会科学的着力点、着重点。一切刻舟求剑、照猫画虎、生搬硬套、依样画葫芦的做法都是无济于事的。"

伟大导师马克思认为,问题就是时代的口号,是它表现自己精神状态的最实际的呼声。文军先生说过:"任何一门学科的产生和发展,都是为了满足现实的认知需要,回应时代所面对的问题。"鄂尔多斯人在改革开放这个伟大时代不仅创造出"绿富同兴"、城乡一体化、民族团结如石榴籽一样等多个人间奇迹,"三次创业"实现三次转型升级发展,团结奋进、战胜自我、推进文明、实现跨越、走进前列,而且始终立于时代潮头的风口浪尖之中,创造出远近闻名的"鄂尔多斯模式",创立了令世人刮目相看的"鄂尔多斯学"。"鄂尔多斯模式"与"鄂尔多斯学"如车之两轮、鸟之两翼支撑着鄂尔多斯市的现代化建设实践,硬实力和软实力都得到长足发展,实现了富裕和文明相互促进、双双飞跃。

二、社会有用

马克思主义认为,一切划时代的体系的真正的内容都是由于产生这些体系的那个时代的需要而形成起来的。学问因社会发展需求而创立,学科因知识分门别类而产生。理论是时代前进的最强音,学问是时代进步的强动力,学问和理论最能够代表一个时代的呼声，最能够集中一个地方的民意，最能够引领一个时代的民情，最能够促进人们为美好生活而努力奋斗。

鄂尔多斯学问世以来，可谓一路凯歌。究其原因，关键在于立足鄂尔多斯、研究鄂尔多斯、服务鄂尔多斯，即社会有用，而且是召之即来、来之能用、用之能赢。

第一是立足本地研究问题，发挥智库功能。《鄂尔多斯大辞典》《鄂尔多斯学研究成果丛书》《经济腾飞路》《2035的鄂尔多斯》等著作对新接触鄂尔多斯者而言，可谓古今大全；对常年工作在鄂尔多斯者来说，也是手头必备之工具书。在新型工业化和信息化交互促进的新时代，鄂尔多斯利用能源资源优势，在党的西部大开发战略的推动下，焕发出特有的发展进步活力，而作为鄂尔多斯市改革开放发展繁荣的重要知识支撑和思想来源，鄂尔多斯学为这种发展进步提供了独特而直接的文化营养和历史推动力。

第二是围绕多元一体，梳理史脉，做到古为今用。鄂尔多斯学一起步，就高起点、高水平、高标准涉足历史遗产，罗列史脉、梳理世故、总结过往。从萨拉乌苏流域"河套文化"起航，盘点了各类长城；从秦直道上的故事整理，到匈奴单于的"鹰顶金冠"；从"宁胡阏氏"透析昭君坟茔的往事，到"十六国"与统万城遗址的深耕；从隋炀帝同启民可汗的盛大宴会，到成吉思汗打马途经鄂尔多斯；从"阿尔寨""百眼井"传奇故事，到"古如歌"雄浑古朴的天籁之音；从藏传佛教进入王爱召，到《蒙古源流》《蒙古黄金史》的梳理；从康熙大帝走过的"老井沙"，到"走西口"和"黑界地"；从"独贵龙"反帝反封建，到党恩沐浴伊克昭盟；从伊克昭盟的"牧区大寨"乌审召，到鄂尔多斯三次创业"温暖全世界"；从绿色大市工业强市，到"绿富同兴"现代草原名城；从民族团结进步示范市，到民生幸福康居城。一路走来，在鄂尔多斯沧海桑田的历史过程中，各民族你来我往，你中有我、我中有你，谁也离不开谁，在交流、交往、交融中共同创造了辉煌历史，共同发展了农牧业经济，共同繁荣了中华文化，共同推翻了"三座大山"，共同弘扬中华精神，共同建设现代化家园。

第三是全面系统地构建学科，逐步引领风尚。鄂尔多斯学研究会创始人奇·朝鲁先生提出："1.鄂尔多斯学是地方学。地方学，就是一个地区长期形成的有自己独特特征、自成体系、有自身规律的专门学问；是把国内某一地区作为相对独立的研究对象，除了涉及该地区的地理、历史、人文、民族等之外，还要揭示该地区在现阶段的生存状况和发展方式等诸多方面所呈现的特点；地方学是一门交叉科学、综合科学。地域性和综合性是其显著特点之一。2.鄂尔多斯学是以地区历史、文化、经济、民族、生态环境及其互促联动发展规律为研究对象，是研究'鄂尔多斯现象'产生、发展及其规律性的科学。具有强烈的为区域发展服务的意识，其出发点和归宿就是面对鄂尔多斯历史与现实去探索规律，如地区经济、政治、文化、社会'四位一体'和谐发展规律等，以人为本，为人的全面发展服务。3.鄂尔多斯学有独具特色的基本内涵。如具有独特的资源禀赋（地质矿产、生态环境、文化积淀），特殊的经济社会变革追求，易于凝聚的团队精神、地区性格和开放意识等。4.鄂尔多斯学以人为本，研究鄂尔多斯人及其人文精神，注重鄂尔多斯亲和力、向心力、创造力的传承和弘扬，历久弥新，与时俱进。具有宣扬知识、揭示规律、凝聚精神的功能，发挥引导决策、服务经济建设、提高人口素质的作用。5.鄂尔多斯学是以鄂尔多斯为品牌标志，注重历史与现实、传统与时代对接，打造地域文化国际品牌，是在独有传统智慧基础上构建新区域新文化的诸多学科的集大成者。6.要以世界的全国的科学的眼光去看去研究鄂尔多斯学。确立地方学要有世界的眼光和大中华的胸怀。正如有关专家所言，用战略眼光看鄂尔多斯学研究，要采取跨学科、跨民族、跨地域、跨文化，调查与分析、形式逻辑分析与辩证逻辑分析、分期与分类研究等相结合的方法进行综合研究。"

第四是开放办学、交流借鉴、美誉传播。他山之石可以攻玉，鄂尔多斯学因交流互鉴闻名于学界，成立后的第三个年头，就联合温州学等5家地方学研究机构共同发起成立了中国地方学研究联席会，并担任首届主席方单位，用研讨会和《地方学研究》辑刊、《地方学研究信息》等多种形式将各方联结在一起，互鉴互学。以鄂尔多斯学为例，多年来，在学术研究交流实践中，突出了这样几个方面：一是将地方学的学术交流成为一种习以为常的联系方式，既有周边地方学之间的联系，也有跨省跨地区地方学之间的交流，更有跨国地方学之间的交流；二是将地方学的学术交流演化成为一种合作方式，如鄂尔多斯学与察哈尔文化研究会之间，通过彼此之间合作研究区域民族文化机制的建立，各自取长补短，优势互补，实现了合作共赢。三是将地方学的学术交流常态化为一种研究方式，地方学研究者多数是老先生、老专家，他们时间充裕，各地专家只要相聚一起，就有说不完的观点交流、论据切磋，他们无所顾忌、针锋相对，他们直言不讳、慷慨陈词，总有语不惊人死不休的气魄。

第五是研究立学、服务促学、培育厚学。奇·朝鲁等老先生们创办鄂尔多斯学研究会之初，就确立了鄂尔多斯学研究"立足学术、服务建设、创新机制、着眼发展"的社会功能定位。用奇·朝鲁先生的话来说，鄂尔多斯学研究会近20年来举办的各类论坛、研讨会，几乎都是以鄂尔多斯学和鄂尔多斯文化为主题的。如鄂尔多斯学学术研讨会、两届鄂尔多斯文化学术研讨会、三届成吉思汗文化论坛、两届阿尔寨文化论坛、《鄂尔多斯大辞典》编纂研讨会以及鄂尔多斯文化塑市、城市规划建设、魅力鄂尔多斯、转型发展等多次研讨活动，都是以鄂尔多斯学与鄂尔多斯文化的关系问题为切入点，多方位、多视角地进行了深入研讨。再如，编辑出版的《鄂尔多斯学研究文选》《鄂尔多斯文化论文集》《鄂尔多斯学概论》等。近年来，为庆祝改革开放40周年、新中国成立70周年，特别是中国共产党百年华诞，鄂尔多斯学研究会先后出版《温暖世界骄子情怀：鄂尔多斯民营经济40年》《经济腾飞路》《伊金霍洛旗改革开放40年（1978—2018）》《律动康巴什》《绿色乌审》《强旗富民准格尔》《红色鄂尔多斯》《绿色鄂尔多斯》《发展鄂尔多斯》《文化鄂尔多斯》《幸福鄂尔多斯》等。鄂尔多斯学研究会在夯实其研究服务中，开始厚植学科建设，为节俭、高雅、时尚庆祝研究会成立 20 周年，研究会委托南开大学博士生翟媛课题组梳理出《回望鄂尔多斯学》、委托杨勇课题组编撰《鄂尔多斯学名家实录》、委托奇海林课题组编撰《简明鄂尔多斯学》和《鄂尔多斯简史》等献礼项目。同时，鄂尔多斯学研究会承担了内蒙古自治区社科联"沿黄生态保护与高质量发展智库联盟"研究工作，积极组织内蒙古沿黄 7 盟市的相关专家学者有序研究"'几'字弯与阳光农业"大课题。通过项目带动老中青专家、本土与周边学者近百人，投入"'几'字弯阳光农业""'几'字弯阳光牧业""'几'字弯阳光林业""'几'字弯阳光渔业"等调查研究。

学问、学科的形成既与知识的分类密切相关，也与知识生产的高度专业化密切相关。学问、学科构成了知识生产的结构，规定着学术生产的理念、方法、目标和流程。面对纷繁复杂的世界，学问、学科、学术既是理解和探索世界的一种方式，也在有意无意之间重新分割了这个世界，重新构成了这个世界。学问、学术在研究中为世人所接受，学问、学术在交流中不断深化、不断提升、不断从必然王国走向自由王国。

三、贤士作为

时代对于人们而言可遇而不可求，时代总会将历史机遇留给那些有思想准备的智者。古人云：千羊之皮，不如一狐之腋；千人之诺诺，不如一士之谔谔。杰出人才的难得在于珍贵，即在关键时刻发挥超凡作用，如灯明发挥指引作用，塔高发挥远照功效。

奇·朝鲁、夏日、陈育宁等老先生勇于担当历史责任，对鄂尔多斯学的孕育和成型发挥了无人替代的历史性作用。老先生们把握住思维创造、理论创新的机遇，既完成了学问、学术奠基人和创作者的角色，也承担了鄂尔多斯学学问、学术传播者园丁的角色，巧妙地实现了华丽转身。正如鄂尔多斯学研究会专家委员会副主任潘洁先生所言："立市之初，自治区主要领导来鄂尔多斯视察，看了城乡实情，听了官员汇报，认为鄂尔多斯的改革发展已经步入'快车道'，可以同原本居于领先地位的呼和浩特、包头交替领先了。也就是说，鄂尔多斯正在发生质变。一些长期在这里任职的党政领导与各行各业的专家学者也在回忆、思考、研究：这块土地上的奇迹是怎样产生的？这群人的创造潜能在哪里？如何衔接历史与未来、经济与文化？还有，如何把改革开放的成功经验条理化，让各级决策、施政更加理性化，使广大群众的综合素质与生活水平同步提高。这些领导、专家虽然已退休或将退休，但不甘心把一腔抱负、满腹经纶带回家里，若干年后，再带到坟墓；他们决心把大半生所学、所积累的知识与技能向地方奉献，为人民所用。恰在此时，土生土长并长期担任旗、盟党政领导的蒙古族第一代大学生奇·朝鲁从领导岗位上退下来，他提出了建立一个学术研究机构的愿望，很短时间，数十名学有专长的志同道合者聚在他的身边。他还联络了时任宁夏大学校长的陈育宁、全国政协常委的夏日（二位都在鄂尔多斯工作过很长时间）以及在伊克昭盟（今鄂尔多斯市）担任过重要职务的领导同志。于是，鄂尔多斯学研究会于 2002 年 9 月 16 日正式宣告成立。"对于奇·朝鲁等三位老先生的作用，杨勇先生在研究会成立 15 年时，也有过一个概括："鄂尔多斯学研究会，是 15 年前由奇·朝鲁同志从伊克昭盟副盟长、巡视员的领导岗位上退下来后创办的一个民间社会组织。在创办之初陈育宁教授给予了理念上的支持与依据，夏日主席给予了精神上的鼓励与信心，周围的诸多老同志给予了创业式的鼓励和参战般的期盼，从鄂尔多斯走出去的老领导和盟委行署的领导更是赞美有加、大力支持。"

从现在的角度复原鄂尔多斯学创立时的实际，完全可以有这样的概括。

以奇·朝鲁为代表的老先生们站在改革开放的新起点上，究天人之际，通古今之变，汇学问之秘，融学科贯通，构建与中华民族伟大复兴相匹配的区域性学问——鄂尔多斯学。鄂尔多斯学聚焦世界百年未有之大变局对鄂尔多斯的影响，聚焦新时代坚持和发展中国特色社会主义伟大事业如何在鄂尔多斯更好落地，聚焦实现中华民族伟大复兴的鄂尔多斯区域实践。

老先生们以高度的修养自觉和理论自信，既有脚踏巴拉尔草原的定力，也有永远牵挂鄂尔多斯的情怀，更有放眼世界的实践经验和远大理想，把握鄂尔多斯经验，研究鄂尔多斯问题，凝练鄂尔多斯方法，淬炼鄂尔多斯思想硕果。将自在的研究，提升到学问、学术的地步，从星星之火，汇聚成一团熊熊燃烧的烈焰，且能够让这团滚烫的烈焰形成一个让人瞠目结舌的学术体系。

老先生们在创立鄂尔多斯学过程中的所作所为，令人钦佩。记得任继愈先辈曾经在《中华五千年的历史经验》一文中说过："我从事教育这么多年，深感全国上下对人文科学、社会科学，没有放在足够重视的地位上，这是很危险的。人文科学、社会科学，不像自然科学那么立竿见影。正因为这样，所以大家更要及早引起注意。"对照鄂尔多斯学近20年的奋斗历程，恰好说明，发展中的鄂尔多斯所缺少的不是知识和信息，而是思想和智慧。市场经济条件下，鄂尔多斯人善于运作，重视实干，重视"术"，这是不错的。当今鄂尔多斯的大发展，需要有"术"，要运用好政策策略，但更需要有"道"、有"理"，需要战略性思想家。可以坦白地说，鄂尔多斯只有超越"术"的层面，实现战略性思想家和实干家的有机结合，才能真正实现生态优先、创新发展、转型发展、高质量发展。因此，我们有理由说，奇·朝鲁等老先生们的大胆创新是鄂尔多斯历史上的一次扛鼎之作。正如习近平总书记所说："一切有理想、有抱负的哲学社会科学工作者都应该立时代之潮头、通古今之变化、发思想之先声，积极为党和人民述学立论、建言献策，担负起历史赋予的光荣使命。"

四、学术创新

鄂尔多斯学是一门学问。学问本身有生命，真正的学问人视学问如生命，学问研究自由和学问人心灵自由是学问有生命的前提条件。在这里，本文想强调的是，学问创新是学术的生命，学问研究的自由是学术研究自由的生命。学问研究即学术研究，学问研究是要创造新知的，学问研究就是要讲出人所不知、人所未讲的东西，前人或时人已经讲过的东西，你扯开再大的嗓门重复，也是没有什么意义的，同时学问研究一开始也不会有现成的东西摆在那儿供你使用，全得靠你自己去挖掘、去发现。鄂尔多斯学就是这样一门学问。鄂尔多斯学研究必须标新立异、卓尔不群，最好能别具慧眼、独树一帜，起码也得发掘点新材料，提出点新观点，否则就不能算是学术研究成果。《鄂尔多斯大辞典》《鄂尔多斯学概论》就是独树一帜的研究成果，用史无前例、从未有过、独领风骚、独占鳌头这样的词语来形容它们毫不过分，而且是恰如其分。

人类社会的实践证明，创造新知是学术、学问研究的终极目标和神圣使命，也是学术、学问的生命之所在。学术、学问只有不断创新，才能保持旺盛的生命力。学术、学问创新一旦终止，学术、学问也就随即停滞、窒息、死亡。学术、学问犹如生物有机体，新陈代谢一旦停止，生命也就随之终止。对于鄂尔多斯学这门学问来说如此，对于以往的学术、学问而言也都是这样。古希腊哲人的学说、学问与中国诸子百家的经典之所以历久弥新，恰恰在于它们的不断创新：它们在当年是全新的精神产品，它们在此后乃至今天依然是启迪新思想（思想可以产生思想）的宝贵源泉和做出新诠释（这也是一种创新）的丰富资源。于是，我们可以顺理成章地坦言：学术、学问创新，是学术、学问的生命。

学术、学问创新当然需要一定的外部条件，诸如自由而宽松的政治和文化氛围，必要的经济支持，健全的信息资料，等等。但是，更重要的是，学问人要保持内心的自由和独立的人格——不墨守成规，不迷信古人、洋人和权威，不在乎权力和金钱，不随风赶潮、追时髦，不做某些利益集团的传声筒或代言人。由此可见，学术、学问创新并非高不可攀，关键是学问人要诚心正意、持之以恒，强化"敢"有精神气质，夯实知识基础提升治学经验和才气。学术、学问创新最好以问题为中心，善于捕捉和提出有意义的问题并设法解决它。捕捉和提出问题往往比解决问题更重要，因为前者既需要对全局的透彻把握，也需要丰富的想象力，而后者多半只不过是程序性的事情。

　　学术、学问研究过程中，有人或囿于狭隘的视野，或缺乏足够的想象力，提不出、找不准有价值的理论问题和实践问题，东一榔头，西一棒槌，事倍功半。有人或出于利益的诱惑，或受到时尚的裹挟，没完没了地研究那些毫无意义的伪命题、假问题，虽说博得了一时的彩头、赢得了一些实惠，但是着实生命短暂，旋即沦为明日黄花。有人动辄热衷构造洋洋大观的体系，喜好编织眼花缭乱的范畴之网，这种潮流在黑格尔时代就已经过时了，在今日学科精细划分、构建中国学术体系的情况下只会吃力不讨好。当然，这绝不意味着我们反对在适当的时机进行系统的理论概括，也不意味着不需要范式和方法的创造。但是，这样的历史机遇毕竟是不多见的，而且并不是每个有才华的学问人一生都能有幸碰得上的。创新是学术、学问的生命，遗憾的是，诸多不尽如人意的现实状况却阻碍学术、学问创新，窒息学术、学问生命。且不说在学术界近年抄袭剽窃者如过江之鲫，更为触目惊心、贻害无穷的是泡沫学术漫天飞，垃圾学术遍地堆。学术、学问研究不再是为了追求真知和创新思想，而是变成了评职称、捞外快、加官晋爵的敲门砖——这是学术、学问的畸形化。好在时间老人是只筛子，能够把那些平庸和劣质的东西筛掉，使之逐渐坠入遗忘的深渊。好在实践是检验真理的唯一标准，随着学问研究实践的深入，金子总是要光芒四射，学问就如金子一样，研究愈深、成果愈明，大道至简，方可深入人心，汇聚成磅礴力量。

　　立足鄂尔多斯这片生机勃勃的北方沃土，鄂尔多斯学出现在我国改革开放轰轰烈烈的发展时代，鄂尔多斯学有领导经验丰富且年富力强者和学富五车且历尽沧桑者的有机结合，鄂尔多斯学迎来了构建中国学科体系的历史性机遇，鄂尔多斯学在祖国地方学大花园中盛开得婀娜多姿、如痴如醉。鄂尔多斯学充分利用了交叉科学和综合性科学的研究成果，在构建中国特色社会主义学科体系的良好环境下，未止步于从跨学科、交叉学科发展为综合性学科，而是沿着其本来的内在逻辑，提升为具有整体性的独立学科。

五、学界繁荣

我国学界当下的状况可谓机遇与挑战并存,即全面进入存量改革与增量中国化互动的变革时期。伴随市场经济的活跃繁荣,拒绝深刻、瓦解崇高、调侃经典,热衷于去思想化、去价值化、去主流化等现象有之;淡漠生活、淡化主题、善恶美丑不分,颠覆原有价值理念、标榜反主流研究等现象有之;媚洋、贪大、求奢,追求搜奇猎艳,热衷于渲染社会与人性阴暗面等现象有之;娱乐至上、市场为王、造假抄袭、空话连篇,毫无价值的"独特"著述有之;而争锋于名利场,热衷于政绩事功,不惜粗制滥造赶工献礼,行业内时有风气颓败的泛滥现象有之也在一定程度上侵蚀折损着学问、学术创作的质量;更有理论研究失语、缺位,浮泛表扬远多于尖锐批评而导致良莠莫辨的失范现象;以上种种形成了不良循环效应……凡此种种,都从不同角度,以不同方式侵蚀着思想产品、理论作品铸魂塑人的应有之义,也成为导致学问、学术产品"有数量缺质量,有'高原'缺'高峰'"现象的顽疾所在。

有识之士们一针见血地提出,我们的学界缺乏科学精神。具体到人文研究,科学精神就是立足客观事实,依照理性要求,求真务实;按照基本逻辑规则梳理思想,表达见解。还有学者提出,我们的学界缺乏独立思考、追求思想进步的精神。坦率地说,我们现在很多人文研究就是低水平的重复。重复古人,重复洋人,食古不化,食洋不化,说自己半懂不懂、似懂非懂的话。动辄某某古人说什么,某某洋人说什么,就是没有我自己深思熟虑后说什么。

学界的浮躁对地方学的影响特别严重,换个地名,换个数字,换个年代,就成为另一个地方学者的研究成果,诸如此类现象,举不胜举。鄂尔多斯学诞生在这样一个大环境下,尽管学界议论纷纷,智者见智、仁者见仁,说三道四的司空见惯,说这说那的随处可遇,但研究会的掌门人始终坚定不移地引领专家学者立足鄂尔多斯、研究鄂尔多斯、服务鄂尔多斯,在披荆斩棘的征途中栉风沐雨后,走出一条地方学研究的"悲壮之路"。

2005年,由鄂尔多斯学研究会倡议,温州学、泉州学、潮州学、扬州学、徽学等地方学研究机构共同发起成立了中国地方学研究联席会。鄂尔多斯学研究会担任首届执行主席方。从此，我国地方学研究进入交流交往合作时代。2008年，北京学成为第二任执行主席方。2019年，北京学研究基地与韩国首尔学和日本富士学等地方学研究机构合作，共同在北京成功举办"首届亚洲地方学与地方文化国际学术研讨会"，收到来自韩国、日本、马来西亚、蒙古、加拿大、中国学者提交的论文70篇，特别是中、韩、日三方共同努力推进东亚地方学的研究，三方进一步地将地方学发展成为对全亚洲地区振兴和不同地方研究的学科领域，为人类命运共同体构建发挥着地方学学科的理论作用。

地方学专家李殿光认为，在全球化背景下，以地域文化为标志的软实力，已经成为一个地方发展的巨大动力。一个地方的文化产业，与当地独有的历史文化价值有紧密的关系，这种特有的文化价值是带动一个地方社会、经济、文化发展的潜在动力。而鄂尔多斯本土专家柴银蛇认为，一切经济行为的终点都是文化，经济发展是以货币流通的方式换来非货币的文化成果。底蕴深厚、富有特色的地方学是地方经济社会发展源源不断的内生动力和主导性资源。第一，地方学能有力地促进地区经济社会可持续发展；第二，地方学的创新有力地推动地方经济创新；第三，地方学内在的精神力量是有效促进地方经济健康发展的正能量；第四，地方学是促成消费形态转移的推动力量。文化的"经济化"与经济的"文化化"已经成为世界发展不可阻挡的新趋势，决定着区域产业结构和经济结构的调整和升级，引导着居民消费结构升级转型，推动着人和环境的结合与互动。研究地方学，并非"迎合"潮流，也非"发思古之幽情"，而是在探究地方学内在发展演变规律的基础上，科学把握地方学与经济社会发展的互动关系，充分挖掘地方学文化资源的价值，发展文化生产力，培育新的经济增长点，推动地方经济持续、快速、健康发展。

由此可见，改革开放这个伟大时代的发展需要地方学建言献策，而地方学也应该在全面深化改革开放这个历史的新起点得到从未有过的极大繁荣。正是在这样的大背景下，鄂尔多斯学因时代而立、因作为而兴、因交流而跃、因文化而盛。

选自《鄂尔多斯学研究》2021年第1期

地方学研究

鄂尔多斯学的研究对象

奇海林

鄂尔多斯学应该研究什么，不应当研究什么？这是鄂尔多斯学作为一门学问必须回答的首要问题。鄂尔多斯学应该系统规范研究好什么问题，什么问题不需要系统规范研究？这是鄂尔多斯学作为一门学问必须回答的第二个问题。以上所述这两个基本问题，实质上就是鄂尔多斯学的研究对象究竟是什么的问题。本文从三个方面围绕鄂尔多斯学的研究对象给予回答，以就教于各位同仁。

一、鄂尔多斯学研究者的观点

鄂尔多斯学的创立者奇·朝鲁先生曾在《鄂尔多斯学与地方学》中说："鄂尔多斯学是以地区历史、文化、经济、民族、生态环境及其互促联动发展规律为研究对象，是研究'鄂尔多斯现象'产生、发展及其规律性的科学。具有强烈的为区域发展服务的意识，其出发点和归宿就是面对鄂尔多斯历史与现实去探索规律。如人与自然和谐相处、各民族共同团结奋斗共同繁荣的发展规律，地区经济、政治、文化、社会'四位一体'和谐发展规律等，以人为本，为人的全面发展服务。"在《浅论鄂尔多斯学及其研究会》一文中，奇·朝鲁先生提出，鄂尔多斯学，就是以鄂尔多斯地方为研究对象的一门学问。在研究对象的界定上具有地方学的基本属性。在研究内容上，主要以鄂尔多斯从历史到现实的那些具有自身特色、自成体系、有自身发展规律的社会文化现象、经济现象、生态现象为研究内容。对此进行综合性研究，突出其地域特色，从知识上系统归纳，从认识上加以升华，从规律上深入探讨，从理论上概括提高，使之成为鄂尔多斯最具价值的精神财富和科学知识。早在2014年《浅论鄂尔多斯学及其研究会》一文中，奇·朝鲁先生就提出，研究对象是界定一门学问或学科的重要依据，也是一门学科赖以建立的主体和核心。说地方学是以特定地方为研究对象的学科，就是说其全部研究内容和体系都是围绕这个对象构筑并展开的。一个地方构成"学"要具备"四有"，即有自身特征的研究对象，有自成体系的研究内容，有其自身发展脉络和规律，有相应的理论知识和研究方法等，可称为地方学的四要素。从上述说法中可见，鄂尔多斯学的研究对象是有关鄂尔多斯地区的各种社会现象及其内在规律。之所以研究这些内在规律，目的旨在升华鄂尔多斯地区最具价值的精神财富和科学知识，为人的全面发展和地区有序发展服务。

郝诚之先生在《以战略眼光看鄂尔多斯学研究》一文中提出，鄂尔多斯学研究必须确立有时代感的战略重点。一是交叉纵横，"五跨"研究。把单一研究变为跨学科、跨民族、跨地域、跨文化，甚至跨国的综合研究。二是居高临下，战略整合。要站在内蒙古看鄂尔多斯，也要站在中国看鄂尔多斯，从喜马拉雅山顶上看问题更好。看鄂尔多斯的历史贡献，看它的爱国情结，看它的变革勇气，看它的厚积薄发，看它的多元互补，研究鄂尔多斯如何从"资源富集带"转变为"经济隆起带"，为"黄河金腰带"上的鄂尔多斯早日成为西部大开发的示范区做理论准备。三是转化成果，服务决策。要总结规律，找到与时俱进与持续发展的增长点和制高点、竞争力和震慑力。四是盯住前沿，打造亮点。具体来说，第一，要把鄂尔多斯的发展放在区域经济和西部重点经济区的盘子里来研究，打造出个性、打造出特殊重要性来。第二，大旅游的发展要靠大交通、大历史、大文化。要大兴调查研究之风，鄂尔多斯学研究会应在大研究、研究"大"上发挥特殊的中坚作用。第三，鄂尔多斯学的另一个特点是多样、多元、多彩。

陈育宁先生在《鄂尔多斯模式与鄂尔多斯学》一文中提出，作为一门地方学，鄂尔多斯学就是以鄂尔多斯为研究对象，主要以那些具有自身特色、自成体系、有自身发展规律的社会文化现象、经济现象为研究重点，也就是把具有地域和民族的特殊性、甚至唯一性的经济社会文化现象加以理性概括，成为一门有专门知识和理论的学问，构成"学"。

杨勇先生在《鄂尔多斯学的构建与研究特征》一文中提出，鄂尔多斯学就是研究鄂尔多斯地方的一门学问，这个地方的学问包括了这个地方自然与人文的各个方面。鄂尔多斯学研究的内容，选取有鄂尔多斯特色的六个方面，第一方面是历史文化，第二方面是地方文化，第三方面是祭祀文化，第四方面是地方经济的发展，第五方面是生态文明的发展，第六方面是关于鄂尔多斯精神的研究。

潘照东先生在《关于鄂尔多斯学的若干思考》一文中提出，首先，鄂尔多斯学属于地方学的范畴，其研究范围以鄂尔多斯地区为研究对象，以现在鄂尔多斯市行政辖区为主体，涉及相邻的内蒙古中西部、宁夏北部、陕西北部、山西西北部有关地区。其次，鄂尔多斯学的研究内容包括鄂尔多斯地区的自然地理状况及其生态环境的变迁，人类文明的形成及其演变，生产方式、生活方式的特点及其演变，地区、民族文化、艺术的特点及其演变，政权更替、行政区划及其变迁，军事组织、战争及其历史影响，宗教活动及其演变，重要人物及其事迹，现代化建设及其发展，考古与文献，国内外研究动态及其比较。再次，鄂尔多斯学历史文化、民族文化方面的研究重点，是蒙古族鄂尔多斯部的历史、文化，以成吉思汗祭祀为代表的蒙古族祭祀文化。最后，鄂尔多斯学现实问题研究的重点，是鄂尔多斯模式及其创新、发展。

姚鸿起先生在《关于鄂尔多斯学对象、特点和方法的思考》一文中提出，鄂尔多斯学是研究"鄂尔多斯现象"产生、发展及其规律的科学。"鄂尔多斯现象"就是鄂尔多斯人通过各种活动（主要是生产活动、政治活动、科学试验活动）对鄂尔多斯自然环境、地理环境、社会环境（人文环境）等认识与改造的结果。"鄂尔多斯现象"的产生、发展，经过史前、原始、青铜器、铁器时代到近现代，虽然发生了很大变化，但各种现象之间还是体现着一定的内在联系，遵循着一定的客观规律。这些内在联系或客观规律主要是：人与自然和谐相处、和谐发展的规律；民族和睦团结、社会稳定发展的规律；经济、政治、文化、社会、生态协调运行的规律等。

阿云嘎先生在《试论鄂尔多斯学研究中对几个关系的把握》一文中提出，鄂尔多斯学研究的最后落脚点应该是研究鄂尔多斯人独特的行为模式和思维模式。要深化鄂尔多斯学研究，首先必须确定若干个研究重点题目，大家集中力量去突破它。而这些重点题目应该具备以下两个特点：首先必须是关系到研究全局的问题，这些问题一旦被突破，其他好多问题都能够迎刃而解；其次最好是热点问题，比如有些问题一直没有定论，虽经长时间的争论但至今没有结果，要是这种问题一旦被突破，就能够大大促进鄂尔多斯学研究的深化。

奇忠义先生在《建立鄂尔多斯学的历史背景和意义》一文中提出，鄂尔多斯学的研究是新时期鄂尔多斯文化发展的必然，鄂尔多斯学的研究同样要以地域性、多学科、综合性为特征，深入地进行，创造性地多出精品。

二、关于地方学研究对象的观点

四川大学城市研究所所长何一民教授在《城市地方学研究的三大视野和三个层面》一文中提出，成都学就是以成都为研究对象的一门交叉学科，是研究成都城市兴起、发展、演变的过程与特点及规律的一门交叉学科。从成都特殊的城市地位和学科的性质特点以及研究方法上看，成都学研究和学科构建，应具备三大视野和重视三个层面的工作。三大视野包括成都学研究的历史视野、全球视野和战略视野。何先生所说的历史视野，并非是将成都学研究等同于成都历史研究，而是认为从事成都学研究的学者，在研究与成都学相关的各种问题时，应该具备历史的眼光，应该站在与未来的交汇点进行思考与研究。何先生所说的全球视野首先在于研究者视野的国际化，成都学研究的国际化则是用全球的眼光来看待成都历史的发展和当今所面临的机遇与挑战，分析其发展对于世界的意义。成都学虽然是以研究成都为主，但成都的发展与崛起并不是孤立的，而是中国乃至世界多元经济、文化交汇的结果。党的十八大以来，习近平总书记多次强调"发展科学技术必须具有全球视野、把握时代脉搏"，成都学研究也应当放眼于世界。何先生所谓战略的视野，就要有全局意识、长远的眼光。作为城市研究的成都学，不仅是一个学科的建设，也是一个系统工程。它的构建不仅需要长时间的积累，而且需要多学科研究者共同努力和配合，构建成都学这一远大目标，就要求研究者有着战略的视野。同时，成都学研究者在对相关课题进行研究时，也要具备战略意识和长远的眼光。何先生认为，成都学的学科性质决定了成都学研究既是基础理论研究，也是应用研究，此外还应该高度重视普及工作。因而，成都学研究和建设要注意三个层面的工作，一是基础研究，二是应用研究，三是普及研究推广。

北京联合大学北京学研究所张佐友教授在《关于北京学研究对象的思考》一文中提出，建立一门新的学科，首要的问题是确立研究对象。有自己特有的研究对象，才能取得作为一门学科的资格，才能与其他学科区分开来。对研究对象的科学表述，不能太急，需要一个长期探索过程。对于北京学而言，至少需要准确认识这样八个关系。即城与人的关系，保护与利用的关系，个性与共性的关系，过去、现在和未来的关系，现象、规律和力的关系，政治、经济、文化的关系，生产力、文化与社会发展的关系，部分与整体的关系。应该把北京这个大都市视为一个系统，把北京学对北京的研究作为一个系统工程。北京这个系统是由北京人与北京经济、政治、文化、教育、交通、基础设施、园林等要素或子系统按照一定结合方式有机结合起来的。这些要素都有专门的学科研究它们。北京学也研究它们，但不是研究它们的全部，而仅仅研究建立合理的系统结构对这些要素有什么要求，各要素怎样满足这个要求。北京学侧重于研究这个系统的结构，研究各要素怎样在质态上、量态上、时间上、空间上有机结合起来，以获得大于各要素的特殊功能简单相加之和的整体功能，即 $1+1>2$ 的功能。因此，北京学的研究，不是全面研究各个要素，即不是着重研究构成系统的各个部分，而是着重研究系统的结构。因此，北京学的研究具有综合性和整体性的特点。这样，北京学就与其他学科区分开了。北京这个系统，毫不例外，它也是在一定的环境中运行的。这些环境包括自然环境、人文环境、国内环境、国际环境。北京学要研究北京这个系统与环境的交互作用，以提出优化环境的建议。对北京这个系统要进行静态考察，提出当前改善要素、优化结构以提高整体功能的对策；对北京这个系统还要进行动态考察，以揭示出北京发展的规律性的东西，为策划北京的未来与保证北京的可持续发展提供依据。

张新斌在《中原学是理论自信的体现》一文中提出，中原学属于地方学的研究范畴，其所涉及的问题非常广泛，最重要的问题涉及以下若干层面：一是中原学的基础理论研究。包括中原学的概念、特点、研究对象与方法等。二是中原学的基本问题研究。如中原地区的文明演进规律研究等。三是中原学的历史问题研究。如中原地区民族融合与中华民族的形成等。四是中原学的文化精神研究。如中原地区的元典文化及其贡献等。五是中原学的现实问题研究。

河南牧业经济学院教授宋朝丽和郑州大学新闻与传播学院教授汪振军在《构建中原学基本理论体系探析》一文中提出，中原学主要研究中原地区的综合活动，研究对象涉及历史、地理、民俗、管理等多个领域，每个领域都有独立的研究范式，如历史学者从史学研究范式研究中原文明的生成，管理学者从管理科学范式研究中原地区的管理制度演变，不可能形成统一的研究范式。从这个意义上讲，中原学是一门"软"科学，研究范式具有多样性。从应用程度来看，中原学是在社会发展中产生的，是通过系统的研究，为中原地区在政治、经济、社会和文化发展中面临的问题提供实际解决方案，不仅要关注"是什么"，更要关注"怎么做"，因此它是一门应用性很强的学科。中原学研究中原地区各要素组成的区域综合体的生成、演变和发展，分析其生成基础、发展特点和演变规律，为中原地区的战略发展提供应用理论基础和实证研究成果。中原学的研究内容包括中原地区的人口、资源、政治、文化、经济、社会以及区域综合体的发展基础、生成规律和特点。在此基础上，对中原学的研究，可以沿三条主轴线展开：一是以时间为轴线展开纵向研究；二是以空间为轴线展开横向研究；三是以问题为轴线展开立体研究。

陈桂炳在《加强泉州学研究刍议》一文中提出，泉州学发端于20世纪20年代，泉州学的研究对象是泉州的历史文化。能否准确地认识泉州的历史文化价值和地位，对于泉州学的构建和今后的可持续发展是至关重要的。泉州学的研究范围包括大传统文化和小传统文化。在《泉州学研究的经典之作》一文中，陈桂炳提出，台湾"中研院"院士李亦园教授1999年10月在"海峡两岸泉州学研讨会"演讲中开篇的第一个问题，就是开门见山地回答了"泉州学能成立吗？"这个亟待明确的问题。李教授说："10年前我第一次返回家乡时，在一次学术座谈会中就有人问我研究泉州可以成为泉州学吗？我当时的回答是肯定的，今天我对这个问题的回答也还是肯定的。"一般方志的撰写大都属于编纂、记述、刊录、登载，而较少进入"研究"的范畴。而泉州学之有别于泉州志的地方，就在于泉州学的基本立场是从事研究，像一门学科一样，是以研究为最终目的的。所谓"研究"，不仅在最高的层次上要有理论的指导，要有假设、求证的过程，要讲究信度、效度，等等，而且在实践的历程上要有宽广的视野，要有客观而价值中立的态度，要有摆脱固有框架、不受束缚而有创意的想法，更要有对当代文化学的基本修养，借以搜集适宜的文化资料以阐释文化意义，因为无论如何，泉州学的基本精神即在辨明泉州文化是何特色。

北京学研究所所长张宝秀教授在《地方学的设立标准和学科内涵》一文中提出，美国文化地理学家段义孚（Yi_Fu Duan）认为，空间被赋予文化意义的过程就是空间变为地方的过程。地方学的宗旨，就是要研究某一空间变为某一地方的过程，深入挖掘其地方性及这种地方性形成的过程、发展规律、地域特点和动力机制等，在彰显地域文化特色的基础上对地方的未来做出判断，从而为地方的文化、社会、经济、政治、生态发展等提供理论支持。学科是学术的分类。地方学是一个跨自然科学和人文社会科学的综合性学科，是一门新兴的多学科交叉学科，其发展还不够成熟，在教育部颁布的学科专业目录中还没有独立设置的"地方学"，我们讨论其学科属性、内涵外延、研究对象、研究内容等，不断完善学科建设，是必要的。但质疑其存在的合理性，并无实际意义。各地地方学的建立，不必设定严格的标准，不必等待学科的完全成熟，只要当地有一定地域文化研究的基础和成果，有一定数量的研究人员，有研究的需要，就可以开展地方学研究，在条件具备时可成立地方学研究机构。从内涵上看，现代地方学是研究地方的综合性学科，把某个具有典型性、代表性的区域甚至国家作为专门的研究对象，将其作为人文、自然要素共同构成的地域综合体进行综合性研究。与其他研究地方的单一学科相比，地方学研究的要素，都有着地方性、综合性、历史性和地域文化的视角。从外延上看，具体研究对象理论上包括该地区的自然、历史、文化、社会等。但地方学不同于地方志，不仅对地方情况进行记述，更重要的是将其作为一个有机综合体进行研究，研究某一地域各种组成要素的地方性特色、发生发展过程及其相互关系，探究其发生发展的规律，并预测未来发展趋势。实际上，目前各地的地方学研究领域大多侧重研究历史文化，有的只重点研究其中的某一方面。

陈海忠在《地方学兴起的历史背景》一文中提出，文化多样性是世界文化发展的基础，在经济全球化背景下更要重视文化的多样性与差异性。当人们越来越深入地了解到"他者"的文化后，更容易发现具有悠久传统的本土文化的可贵。因此，地方学兴起可视为经济全球化背景下的一种文化现象。而且我们看到，一些地方学在此背景下实现了跨界发展。例如客家学、潮学研究兴起之初，学者们都强调以客家人、潮州人的活动为中心，跳出民族国家的框架，以跨国、跨区域的视野研究特定人群的海外拓展及其与本土社会的互动等。

仝建平在《地方学研究有三忌》一文中提出，地方学以某一地域为研究空间，多数以政区命名，如晋学、鄂尔多斯学、潮学；有的以城市及辖区命名，如北京学、长安学、洛阳学；有的以名胜古迹及周边地区命名，如泰山学；有的以地理区域命名，如岭南学。其中的敦煌学、徽学本以研究文书得名，但随着研究的深入与扩展，已经升级为综合研究当地文化历史的学问。地方学主要探讨区域古代的文化历史，也可以扩展至对区域现当代的文化发展与经济社会的关系探讨。但地方学的研究内容也不应该无所不包，研究区域的古代应包括方方面面，而研究现当代应侧重精神、观念层面。

林健在《玉门学作为地方学的研究意义初探》一文中提出，并非每个行政区域都需要建立自己的地方学。特定地理单元之所以能够孕育富有研究意义的地方学，必然要求其具备其他地方难以企及的独有价值，即特殊性。这种价值通常需要依托于地域特征明显的物质实体或抽象事物，例如敦煌学依托的洞窟文物。唯有特色鲜明的元素才能使得地理单元具有独立构建地方学的必要性。玉门学的价值依托物主要包括承载历史意象的玉门关与聚合现代符号的玉门油田，二者作为纽带联结了玉门时空范围内的大量特色元素。地方学不是一个地理单元内部所有学科的简单整合，而要求跨学科的研究对象之间存在必然联系，从而能够使用一致的研究方法构建独特而系统的研究体系。客观上，这就要求研究对象具有多样性与交互性。地理单元的规模大小和历史长短决定其潜在研究对象的多样性，但规模与历史的跨度却有可能削弱研究对象的交互性，从而降低建立综合性地方学的可行性。就玉门而言，其恰到好处的规模与历史特征造就了性质优良的研究对象，进而为提出具有共通性的研究方法打下了基础。

王熙梅在《从对象学看上海学》一文中提出，上海学，顾名思义，它的研究对象是上海，但是并非凡是研究上海各种问题的都是上海学。上海和其他事物一样，是由多层次、多侧面构成的完整统一体，而这个统一体又有其产生、发展的历史。因此，人们可以从不同层次、侧面、历史阶段来研究上海，如可以研究上海的政治、经济、科技、文化、民俗等，可以研究上海的历史。但这些分门别类的研究，还不是上海学，即使把这些分门别类的研究加起来也不是上海学，因为总体不等于各局部机械相加之和。上海学是从整体上来研究上海的一门学科，这类似社会学从整体上研究社会。虽然分门别类研究上海，不是"上海学"，但从不同层次、侧面、阶段研究上海，对上海学的发展是有重大推进作用的。上海学不仅不排斥对上海的分门别类的研究，而且需要这种研究，正如哲学的发展需要各门学科发展一样。同样，对上海的分门别类的研究，也需要上海学，因为缺乏总体观念，是不容易认识、把握局部的。上海学尚处在草创时期，还不可能有自己的范畴体系，随着研究的深入和发展，随着认识的深化，上海学一定会逐步形成自己的范畴体系。上海学是从整体上来研究上海，是一门理论性与实践性高度结合的学科。开展上海学的研究，有助于提高整体研究的自觉性，有利于寻求上海发展过程中带有规律性的问题。

《上海学》主编周武认为，在我们当今的学界，上海学通常被当作是一门方兴未艾的显学，一门内涵跟外延极其浩瀚深广的学问。因为它方兴未艾，所以可以开拓的研究空间是非常大的；因为它浩瀚深广，所以不是任何一个机构或者个人所能够穷尽。

刘开美在《关于地方学构建中的几个理论问题》一文中提出，地方学是一门以特定地域为特征的、以历史文化研究为主线的、应用性的、诸多学科交叉的文化学科。一句话，地方学就是地域文化学。按照这种理解、界定的地方学基本内涵，表明构建地方学就是要立足特定地域，挖掘历史文化资源，运用多学科理论综合交叉研究的系统成果，为发展文化产业尤其是旅游文化产业服务。要把握地方学的研究外延，就要明确地方学研究所应包括的范围，所应完成的任务和所应达到的目的。以长江三峡学的研究为例，作为历史文化类的学科，其研究大体上都会经历资料挖掘整理研究、对历史文化资料进行解读鉴赏研究、以历史文化资料为素材进行多学科拓展研究、开展历史文化资源的开发利用研究以及对历史文化研究史的研究等过程。这一研究历程，就是认识学科规律、明确基本内涵、把握研究外延、形成研究思路、构成理论体系的过程。因此，地方学就其研究外延而言，应该包括地域文化挖掘整理研究、地域文化评价鉴赏研究、地域文化学科拓展研究、地域文化开放展示研究、地域文化研究史研究等五个主要方面，从而构成地方学研究的基本外延。

李强在《关于创立温州学的思考》一文中提出，什么是温州学，温州学研究的主要对象是什么，这是创立温州学不可回避的基本问题。温州学创立之初，虽然难以对其下一个准确的定义，也不宜急于对其研究对象做出明确的界定。但是，温州学作为一门学科，应该确定其内在含义的基本轮廓和研究对象的大体范围。温州学应该是一门主要研究温州文化、研究温州人和温州人精神、研究温州文化与经济互动发展、揭示温州经济和社会发展内在规律的综合性地方学科。对温州已有的研究，为创立温州学初步奠定了基础。多年来，不少专家、学者从不同角度对温州的经济社会文化的发展进行了研究，并且在许多方面取得了成果。但是，从总体上看，现有的研究资源和学术成果还是分散的、零碎的，没有形成完整的研究体系。创立温州学，就是要整合现有的各种研究资源和学术成果，变分散的为整体的，变零碎的为系统的，使其发挥更大的作用。

综上可见，各地地方学研究表现出不少共同的发展趋势，如研究对象和内容不断拓展与深化，实证研究与理论研究有机结合，微观研究与宏观研究有机结合，地方经济文化社会发展与地方学研究有机结合，本土力量研究与外埠力量有机结合，国内外研究力量有机结合，人文社科研究与自然科学研究有机结合，科学研究与人才培养有机结合等。纵观中外地方学研究成果，仍然存在着知识体系碎片化、过分注重问题导向、侧重应用服务和缺乏构建学科体系等问题。

三、本文的观点

毛泽东曾说："科学研究的区分，就是根据科学对象所具有的特殊的矛盾性。因此，对于某一现象的领域所特有的某一种矛盾的研究，就构成某一门科学的对象。"

地方学是一门以某个具体地方为视角的综合性学科，国内国外都有成功的研究案例，改革开放以来，我国地方学发展有了长足进步，它以地方"五大建设""四个全面"为时代和学科背景，以探寻地方科学发展为目标，以挖掘、揭示地方发展规律为学术宗旨，探究地方高质量发展的整体联系和地方与国家、世界发展的特点、进程和趋势。

习近平总书记在哲学社会科学工作座谈会上的讲话中指出："中国特色哲学社会科学应该涵盖历史、经济、政治、文化、社会、生态、军事、党建等各领域，囊括传统学科、新兴学科、前沿学科、交叉学科、冷门学科等诸多学科，不断推进学科体系、学术体系、话语体系建设和创新，努力构建一个全方位、全领域、全要素的哲学社会科学体系。"中国的地方学研究可以追溯到秦汉时期，当时对《春秋》的研究就有了"齐学"和"鲁学"之分。宋元时期的湖湘学派、浙东学派，明清时期的常州学派，都是历史上有重要影响力的地方学术流派。徽学、藏学、敦煌学是近代以来中国三大地方显学。20世纪80年代以来，全国各省份大部分都提出了以本省或本区域为研究对象的新地方学，比较有名的有北京学、上海学、广州学、关学、徽学、皖学等。而西方地方学起源于20世纪早期人文地理学界发起的"区域主义"运动，1963年，美国学者马纳斯·查特杰（Manas Chatterjee）明确提出了"地区学"（Regional Science）。如今海外地方学已经取得了丰硕的研究成果，如首尔学、东京学、伦敦学、罗马学等。本文综合中外地方学或地区学研究者关于研究对象、研究范围等的研究成果，形成如下认识。

任何一个学科、学问的产生都有其特定的背景和条件，一方面表现为社会实践的需要，另一方面表现为增进知识的需要。地方学正是基于上述两种需要而产生，是时代发展的产物。地方学与所有学科、学问一样，有自己独特的研究对象。所谓研究对象是对某一学科或学问研究内容、范围的高度概括。

它确定学科或学问研究的内容、范围、方向等问题。确定研究对象的意义在于，它是学科或学问研究的起点。只有确立了科学的研究对象，才能建立科学的学科、学问体系。任一学科或学问都有特定的研究对象。学科或学问间的区别主要在于研究对象的区别。

现代社会中，构成一门学科或学问的基本范畴，是由该学科、学问的研究对象和基本内涵所决定的。换言之，学科、学问的基本范畴要多层面多角度反映、阐述和揭示该研究对象和学科内涵。唯有如此，这个学科或学问的基本范畴才有生命力，进而这个学科、学问才能确立。鄂尔多斯学基本范畴的选择与设定当然也必须遵循这一基本原则。

现代地方学就是在方志学基础之上，整合社会科学、人文科学和自然科学研究成果，在思维科学指导下，将分门别类的研究成果，从分散综合为整体，将零碎整合为系统，形成指导地方发展的宏观学问或学科。

从鄂尔多斯学的研究对象来看，它有三个特点。即思想体系是"学魂"或"学脉"，知识体系是"要素"或"载体"，话语体系是"应用"或"表现"。

思想体系即"学魂"或"学脉"，贯穿于鄂尔多斯学始终，是鄂尔多斯学赖以产生和发展的前提、基础和支撑。之所以说"学脉"如此重要，是因为不同的理论产生于具体、特定的时间和空间，有其特定的历史、社会背景。鄂尔多斯学产生在21世纪初，是鄂尔多斯现代化建设条件下的一门新兴学问。鄂尔多斯学要致力于对我国传统思想体系与苏联思想体系和西方思想体系的传承、吸收与创新，致力于自然科学、人文科学与社会科学的融会贯通，致力于用符合我国国情和内蒙古区情的特色实践与文化对古今中外思想体系进行系统化、概念化的现代重建，努力建构马克思主义中国化的鄂尔多斯学思想体系。具体来说，首先要以马克思主义作为鄂尔多斯学思想体系的灵魂。只有以马克思主义为鄂尔多斯学研究的指导思想，才能保证鄂尔多斯学思想体系的正确性质。其次要以中华优秀传统文化以及鄂尔多斯融合文化作为鄂尔多斯学思想体系的主要内容，以此保证鄂尔多斯学思想体系的民族性、民间性。再次要以欧俄美日印阿文化思想作为鄂尔多斯学思想体系的重要理论资源，从而保证鄂尔多斯学思想体系的国际性。

知识体系即"要素"或"载体"，鄂尔多斯学之所以能成为一门学问或学科，就因为有自己的知识体系。近现代社会实践告诉人们，任何一种文明的核心都是知识体系，知识体系的价值在于其解释客观存在的能力，特别是解决"我是谁"的问题。作为一门学问或学科，如不能建立自己的知识体系，就不可能清晰地解释自身，让世人来认识你。鄂尔多斯学的知识体系应当以鄂尔多斯的传统文化内容为基础，涵盖北方民族与中原民族交往交流交融的传统理论形态，同时立足当代鄂尔多斯发展实践，形成涵盖经济、政治、文化、社会、生态文明等多领域全方位发展的现代学科体系和知识体系，对海内外的发展理论、概念、话语要有分析研究、有鉴别欣赏，逐渐超越片面借鉴苏联和现代西方学科门类划分和知识体系架构的局面，逐渐形成不忘本来、吸收外来、面向未来的中国特色社会主义鄂尔多斯实践的知识体系与学科体系。

话语体系即"应用"或"表现"，习近平总书记指出，"发挥我国哲学社会科学作用，要注意加强话语体系建设。在解读中国实践、构建中国理论上，我们应该最有发言权，但实际上我国哲学社会科学在国际上的声音还比较小，还处于有理说不出、说了传不开的境地。要善于提炼标识性概念，打造易于为国际社会所理解和接受的新概念、新范畴、新表述"。话语体系源于知识体系和思想体系，知识体系是话语体系的基础，话语体系是知识体系和思想体系的外在表现形式。在国内外两个循环、两个大局相互促进的发展背景下，地方发展的话语体系显得尤为重要，在全球化大趋势下提升与"他者"的沟通能力，获取他人的认同，实现合作共赢，确实需要我们付出艰辛努力，积极推进鄂尔多斯话语体系的建设是争夺鄂尔多斯融合文化乃至中国特色社会主义文化话语权的重要路径。只有以更加开放性的态度阐释传统鄂尔多斯学的现代内涵，同时打造有足够影响力的当代鄂尔多斯学学科体系和知识体系，才能向中外传出鄂尔多斯的声音、内蒙古的声音、中国的声音。

因此，本文认为，随着地方发展实践的需求，地方学的发展与深化是历史必然。当然，地方学在发展过程中，如果远离研究对象或偏离研究对象，那么在困境中徘徊甚至自生自灭也不是什么罕见之事。纵观欣欣向荣的地方学，或历史悠久，或后起之秀，外在表现不外乎硕果累累、作用非凡、人才辈出、蒸蒸日上，究其原因，都是始终沿着自己确定的研究对象，立足当地实践，深入细致研究，成果应用得当，而且不断与时俱进。

选自《鄂尔多斯学研究》2021年第3期

地方经济发展研究

鄂尔多斯经济现象研究与思考

夏 日

位于内蒙古自治区西南部的晋陕蒙"乌金"地带的伊克昭盟（简称伊盟，后改为鄂尔多斯市），地域上称之为鄂尔多斯。这个古老神奇、贫穷落后的地区，在自然、生态环境极其恶劣的情况下，用短短的20年时间，依靠党的改革开放好政策，解放思想、更新观念、顽强拼搏，以经济持续、快速、高效发展为特征，一跃成为自治区发展最快、最活跃的地区之一，由此而引发出的一系列新的经济现象被人们称为"鄂尔多斯经济现象"。

鄂尔多斯经济现象，虽说是经济现象，但它不单纯是一个经济概念，也不是单纯用经济指标能够说明的。经济发展通常是指以经济增长为手段而实现的国家或地区生产商品和开发劳务的能力增强，以及各部门产业结构乃至社会经济结构的优化。基于这样的认识，我以为鄂尔多斯经济现象应该包括五方面的内容：一是经济实力明显增强，经济发展由落后到先进、由慢到快。二是社会经济协调发展。三是随着经济效益的不断提高，财政收入、人民生活水平同步增长。四是生态效益、社会效益和经济效益开始进入良性演进阶段。五是两个文明建设互相促进，同步发展。

鄂尔多斯经济现象是一个地区概念，地区经济是个有机的综合体，只有包括至少以上五个方面的多种因素相互促进、协调发展、同步增长方可形成。

鄂尔多斯经济现象的成因分析：鄂尔多斯由一个经济贫穷，社会落后，沙化严重，人民生活水平低下的地区，经过短短的20年时间，发生了如此巨大的变化，原因是什么呢？落后有原因，发展也是有条件的。经济发展要受多种生产要素和社会资源的制约。经济发展的程度，取决于该时期该地区人们能够掌握和动用的生产资料及各类社会资源的程度，包括自然资源、物质资源、人力资源、技术资源和其他社会资源，等等，而掌握和运用的程度，除取决于这些要素和资源的多少，取决于政策、制度、手段、方法和路子之外，还取决于思想解放、观念更新的程度，取决于改革的深度和进度，取决于各种资源配置的优化程度。一个地区的经济是一个有机的综合体，发展经济的条件也是一个有机的系统工程。因此，分析一个地区经济现象或地区间差距形成的原因，可以从不同的角度、不同的层次总结许多。但从整体上看，主要是区位环境、自然条件和社会因素三条。如果从主观因素（主观能动性）的角度对鄂尔多斯经济现象形成的原因进行一些分析，那么一是坚持解放思想、实事求是的思想路线，一切从实际出发。二是找到了优势资源产业化、优势产业集团化的发展路子。三是运用科学技术，以起点高弥补起步晚的损失，缩短了产品、产业优化升级的时间。四是坚持改革开放、不断解放和发展生产力，为伊盟经济、社会发展提供了强大的动力源泉。五是经济增长有力地促进了经济的发展。六是文化内涵在新形势下产生了新的凝聚力。七是鄂尔多斯经济现象是党的基本路线、方针、政策和改革大环境的产物。八是讲究工作技巧和方法。

一个地区的发展变化是一个长期的动态过程，也是各种因素长期积累的过程。因此，所谓成因也是多方面、多层次的。有历史原因，有现实原因，有客观原因，有主观原因，有物质条件的原因，也有思想认识上的原因，等等。我的分析，也只是基于所知部分，择其主要而论之。

鄂尔多斯经济现象的启示：鄂尔多斯经济现象除证明了党的基本路线、改革开放政策的正确，还启示我们差距是可以缩小的，落后是可以赶上先进的，经济发展是可以超常规、跳跃式前进的。所谓超常规、跳跃式前进，就是靠科学技术，靠引进先进技术、设备，靠管理，靠改革来缩短发展时间，以达到大的跨越。

对伊克昭盟工作的几点建议：一是努力寻找新的经济增长点。二是努力调整优化产业结构和产品升级换代。三是努力快速进入知识经济新阶段。四是努力提高人才市场的发育程度。五是努力提高人民群众的素质。

总之，通过研讨鄂尔多斯经济现象，使我们看到了内蒙古自治区的希望，看到了中西部的希望，给了我们赶超发达地区的信心和勇气。

选自《鄂尔多斯学研究》2002年第1期

鄂尔多斯的后发优势及其转化途径分析

汪哲乐

认识后发优势、找准转化途径，是鄂尔多斯实现跨越式发展的关键。什么叫"后发优势"？后发优势是指非完全工业化国家与地区或落后经济也有有利的发展优势并由此得益。表现为落后国家、地区或后发展经济可以借鉴与吸纳先进国家、地区的经验、技术、资金，采取赶超工业化发展战略，实现经济跨越式的快速发展。后发优势论是亚历山大·格申克龙（Alexander GerSchenkron，1904—1978年）通过对19世纪欧洲各国工业化进程的考察而提出的，他发现欧洲几个国家是从经济非常落后的水平走向工业化的，因而探知落后国家或地区也可后发展为工业化国家或地区。格申克龙对经济落后有了一种全新的认识，其分析颇富于启发性。我认为"落后经济"就是不同发展阶段的农业经济或工业化将要起步时的经济。

后发优势的具体表现：一是低成本技术引进与模仿优势。我们认为发达国家的先进科学技术正是后进国家或地区赶上先进国家或地区的一大优势。实际上，近现代各国经济的发展史已证明和正在证明这个事实，而且赶超所需时间愈来愈短。二是快速的制度学习和模仿优势。制度创新是推动经济发展的源泉。当然学习别人的东西尚有本土化创新的过程。三是结构转换优势。这种结构转换的优势可以从国内和国际两个方面来说明。国内而言，无论产业结构还是地区经济结构，都存在二元经济特征。经济增长在很大程度上是由结构转变（资源从较低效率部门向高效率的部门配置）推动的。这是国内后发地区发展的特有优势。四是后引进优势。发达国家或地区应用了先进的设备后，又出现更先进的设备，正好成为后来引进的后发地区的优势。五是忧患意识优势。后发国家或地区,因受自身相对落后的经济限制,以及被发达经济的刺激和启迪的影响,具有强烈的忧患意识和发展愿望。而且一个国家落后程度越大,这种意识及其功效也就越显著。

依据后发优势理论和观点,我们应该研究如何促成我国西部地区走向工业化、实现跨越式发展的策略,进而缩短与东部地区的差距,完成全国整体上全面实现小康社会。当然利用后发优势理论,东部和中部地区如何赶超和赶上发达国家,也是我们潜心研究的重大课题。

鄂尔多斯的后发优势。鄂尔多斯除具有西部地区的一般优势外,还有这样几个突出的后发优势。一是区位优势。鄂尔多斯地处国家确定的呼包银—集通线经济带腹部。国务院发展研究中心联合国家计委宏观经济研究院、中国社科院、中科院、内蒙古自治区、宁夏回族自治区共同研究确定了呼包银—集通线经济带发展战略。呼包银—集通线经济带是以京包—包兰铁路、集(宁)—通(辽)铁路和110国道为主轴线,以呼和浩特、包头、银川、鄂尔多斯、榆林、集宁、通辽等节点城市为依托,延伸辐射内蒙古自治区和宁夏回族自治区全境及陕西省榆林地区,总面积约130万平方公里。鄂尔多斯成为其中的区位核心区,在经济发展的梯度推进中具有后发优势。近年鄂尔多斯的煤、电分别向京津、呼市、包头、银川供应,甚至开始向西安、兰州供应。鄂尔多斯的工业产品源源不断地销往这些地区。二是资源的运输成本优势。鄂尔多斯的水资源、煤炭资源、建材资源成为加工业的后发优势。鄂尔多斯已经建立了大型火电厂、水电厂,年发电在120亿度以上。而且投资600亿元,年产煤油1000万吨的神华煤转油项目落户鄂尔多斯。鄂尔多斯蒙达电厂生产一度电耗煤348克,按照进口价计算成本约为0.0097元。每度电上网价为0.204元,产值增加15倍以上。而电成为发达地区一刻也不能离开的能源。鄂尔多斯这样的资源还很多。随着经济的发展,鄂尔多斯显现出许多后发优势。三是后引进优势。鄂尔多斯开展了多项工程项目研究与项目实施,建成了羊绒产业与建材产业两个国家级研究中心和三个博士后工作站。这些都成为实施后引进优势的载体。后引进优势已成为后发地区经济爆发式发展的"敲门砖"与"金钥匙"。

后发优势的转化途径分析：一是发挥政府主导作用。由于鄂尔多斯的静态资源多，动态资源相对贫乏，主要凸显为资本资源和人才资源的有限。加之市场经济要素较发达地区发育欠缺，市场经济的制度和观念深入人心晚于发达地区。因此，政府主导经济显得十分必要。二是发展地区主导产业。一个欠发达地区如果真正选准了其主导产业，那它对地区经济发展会起到多方面的带动作用。而地方政府或大企业选择主导产业时，常常难以选准或不知如何判断。主导产业是指在经济发展某一特定阶段的产业结构中客观地居于主导地位并起着前波后及、带动一大批产业发展作用的产业。三是培养后来居上的群众性、地区性发展精神。培育比东部更为强大的发展愿力和精神。鄂尔多斯充分利用与东部形成差距的压力，塑造发展经济的群众性进取精神。四是通过改善发展环境来吸引发达地区的经济要素。只有改善了环境，才有可能引来区域外的生产要素，引进资本、技术和人才，与各种资源结合。这样既可以解决资金、技术、人才问题，也可以带来管理经验，从而促进鄂尔多斯实现工业化与现代化。五是要注意区域内的经济要素流失。鄂尔多斯流失人才和资本是对过去长期原本十分艰难的条件下完成的教育投资和资本积累的瞬间丢失。据统计，鄂尔多斯地区考到区外的本科以上毕业生回流不足15%，人才外流现象比较严重。这也是西部地区的通病。六是注意发挥地区产业结构的区域相异性。鄂尔多斯羊绒衫依托资源优势，瞄准国内外发达地区，不断提高档次，拓展了市场。鄂尔多斯依托煤炭资源，选准北京等华北电力市场，大力发展煤电产业，实现了"煤从空中走"。羊绒产业和煤电产业在区域间产业结构中属优势产业，因而成长快，市场旺，实现了构筑区域产业结构相异性的目的。

总之，后发优势的转化途径是鄂尔多斯应予关注的核心，更是研究区域经济学的意义所在。

汪哲乐，鄂托克前旗党委副书记，人民政府党组书记、代旗长。

选自《鄂尔多斯学研究》2004年第1期

对我国沙产业和少数民族聚居区经济发展的几点思考

郝诚之

西部大开发,生态是重点,沙漠化防治是难点,沙区和少数民族聚居区群众脱贫致富是焦点,突破口是产业化。要实现人与自然、人与社会的和谐发展,就要生态和生计兼顾,治沙和致富双赢,绿起来和富起来结合。一言以蔽之,解决沙区和少数民族聚居区的"三农""三牧"问题,要走"绿化——转化——产业化"之路。这条路是著名科学家钱学森院士1984年搞国防科研,在西部沙区和少数民族聚居区深入调查后提出来的,准确的叫法是发展"知识密集型沙产业、草产业",是属于第六次产业革命的有中国特色的新理论。它要求四点:一是用科学技术来经营管理沙漠,把沙地、草地当作宝贵的国土资源,扬长避短,科学开发,按规律办事,讲投入产出,不以绿色画句号。二是以水为先,以水为限,讲规模经济,搞阳光产业,形成核心竞争力。三是变生物链为产业链,生产终极产品,通过龙头企业带动,通过应用科技成果,提高附加值含量,变粗加工为深加工、精加工,获取高额利润。四是寓生态环境的保护于科学开发之中,不以环境为代价,也不为生态而生态,要变"花钱买生态"的输血机制为造血机制,坚持循环经济和可持续发展。它的概念是:利用阳光,通过生物,延伸链条,创造财富。它的特点是:围绕一个"省"字,走资源节约再生的循环经济之路;突出一个"链"字,走城乡一体、"草畜工贸四结合"的龙型生态经济之路;强调一个"转"字,走新型的工业化集约经济之路;追求一个"增"字,走知识密集、技术创新、成果集群、系统耦合、利用综合、文化衔接、效益叠加的知识经济之路。它的好处是:强调了科学用沙,打破了条块分割,着眼于总体效益,立足于光热转化，致力于脱贫致富，为防沙治沙用沙的"预防为主，积极治理，科学经营，持续发展"指明了极具时代感的前进方向。它又一次证明了经济学家的观点："时代变迁的全部奥秘，隐伏在'资源——工具——生产力——生产关系——时代'连锁反应的过程中"。

我们认为，沙产业、草产业是中国西部大开发中生态建设、脱贫致富的必然选择，是沙区和少数民族聚居区破解"三农""三牧"问题、构建和谐社会的根本出路之一。它符合西部的特殊生态规律、经济规律和产业规律，适应了西部各族群众的历史基础、经济基础、生态基础和文化基础，在产业化和市场化、现代化之间搭起一座桥梁。"退耕还林、退牧还草"，必须解决新型的涉农的后续主导产业的结构优化和市场开拓问题，解决沙区和少数民族聚居区群众未来生存空间的拓展和优化问题。

鄂尔多斯市探索的新模式，实际是我国"退耕还林""退牧还草"新型后续主导产业的不同模式，它验证了"生态安全"和"粮食安全"可以相济互补，贯彻防沙、治沙、用沙相结合的战略方针势在必行。以防沙、治沙、用沙为切入点，带动沙区和少数民族聚居区经济社会协调发展、快速发展、和谐发展，是涉及国土资源科学开发利用和从根本上解决"三农""三牧"问题的大事情。鄂尔多斯市的植被覆盖度已比禁牧前有较大幅度的提高。大力发展沙、草产业之后，该市粮食生产不但没受影响，而且产量由 1999 年的 69 万吨增加到 2003 年的 76 万吨；粮、经、草的比例由 1999 年的 68∶30∶2，调整为 2003 年的 30∶27∶43；牲畜总头数由 2000 年禁牧前的 615 万头（只），提高到 2003 年的 820 万头（只）以上，2004 年达到 1000 万头（只）；农牧民年纯收入达到 3090 元。

沙漠化不是地球的癌症。沙漠只要不是地质年代形成的，就是可治的、可用的，可以和人类和谐共存、协调发展的。沙区和少数民族聚居区有出路，中国就有希望。我们的结论是两句话：不以绿色画句号，产业链上做文章。沙区必须在植被建设的基础上科学经营沙漠，发展沙、草产业。日本科学家远山正瑛（Masahide Toyama）先生说得好："21世纪是科学开发利用沙漠的世纪。"我们中国在这方面的探索不比日本和以色列差，有理论成果，有实践成果，有优越的社会主义制度，应该推而广之，为人类做出应有的贡献。

选自《鄂尔多斯学研究》2005年第2期

眺望未来五年

——对全市经济社会和谐跨越发展的认识

鲍文彬

"十五"是我们鄂尔多斯市经济社会和谐跨越发展的最好时期，重温经济快速增长的历程，不难发现，自1992年经济发展步入快车道以来，生产总值三年左右就能翻一番。1995、1998、2002年三个"翻番年"下来，经济总量由1992年的25亿元增加到2004年的380.4亿元，"十五"的最后一年2005年已达到550亿元，又是一个"翻番年"。真可谓硕果累累，成就辉煌。当我们把目光再放到"十一五"发展的宏伟蓝图上时，更令人心潮澎湃。"十一五"是国家全面建设小康社会的关键时期，对我们鄂尔多斯市这块能源富集区而言，是一个跨越腾飞时期。

实现经济发展预期目标的主要途径：大力提升农牧业产业化水平；逐步延伸农牧业产业链；加大对第一产业的投入；跨越式发展工业经济，加大煤炭产业基地建设，加大电力产业基地建设，加大化工产业基地建设，加大绒纺产业基地建设；加大建材产业基地建设，加大农畜林沙加工产业基地建设，整体提升第三产业发展水平，开拓发展新型服务业；大力发展循环经济。

"十一五"末，即2010年，对我们鄂尔多斯来说，是一个重要的关口。通过深层次改革，建立完善的社会主义市场经济体制，既是"十一五"期间的重要内容，也是实现"十一五"规划的根本保证。既然已经选择了一条正确的发展之路，我们就要坚定不移地走下去，任何的摇摆都要不得，发展与改革的脚步一刻也不能停下。

鲍文彬，鄂尔多斯市统计局原科长。

选自《鄂尔多斯学研究》2006年第2期

论阿尔寨石窟的保护开发对鄂尔多斯旅游业的推动作用

苏雅拉

阿尔寨石窟又称"百眼窑",处于北纬 39.7 度、东经 107.3 度之点上,位于内蒙古鄂尔多斯市的鄂托克旗。整个阿尔寨石窟是一座红色砂岩小山岗,高约 80 米,宽约 300 米,状似平台。阿尔寨山上原有寺庙建筑,至今仍存 6 处遗址;环山凿有 65 座石窟,坍塌或被风沙掩埋的有 18 座,目前较完整的尚有 43 座;沿石壁刻有大小浮雕佛塔 22 座。阿尔寨石窟凿于北魏中期,盛于元朝,延续至明代,是中国长城以北草原地区硕果仅存的晚期佛教石窟遗址,是保存古代游牧民族信息最多的地方,堪与敦煌莫高窟、大同云冈石窟等诸石窟媲美。宋辽夏金元时期是阿尔寨石窟的全盛时期。成吉思汗晚年南征西夏时,曾在阿尔寨地区活动过。灭西夏之后,阿尔寨石窟即为蒙古人礼佛之地,又为祭祀成吉思汗之所。阿尔寨石窟中的近千平方米壁画,历史悠久,内容丰富,瑰丽多彩。其中成吉思汗遗迹,佛教文化艺术,以及回鹘式蒙古文、梵文、藏文榜题等,均具有极高的历史、文化、艺术价值。阿尔寨石窟是内蒙古草原不可多得的历史文化瑰宝。

但由于种种原因,就是这样一处具有无比重要历史文化价值的宝贵遗产,近年来却毁坏严重。造成这种状况的原因有两个方面:一是本地区文物部门对阿尔寨石窟缺乏应有的保护。二是本地区文物部门对阿尔寨石窟开发力度不够。

为了使阿尔寨石窟文化古迹的作用得以发挥,我们应该采取措施保护好阿尔寨石窟这个珍贵的文化遗迹,并通过发展旅游业等措施开发它,处理好保护和开发的关系。一是要对阿尔寨石窟遗址进行科学保护。要加强文物法规的宣传教育工作。要加强队伍建设，坚决依法行政，加大执法力度，树立文物执法的权威。要保护好文物的存在环境。二是在搞好保护工作的前提下搞好开发。做好宣传工作，开发文化产品。增加投入，搞好基础设施建设。

阿尔寨石窟对于研究当时社会的政治、经济、文化等具有重要意义，阿尔寨石窟的保护和开发，是关系到鄂尔多斯市经济社会发展的大事，它将极大地推动和促进鄂尔多斯旅游业的发展。具体来说，它对鄂尔多斯旅游业发展的推动作用将主要表现在这样几个方面：一是加强文物法规宣传教育工作，可增强人们自觉保护阿尔寨石窟的意识，使阿尔寨石窟得到有效保护，必然增强阿尔寨石窟的吸引力，进而促进旅游业的发展。二是组建文物执法队伍，可加强阿尔寨石窟的保护力度，使阿尔寨石窟对游客保持永久的吸引力，进而促进鄂尔多斯旅游业的发展。三是对阿尔寨周围环境的保护，可以改善文物周围环境，促进鄂尔多斯旅游业的发展。阿尔寨石窟作为文化遗产，和周围环境有着密切联系，和周围环境共同构成完整的反映蒙古民族历史传统的遗迹。四是阿尔寨古文化宣传和古文化产品的开发，会加强人们对古文化的了解，刺激人们对文化产品的消费，进而激发人们的旅游兴趣，促进当地旅游业的发展。五是对阿尔寨石窟的投资，进行基础设施建设，会为当地旅游业的发展提供必要的条件，进而推动当地旅游业的发展。

苏雅拉，鄂托克旗阿尔寨石窟研究院。

选自《鄂尔多斯学研究》2006 年第 3 期

对鄂尔多斯市投资与经济形势的回顾与展望

刘海军

鄂尔多斯市的经济运行情况：鄂尔多斯市2006年的经济运行脚步是坚实的，为2007年全市投资和经济发展奠定了良好的基础。一个初具经济实力、孕育着发展活力、彰显城市魅力的中西部经济强市已经展现在世人的面前。

当前影响鄂尔多斯市投资与经济发展的积极因素有，一是经济发展的宏观环境进一步优化；二是一批大工业项目开工建设，拉动投资增长的作用继续放大；三是煤电油紧张局面仍然没有从根本上缓解；四是承接产业转移的机遇仍然存在。消极因素有，一是原材料的价格上涨，压缩了企业利润空间；二是区域技术创新能力不足；三是国家的宏观调控政策将对地区经济产生新的影响；四是困扰经济发展的其他因素。

对鄂尔多斯市投资与经济形势的展望及政策建议：对政府的政策建议，一是增强对经济形势发展变化的可预见性，并及时进行有针对性的调控；二是继续加大对固定资产投资的调控力度和招商引资的力度，保持投资平稳适度地增长；三是健全和完善金融市场；四是增加人力资本储备。对企业的对策建议，一是科学进行投资决策；二是重视人力资本储备；三是加强内部管理；四是增强自主创新能力。

刘海军，鄂尔多斯市伊金霍洛旗人，鄂尔多斯市乡村振兴局副局长，鄂尔多斯学研究会专家委员会委员。

选自《鄂尔多斯学研究》2007年第1期

探索西部开发的新路子

——"绿色乌审"发展模式分析

潘照东

内蒙古自治区鄂尔多斯市的乌审旗,近年来提出"以人为本,建设绿色乌审"的发展理念与工作部署,成为全旗经济、社会发展的总纲领、新指针,在实施中初步产生了可喜的效果。乌审"绿色"的理念与实践,可以称为"绿色乌审"发展模式,对于落实科学发展观,促进西部大开发具有重要的理论与实际意义。

"绿色乌审"发展模式是落实科学发展观的新成果。乌审旗地处毛乌素沙地,生态环境脆弱,是蒙古族聚居的传统畜牧业旗,工业化起步较晚。加快发展,兴旗富民是各族干部、群众的共同愿望。乌审旗委、旗政府认真且全面分析旗情的客观实际及其特点,并分析了国际、国内经济与社会发展的趋势,提出了建设"绿色乌审"的理念。所谓建设"绿色乌审",就是始终坚持以人为本的理念,按照人与自然和谐相处的原则,充分利用乌审旗得天独厚的绿色资源,坚定不移地做大做强"四大产业",营造绿色环境,开辟绿色通道,扩大招商引资,增加绿色收入,创造最佳人居环境,提倡健康文明的生活方式,最终实现人的全面发展,促进经济社会的良性互动。可以说,"绿色乌审"发展模式是传统发展战略的根本转变。其价值与意义在于,一是遵循"三大规律",推动经济社会理性发展。二是实施"四大转变",促进经济社会协调发展。三是完成"二次调整",全面优化产业结构。四是增强执政能力,确保发展成果惠及人民。

"绿色乌审"发展模式的基础是保护、改善生态环境,为经济、社会长远发展奠定坚实的基础。乌审旗坚持生态建设是最大的基础建设的认识,坚持"既要黄金白银,又要碧水蓝天"的发展观,坚持整体优化、集中打造的实践观,坚持以人为本、和谐发展的人文观,致力打造环境名片。

"绿色乌审"发展模式的重点是发展绿色经济,增强综合经济实力。包括:努力发展生态农牧业,推进农牧业产业化;把握生态工业——循环经济的方向,大力推进新型工业化;加快小城镇建设。

"绿色乌审"发展模式是"建设民族文化大旗"的主旋律。在现代化进程中,社会从愚昧走向文明,不能缺少先进的文化。形成崇尚科学、尊重知识、与自然和谐相处的文明社会,也正是建设"绿色乌审"的有力支撑。发展建立在乌审深厚文化底蕴之上的文化产业,是建设"绿色乌审"的重要组成部分,同时也是建设"绿色乌审"的特色所在,是构筑"绿色乌审"的精神内涵和不竭动力。

"绿色乌审"发展模式以绿色行政体系为制度保证。近年来,乌审旗以推动"绿色行政",建设"绿色通道"为主题,推进行政改革,提高社会管理效率,收到了明显的成效。

选自《鄂尔多斯学研究》2007年第2期

从根本上解决"三农"问题的"一把钥匙"

——鄂尔多斯市农牧业经济收缩转移、集中发展实践启示录

白晓明

鄂尔多斯市是内蒙古自治区经济实力较强、发展速度最快的盟市,与呼和浩特市、包头市并驾齐驱,成为引领自治区经济社会快速发展的"火车头"。鄂尔多斯市的实力主要体现在第二产业上。"三农"问题一直是困扰全市经济社会发展的薄弱环节,特别是生态环境脆弱,是历届班子、历任领导几十年来艰苦奋斗、常抓不懈、着力改善的工作重心。"十一五"规划开局之年,市委、市政府遵循科学发展观的要求,在总结"三农"工作正反两个方面经验教训的前提下,确立"收缩转移、集中发展"的农村牧区经济发展战略,即收缩第一产业战线,转移农牧民,将农牧业发展的重点集中到黄河和无定河"两河"流域及城郊。两年来,这一战略的实施给鄂尔多斯市农牧业经济带来巨大变化。鄂尔多斯市农牧业经济收缩转移、集中发展的实践,意义重大,为全自治区乃至中国西部探索解决"三农"问题提供了可资借鉴的经验。

进城农牧民将补贴资金部分或全部纳入社保,实行与市民一样待遇的基本生活保障,每月凭存款折子领取保险金,如同干部按月领取薪金,其打工收入就是用来提高生活水平的增量。几年下来,农牧民与市民的收入差距彻底摆平。诚如是,中央提出的工业反哺农业、城市支持农村和跳出"三农"抓"三农",坚持解决农牧业问题在非农牧产业上找出路、解决农村牧区问题在加快推进城镇化上找出路、解决农牧民问题在减少转移农牧民上找出路的战略决策就得到了根本落实。由此可见,改革户籍制度,取消农牧民身份,改革投资体制,整合项目资金和投资渠道,是国家解决"三农"问题必须配套进行的综合改革。到那时,农口各部门或机构只需保留两个就可以了,即现代农

牧场发展局、生态环境维持局，其余全部撤销。现代农牧场发展局的职能是管理与服务优化发展区农牧场主和龙头企业，生态环境维持局的职能主要是森林草原防火、防虫灭鼠、河流整治等。这样，政府就可以一心一意地抓城市建设和城市经济社会的发展了，聚精会神构建和谐社会。原来用于农村牧区的巨额社会事业投入也可以省下集中用于城市了。至于农畜产品有效供给，全部由优化发展区企业来承担。据测算，鄂尔多斯市优化发展区通过集中发展，科学规模经营，企业化、集团化和产业化运作，是完全具备这样的产出和供给能力的。

鄂尔多斯市农牧业经济收缩转移、集中发展，很好地解决了百姓增收致富、经济社会发展和生态效益的矛盾，为从根本上破解"三农"难题开启了新思路，具有开创性和较强的操作性与试点推广价值。

白晓明，鄂尔多斯市农牧业局党组成员、副局长。

选自《鄂尔多斯学研究》2007年第2期

统筹协调　集中发展

——鄂尔多斯发展模式

夏　日

什么是发展模式？发展模式是在一定社会历史条件下，一个地区或一个企事业实体，在发展过程中，创造的可以作为典范和榜样加以推广的成功的路子、做法、形式或经验。应具备"五性"：第一，具有科学性，符合规律、符合大局、符合实际；第二，具有确定性，概念清楚，叫什么就是什么；第三，具有创新性，有特色、有个性；第四，具有示范性；第五，具有可推广性。

鄂尔多斯30年改革开放、建设发展，实现了由贫穷落后向富裕文明的历史性跨越。1978年，地区生产总值只有3.46亿元，人均344元；财政收入只有1900万元，人均不到20元；城镇居民人均可支配收入只有279元；农牧民人均纯收入194元。2007年，地区生产总值增加到1150亿元，比1978年增长332倍，在自治区各盟市中名列第二；人均GDP突破1万美元，在全国333个城市中名列第四位；财政收入200.8亿元，比1978年增长1056倍，在自治区各盟市中名列第一，人均财政收入12971元，在全国地级市中名列第9位；城镇居民人均可支配收入16226元，比1978年增长58倍，在全区各盟市名列第一，在全国地级市中名列第35位；农牧民人均纯收入6123元，比1978年增长31倍，在全区各盟市中名列第一位，在全国地级市中名列第42位。地区综合实力跃居全国百强城市第28位。在全国200个城市竞争力排名中，鄂尔多斯增长竞争力、效益竞争力分别名列第一位和第三位。生态植被，由1978年沙化面积占全市总面积的80%，到2007年植被覆盖度占总面积的70%以上；道路交通，由1978年仅有3699公里沙区公路，到2007年已形成包括公路、铁路、航空在内的立体交通网络；粮食产量由1978年的2.008亿公斤，到 2007 年的 13.5 亿公斤；牧业年度牲畜头数由 1978 年的 594.7 万头（只）到 2007 年的 1351.3 万头（只）；城市化率由 1978 年的 10% 到 2007 年的 61%。

鄂尔多斯为什么能实现历史跨越，取得如此重大的成功？原因是多方面的：一是在党中央、内蒙古自治区党委的正确领导下，坚持党的基本理论、基本路线、基本纲领、基本经验，深入贯彻落实科学发展观，走出一条正确的路子；二是提出一系列正确的战略、思路、理念；三是制定了一整套正确的方针、政策、措施；四是采取了正确的工作方法；五是有正确坚强的领导班子和十分能干的干部队伍、企业家队伍。

鄂尔多斯究竟是什么发展模式？在贯彻落实科学发展观的实践中，鄂尔多斯形成了"统筹协调、集中发展"的路子和经验，成为贯彻落实科学发展观的一个载体。这个载体完全包含和解决了发展第一要义、以人为本的核心、全面协调可持续的基本要求和统筹兼顾的根本方法所要解决的全部问题。同时解决了资源节约型、环境友好型社会建设的问题和经济发展方式的转变问题。统筹协调、集中发展模式，符合鄂尔多斯实际，有利于转移农牧民、解决"三农问题"，有利于保护环境、恢复植被，实现生产发展、生活改善、生态良好的"三生"统一的良性循环；有利于市旗一体、城乡统筹，消灭"三大差别"；有利于集聚现代生产要素，集约化建设经营；有利于全面协调、可持续建设资源节约型、环境友好型社会；有利于全面建设小康社会，实现人的全面发展；有利于改变经济发展方式，促进经济社会又好又快发展。

选自《鄂尔多斯学研究》2008 年第 4 期

浅析鄂尔多斯发展模式

潘 洁

不太长的时间内,经济增长、文化繁荣、生态改善,三个"现象"接踵出现,被专家概括为"鄂尔多斯发展模式"。构成鄂尔多斯发展模式的要件,概而言之,分为两个方面,即自然要素和人文要素,也可以称之为客观条件和主观条件。关于自然要素:鄂尔多斯有着独特的自然资源优势;鄂尔多斯有着相对的区位优势。关于人文要素:一是改革氛围、后进地位,催生强烈的进取欲望;二是向心、包容、勤奋——经济腾飞的文化支撑;三是历任领导集体观念超前,运筹得当。这30年,从率先力主包产到户的盟委书记,到引领经济之车驶入"快车道"的市委书记,鄂尔多斯的历任党政领导都有着极强的实践性、前瞻性、进取性、亲民性。这是鄂尔多斯人的幸运,是鄂尔多斯这个大经济实体的巨额无形资产。鄂尔多斯人正在迈向全面小康,他们在感激党中央第二代、第三代领导英明正确的同时,也铭记着身边这些地方党政负责人的智慧和功劳。

第一,鄂尔多斯的崛起,是以鄂尔多斯人为主体,由鄂尔多斯人亲手创造的。因而,有关人的文化素养、精神状态、气质性格等人文要素,是内因,起决定作用,是变化变革的根据。除此之外的自然条件等是外因,是变化的条件。第二,鄂尔多斯发展模式不具备普遍推广价值,即使在西部也是这样。原因是自然资源、地理区位无法复制。属于人文要素这一系列的构成因子,则大部分是可以推广、借鉴直至复制的。其中无法改变的差异是较长历史时期形成的文化积淀。因此,本人认为,"模式"的示范意义更多地存在于内蒙古西部地区、毗邻地区及我国西部自然社会条件与鄂尔多斯市相近和类似的地市。第三,鄂尔多斯自身面临经济社会发展状态质的飞升的前夕。要保持（发展势头）、提高（产业层次）、完善（社会和谐度）,所以,鄂尔多斯发展模式作为"模式",有其阶段性、局限性,绝不能当作完美的、万灵的公式去推广和套用。

选自《鄂尔多斯学研究》2008 年第 4 期

三十年铸就辉煌

——改革开放以来鄂尔多斯经济走势分析

鲍文彬

从1978年党的十一届三中全会召开以来,改革开放已走过她30年的光辉历程。30年来,在党的十一届三中全会路线、方针、政策指引下,鄂尔多斯发生了举世瞩目的历史巨变。综合经济实力大大增强,老百姓的米袋子、钱袋子越来越膨,日子越来越好,是人们对改革开放以来最深刻的感受,这好日子的背后正是综合经济实力的体现;大开发、大投入、大建设;农牧业经济出现结构性变化;工业经济谱新篇,鄂尔多斯有着丰富的地上地下资源,发展工业经济得天独厚,能源工业、化工工业、毛纺工业是工业经济的脊梁;交通邮电业迅猛发展;内外贸易大跨越;小康成真不是梦。

回眸和分析改革开放30年变迁的原因,可以归纳为这样几点:一是伟人效应;二是观念效应;三是机遇效应;四是"特色经济"效应;五是"人才"效应;六是"政府导向"效应;七是"推进城市化"效应。

选自《鄂尔多斯学研究》2008年第4期

地方学研究

在群众性的伟大实践中探寻真理之路

——对内蒙古鄂尔多斯包产到户和畜草双承包的回顾

千奋勇

社会上普遍认为，中国农村改革的发源地在安徽省凤阳县小岗村，岂不知内蒙古自治区伊克昭盟（后改为鄂尔多斯市）达拉特旗、杭锦旗农村包产到户（后来规范叫生产承包经营责任制）比小岗村早半年。1979年的内蒙古自治区党委第一书记周惠同志，闻讯实地考察后，明确表态："对伊克昭盟的包产到户，我不习惯用'文革'的语言，今天也用一句，叫作'革命大方向是完全正确的'。"当时的盟委书记（即地委书记）千奋勇同志说："这个简明的表态，使伊克昭盟的各族领导热泪盈眶，这是党委给我们吃的定心丸啊！要知道，在当时搞包产到户，地方领导坚持干，自治区领导支持干，要冒多大的风险！"如果说，安徽凤阳小岗村反映的是中国农村改革"自下而上"悲壮的一面的话；那么，内蒙古鄂尔多斯农村包产到组、包产到户得到盟委、自治区党委支持，反映的就是中国农村改革"自下而上"与"自上而下"互动结合的另一面。党心、民心在这里是交融在一起的。我们认为，这才是中国农村改革取得成功、创造奇迹的更重要的、深层次的原因。社会主义对我们来说，有许多地方还是未被认识的王国。我们要完成这个伟大任务，面临许多问题，需要我们去认识、去研究。"躺在马列主义、毛泽东思想的现成条文上，甚至拿现成的公式去限制、宰割、裁剪丰富的飞速发展的革命实践，这种态度是错误的。我们要有共产党人的责任心和胆略，敢于研究生动的实际生活，研究现实的确切事实，研究新的实践中提出的新问题。"这是30年前一篇为世人所瞩目的文章——《实践是检验真理的唯一标准》中，一段发人沉思、至今仍闪烁着深邃的思想之光的精辟论述。亦正是在这一为探求真理而冒着风险之作的引发下，一场规模宏大、内涵丰富、影响深远的关于真理标准问题的大讨论在全国空前兴起。这在中国大地如久已期盼的春风春雨，顿时吹洒在长城内外、大江南北，对共和国的前途和命运产生了不曾料想到的历史性的巨大影响。从伊克昭盟看全国，中国农村经济的发展，是亿万农民群众在亲身实践中创造性地实行了包产到户等多种形式的联产承包责任制的结果；也是我们党尊重群众首创精神、支持群众首创精神的结果。它推动了历史，创造了历史，从经济体制上解放了农民，解放了农业生产力，使中国农村面貌发生了历史性的变化。伊克昭盟农村牧区积极推行包产到户和畜草双承包责任制，将生产自主经营权还给农牧民，仅一两年间，就使农牧区经济从濒于崩溃的边缘转向全面恢复和发展的崭新阶段。大多数农牧民迅速摆脱了饥饿，解决了温饱。同时，还以改造生态环境和基本生产条件为中心，大力种树、种草、种柠条，兴建小型水利工程，恢复植被，为今后的农牧业发展增强了后劲，为沙产业、草产业发展打下了基础，直至创造了全国有名的"鄂尔多斯发展模式"。

千奋勇，鄂尔多斯市准格尔旗人，内蒙古自治区党委原副书记，内蒙古自治区政协原主席。

选自《鄂尔多斯学研究》2009年第1期

地方学研究

鄂尔多斯科学发展与自主发展的有机结合

朱晓俊

鄂尔多斯市曾经是内蒙古自治区最贫穷落后的地区之一。改革开放前，鄂尔多斯经济发展缓慢，所辖的8个旗县都是国贫旗（县）或区贫旗（县）。然而，如今的鄂尔多斯已经今非昔比，一跃成为内蒙古自治区发展最快、活力最强、效益最好的地区之一。数字是枯燥的，但也是最具有说服力的。"九五"以来，鄂尔多斯地区生产总值以年均20%的速度递增，工业增加值以年均30%以上的速度递增，财政收入以年均35%以上的速度递增。2007年，鄂尔多斯市地区生产总值将达到1200亿元，人均GDP已超过1万美元；财政总收入达200亿元；综合经济实力跃居全国百强城市30位以内；城镇居民人均可支配收入达到1.7万元，农牧民人均纯收入增长到6500元。所有这些指标，不论总量还是人均水平，都居于全区前列。同时，鄂尔多斯市与呼和浩特市和包头市共同构成了闻名全国的内蒙古"金三角"，成为全区经济的龙头和发动机。2006年，鄂尔多斯GDP占全区的15.7%。地方财政收入占全区的10.2%，固定资产投资占全区的16.3%。

鄂尔多斯发展的原因有：一是依托丰富的资源，实施资源开发战略，成为鄂尔多斯工业化起步阶段的必然选择；二是经济自主发展能力和科学发展的有机结合；三是不断推进改革开放，完善市场体系，营造体制优势。民营经济发展快，体制创新力度大，招商引资力度大，发展环境营造好，科技创新力度大。

分析鄂尔多斯的发展过程，可以看出，这是贯彻落实科学发展观的自觉的过程。突出表现在这样几个方面：一是比较好地处理了资源型产业发展与结构升级的关系；二是比较好地处理了资源的可持续利用问题；三是比较好地处理了物质文明和生态文明的关系；四是从战略高度统筹人与自然的关系；五是比较好地处理了经济发展与社会发展的关系；六是比较好地处理了城乡关系；七是比较好地处理了不同区域发展的关系。

总之，鄂尔多斯的发展，如果要讲模式的话，概括起来讲，我认为是"以资源为基础，科学发展和自主发展"的模式。这三个方面离开了哪个方面，都不能全面准确地认识"鄂尔多斯现象"。近年来，学术界在讨论"内蒙古现象"和"内蒙古模式"，事实上，鄂尔多斯的发展集中体现了内蒙古的发展；了解鄂尔多斯的发展内涵，也就了解了内蒙古发展的基本内涵。

朱晓俊，内蒙古人，内蒙古社科联副主席、研究员。

选自《鄂尔多斯学研究》2009 年第 1 期

以人为本　科学发展

阎秉忠

以人为本，是科学发展观的核心，是政治文明的重要体现，是我们党和政府始终不渝的执政理念。认真领会、牢固树立并切实践行这一理念，真正做到"权为民所用、情为民所系、利为民所谋"，必将产生积极的推动作用，意义重大，影响深远。

怎样才能真正践行以人为本的执政理念呢？以下几点至关重要。

第一，最根本的是要加强民主法制建设，使社会生活具有切实的法律法规和制度保障，并得到社会各方面的有效监督。第二，当前最要紧的是行动，是躬行实践，是扎实认真地落实。第三，在维护人的尊严，尊重和保护人权的同时，要特别敬畏人的生命。第四，在不断提高人民生活水平的时候，要特别关注社会弱势群体，使其共享改革成果。第五，以人为本，是改革开放取得巨大成就的基本经验之一，是引导我国现代化建设的重要指针。愿以人为本的执政理念进一步深入人心，变成公职人员的自觉行动，人民沐浴在如此政治文化氛围之中，共享改革开放的成果，国之大幸，民之大幸也！

阎秉忠，原伊化集团副总工、高级工程师。

选自《鄂尔多斯学研究》2009年第1期

坚持科学发展观　加快内涵发展步伐
全面提高我市教育教学质量和办学效益

阿拉腾乌拉

教育涉及千家万户，惠及子孙后代。教育公平是人的全面发展和社会公平正义的客观要求。改革开放以来，我市的教育事业取得了巨大成就，特别是教育投入大幅增加。2008年以来，全市财政性教育投入达16.4亿元，其中教育基础设施建设投入达3.8亿元，开工建设12所中小学、11所幼儿园，改扩建56所中小学、幼儿园；投入危房改造专项资金2500余万元，危房改造面积达2.1万平方米；投入1.8万元新建塑胶跑道12块，新添教学仪器设备13.2万台（件），新增图书11万册；投入6922万元用于实施现代远程教育工程。

办人民满意的教育，靠的是学校的育人质量、整体的办学水平和潜移默化的人文观照。坚持科学发展观，加快学校内涵发展步伐，全面提高教育质量和办学效益已成为我市教育事业改革发展面临的突出问题。内涵发展，是一种追求质量的发展。它强调提升学校的办学质量，也就是提升学校的综合"软实力"，把着力点偏重到办学水平的不断提高上，使得规模与质量、效益达到和谐统一。将办学特色放在学校改革与发展的突出地位，在特色的形成和品牌的培育中使学校上升到一个新的更高的水平。作为"软实力"，内涵发展是促进学校发展的核心推动力，以全面规范教育教学管理推动学校内涵发展，是学校形成办学特色、全面提升核心竞争力的主要途径。打造专业化发展的校长队伍是实现学校内涵发展的先决条件。创新管理模式是学校内涵发展的核心策略。推进课堂教学改革是学校内涵发展的必由之路。加快学校内涵发展，在很大程度上是科学发展观在教育教学管理领域的生动体现。各级教育部门要自觉按照科学发展观的要求，结合实际，不断加快我市各级各类学校内涵发展步伐，推动全市教育事业再上新台阶，实现新跨越。

阿拉腾乌拉，鄂尔多斯市达拉特旗人，鄂尔多斯市政协原副主席，鄂尔多斯学研究会专家委员会委员。

选自《鄂尔多斯学研究》2009年第1期

改革开放以来鄂尔多斯市经济增长与居民收入关系管窥

王彦东　李相合

鄂尔多斯经济增长与城乡居民收入变化趋势分析：改革开放 30 年以来，鄂尔多斯市的经济发展取得了举世瞩目的成绩。问题的关键还不在于统计数据的高与低，这些数据的计算也可能会有误差；但是经济增长只是指一国或一地区在一定时期内产品和劳务的产出的增长，是一个偏重于整体数量的概念。而经济发展则是随着产出的增长而出现的经济、社会和政治结构的变化，这些变化不仅体现在投入结构、产出结构、产品结构、社会结构和政治制度等方面，也更多地体现在分配状况、居民的生活水平等在内的变化。

鄂尔多斯市经济增长过程中的不协调表现：一是经济增长与城乡居民收入增长不协调；二是地方财政收入与城乡居民收入增长不协调；三是随着经济增长，城乡居民收入差距进一步扩大。

促进鄂尔多斯市经济增长成果全面合理共享的对策：首先，必须要正确认识和处理"富民"与"强市"的关系，"富民"是"强市"的目标，"强市"是"富民"的基础，两者的结合点是以人为本。其次，要坚持以人为本，把提高居民收入、改善人民生活作为经济社会发展的出发点和最终落脚点。最后，要建立共享发展成果的机制，提高弱势群体的分享能力。

王彦东，内蒙古商都人，内蒙古财经大学会计学院审计系主任、副教授、管理学博士；李相合，内蒙古宁城县人，内蒙古师范大学经济学院教授。

选自《鄂尔多斯学研究》2009 年第 2 期

历史的跨越

——我看鄂尔多斯改革开放三十年

黄凤岐

在一个典型老少边贫地区，在自然条件、生态环境恶劣的情况下，鄂尔多斯何以在短短的时间内能够迅速崛起，并创造了独具特色的"鄂尔多斯经济现象"？对此，社会各界从全方位、多角度进行了分析研究，取得了许多研究成果。我从这样几个方面分析：一是敢于坚持实事求是的思想路线，大胆解放思想。二是加强宏观调控，用"看得见的手"强有力地运作是"鄂尔多斯现象"的一个显著特点。三是一张新蓝图绘到底，层层完善、代代提升创新。四是艰苦奋斗、穷则思变的群体追求精神。现在的鄂尔多斯，以其崭新的面貌进入全国先进行列。这个伟大成就，是鄂尔多斯几届领导，破解一个又一个难题，冲破一个又一个难关，大胆改革、开拓创新、精心策划的心血结晶，是全市各级领导、广大干部和全市蒙汉人民辛勤工作、艰苦创业的成果，确实来之不易。这个伟大成就，不仅是对今天，而且对今后的长远发展，都有重要的指导意义。每一个鄂尔多斯人，都为此骄傲、为此自豪！我是生长在鄂尔多斯并在鄂尔多斯工作二十多年的离休干部，深知鄂尔多斯的过去，看到今天如此重大的变化，发自内心感到高兴。借纪念改革开放三十周年的机会，我为鄂尔多斯欢呼，向鄂尔多斯致敬！

黄凤岐，鄂尔多斯市准格尔旗人，内蒙古自治区人大常委会原常委。

选自《鄂尔多斯学研究》2009 年第 2 期

提高财政支农能力　推进城乡统筹发展

高子奎　张玉兰

鄂尔多斯市财政支农工作将紧紧围绕"城乡统筹、集约发展"的战略部署，深入落实科学发展观，以加大强农惠农政策落实力度为核心，着力促进农牧业稳定发展、农牧民持续增收；以大力支持现代农牧业建设为平台，着力提高农牧业综合生产能力；以整合项目资金为抓手，着力提高资金使用效益；以创新工作机制和绩效评价为重点，着力强化财政支农工作责任落实；以加强干部队伍建设为基础，着力提高财政支农工作水平。

切实加大财政对农牧业的支持力度：一是积极落实各项强农惠农政策，完善对各项支农资金的管理制度，切实将国家给予农牧民的各项补贴不折不扣地落实到农牧民手中。二是认真研究中央扩大内需的投资政策，抓住国家和自治区大幅度增加基本建设投资和大幅度增加支农资金投入的机遇，在深入调查研究的基础上，全面掌握我市农牧业发展的重点领域和环节，做好项目储备，争取国家和自治区投资建设项目在我市落地。三是市、旗财政资金安排向"三农三牧"倾斜。

大力推进城乡统筹集约发展：一是大力支持现代农牧业建设，推进农牧业的集约发展。二是大力支持公司化农牧业，全面提升农牧业产业化经营水平。三是大力支持农村牧区人口的有序转移，推进城乡一体化发展。四是进一步加强农村牧区基础设施建设，提高生态文明建设水平。

创新工作机制，推进支农资金整合：一是要继续探索财政贴息、信贷担保、以奖代补、民办公助、先建后补、奖补结合等手段，调动农牧民和社会各方面对农牧业投入的积极性，努力形成多元化的农牧业投入格局。二是要调整和优化财政支农支出结构,进一步加大对规模化经营、设施农业、人口转移等可以促进城乡统筹、集约发展的关键环节的支持力度。三是要进一步完善支农资金整合机制,提高资金整合成效。要积极探索推进支农资金整合的新思路、新举措,要探索建立更多的支农资金整合平台,推进支农资金整合,逐步改变目前支农资金规模小、零星分散、效益不高的状况。四是要强化对支农资金的管理。进一步完善各项支农资金管理制度、资金报账制度和绩效考评制度。

加强农牧业财政工作者的能力建设:一是要加强理论学习。将科学发展观贯穿于财政支农工作的始终,不断提高财政支持农牧业的工作能力、提高应对复杂局面的能力、提高议大事抓实事的能力、提高科学化精细化管理的能力。二是要加强调查研究。不断深入实际了解基层情况,从经济政治的全局思考"三农三牧"问题,从大财政的角度考虑财政支农的思路和对策。三是要加强统计分析。要完善和规范财政支农资金的统计分析工作,使之形成一项经常性的制度。

高子奎,鄂尔多斯市财政局副局长;张玉兰,鄂尔多斯市财政局科长。

选自《鄂尔多斯学研究》2009 年第 4 期

以"城乡统筹、集约发展"战略推进鄂尔多斯现代农牧业发展

赵守成

鄂尔多斯发展现代农牧业，抓住了被自治区确定为统筹城乡综合配套改革实验区的契机，落实好建设方案，从六个方面确定了发展目标，走出一条打破城乡二元结构，构建和谐社会的新路。第一，保护生态环境。生态是鄂尔多斯的生命线。要坚定不移推进"三区"规划，推进生态自然恢复区人口转移，严格执行禁牧休牧轮牧政策，促进生态环境持续改善，重点实施好"三个百万亩"（毛乌素沙地樟子松和丘陵地区山杏、沙棘）生态工程建设，推进生态文明建设，走人与自然和谐发展的路子。第二，提高农牧民收入。在充分挖掘农牧业内部种养增收潜力的基础上，增加农牧民财产性收入、工资性收入、非农经营性收入，力争3年内全市农牧民人均收入过万元，走富民优先的发展路子。第三，推进城乡公共服务均等化。统筹城乡教育文化、卫生、社保等公共资源配置，全面提高财政保障城乡公共服务水平，健全农牧区公共服务体系，促进城乡基本公共服务一体化和均等化，走城乡一体化发展的路子。第四，加强基础设施建设。围绕公路交通总体布局，全面展开新一轮城乡重大基础设施建设，构建内外贯通、方便快捷的现代综合交通体系。加强农田水利基础设施建设，增强城乡居民生活保障能力。完善信息化基础设施，推进数字鄂尔多斯建设，为地区发展创造有利的基础条件，走可持续发展的路子。第五，统筹城乡发展。就鄂尔多斯实际而言，解决"三农三牧"问题，关键在于城镇化、工业化、市民化。要把产业集聚、城镇建设作为突破口，促进生产要素向主导产业集中，产业向工业园区集中，人口向城镇集中。加快旗府所在地和工业重镇"三年大建设、三年大变样、三年大发展"，加快推进18

个精品移民小区建设,走统筹发展的路子。第六,发展农牧区生产力。加强"三农三牧"工作,政府大力支持和投入,调整农牧业结构,转变农牧业发展方式,发展设施农牧业、节水农牧业、公司化农牧业、规模化农牧业和生态型集约化农牧业,加快传统农牧业向集约化农牧业转变,开创生态、生产、生活共赢的局面,加快新农村、新牧区建设,走农牧业集约化发展的路子。

发展现代农牧业,就要有新思维,梳理新理念,创新发展思路,规划发展战略,转变发展方式,落实发展任务。发展现代农牧业要梳理新理念:首先,要正确理解和认识农业现代化。农业现代化的正确理解,一是产业化,二是科技化,三是管理现代化。其次,要科学估计农业现代化的发展阶段。农业是人类历史上最古老的产业,已经历了原始农业、传统农业阶段,步入了现代农业阶段。再次,发展现代农业要立足于现实。我市遵循科学发展观,根据生态环境和农牧业资源的承受能力和发展潜力,将全市农牧区划分为优化开发区、限制开发区和禁止开发区三类主体功能区域,实施"收缩转移、集中发展""城乡统筹、集约发展"战略,农牧业产业化快速发展。发展现代农牧业要有新思路:首先,要提升农畜产品知名度。发展现代农牧业的标志是农畜产品的质量和效益,品牌是质量和效益的最终体现。其次,提升农牧业竞争力。现代农牧业就在于竞争力。再次,提升农牧民整体素质。发展现代农牧业必须有现代化的人,那就是有文化、懂技术、会经营的新型农牧民。

赵守成,巴彦淖尔市人,鄂尔多斯市委党校副教授。

选自《鄂尔多斯学研究》2010年第1期

关于组建物业管理集团
加强鄂尔多斯市物业管理的探索

孙 荣

物业管理是城市管理的一个重要组成部分。物业管理的好坏直接关系到居民的切身利益和社会的稳定发展,也是体现一个文明城市的窗口。鄂尔多斯市的物业管理企业起步较晚,随着鄂尔多斯经济的发展,城市功能的逐步完善,人民生活水平的提高,人们对物业管理水平提出了更高的要求。

鄂尔多斯物业行业管理存在的问题:一是一些房地产开发企业不按国家定额取费,压价发包,导致施工单位偷工减料,粗制滥造,造成房屋存在质量问题。二是多数房地产开发企业把物业管理企业当作自己的行业附庸,开发中产生的问题都交由物业管理企业去处理,有的甚至在房屋销售时把减免物业管理费作为优惠条件。三是社会一般对物业管理的基本看法是受雇于业主的服务机构。通俗地说就是业主花钱买服务,物业企业就得按业主的要求提供服务。四是多数物业公司是房地产开发企业派生的子公司,因此,物业公司虽然受聘于业委会,但在执行业委会决议时,却不得不考虑开发商的意见,使业委会的许多决议得不到及时、有效地执行。五是物业管理费收费率低,物业费收取困难,造成物业企业连年亏损,难以为继。有的物业企业已经走到破产的边缘。六是部分业主素质低,不配合物业公司的工作。七是现有物业管理企业虽然多,但大部分规模小,绝大多数都存在管理混乱、人员素质参差不齐、岗位技能低的问题。物业行业标准不统一,收费标准不统一,服务水平差,服务内容更是五花八门。

组建物业管理企业集团的必要性:一是有利于集中企业的优势,提高物业管理服务的整体水平。二是有利于实现规模效益,改变物业管理企业经营规模小、经济效益差的局面，进一步规范物业市场。三是有利于发挥人才优势，改变人才、技术分散的格局。四是有利于拓展经营领域，降低运营风险，实现企业发展的良性循环。五是有利于参与市场竞争，在竞争中求生存、求发展。六是有助于提升企业品牌。随着企业规模的扩大和市场占有率的提高，公众对企业品牌的认知率会提高。

孙荣，鄂尔多斯市中小企业挂牌上市指导中心主任。

选自《鄂尔多斯学研究》2012年第2期

充分挖掘康巴什旅游资源优势 建设中国西部休闲旅游文化名城

——关于康巴什新区旅游发展的建议

乔 明

康巴什新区目前的基本建设情况及旅游资源布局：康巴什新区于2004年5月开始建设，新区总面积355平方公里，城市控制面积155平方公里。2006年，市政府搬迁入驻，康巴什新区成为全市新的政治中心。2007年，我市获评中国优秀旅游城市后，康巴什新区成为中国优秀旅游城市的核心区之一，树立起中国优秀旅游城市的标志。康巴什新区总体规划，由清华大学城市规划设计院编制，中心区4平方公里修建性详细规划采用国际招标，设计理念为"草原上升起不落的太阳"。康巴什新区不断拉大城市框架，推进城市北扩、东进、南移，建设康巴什北区、高新科技产业园区、鄂尔多斯赛车场和南部的乌兰木伦景观湖区，打造文化聚集区、教育聚集区、旅游聚集区和医疗聚集区，市区拓开面积达90多平方公里，已经形成现代化中心城区的核心架构。2011年，康巴什新区完成固定资产投资241.7亿元，同比增长89.7%，实现财政收入15.3亿元，同比增长54.8%。

充分挖掘康巴什新区旅游资源优势，因地制宜，建设中国西部休闲旅游文化名城。从旅游业发展的角度，认真分析研究康巴什新区的旅游资源优势，具有这样几个特征：第一，民族文化特色与城市内涵个性突出。第二，城市建设以恢复和保护生态为基础，牢固树立生态绿城意识。第三，康巴什新区处处体现着民族团结、和谐发展的理念。第四，休闲旅游设施初步形成。

挖掘和依托资源优势，因地制宜，将康巴什新区建设成为中国西部休闲旅游文化名城的条件已经基本具备。一是充分挖掘和依托现有的旅游资源优势，以成吉思汗广场经太阳中心广场至乌兰木伦景观湖区为轴线核心区，全力建设和打造中国西部首个城市中心的国家 AAAAA 级旅游景区。二是进一步丰富旅游文化的内涵，加快乌兰木伦旧石器时代遗址考古研究和展示，尽快建成和开放鄂尔多斯博物馆等文化旅游场所，突出历史性、民族性、地域性、唯一性，加快休闲旅游文化城市的建设步伐。三是推出独具特色和有影响力的节庆活动，大力开发会展旅游、体育旅游，使文化旅游节庆活动和会展旅游、体育旅游成为康巴什新区城市休闲旅游文化的又一品牌。四是加大协同力度，完善休闲旅游产业体系，加强城市的公共服务功能力度，为建设中国西部休闲旅游文化名城创造更加良好的服务环境。五是要进一步加大康巴什新区的宣传力度，面向市场，突出中国西部休闲旅游文化名城的城市旅游形象，提升康巴什新区的知名度和美誉度。

乔明，鄂尔多斯市旅游局局长，高级经济师。

选自《鄂尔多斯学研究》2012 年第 4 期

建设现代草原畜牧业新模式构想

夏 日

历经万年的传统草原畜牧业，在人类社会的发展史上发挥过维持人类生存、繁衍与推动社会经济发展进步的巨大历史性作用，创造了最有影响力、时间最长、内容最丰富的草原文明，包括游牧文明。但是随着现代工业文明和市场经济的出现，人口爆炸性增长，需求日益扩大，科技发展日新月异，气候快速变化，降水减少、干旱加剧、灾害频发，造成人口资源环境危机和荒漠化、贫困化等全球性问题越来越严重。解决矛盾的唯一办法就是要树立尊重自然、顺应自然、保护自然的生态文明理念，适应社会、经济、自然变化的新形势和新情况，改变草原畜牧业的传统生产经营方式，按照钱学森草产业理论建立现代草原畜牧业生产经营方式的新模式新体系。

这个新模式新体系，具体构想是：坚持钱学森在大草原上发展知识密集的种养加科工贸一条龙的草产业理论，坚持有利于恢复发展草原生产力和有利于发展创造社会生产力的目标，坚持"以水定草、水草平衡，以草定畜、草畜平衡，增草增畜、提质提效，因地制宜、因时制宜"的原则；建立适度规模的社区经济合作组织，对草原和畜牧业生产统一经营管理；以合作组织为单位，建设优质牧草人工种植基地，培育自然打草场，进行饲草料加工储备；对牲畜实行舍饲半舍饲，在恢复了植被的草场上，进行科学合理的划区轮牧；对现有退化草原实行封禁保护，禁牧、休牧、限牧，自然恢复植被。

坚持钱学森草产业理论。钱学森是一位伟大的战略科学家。出于他关心国家发展和关心人民生活的责任心、使命感，基于他对高科技农业的深刻理解，结合他在20世纪70年代搞"两弹一星"试验期间对甘肃、新疆、内蒙古等西部地区了解的实际情况，运用系统论的知识和方法，提出要在21世纪的中国实现农业型知识密集产业革命的理论，其中包括草产业理论。

坚持以有利于恢复发展草原生产力和有利于发展创造社会生产力为目标。草原如果加上草坡、草山、草滩，是占国土面积最大的一块土地资源，是人类可再生资源最宝贵的载体，既承载着人类生存必不可少的生态功能，又担负着人们生存发展必不可少的物质生产的经济功能。目前我国大草原的这两个功能都在萎缩、减退，集中表现是植被退化、生产能力下降，这会给我们带来巨大灾难。

坚持"以水定草、水草平衡，以草定畜、草畜平衡、增草增畜、提质提效，因地制宜、因时制宜"的原则。这四条原则是处理草原畜牧业本身固有的水草关系、草畜关系、畜人（需求）关系或叫矛盾的办法，也是改变草原畜牧业传统生产经营方式、建立现代草原畜牧业生产经营新模式的基本保证。

建立适度规模的社区经济合作组织，对草原和畜牧业生产进行统一经营管理。社区合作组织是一个组织体制问题，是我国在农村牧区工作中长期探讨的一个大问题。改革开放后，农村牧区首当其冲，打破了"一平二调"的"大锅饭"，实行家庭联产承包责任制和草畜双承包责任制，极大地调动了广大农牧民的积极性，解放了农村牧区生产力，促进了农牧业生产的发展，农村牧区改革带动了城市改革，农牧业生产的发展也推动了整个国民经济的发展。

以合作组织为单位建立优质牧草人工种植基地，培育自然打草场，进行饲草料加工储备。开发优质牧草人工种植基地和饲草料科学加工，是现代草原畜牧业生产经营新模式最重要的内容和标志，是恢复提高大草原生态功能和经济功能、提高牧区人民生活水平的关键。人工种草的好处是：1.可以选择产量高、含蛋白高、质量高的优良牧草品种。2.可以人工灌溉、施肥、抚育、有足够的生长时间，可选择营养价值最好时间适时用机械收储。3.可以从打井、整地、选种、播种、灌溉、施肥、防止病虫害、收割、加工等各个环节不断地利用高新科学技术，进行节约集约化生产经营。4. 人工种植的优良牧草产量高，亩产可达万斤以上，是目前草原平均产草量的 20—40 倍，甚至更高。1 亩人工优质牧草，按每个羊单位全年 600 公斤混合饲料计可供全年饲喂 5—8 个羊单位；如果加快出栏，以饲喂 6 个月计，可养 10—16 只羊单位；如果在有条件的草地上待牧草长到七、八月份或成熟时，轮牧 3 个月，那就可养 20—36 只羊单位。保守点折半计算，可饲养 10—16 只羊单位。100 亩人工草地就可养 1000—1600 只羊单位。5. 不必以草原自然产草量为标准进行以草定畜，消极限牧，增草增畜、草多畜多、限牧不限养，可以规模化养殖。6. 合理储备饲草料，有效防灾、避免灾害损失。7. 节约草场，用百分之几的极少量草地人工种草进行舍饲半舍饲，可以把百分之九十几的大面积草原草场围封起来，休养生息、自然恢复植被。8. 增加饲草、多养牲畜，为饲草料加工，畜产品加工提供充足原材料，为改变工业结构、经济结构，为扩大经济增长渠道、改变经济发展方式创造条件。9. 草畜产品产量的增加和加工层次的深入，既可扩大就业率，又可极大地提高牧民收入，确保牧区全面建成小康社会。10. 畜多肥多、加工下脚料也多，可以用畜肥养鱼、养蚯蚓、制沼气，废料资源化，蚯蚓可以做饲料、提高饲料质量。沼气可以照明、取暖、烧水、做饭、可以发电、做动力气，沼气渣液是最好的有机肥，既肥田又少病虫害。11. 人工种草一举可以使占国土总面积 40% 以上的中国大草原绿起来，使草原畜牧业经济活起来，使牧区人民富起来，使目前草原畜牧业的恶性循环转变为"生产发展、生活富裕、生态良好"的良性循环。

在解决了饲草料的基础上，对牲畜实行舍饲半舍饲，在恢复了植被的草场上，进行科学合理的划区轮牧。这是现代草原畜牧业生产经营新模式的第二个主要内容和标志。搞养殖主要看三条，一是牲畜品种。品种要优良，而且必须不断地进行选育、改良或引进良种。同样的饲养成本或投入，良种畜比普通牲畜的产出率高、价值高、效益高。二是饲草料。饲草料要满足营养需求。牲畜是动物，动物是要进食的，养畜不养草，等于不养畜。饲草料的营养价值和满足程度决定牲畜的质量和产出率。三是饲养方式。饲养方式要根据饲养条件和使用目的决定，但以满足其营养需要并健康快速生长为目的。

通过人工种草、舍饲半舍饲，对大面积的退化草原实行封禁保护，禁牧、休牧、限牧，自然恢复植被。这是现代草原畜牧业生产经营新模式的第三个主要内容和标志。在过渡阶段，可以视情况完全禁牧，也可以在一定时间休牧、限牧、划区轮牧，但要以恢复植被为主。待草原植被恢复后即可利用，配合舍饲半舍饲，科学规划设计，在严格执行"草畜平衡"原则下合理划区轮牧。这样做，既可以保持草原畜牧业的半自然特点，也可以充分利用草原上的野生草资源，还能减少草原火灾风险。

选自《鄂尔多斯学研究》2014 年第 1 期

新常态下加强鄂尔多斯市
财源建设问题研究

韩建强

鄂尔多斯市近年财源状况分析：近几年鄂尔多斯市财源状况发生了比较大的变化，一是总量出现下滑，二是结构也有新变化。这个变化中既有客观经济规律的作用，也包含着财政税收工作积极而艰辛的努力。总体上看，鄂尔多斯市还是以煤炭资源为主要支撑的财源结构，煤炭市场变化对财源状况变化有很大影响。

财源建设中存在的问题：一是财政收入总量不足，收入质量有优化空间。二是在经济下行压力下，财政收入增长逐年下降，暴露出"一煤独大"的资源型产业结构为基础的财源结构抵抗风险和稳定能力降低、走弱的弊端。三是鄂尔多斯市经济结构正处于由传统农牧业经济占主导地位向二、三产业占主导的演化转变时期，制造产业层次不高，服务业发展速度放缓，地方财源增长后劲不足。四是投入产出效益不佳，新兴财源贡献不多。五是财源建设观念淡漠，财源建设工作力度不够。

新常态下加强鄂尔多斯市财源建设：一是从产业转型升级和构建多元发展、多极支撑的财源体系出发，积极地持之以恒地抓好加工制造业发展。二是持续推进改革创新，营造良好的政策制度和人文环境，打造成本洼地，形成比较优势，提升区域的吸引力和产业竞争力。三是通过公开筛选机制筛选重点扶持的加工制造企业，给予重奖，以奖代补，对加工制造业中经营绩效突出的中型企业进行奖补，激发、培育新的增长动力。四是实行国有资本经营预算，推动国企改革，实现国有资产保值增值。五是建立财源建设长效机制。财源建设是地方政府永恒的主题，要建立财源建设长效机制，推动地区经济可持续发展。彻底摒弃时冷时热、时紧时松的做法。

韩建强，鄂尔多斯市财政局科研所所长。

选自《鄂尔多斯学研究》2015 年第 4 期

鄂尔多斯供给侧结构性改革的哲学思考

姚鸿起

唯物辩证法告诉我们，任何事物的运动、发展都遵循着一定的客观规律。同理，国民经济的运行、发展也遵循一定的客观规律，这个客观规律主要就是供给与需求的矛盾规律。它的基本内容就是国民经济的运行、发展，客观上要求供给与需求相对平衡、协调，如果供给与需求不平衡、不协调，国民经济的运行、发展就可能出现这样或那样的问题，就不会持续、健康、平稳。在通常情况下，供给与需求的矛盾，总是表现为需求决定供给，即需求什么决定供给什么、需求结构决定供给结构、需求总量决定供给总量。我们说的"需求侧"就是指需求方面，它主要包括投资、出口、消费"三驾马车"。与此相对应则是"供给侧"，即供给方面，它主要包括劳动力、土地、资本、科学技术四个要素；供给侧结构性改革，主要就是对供给侧的上述四个要素进行改革，目的就是使四个要素得到优化配置和利用，使供给结构适应需求结构的变化，使供给与需求保持基本平衡、协调，使国民经济运行与发展保持平稳、健康、持续。正如国务院发展研究中心原副主任刘世锦同志所说，供给侧结构性改革的关键是全面提升各方面的要素生产率，提高经济增长质量和效益，核心是引导过剩产能减量，使供给侧达到与需求侧相适应的新水平，进而使企业的盈利能力得到恢复，使经济转型发展得到再平衡、再协调。

实践告诉我们，经济进入新常态后，其运行与发展中的增速换挡、结构调整、动力转换虽然有需求方面的周期性因素，但主要原因还是供给侧各生产要素条件变化导致的中长期潜在经济增长率下降。实践还证明，在中长期潜在经济增长率下降情况下，单纯通过短期政策刺激需求的效力不仅是有限的，而且还会加大经济运行、发展过程中的风险。因此，只有在适度扩大总需求的同时，着力加强供给侧结构性改革，才能优化要素配置和利用，才能提高供给的质量和效率，才能促进有效供给适应市场需求结构的变化，才能推动潜在增长率回升，从而保持经济持续平稳发展。

着力加强供给侧结构性改革，必须紧紧围绕中央经济工作会议提出的"去产能、去库存、去杠杆、降成本、补短板"五大任务进行。具体讲就是：第一，要根据我国发展风电、水电、核电、太阳能电、生物质电等新能源的趋势和淘汰落后产能的政策，适当降低原煤产量（5年内将原煤产量控制在5亿吨左右/年），从而有序消减过剩产能。与此同时，还要大力发展煤制气、煤制油及其下游产品等低碳、清洁、绿色新产能，以进一步推动我市的产业优化和转型升级。第二，通过转移农牧民和城镇危旧房改造以及招聘大学生创业、放宽购房政策等措施化解房地产库存，促进房地产业重新振兴并健康发展。第三，在建立、健全完善的金融监管体系与制度的基础上，不停顿地打击非法集资、金融诈骗，并通过功能互补金融市场的形成和松紧适度的货币政策，化解金融风险。第四，要通过降息、减免税费、妥善处置"僵尸企业"等措施降低企业成本，使企业增强活力并永葆竞争优势。第五，把扩大有效供给和满足有效需求结合起来，以尽快补齐全面建成小康社会的最大短板。

选自《鄂尔多斯学研究》2016年第1期

"一带一路"背景下鄂尔多斯的地缘经济战略

鲍志成

"一带一路"倡议的实施,为鄂尔多斯带来什么样的发展机遇?从地理区位和自然资源看,鄂尔多斯属黄河中游独特的地理单元"河套之地",可谓是"沿边的内陆",是自然资源富集区。从城市经济地理看,鄂尔多斯与黄河北岸的呼和浩特、包头形成内蒙古自治区最为富集的"金三角"地区。而在"丝绸之路经济带"里,鄂尔多斯又恰恰处在"中蒙俄经济走廊"和"新亚欧大陆桥经济走廊"之间的边缘地带。在"丝绸之路"的历史视野下,鄂尔多斯是"石器之路""草原之路""青铜之路""茶叶之路"的交会区。在探索人类东西方文化交流原初时期的活动中,鄂尔多斯是探索远远早于"草原之路""青铜之路"之前形成的"石器之路"最经典地区之一。从历史文化遗产看,鄂尔多斯是游牧文明与农耕文明的交错带,是草原文化、游牧文明的集聚区。

"一带一路"背景下鄂尔多斯对外开放和经济发展的地缘抉择:一是要有开放宏观的视野和创新统筹的思维,树立大局、全局意识,善于跳出内蒙古看问题。二是向北开放的同时要向西开放,实行向北、向西开放并重。三是在积极扩大对外开放的同时,主动向内开拓,向东、向南拓展,承接产能转移,共享市场空间。四是在实现资源绿色高效开发的同时,主打特色生态文化旅游产业。五是大力发展跨境电子商务,推进"网络丝绸之路"建设。

鲍志成,浙江省文化艺术研究院研究员,文化传承研究所所长。

选自《鄂尔多斯学研究》2016 年第 3 期

鄂尔多斯实力评估与机遇承接的要素分析

唐 雷

从发展理论最本源的因素看，一个地区的发展和一个人的发展非常相似，都取决于自身的实力和外部的机遇。发展中的成功本质上是实力与机遇进行了正确的时空交汇，二者缺一不可。"一带一路"的核心是互联互通、共享共赢，毫无疑问，作为国家级顶层合作倡议，涵盖了包括内蒙古自治区在内的18个省市区。尤其对于地处自治区西南、紧邻"丝绸之路经济带"沿线的鄂尔多斯来说，这定然是一次难得的时代机遇。然而，互联互通并不意味着好处和利益已经近在眼前、唾手可得。共享共赢的实质是以我们的优势去置换弥补自身劣势所需要的东西，这个过程不是单向的施舍和索取，而是互相的衬托和满足。俗话说得好，"机遇只垂青于有准备的人"。这种准备包括两个方面：一是通过总结过去了解自己，二是通过立足现实承接机遇。

发展历程的客观评析与历史经验的总结凝练：首先，坚持同情理解的视角。所谓同情理解，就是要用设身处地的分析方法去理解鄂尔多斯过去十几年的历史进程。今天的人们在看待鄂尔多斯发展历程的时候，都是"过来人"，对于其发展脉络、问题所在、因果关系肯定会有相较于之前更完善系统的认识。其次，本着实事求是的态度。一个地区的核心竞争力已经从农业时代的人力资本优势、地理交通优势、农业支撑优势等，转变为工业时代的资源禀赋优势、基础设施优势、科学技术优势、生态环境优势等，鄂尔多斯正是在这种背景下以其独特的比较优势脱颖而出。再次，尊重后发地区的背景。鄂尔多斯是典型的后发地区，如果说中国是以几十年的时间在努力追平与发达国家的差距的话，鄂尔多斯则是以十几年的集中发展追赶乃至超越众多的中东部早发地区。后发既是一种优势，同时也是一种劣势。后发优势集中体现为三个方面：第一是对于早发现代化地区发展模式和经验的采借，这样可以在成熟的模式中进行优化选择，省去了自己探索的风险和成本；第二是对于发达地区先进技术的学习和引进，特别是鄂尔多斯作为祖国的民族边疆地区，在学习东部发达地区先进技术上具有便利性，而不必像早期的开放地区一样面向国外，免去了许多壁垒障碍和引进难题；第三是可以便利地承接东部地区的产业转移。经过多年发展，东部沿海地区的产业趋于饱和，迫于地狭人稠的压力，而不得不将一些产业进行区域转移。这就为后发地区带来了发展机遇。当然，在享受后发优势便利的同时，我们也面临着后发劣势的苦恼。具体体现为：第一，发展进程的赶超和压缩特征。第二，技术引进中的瓶颈问题。第三，产业发力周期与时代发展的异步性问题。

自身实力的精准定位与时代机遇的积极争取：首先，新科学技术条件下的重新定位。其次，新常态下精神品质的潜力开发。再次，新时代机遇条件下的机遇承接。具体而言，第一是地缘对接。因此，一方面我们要承接好内蒙古自治区行政隶属关系上对中央政策的承接；另一方面，基于鄂尔多斯独特的地理位置，必须重视关注和积极探讨与陕西、甘肃、宁夏的对接。第二是理念对接。"一带一路"的核心是互联互通，要点是顺势而为。所以要把"一带一路"建设与今天的创新发展、协调发展、绿色发展、开放发展、共享发展的五大发展理念结合起来。第三是政策对接。理念是先导，落实靠政策。政策精准分解，坚持于法周延、于事有效的制定原则。早在 2400 年前，古希腊伟大哲学家柏拉图就说过："一个人不论干什么事，失掉恰当的时节、有利的时机就会前功尽弃。"隔行不隔理，对于一个人如此，对于一个地区也是如此，机遇只是意味着大发展的可能性，当大家都意识到"一带一路"为发展带来机遇时，能想方设法抓住机遇、顺势而为的实际行动才是把这种可能性转化为现实的关键。

唐雷,江西省委党校副教授。

选自《鄂尔多斯学研究》2016 年第 4 期

试论鄂尔多斯的三次创业及其启示

姚鸿起

马克思主义认为,任何事物都是在一定基础上产生发展的。同理,鄂尔多斯的创业也是在改革开放前建设发展基础上开始的。用一分为二的辩证方法分析鄂尔多斯改革开放前经济发展的基本情况,我们不难得出这样两方面的认识:一方面,鄂尔多斯的创业基础虽然在1949—1956年比较好,但经过1957—1959年和1966—1976年反右派扩大化、"大跃进"、反右倾、"文化大革命"的折腾,总的看还是"一穷二白"的,突出的表现就是产业结构极不合理(一产独大,二产太小,三产微乎其微)、农牧民生活非常困苦(长期过着"生产靠贷款,吃粮靠返销,生活靠救济"和"走东头,奔西头,黄河两岸度春秋"的生活);另一方面,"一穷二白"也蕴含着"穷则思变""一张白纸好画最美的图画"之真谛。鄂尔多斯人就是通过"穷则思变",才画出三次创业最美图画的。

鄂尔多斯人通过学习党的十一届三中全会精神,解放思想,勇于实践,以非凡的胆识和气魄,在农村推行生产责任制(又称"包产到户");在工业领域以补偿贸易方式,引进日本无毛绒分梳设备和技术,投资3400万元建起了羊绒衫厂。生产责任制的推行,使农民走上了发家致富的金光大道;羊绒衫厂的建立,不仅在1982年投产当年就收回了建厂投资,而且在之后的三年中就付清了日本的设备和技术费用,同时还为工业战线实行改革开放起到了带头作用。鄂尔多斯第一次创业主要取得了两大成就:一是通过大力开发自然资源,加快工业经济发展,在1993年实现了农牧业为主到工业为主(即从一产为主到二产为主)的转变;二是在1994年经济发展步入"快车道"的基础上，地区生产总值、工业增加值、财政收入实现了"走进前列"的奋斗目标，并创造了举世瞩目的鄂尔多斯第一个经济现象（经济发展步入"快车道"，并在"快车道"上奔跑）。

2000—2005年，是在实施西部大开发战略过程中创造第二个经济现象（自治区经济发展的"火车头"）和生态现象阶段。鄂尔多斯第二次创业的突出成就：一是实现了经济总量和财政收入由小到大的跨越，地区生产总值、财政收入稳居自治区第一位；二是三次产业结构比例达到2.5∶59.9∶37.6，基本趋于合理；三是居民收入有了较大提高，城镇居民人均收入和农牧民人均收入分别居自治区第二、三位；四是创造了"鄂尔多斯模式"，成为全国改革开放30年18个典型地区和学习实践科学发展观5个典型城市之一。

鄂尔多斯第三次创业是2014—2020年。这次创业的总基调是：稳增长、调结构、促转型、攻改革、防风险、惠民生；这次创业的任务是：按照"五位一体"和"四个全面"战略布局，贯彻"创新、协调、绿色、开放、共享"五大发展理念，落实"去产能、去库存、去杠杆、降成本、补短板"五大任务；这次创业的核心是经济转型，即经济效益由量的增加转变为质的提升；经济运行由市场发挥基础作用转变为市场发挥决定作用；经济建设由高强度大规模开发转变为基础设施互联互通和新技术、新产品、新业态、新商业模式；生产能力由传统产业供给转变为新型产业、服务业、小微企业及生产小型化、智能化、专业化供给；发展方式由高耗能、高排放、高污染转变为绿色、低碳、循环；消费需求由模仿性排浪式转变为个性化、多样性。这次创业的重点是扶贫攻坚。

回顾历史，鄂尔多斯的三次创业就像一面镜子，它不仅照出了人们奋斗的足迹，而且向人们折射出诸多启示，主要是：第一，创业必须坚持解放思想与抢抓机遇相结合。第二，创业必须坚持经济发展与生态建设相结合。第三，创业必须用科技创新和文化繁荣支撑经济社会发展。第四，创业必须坚持正确的能源观。第五，创业必须遵循社会主义市场经济规律（价值规律、供求规律、竞争规律）。

选自《鄂尔多斯学研究》2017年第1期

地方学研究

康巴什让草原上升起不落的太阳

杨 勇

康巴什的总体发展现状证明，必须要重新审视中国的"鬼城之父"。康巴什，蒙古语读作"哈雅巴格西"，现在译作"康巴什"，意为一个被叫作哈雅的老师。这座荒漠之地上迅速崛起的北方新城，在中华大地非常不易地被冠以了"鬼城之父"的"荣誉"，甚至有一夜成"名"的感觉。康巴什位于鄂尔多斯市中南部，地处鄂尔多斯高原腹地，距原市政府所在地东胜25公里，与伊金霍洛旗政府所在地阿勒腾席热镇（简称"阿镇"）隔河相连，几乎融为一体，自然环境优越，交通便捷。康巴什的建设是鄂尔多斯市为有效解决规模化不足、城市化滞后、工业化瓶颈等问题，推动地区城市经济发展而基于长远科学发展的战略高度规划建设的一座城市。现在，康巴什新区已经由单一的城市建设向建设与深度管理并重的局面转变，以建设国际化城市为目标，进一步优化环境，扩大对外开放，强化招商引资，将新区建设成为全市重要的经济增长区和我国北方地区人居环境最为优美、创业环境最为优良、城市魅力最为优秀的地区之一。

康巴什城市规划建设理念：康巴什城市建设，始终站在"以人为本、生态立城"的科学立场，以"环境的艺术化""艺术的环境化"和"城在园中、园在城中"为追求目标，牢固树立"舒展、大气、绿色、和谐"的规划建设理念，设计主题指向为"草原上升起不落的太阳"。

康巴什城市主题文化定位：康巴什的城市规划理念，依据的就是成吉思汗蒙古帝国的宫廷文化、帝王祭祀文化和古老的游牧文化，即鄂尔多斯蒙古族文化的三大特点，确定了康巴什"草原上升起不落的太阳"城市文化主题定位，并且极其鲜明地体现在了城市建设和城市景观之中。康巴什是一座草原文化主题新城，是一座现代文明宜居之城，是一座历史文化丰厚之城，是一座游牧休闲旅游之城，是一座历史文化雕塑之城，一座活力四射的运动之城。

我们必须认识到，康巴什以其创新而超前的手笔，打造的游牧草原休闲城市的杰作是站在了一个前瞻性的时代制高点。我们期望，康巴什这座"草原上升起不落的太阳"的主题城市，这座备受关注与争议的现代化宜居宜业宜游的幸福之城，真正成为祖国北疆亮丽风景线上最具魅力与竞争力的游牧草原文化休闲之都！

选自《鄂尔多斯学研究》2015年第3期

地方学研究

内蒙古改革开放40年的经验启示

蔡常青

改革开放 40 年来，内蒙古各项事业实现了跨越发展，始终如一地呵护了"模范自治区"的崇高荣誉。深入总结其历史经验有诸多深刻启示：第一，解放思想、抢抓机遇是推进改革发展的先决条件。解放思想是改革开放源源不息的强大动力，抢抓机遇是改革开放快速赶上时代的鲜明特征。回顾 40 年历程，内蒙古各项事业实现跨越发展，既是不断解放思想的结果，也是抢抓历史机遇的结果。解放思想，抢抓机遇，必须登高望远，坚持抢抓机遇与增强创新能力相统一。解放思想，抢抓机遇，必须敢于担当，坚持顶层设计与基层探索相结合。解放思想，抢抓机遇，必须增强政治定力，坚持更新观念与把握方向相统一。第二，有效市场与有为政府协同是推进改革发展的关键因素。坚持有效市场与有为政府协同，必须加强市场培育，充分发挥市场在资源配置上的决定性作用。坚持有为政府与有效市场协同，必须加快政府职能转变，更好地发挥政府作用。第三，守望相助、团结奋斗是推进改革发展的根本基础。守望相助、团结奋斗是内蒙古各族人民的光荣传统，也是中华民族团结一家亲的真实写照。守望相助、团结奋斗，必须把地区发展融入实现中华民族伟大复兴中国梦之中，处理好国家支持、发达地区支援和自我奋斗的关系。守望相助、团结奋斗，必须始终高举民族团结的大旗，处理好改革、发展与稳定的关系。守望相助、团结奋斗，必须坚持和完善民族区域自治制度，筑牢各民族共有的精神家园。第四，特色发展、转型发展是推进改革开放的必由之路。坚持特色发展、转型发展，必须坚定实施创新驱动战略，处理好"立新"与"破旧"的关系。坚持特色发展、转型发展，必须坚持以绿色发展为底线，处理好环境保护与经济发展的关系。坚持特色发展、转型发展，必须加大开放的力度，处理好扩大开放与增强实力的关系。第五，尽力而为、量力而行是推进改革发展的科学指针。坚持尽力而为、量力而行，必须体现以人民为中心的发展思想，解决好改革发展为了谁的立场问题。坚持尽力而为、量力而行，必须坚持实事求是的科学态度，解决好执政为民的实现路径问题。坚持尽力而为、量力而行，必须坚持人民的主体地位，解决好改革发展依靠谁的问题。第六，党的领导、从严治党有机统一是推进改革开放的根本保证。坚持党的全面领导与全面从严治党有机统一，必须坚定不移地维护以习近平总书记为核心的党中央的权威。坚持党的全面领导与全面从严治党有机统一，必须大力推进新时代党的建设伟大工程。坚持党的全面领导与全面从严治党有机统一，必须着力推进国家治理体系和治理能力现代化。

蔡常青，内蒙古人，内蒙古发展研究中心原书记，内蒙古北宸智库理事长，鄂尔多斯学研究会特聘专家。

选自《鄂尔多斯学研究》2018年第1期

地方学研究

鄂尔多斯40年发展的哲学思考

姚鸿起

唯物辩证法认为，任何事物都是发展变化的，事物的发展变化是一个过程。在这个过程中，由于构成事物的矛盾双方（矛盾主要方面和次要方面，或主要矛盾和次要矛盾）地位发生变化，事物的发展过程就形成了不同的发展阶段。这个原理告诉我们，鄂尔多斯改革开放40年的发展变化，大体上经历了三个阶段，即：第一个阶段（1979—1993年），为农牧业为主到工业为主的转变阶段。第二个阶段（1994—2012年），为经济高速增长、总量由小到大的跨越发展阶段。第三个阶段（2013—2018年），为经济新常态形势下，由高速增长到高质量发展的转型阶段。

"历史是人类最好的老师，历史研究承担着'究天人之际，通古今之变'的使命。"回顾鄂尔多斯改革开放40年发展变化的历史，既有宝贵的经验，也有深刻的教训。经验和教训都值得汲取。第一，必须把坚持改革同坚持开放结合起来。第二，必须把发展经济同改善生态环境结合起来。第三，必须把开发利用资源（指不可再生资源，下同）同保护节约资源结合起来。第四，必须把遵循市场经济规律同发挥人的主观能动性结合起来。第五，必须把发展经济同繁荣文化结合起来。第六，必须把坚持党的领导同"以人民为中心"结合起来。总之，新时代，改革创新仍然是推动人类社会发展的根本动力，在改革创新潮流滚滚向前中，排斥改革创新必然落后于时代，最终被历史淘汰；新时代，开放包容仍然是世界发展大势，在开放包容潮流滚滚向前大势下，关闭开放大门，拒绝包容发展，必然脱离世界大势，最终被人民抛弃。

选自《鄂尔多斯学研究》2018年第1期

关于打造鄂尔多斯"温暖全世界"升级版的思考

杨鹏飞

20世纪末,鄂尔多斯羊绒集团一句"鄂尔多斯羊绒衫,温暖全世界"的广告语,传遍大江南北,鄂尔多斯集团凭借着这种纳天入怀的情怀与创新担当精神创造超过300亿的品牌价值。今天,"温暖全世界"这句话已经从一个企业精神信念,发展成为一座城市的价值追求。

鄂尔多斯"温暖全世界"的背景及内涵:首先,"温暖全世界"是鄂尔多斯多元历史文化积淀的产物,是鄂尔多斯地区的一个精神符号,是鄂尔多斯城市精神的高度概括和集中体现。今天,鄂尔多斯树立"温暖全世界"的城市形象,这与历史上多元文化交流形成的包容厚道、崇尚自然、敢闯敢干的地区文化精神有着直接的关联。其次,"温暖全世界"是中国传统文化价值观的现代阐释。鄂尔多斯有驰名世界的羊绒衫,有蕴藏丰富的矿产资源,但鄂尔多斯"温暖全世界"靠的不是物质,而是文化。物质是有限的,唯有文化的力量无穷无尽。"温暖全世界"体现了崇尚和合的思想;"温暖全世界"体现了感恩天地的情怀;"温暖全世界"体现了天下担当的精神。

打造鄂尔多斯"温暖全世界"升级版的现实意义:"温暖全世界"是贯彻开放发展理念,推动鄂尔多斯尽快融入"一带一路"发展战略的需要。"温暖全世界"是鄂尔多斯推进文化交流,实现文化互动、文明互鉴的需要。"温暖全世界"是实现共赢共享的理念的需要。

鄂尔多斯"温暖全世界"升级版的战略选择:打造鄂尔多斯城市文化品牌。具体而言,其一就是打造唯一,突出垄断。鄂尔多斯是世界蒙古族传统民族文化保存最为完整的地区,其中成吉思汗祭奠和鄂尔多斯婚礼以其独特的魅力载入国家非物质文化遗产名录。其二，注重历史积淀。近年来，鄂尔多斯市文化工作者对鄂尔多斯的历史文化做了大量的研究工作，特别是鄂尔多斯学研究会成立以来，对成吉思汗文化、鄂尔多斯民俗文化进行梳理研究，研究成果受到普遍认可，为鄂尔多斯建设城市文化品牌奠定了基础。其三，引导民众参与。城市的文化品牌不是官员或专家根据自己主观思想来确定的，而应是具有广泛的民众认知度和心理认同，因此城市文化品牌建设须调动广大人民群众积极参与。其四，加强产业联动。在我们的时代，"文化＋"展现出无限广阔的发展前景。信息技术的突飞猛进和文化产业的蓬勃发展，推动人类社会进入了"文化＋"的时代。我们要把城市文化融入旅游、餐饮、演艺、影视、艺术、科技等产业中，让文化为经济、产业乃至社会的发展注入文化内核、文化元素、文化细胞和文化支撑，为经济社会的发展开辟新空间。

杨鹏飞，鄂尔多斯市社科联《鄂尔多斯社会科学》执行编辑。

选自《鄂尔多斯学研究》2008年第1期

鄂尔多斯改革开放和现代化建设回顾与展望

白瑞芳

改革开放 40 年来，鄂尔多斯在党中央的坚强领导和亲切关怀下，从民族地区的实际出发，锐意进取、开拓创新，不断深化改革、扩大开放。特别是党的十八大以来，把全面深化改革作为统筹推进"五位一体"总体布局、"四个全面"战略布局的先导和关键环节来抓，改革呈现全面发力、重点突破、纵深推进、蹄疾步稳的良好态势，开放形成内外联动、八面来风的新格局，进一步强化了发展动力，激发了创新活力，各项建设取得历史性成就。

创新引领：经济发展的必然选择。包括发展理念转型、发展动力转型、发展方式转型、发展结构转型。

实体经济：走向高质量发展的基础。改革开放 40 年，可以说，鄂尔多斯是靠实体经济起家，也要靠实体经济走向未来。必须以国际化的视野、以保持持久性增长的战略高度来谋划和推动转型发展，走出一条资源型城市转型发展的新路子，实现更高质量的发展。实体经济的主体和活力是企业，实体经济的潜力和基础是项目，实体经济的动力是转型。

转型升级：企业突破瓶颈的主要对策。鄂尔多斯市要贯彻新发展理念，坚持质量第一、效益优先，发扬钉钉子精神，建设形成实体经济、科技创新、现代金融、人力资源协同发展的现代产业体系。大力弘扬和保护企业家精神，全力为民营经济发展创造更加宽松的条件，政策举措方面，全面推行"一站办好、全市通办、最多跑一趟"改革，推动政务服务全程网上办理，推行投资核准联评联审、联合验收等模式，激发各类市场主体活力。扩大"双随机、一公开"监管范围，推广信用监管和后评估模式。落实和完善支持实体经济发展政策措施，全面规范清理各类涉企收费，加大对乱收费的查处整治力度。拓宽企业融资渠道，推进多层次资本市场建设，扩大直接融资比例，增强金融服务实体经济能力。发挥政府资金引导作用，设立总规模100亿元的产业发展基金，集中扶持实体经济发展。制定园区振兴计划，突出优势、精准定位、差异化扶持，提高园区集约化发展水平，让园区成为实体经济发展的主要载体。资源型城市转型发展的路径探索，党建引领是关键；产业转型是重点；能源转换是趋势；科技兴农兴牧是基础；绿色发展是目标。

着力建设创新型城市：首先，加大自主创新力度。通过创新，可以更好地整合和发挥各种生产要素的潜力，避免过分依赖单一生产要素的消耗，提高生产要素配置效率。其次，建设高新技术研发利用示范基地，实现创新驱动。围绕技术、人才、管理推进创新，用国内国际高端新技术引导产业企业新发展，建设高新技术研发利用示范基地，形成推动转型发展的高地，把创新驱动真正变成发展的动力。再次，实施人才强市工程，提高创新要素的集聚度。创新要素包括高科技研发人才、科技企业家和高技能劳动力。最后，以改革创新重塑发展新动力。深化"放管服"改革，实现"推开一扇门，办成一揽子事"，打造西部地区政务服务最优城市。

白瑞芳，鄂尔多斯市杭锦旗人，鄂尔多斯市委党校教授，鄂尔多斯学研究会专家委员会委员。

选自《鄂尔多斯学研究》2018年第3期

扶贫四十年的精彩篇章

苑春雪　王春霞

人类历史的实践证明，发展是摆脱贫困的唯一途径。改革开放以来，鄂尔多斯市（曾为伊克昭盟）的扶贫工作大致经历了5个阶段：第一阶段起止于1978—1985年。第二阶段起止于1986—1993年。第三阶段起止于1994—2000年。第四阶段起止于2001—2010年。第五阶段从2011年开始至今。

党的十八大开始的巨大变化惊天动地：2015年11月，习近平总书记在中央扶贫开发工作会议上强调，要解决好"怎么扶"的问题，按照贫困地区和贫困人口的具体情况，实施"五个一批"工程，即发展生产脱贫一批、易地搬迁脱贫一批、生态补偿脱贫一批、发展教育脱贫一批、社会保障兜底一批。鄂尔多斯市结合本地实际情况，在中央"五个一批"工程的基础上，将医疗保障作为一项脱贫举措，实施"六个一批"脱贫工程。2016年以来，"六个一批"工程累计落实财政专项扶贫资金9.42亿元。其中，争取上级专项资金1.17亿元，市本级财政投入4.12亿元，旗区配套投入4.13亿元。改革开放以来，鄂尔多斯市历届党委、政府始终将扶贫开发事业作为各项工作的重中之重来抓，脱贫成效非常显著，到2017年底，在全自治区率先基本消除绝对贫困，今年7月27日，自治区人民政府公告杭锦旗退出自治区贫困旗县行列。这样，40年前远近闻名的贫困地方，如今发展为中外闻名的富裕地区，而且全部摘掉了贫困帽子。原因何在？第一，党委重视、政府作为，各级干部积极参与。第二，经济快速发展成为摆脱贫困的有力支撑。第三，各项惠民政策让老百姓得到最直接的实惠。第四，基础设施的建设促进农牧民增加收入。

第五，各族群众辛勤劳动是致富的根本原因。

苑春雪，鄂尔多斯市委党校讲师。

选自《鄂尔多斯学研究》2008年第3期

鄂尔多斯市资源型经济高质量发展问题研究

韩建强

鄂尔多斯市高质量发展面临的主要问题和困难：鄂尔多斯市资源型经济在前十多年时间里快速增长，有目共睹，但是要清醒地认识到，这种依靠资源和要素低成本的粗放型、低效率、高速增长模式已经难以为继，必须要顺应形势，转向高质量发展，用高质量发展的方式方法解决存在的必须要解决的严重问题和困难。问题导向就是努力方向，找准问题，发现差距，才能更好地实现高质量发展。第一，产业结构不合理，一煤独大，产业层次低、结构单一，非煤产业、非资源型产业、高新技术产业相对薄弱，是鄂尔多斯高质量发展面临的最大问题。第二，创新能力不强，还有不少阻碍妨碍创新的旧观念和陈规陋习。一定程度上还依赖挖煤卖煤、挖土卖土的老套路。原始创新能力还不强，基础研究投入还不足，远低于沿海先进地区。第三，经济体制改革不到位。一些领域制度不完善不合理，相关领域不同程度地存在行政性垄断，资源配置的市场化程度不高，竞争不足，效率不高，导致经济增长内生动力不足，发展质量和效益不够高，一些企业特别是中小企业经营困难，非煤工业增加值率与发达地区相比有相当差距。第四，新技术、新业态、新经济开发和培育滞后，经济转型升级压力大。传统资源型产业比重过高，制造业比重过低，战略性新兴产业刚刚起步，现代服务业发展水平不高。第五，地区经济下行压力较大，政府债务超过合理水平，导致金融等领域风险隐患不断累积、不容忽视，存在"脱实向虚"问题。地方财政收支矛盾凸显，财政资金绩效管理工作滞后。第六，城乡发展不平衡问题依然突出，农村牧区经济改革发展缓慢，农牧民增收乏力。生态环境虽然有一些改善，但是依然脆弱。第七，地方政府治理能力与资源型经济高质量发展的需求还有很大差距。有些决策不科学、不规范，水平不高，或不切合本地实际，或违背市场经济规律。

鄂尔多斯市资源型经济高质量发展面临问题的深层成因分析：第一，经济发展长期依赖煤炭资源开发，长期"吃资源饭"，形成对资源型经济发展模式的路径依赖，惯性大，使一些人产生并固守"瘦死的骆驼比马大"的思维观念，患上了"荷兰病"，缺乏创新动力。第二，改革意识淡漠，没有改革的紧迫感，市场化和法制化改革缓慢，没有使市场在资源配置中起决定性作用，基本上还是政府主导资源配置，地方政府的"越位"和"缺位"并存，导致社会经济资源发生错配，产生和积累风险。第三，创新动力不足。中国是一个官本位社会，官本位与创新、创造从根本上来讲是格格不入的。"一朝权在手，便把令来行。"官本位思想浓厚，缺乏有效吸纳人才、资金、技术等创新要素的政策制度环境。第四，居民收入不高，城乡收入差距过大。第五，结构性矛盾突出，产业结构不优，影响经济发展质量和效益。

鄂尔多斯市资源型经济高质量发展的对策建议：第一，要真刀真枪地落实改革开放。第二，调整产业结构，打造现代产业新体系，全面提升地区经济发展质量和竞争力。第三，加大创新驱动发展战略实施力度，不断增强经济创新力和竞争力，再造鄂尔多斯创新发展新优势。第四，创新支出方式，全面实施预算绩效管理，提高财政支出绩效，提高预算公开度。第五，支持金融提高服务实体经济能力。支持结构性去杠杆，去掉坏杠杆，留下好杠杆。支持金融机构扩展普惠金融业务，规范发展地方性中小金融机构，着力解决小微企业融资难、融资贵问题。

选自《鄂尔多斯学研究》2008年第4期

四十年实现美好生活的夙愿

赵 谟 苏丽娅

改革开放 40 年，鄂尔多斯经济社会的发展取得了辉煌的成就。改革开放 40 年来，鄂尔多斯始终把解放思想、更新观念作为推动经济社会发展的强大动力和有效途径，以与时俱进的思维、实事求是的精神，不断调整着发展思路、发展战略和措施，转变发展方式，创新发展理念，构建适应市场经济体制框架的各项制度，使经济建设和社会面貌出现了历史性转变。特别是在 20 世纪 90 年代中期以来，鄂尔多斯主要经济指标跨入内蒙古自治区前列，经济步入"快车道"，出现了引人注目的"鄂尔多斯工业板块现象""鄂尔多斯经济现象""鄂尔多斯模式"。这一时期，众多投资者、创业者、外来求职者、参观考察者纷至沓来，同时也引起了中央领导的关注，之后有中宣部、中央政策研究室、自治区有关部门领导来鄂尔多斯调研，曾多次召开高层次的战略研讨会，总结"鄂尔多斯模式"的发展经验，使鄂尔多斯成为全国改革开放 30 年 18 个典型地区和学习实践科学发展观 5 个典型城市之一。

改革开放 40 年，鄂尔多斯各族人民实现了美好生活的夙愿。改革开放 40 年，鄂尔多斯深入推进生态文明建设，践行绿色发展理念，鄂尔多斯各族人民生活在山河秀美的环境中。改革开放 40 年，鄂尔多斯加快城乡发展一体化，践行协调发展理念，建设城乡优美的鄂尔多斯，使鄂尔多斯成为宜居、宜业、宜游的好地方，各族人民生活得更加幸福、更加舒心。改革开放 40 年，鄂尔多斯人始终坚持文化自信，繁荣社会主义文化，建设人文善美的鄂尔多斯。

改革开放 40 年，鄂尔多斯经济社会发展模式的启示：启示之一是坚持和加强党的领导，着力建设坚强有力的领导班子，造就高素质的党员干部队伍和人才队伍，是鄂尔多斯实现跨越式发展的政治保证和组织保证。启示之二是坚持解放思想，不断更新观念，高举改革的大旗，是实现又好又快发展的根本前提。启示之三是坚持传承和发扬鄂尔多斯优秀精神品质。启示之四是坚持反梯度推进发展的战略，走出了一条跨越式发展之路。

赵谟，鄂尔多斯市达拉特旗人，鄂尔多斯市科技局原调研员，鄂尔多斯学研究会专家委员会副主任；苏丽娅，鄂尔多斯市达拉特旗人，鄂尔多斯市社科联原副主席，鄂尔多斯学研究会专家委员会副主任。

选自《鄂尔多斯学研究》2008 年第 4 期

鄂尔多斯经济腾飞的经验与启示

韩云鹏

改革开放40年来，鄂尔多斯在中国特色社会主义思想的指引下，紧跟国家改革开放的步伐，发时代之先声，开创新之先风，启智慧之先河，走改革之新路，抓住了国家西部大开发和国家能源发展战略西移的机遇，充分发挥资源优势，实施资源转换战略，加快工业化、城市化和市场化进程，经济发展步入了"快车道"，实现了由小到大、由弱到强、由单一到多元、由贫困到小康的成长蜕变。鄂尔多斯成为内蒙古自治区经济发展速度最快、效益最好的城市，创造了举世瞩目的成就，也形成了一批宝贵的经验。

经济发展成就显著： 1978年，鄂尔多斯地区生产总值只有3.46亿元，到2017年已经达到3579.8亿元，实际增长了211.1倍，经济总量位列全国地级区域第55位，人均生产总值超过17万元，跻身全国三甲。1978年，鄂尔多斯市的工业增加值仅为3618万元，占地区生产总值比重仅19.82%，占自治区比重为1.7%，位居自治区12个盟市的第9位。2017年，全市规模以上工业实现增加值1535.7亿元，比1978年名义增长4243倍，年均增速达23.2%。1978年，鄂尔多斯市服务业增加值是9900多万元，2017年达到1578.71亿元，是改革开放初的1600多倍，已经有12个服务业集聚区被认定为自治区级服务业集聚区，占全区78个自治区级服务业集聚区的15%。1978年，鄂尔多斯市经济主体以国有、集体企业为主，个体工商户与私营企业基本没有。截至2017年底，全市共有各类非公有制经济主体187559户，其中私营企业43017户、外商投资企业249户、个体工商户139215户。1978年，全盟市镇人口10.7万人，城镇化率仅为10.5%。截至2017年底，全市建成区面积达到

269.4平方公里，中心城区面积达163平方公里，人口近70万人，城镇化率提高到74.05%，分别高于全国、全区平均水平15.53个和12.05个百分点。

经济腾飞的宝贵经验：鄂尔多斯市作为典型的成长型资源城市，在发展中注重摆脱"资源陷阱"，坚持新发展理念。通过科学利用优越的资源条件，高起点引进和配置生产要素，全面推行资源节约型和环境友好型的集约型工业和农牧业生产经营方式，创造后发优势，实现跨越式发展，突破"资源诅咒"困境，实现了由追求规模数量到注重效益质量的高质量发展的华丽转身，走出了一条西部资源富集地区快速崛起的路子，总结出了宝贵的"鄂尔多斯经验"。具体而言，一是改革助推转型发展。二是创新引领高质量发展。三是协调促进均衡发展。四是绿色实现持续发展。五是开放构建联动发展。六是共享激励和谐发展。

向高质量发展奋勇前进：展望未来，鄂尔多斯将在现代能源经济领域通过重点打造"四大基地"，即国家清洁能源输出基地、国家现代煤化工示范基地、国家现代能源技术集成基地和国家绿色能源示范基地，来实现加快推进由输出为主向转化增值转变，由以量取胜向以质取胜转变，由资源单一粗放利用向综合循环高效利用转变，由先污染后治理向生态清洁生产转变，从而构筑循环、低碳、绿色、安全的现代能源产业体系；在战略性新兴产业领域依托鄂尔多斯市资源和产业优势，抓住承接发达地区先进产业转移的机遇，加快发展新能源、新材料、高端装备制造、新一代信息技术、新能源汽车、节能环保、生物医药等七大战略性新兴产业，培育经济发展新动能、新增长极；在现代农畜产品领域借着乡村振兴战略这股强劲东风，立足当地实际，做大做强肉羊、肉牛等八大特色产业，做强沙棘、沙柳等五大林沙产业，全力打造国家绿色农畜产品基地，实现一条一二三产业融合发展、企业与农牧民共同富裕的新路子；现代服务业领域将在文旅业融合发展、金融改革创新、现代物流业、文化产业发展、健康产业发展等多个方面探索前行，来实现总量和质量的稳步扩大与提升；在城乡一体化发展方面以落实农牧业"三区"发展规划，以大力推进特色城镇化、农牧业现代化、产业集优化、公共服务均等化等互动发展为契机，加快新型城镇化建设，推进城乡融合发展，打造现代名城升级版；在融入"一带一路"方面找准鄂尔多斯新定位，以内蒙古构建"北上南下、东进西出、内外联动、八面来风"的对外开放新格局为主攻方向，全力推动"北方之路"建设，为"一带一路"打造新引擎，提供新服务。

韩云鹏，东胜人，鄂尔多斯市委党校副教授，鄂尔多斯学研究会专家委员会委员。

选自《鄂尔多斯学研究》2008 年第 4 期

鄂尔多斯经济腾飞历程

奇海林

在中国正北方，黄河"几"字弯怀抱里，有一座闻名于世的草原现代名城，它有一个响亮的名字——鄂尔多斯。中华人民共和国成立后，特别是改革开放以来，勤劳智慧的鄂尔多斯人在党的领导下创造出惊天动地的"三次创业"奇迹，实现了"由农到工""从小到大""由量到质"的历史性跨越，各族儿女共同团结奋斗谱写了一首首现代化建设发展的动人乐章。从自然地理来看，鄂尔多斯市，位于内蒙古自治区西南部，一个以蒙古族为主体、汉族占多数的地级市。从资源禀赋而言，鄂尔多斯资源富集，已探明矿藏 50 多种，是国家重要的能源基地。从人口民族来说，鄂尔多斯是一个多民族地区，域内居住生活着蒙古、汉、满、回、藏、维吾尔、苗、朝鲜、彝、壮等 42 个民族。从行政区划看，鄂尔多斯市前身为伊克昭盟，伊克昭系蒙古语，意为大庙，因清初鄂尔多斯部落六旗第一次会盟于达拉特旗的大庙王爱召而得名。2001 年 2 月 26 日，经国务院批准，撤销伊克昭盟，设立地级鄂尔多斯市。从历史文化分析，鄂尔多斯历史文化悠久，是人类文明发祥地之一。从民俗风情而言，鄂尔多斯是一个以蒙古族为主体、汉族居多数的少数民族地区。从宗教信仰分析，鄂尔多斯是一个多民族、多宗教的少数民族地区，有 5 种宗教：佛教（包括藏传佛教、汉传佛教）、道教、伊斯兰教、天主教和基督教。信仰藏传佛教的主要是蒙古族，信仰汉传佛教、天主教的主要是汉族，信仰伊斯兰教的主要是回族。

中华人民共和国成立至改革开放前的近 30 年里，鄂尔多斯人急于改变贫穷落后面貌，在探寻发展路径上艰苦奋斗了一代人的时间，先是"种草种树基本田",再是"牧民不吃亏心粮""开荒种地跨长江",因方法问题,始终未能走出贫穷落后的窘境。改革开放之风吹醒了鄂尔多斯大地,集智放胆的鄂尔多斯人通过"三次创业"实现了三次转型,正在由高速度发展走向生态优先、绿色高质量发展的现代化道路之上。70年风雨兼程,70年跌宕起伏,70年波澜壮阔,70年灿烂辉煌。鄂尔多斯的70年,几乎就是新中国70年的浓缩版。

历经苦辣酸甜、摸爬滚打,抱着冲破束缚、勇立潮头的决心,鄂尔多斯70年来围绕着"干和不干、干多干少、干好干坏应该是一个样还是不一样""改和不改、改慢还是改快、这样改还是那样改"进行过无数回或迂回或激烈的交锋。每次交锋过后,总会以意想不到的方式向前迈进。从这些复杂的动态关系中,可以提炼出这样几个具有规律性的闪光点:一是党的领导;二是人民为中心;三是从实际出发;四是尊重规律;五是坚持新发展理念。

选自《鄂尔多斯学研究》2019年第2期

地方学研究

以高质量发展
推动鄂尔多斯全面小康社会建设

李月琴

黄河怀抱着一块8.68万平方公里的北方草原，它有一个响亮的名字——鄂尔多斯。改革开放以来，特别是党的十八大后，这里发生了翻天覆地的变化，"绿富同兴"、现代名城、民族团结、人民幸福成为鄂尔多斯市的时髦名片。鄂尔多斯市委在2015年三届七次全委会上做出了"十三五"时期全面建成较高质量小康社会的战略部署。今后一段时期我们要高质量全面建成小康社会，以较高起点开启基本实现现代化建设新征程，努力在各项工作中走在西部地级市前列、发挥表率作用。

深刻认识高质量发展引领全面小康的意义：推动高质量发展，是鄂尔多斯市保持经济社会持续健康发展的必然要求，是鄂尔多斯市较高质量全面建成小康社会的必然要求，也是鄂尔多斯市适应新变化、对标新要求的必然路径。小康是发展水平，全面是发展的平衡性、协调性、可持续性，可见全面小康目标要求是"五位一体"全面进步的小康，是惠及全体人民的小康，是城乡共同发展的小康。鄂尔多斯市各族人民对实现更好更高质量的发展有着真切期盼，对生活更加幸福有着美好期待，也赋予了全面小康更高标准，从发展的角度看，小康社会是从温饱向富裕过渡的阶段，其标准是动态的而不是静态的，随着生产力发展和社会不断进步，小康社会的标准也在不断调整。小康路上的问题要靠发展来解决，全面小康要靠高质量发展来引领，只有推动高质量发展，解决好一系列结构性问题，顺利跨越"中等收入陷阱"，在实现第一个百年奋斗目标后依然保持强劲动能，才能为向第二个百年奋斗目标进军打下牢固基础。

鄂尔多斯市全面建成小康社会取得重大进展：发展水平和质量稳步提升；发展平衡性、协调性和可持续性显著增强；转型发展迈出实质步伐。

鄂尔多斯市实现高质量发展面临的困难和挑战：科技创新动力不足；文化产业规模小；基本公共服务供给质量不高；生态环境承载力不足，节能减排压力较大。

以高质量发展推动全面建成小康社会的关键路径：以解放思想为先导，全力推进高质量发展；以建设现代化经济体系为支撑，筑牢高质量发展根基，把供给侧结构性改革作为主线，推动产业结构转型升级，把科技创新作为重要抓手，全面建设创新创业型城市；把实施乡村振兴战略作为统领，着力提升农村牧区发展水平；以满足人民对美好生活的向往为目标，提升民生保障水平；以生态优先、绿色发展为导向，建设美丽鄂尔多斯；以优化体制机制为保障，激活市场活力。

李月琴，鄂尔多斯市准格尔旗人，鄂尔多斯市委党校副教授，鄂尔多斯学研究会专家委员会委员。

选自《鄂尔多斯学研究》2019年第2期

地方学研究

展望2035年的鄂尔多斯

韩云鹏　钱格祥　奇海林

进入21世纪以来，鄂尔多斯市的经济社会发展实现了量的突飞猛进和质的持续提升，其经济总量排在全国成长型资源城市第1位，人均GDP跻身全国三甲。特别是在能源产业方面，现已是全国最大的产煤地级市，也是全国最大的能源输出地级市，是保障京津、服务华北、面向全国的清洁能源输出主力基地。鄂尔多斯已从一个贫穷落后的高原小城发展成为煤基产业强劲、经济繁荣、民族团结、环境优美、活力迸发的现代名城。复杂、多变的世界经济格局会给鄂尔多斯带来不小的挑战，但世界经济格局加速重构和中国的全面崛起也给鄂尔多斯的高质量发展带来许多难得的机遇。一是"一带一路"为鄂尔多斯对外开放与区域合作提供了广阔的国际合作平台。二是全球新一轮能源革命将助推鄂尔多斯传统能源经济转型升级。三是新一轮信息技术革命为鄂尔多斯打造国家大数据综合服务中心、发展大数据应用产业集群提供新机遇。四是《2030年可持续发展议程》在世界范围内的不断推进也将继续拓展鄂尔多斯绿色发展的内涵和外延。五是黄河流域高质量发展战略的实施，将有力促进鄂尔多斯全面融入区域协同发展的国家大战略之中。对标对表2035年中国基本实现社会主义现代化的目标要求，鄂尔多斯市有信心在西部少数民族地区率先建成社会主义现代化示范市。到那时，地区经济实力、科技实力将大幅跃升；城乡治理体系和治理能力现代化基本实现；社会文明程度达到新的高度；人民生活更为宽裕，中等收入家庭占比达70%以上，城乡区域发展差距和居民生活水平差距显著缩小，基本公共服务均等化基本实现；生态环境根本好转。到那时，一座"现代产业新城"将沿着"生态优先、绿色发展"

的高质量发展之路迅速崛起；一座"民主法治善城"将为改革发展保驾护航；一座"民族文化名城"将彰显"蒙古马精神"的独特魅力；一座"富裕安康暖城"让百姓幸福感爆棚；一座"生态文明绿城"让家园变得更美；一座"开放包容魅城"让西北落后地区变身中国改革开放的前沿。

钱格祥，安徽人，鄂尔多斯市委党校副教授，鄂尔多斯市政协常委，鄂尔多斯学研究会特聘专家。

选自《鄂尔多斯学研究》2019年第4期

高水平开放，推动鄂尔多斯高质量发展

皇甫欢欢

开放是国家繁荣的必由之路。改革开放 40 年特别是加入世贸组织以来，中国一直是全球化的积极拥护者，坚持对外开放的基本国策，发展壮大外向型经济，不断扩大朋友圈，经济社会发生了翻天覆地的变化。鄂尔多斯市是内蒙古自治区新兴城市、经济发展的排头兵，从改革开放之初建立的伊克昭盟羊绒衫厂到现在的"鄂尔多斯，温暖全世界"，我市的对外开放一直走在自治区前列，开放发展为鄂尔多斯市注入了源源不断的活力，经济跨越式发展，实现了弯道超车。2018 年，鄂尔多斯市进出口总额 82.3 亿元，新备案外商投资企业 3 家，新签约利用外资项目 12 个，实现利用外商直接投资 21.1 亿美元，连续 10 年居全自治区首位；累计实施（国内）区外招商引资项目 568 项，引进国内（区外）到位资金 2929.55 亿元。对外贸易蓬勃发展，汽车、手机屏幕、化肥、PVA 新材料、纺织品等产品远销海外。2015 年、2016 年，鄂尔多斯市连续两年被中国海关总署评为"中国外贸百强城市"，是自治区唯一跻身百强榜的城市；2018 年，鄂尔多斯市获批国家外贸转型升级基地。开放对鄂尔多斯高质量发展的意义：对外开放是鄂尔多斯发展进步的重要经验；高水平开放是鄂尔多斯高质量发展的必然选择；对外开放是鄂尔多斯顺应国际国内大势的必然要求。

鄂尔多斯高水平开放面临的挑战：对外开放重在解决发展内外联动的问题，鄂尔多斯市从一座北方边陲小城成长为高原明珠，是开放为鄂尔多斯经济注入了源源活力，从内蒙古第一家引进外资的企业——伊克昭盟羊绒衫厂起步，以敢为天下先的精神，创造了经济社会的繁荣发展、人民生活的富足安康。但与我国发达地区比较,鄂尔多斯市仍属于开放的洼地,面临不少亟待解决的问题。具体而言,包括开放型经济处于低水平;招商引资方式亟需转变;企业"走出去"处于初级阶段;涉外人才缺口大、整体素质不高。

实现鄂尔多斯高水平开放的几点思考:第一,转变政府职能,优化营商环境。鄂尔多斯市下大力气改善、优化营商环境,要持续推进服务型政府建设,破除体制机制障碍,将工作重心从事前审批转为事中事后监管,并不断创新监管方式,提升监管能力和水平,形成竞争有序的市场化、法治化、国际化的营商环境。第二,以综合保税区为引领打造开放新高地。依托鄂尔多斯综合保税区独特的功能与政策,充分利用综保区内"保税加工""保税物流"和"保税服务"等功能,发展加工贸易、国际物流等产业,吸引各类生产要素和市场主体在综保区内集聚和流通。第三,协同合作,融入区域发展框架。鄂尔多斯要立足资源禀赋和产业基础,推动与周边城市的产业分工协作与优化升级,深度融入呼包鄂协同发展、落实呼包鄂榆城市群发展规划,建立起呼包鄂榆地区之间及与其他地区跨区域产业合作园区或合作联盟,大力发展优势产业、战略性新兴产业和现代服务业,培育新动能;加强与珠三角、长三角、环渤海地区的经济合作,承接发达地区的产业转移,开展更大范围、更高水平、更深层次的区域合作。第四,培养、引进高端涉外人才。鄂尔多斯市构建开放型经济的未来发展需要各个领域的高端涉外人才。要实施更加开放的人才政策,坚持引进与培养同步进行,重点引进具有国际视野、法律专业和对外经贸领域的复合型人才,采取人才激励保障机制,为人才创造更加适宜的创新创业环境,建立、完善人力资源柔性流动机制,形成各类人才流入的"洼地效应",为高水平开放提供强有力的人才保障。以高水平开放推动鄂尔多斯市高质量发展是一项宏伟工程,需要鄂尔多斯全市各族儿女凝心聚力、共同推进,让我们不忘初心,继续前行,紧紧围绕在以习近平为核心的党中央,贯彻新发展理念,推动思想再解放,创造鄂尔多斯新的辉煌。

皇甫欢欢，包头市人，鄂尔多斯市委党校讲师，鄂尔多斯学研究会专家委员会委员。

选自《鄂尔多斯学研究》2019年第4期

特色旅游——鄂尔多斯未来经济可持续发展的新引擎

肖 毅

鄂尔多斯发展特色旅游业的重要性和紧迫性：首先，鄂尔多斯发展特色旅游业的重要性。鄂尔多斯市加快发展融入文化与生态元素的特色旅游，就是未来产业转型和经济可持续的正确选择，是引领旅游业持久发展的核心和正确方向。其次，鄂尔多斯发展特色旅游业的紧迫性。在当前国内整体宏观经济形势面临下行风险加大，以及煤炭市场疲软、煤炭价格大幅下跌的困境之时，鄂尔多斯的经济遭受到了严重的打击，而且还更应看到今后由于国家倡导发展新兴战略性产业和清洁能源，由此而产生的对于我们这个以能源资源产业为主体的经济的冲击。

鄂尔多斯发展特色旅游业的对策建议：培育与壮大融入文化元素的独特的宋辽夏金元时期文化旅游业。文化中所带有的民族和地域的独特信息，往往又是不可再生也是不可替代的，所以，重视旅游文化特色，形成区域间文化特质，是培植旅游经济核心竞争力的关键。培育与壮大融入文化元素的生态示范区与旅游区的特色产业。鄂尔多斯市要始终遵循保护自然环境是第一位的、我们做所有的事情都是以之为前提条件的这样一个座右铭，始终遵循绿色发展、循环发展、低碳发展，使经济社会发展与自然相协调，在这样一个前提下发展融入生态元素的特色旅游业。培育与壮大融入文化元素的民族与地方特色的文博馆、展览馆、研究中心建设。博物馆是一个国家、民族浓缩的历史，是一个城市历史文化的缩影。要坚持国有博物馆为主导，重点建设专题博物馆，支持引导企事业单位和社会团体、民营企业兴建博物馆，鼓励社会力量创办个人收藏陈列馆。建造独具宋辽夏金元时期风情的城市综合体——宋辽夏金元时期文化博览城，以此促进并带动旅游等服务业的发展。吸收与借鉴国内的万达城市广场、深圳华侨城，以及国外的迪士尼乐园等的理念，尝试在鄂尔多斯东胜区建造主要突出蒙古民族风格、风情，集观光旅游、商贸餐饮、酒店娱乐、文化博览等于一体的城市多功能的综合体。全市尽快开展美丽鄂尔多斯"书香城市"建设工程。倡导阅读理念，弘扬阅读文化，让读书学习真正成为广大市民群众自觉追求的一种生活方式。市旗区有关部门要不断创新工作思路，不仅要建设一流设施的图书馆、文化宫、文化馆、文化站等，更要举行形式各异的让全民参与的诸如读书日、读书月、大讲堂以及藏书家、书香家庭、书香社区、书香学校、书香单位乃至书香旗区评比等有益活动，并将其经常化、制度化。

肖毅，鄂尔多斯市鄂托克旗人，鄂尔多斯市委党校教授。

选自《鄂尔多斯学研究》2014年第2期

利用鄂尔多斯文化资源发展地区特色旅游经济

安 源

利用鄂尔多斯文化资源发展地区特色旅游经济具有重要的意义：利用鄂尔多斯文化资源发展地区特色旅游经济是鄂尔多斯人民积极参与西部大开发、第二次创业的必然要求；是培植新的经济增长点，保持地区经济持续、健康、快速发展的必然要求；是改善地区生态环境，再造秀美山川，实现可持续发展战略的客观需要；是适应经济结构调整，开发人力资源，发展新的旅游文化产业的客观需要；对加快地区基础设施建设，缩小与发达地区的差距，尽快脱贫致富达小康，使鄂尔多斯在新的世纪实现新跨越，具有重要的现实意义与长远的历史意义。

鄂尔多斯地区具有丰富多彩而又独具特色的文化资源，发展地区特色旅游经济具有突出的区位优势，表现为：鄂尔多斯地区的文化资源类型齐全；文化资源功能多样；文化资源特色鲜明；文化资源密度较高；文化资源区位良好。

开发利用鄂尔多斯文化资源，发展地区特色旅游经济具有广阔的前景。这一资源必将为鄂尔多斯带来前所未有的新景观，也必将有力地推动鄂尔多斯大步走向新世纪。

安源，准格尔旗人，鄂尔多斯市政协原巡视员。

选自《鄂尔多斯学研究》2002 年第 2 期

地方文化研究

地方文化研究

鄂尔多斯文化民族性的历史考察

安 源

鄂尔多斯地区，不仅有丰富的自然资源，而且有宝贵的历史文化资源。开发鄂尔多斯文化资源，承继这一份宝贵的精神文化遗产，对于建设繁荣富庶的鄂尔多斯，塑造鄂尔多斯形象，弘扬鄂尔多斯精神，让鄂尔多斯大步走向世界，具有重要意义。研究鄂尔多斯文化，发掘鄂尔多斯文化资源，对于华夏文化研究的深入，对于新时代中华文化的建构与发展，同样具有重要的意义。

多民族共同活动的历史舞台：鄂尔多斯地区的地理位置与自然条件决定了它作为多民族共同活动舞台的历史地位。鄂尔多斯地区不仅是中原农耕经济与北方游牧经济的联结处，而且也是中原通向西北和北方的交通要道，还是多民族进行商贸交易的重要市场。几千年来，众多的不同民族均在这里留下了历史踪迹。在鄂尔多斯的历史上，有的时期是不同的民族分别在这里活动，其历时既有先后又有长短之分，也有的时期是几个不同的民族在这里共同活动或杂居相处。他们或归属于中原王朝，或建立自己的政权，不论哪种情况，都与中原地区有着各种形式的政治、经济文化等方面的联系与交往。虽然，有时也兵戎相见，有战争烽火，但却是时战时和，结成了一种永远也打不散的关系。友好交往与相互的融合成为贯穿历史的主题，和亲的佳话则为各民族人民所乐道。黄河岸边的昭君坟与纳林川畔的单于庭均是民族团结、友好相处、文化交融的缩影。总之，鄂尔多斯的历史一直是众多民族共同生活的历史，鄂尔多斯的历史是一部多民族人民共同创造的历史。这是鄂尔多斯地区史的一个显著的特征。

多民族共同培植的区域文化：我国自古就是一个统一的多民族的国家，鄂尔多斯的文化面貌即十分典型地反映出这样的特征。几千年来，许多经济形态不同、人口众寡不同的民族在鄂尔多斯地区生活过，其中有不少古老的民族经过多次的交融之后，已逐渐消失，它们已融合到其他一些民族之中去了。但是，不论其至今是否存在，更不论其至今是否生存在鄂尔多斯地区，在鄂尔多斯地区的开发建设中，都曾做出过贡献。它们在鄂尔多斯文化的生成、发展与繁荣中都发挥过别的民族不可替代的作用。正是这些众多的不同民族，共同创造、培植了鄂尔多斯文化。鄂尔多斯文化历史悠久，内容丰富，大体包括"河套人"与河套文化；朱开沟文化：从仰韶到龙山；鄂尔多斯青铜文化；河套匈奴文化；河西敕勒与《敕勒歌》；胜州榆林城的和亲佳话；羁縻州·六胡州·宥州；西夏文化遗存；鄂尔多斯蒙古文化。可见，鄂尔多斯文化是在漫长的历史发展演进过程中由众民族共同创造、共同培育的一种地域文化，许多民族在鄂尔多斯文化的形成发展中都贡献了自己的智慧与汗水，发挥了他人不可替代的重要作用。所以，鄂尔多斯文化是我国北方多民族的共同财富，它在华夏文化中也有不可或缺的重要地位。

多元交融与多样统一的风格：在对鄂尔多斯文化的民族性进行了简要的历史考察之后，我们对鄂尔多斯文化民族性方面的特色与风格大致有这样的归纳与概括。首先，鄂尔多斯文化是历史悠久、影响深远的文化。其次，鄂尔多斯文化是一种多元交融、多样统一的文化。在政治文化方面，鄂尔多斯地区早在秦代就作为多民族统一国家的一个组成部分而存在，中原政治体制与文化传统在这里有深远的影响。宗教文化方面，鄂尔多斯文化中有萨满教、佛教、喇嘛教，甚至基督教等多种宗教。鄂尔多斯文化中融汇入的民族文化因素众多，其中尤以蒙古鄂尔多斯文化与中原文化的成分最为显著。再次，在鄂尔多斯文化中我们发现有一种兼容并蓄的大度与融汇百川的气象，或者说鄂尔多斯文化中有一种开放的胸襟与包容精神。一般说来，比较封闭的文化，继承性强，保守性也强；比较开放的文化，变异性强，创造性也强。而鄂尔多斯文化则明显属于后者。由鄂尔多斯文化的这种民族融合性，我们似乎可以进一步推论，全面的开放，多向的交流，多元的融合，有可能代表着人类文化未来发展的方向。

选自《鄂尔多斯学研究》2002年第1期

试论鄂尔多斯大文化

奇·朝鲁　包海山

鄂尔多斯大文化内涵：鄂尔多斯大文化，是包括河套文化、长城文化、秦直道文化、阿尔寨石窟文化、成吉思汗文化、祭祀文化、民俗文化、旅游文化、宗教文化以及科技、教育、生态、卫生、艺术、歌舞、文学、保健、饮食、服饰、传媒等科学文化总和。鄂尔多斯文化之所以能够称为"大文化"，是因为其渊源深、容量大、数量多、特色浓、质量高，而且与时俱进。比如，其中最具特色的有成吉思汗文化。陈育宁教授认为："成吉思汗一生创建了两大历史功绩，可以概括为：走向统一，走向世界。"

鄂尔多斯大文化与经济关系：鄂尔多斯经济高速度高效益的发展，本质上是人的科学文化素质提高升华的反映。

鄂尔多斯大文化产业化发展：鄂尔多斯大文化是个大范畴，涉及教育、科技等诸多方面。这里仅以三个项目和三种原动力为例。三个项目和三种原动力是鄂尔多斯蒙古族民歌特色研究——文化传承与市场对接；中华医学中医药文化研究——探索生命本原与增强生命活力；资本的信息结构及其功能研究——开发马克思主义经济价值的最佳途径。

鄂尔多斯大文化名牌战略：我们打造"鄂尔多斯大文化"品牌，就是要以鄂尔多斯大文化诠释鄂尔多斯经济、政治、生态、社会诸多现象的实践为基础，以成吉思汗文化及其"走向统一、走向世界"的情感、智慧和胆略为特色，以马克思及其以人为本、"实现每个人的全面而自由发展"的未来社会基本原则为核心，把他们的精华巧妙而科学地融入品牌之中，把鄂尔多斯大文化的包容性和凝聚力、开放性和创造力，推向一个更高的境界。

选自《鄂尔多斯学研究》2006年第1期

朱开沟文化对中华文化发展的影响与贡献

武家政

自 20 世纪下半叶以来,随着我国考古事业不断地进步,迄今发现远古时期的文化遗址似满天星斗,数量之多、分布之广,显示出中华起源的多元性。其中在内蒙古地区一批重大的考古发现,揭示了生活在北方草原上的先民们创造的草原文化,不但历史久远、内涵独特,而且曾产生过广泛的影响。史实证明,草原文化是中华文化的主源之一,与黄河文化、长江文化交相辉映,融合汇聚,共同造就了源远流长、博大精深的中华文化。在北方草原文化集中发源地的内蒙古自治区,如果说东部是以赤峰地区的兴隆洼遗址、赵宝沟遗址、红山文化为翘首,那么在中南部则是以鄂尔多斯地区的河套文化、朱开沟文化和以鄂尔多斯青铜器为代表的北方青铜文化为标志。距今约 7 万年前,属晚期智人阶段的"河套人"为主体的河套文化,证实了北方草原地区确是中华民族古老的发祥地之一。而内涵更为丰富的朱开沟文化在其演进交流过程中对中华文化发展的影响和贡献却鲜为人知,其彪炳千古的业绩,理应受到世人的关注和重视。

朱开沟位于鄂尔多斯东部今伊金霍洛旗纳林塔乡。1984 年至 1997 年,考古工作者先后在 4000 平方米内进行了 4 次发掘,共发现了不同时期的房址 83 座、瓮棺葬 19 座,出土可复原陶器 510 余件、石器 270 余件、骨器 420 余件、铜器 50 余件。另外还采集到了大量可供鉴定种属的动物骨骼等。根据对出土的遗址、遗物的综合分析,可知朱开沟遗址的时代上限约相当于距今 4200 年的龙山时代晚期,下限约相当于距今 3500 年的商代前期,整个遗址前后延续了 800 年。在累积的 7 层文化堆积中,分别代表了从原始社会晚期至商代早期的几个不同的历史发展阶段,并自成一相对完整的体系,内涵丰富,特点鲜明。鉴于朱开沟遗存的重要性和特殊性,被学术界命名为"朱开沟文化"。

鄂尔多斯地区地理位置的特殊和优势,为朱开沟文化的蔓延提供了优越的条件。经考古证实,朱开沟文化的明显南移,发展成了晋、陕黄河两岸的李家崖的商文化遗存,向西南影响到关中北部耀县一带的商文化遗存,向东影响到河北北部一带商周之际文化遗存……朱开沟文化的南下对中原农耕文化的反哺,将其文化代表性器物之一的三袋足瓦鬲扎根中原,并以其炊、贮的实用性广为传播,对于黄河流域龙山文化时代"鬲文化"的兴起,并一直延续到青铜时代,显然发挥了决定性的作用。

对朱开沟文化的发现及其追踪研究表明:一是至少在 3500 年前,中华游牧文明的曙光便从鄂尔多斯大地冉冉升起,击破了西方学者断言中国游牧文化是"外来说"的谬论。二是朱开沟文化孕育了游牧文明的标识物——鄂尔多斯青铜器,拉开了中国北方游牧民族铸造使用青铜器的序幕,继而由后续的狄——匈奴民族使用青铜艺术登峰造极,对远在欧亚草原上的其他游牧民族产生了深远的影响,使其成为世界性的宝贵文化遗产。三是朱开沟文化的传播南下,是掀起距今 4000 年前后影响中原文明进程一次巨变的风源。朱开沟文化的揭秘,不仅解开了包括鄂尔多斯在内的这一地区古代文化发展的脉络,还使人们更加深刻地认识到了以燕山南北长城地带为重心的我国北方地区,在缔造中国古代文明史上的特殊地位和所建的丰功伟绩。

朱开沟文化的发现和破译,证明它不仅是鄂尔多斯文明发展史上的里程碑,更是中国北方游牧民族从蛮荒走向文明的重要标志。它对中华文化发展进程的影响和贡献,是草原文化作为中华文化主源之一的重要组成部分和灿烂的历史见证。

武家政,鄂尔多斯市文化局。

选自《鄂尔多斯学研究》2005 年第 3 期

鄂尔多斯文化管窥

奇·朝鲁

鄂尔多斯文化源远流长、博大精深、繁花似锦，对鄂尔多斯文化界说又见仁见智。鄂尔多斯地区人类进化史，我们现在所知道的，可追溯到生存于"沙日乌素高勒"（蒙古鄂尔多斯语音译，常写作萨拉乌素）流域的古"河套人"。仅从5000年中华文明史看，直至15世纪中叶蒙古鄂尔多斯部入驻该地区前，其间又有众多民族曾在这里生存发展直至消失。自鄂尔多斯蒙古部落入主该地区后，这个群体较稳定地聚集在这里。这个地区逐渐被称为鄂尔多斯，也已经有500多年了。从此后，这里就成了以蒙古族为主体，逐渐以汉族为多数，大杂居、小聚居的多民族人民共存共荣的地区。我们应该立足于文化人类学规律，即从文化的地域特征和民族特征相互联系、不可分割的两个基本要素出发，去追寻鄂尔多斯文化的发展脉络，去研讨鄂尔多斯文化构成及其人文内涵。

共同文化特点是构成民族共同体的最基本特征。长期生息繁衍在鄂尔多斯地区的鄂尔多斯蒙古人成为一种类型的文化群体，与其生产方式、生活方式、思维方式相应的物质财富和精神财富就成为独具地域和民族特色的鄂尔多斯蒙古文化。可以说，它是"我国北方民族文化中一颗璀璨明珠，成为蒙古草原文化中的杰出代表"，也是鄂尔多斯文化的地域特色和民族特色的主要体现。

如果说，中华文化是由黄河文化、长江文化、草原文化三大源头汇流并存而形成的话，那么，鄂尔多斯文化可以归为内蒙古草原文化的重要组成部分。草原文化所具有的崇拜自然、崇尚开拓、开放兼容等许多特征以及活性精神元素在鄂尔多斯文化中体现得最为显著。因此说,鄂尔多斯文化是构成中华文化三大源头之一的草原文化的重要组成部分,是诸多专家学者所认可的。

鄂尔多斯文化的人文内涵突出体现在它的亲和力、向心力和创造力之中。这也是我们研究、传承、弘扬鄂尔多斯文化必须把握的精神内核。向心力是中华民族共同体形成的基本力量,这也是鄂尔多斯文化生产力的精神基础。鄂尔多斯文化的亲和力总是大于耗散力,使鄂尔多斯各族人民形成强大的凝聚力量去万众一心谋生存求发展,共同推动历史前进。鄂尔多斯文化的创造力是从自身产生的一种强大动力。鄂尔多斯文化在其继承演进中发展更需要这种创造力,鄂尔多斯文化成为推动鄂尔多斯经济社会发展的动力也正是这种创造力。因此,一是要挖掘和展示鄂尔多斯文化,要把握以爱国主义为核心的民族精神和以改革创新为核心的时代精神,突出培育和增强亲和力、向心力、创造力;二是要继承和发展鄂尔多斯文化,要整合资源、集聚力量,实施鄂尔多斯文化品牌战略;三是要弘扬和繁荣鄂尔多斯文化,要继续深化改革体制,开拓创新机制,繁荣和发展适应"三个率先"要求的鄂尔多斯文化事业和文化产业。要知道,任何文化在任何时候,都是要锐意强化和大力提升自己的个性与优势,才能面向世界。

选自《鄂尔多斯学研究》2006 年第 2 期

加快推进文化大市建设
实现鄂尔多斯跨越式发展

赵新民

党的十六大以来，文化建设迎来了前所未有的发展机遇，在党中央、国务院的领导下，全党全社会对文化建设更加重视，文化的发展，已成为综合国力的重要标志。内蒙古自治区党委、政府于2003年确立了建设民族文化大区的战略目标。近年来，鄂尔多斯市在自治区率先提出了建设文化大市的奋斗目标，并确定了"大文化""大旅游""大运输"三大发展战略。那么，如何加快文化大市建设，推动实现鄂尔多斯跨越式发展？

一是构建和谐社会，是文化大市建设的战略目标，建设文化大市是鄂尔多斯参与西部大开发，以"三化"互动，全面建设小康社会、构建和谐社会、实现跨越式发展，与呼包"交替领先"战略的重要内容，是社会主义先进文化建设的实际步骤，是鄂尔多斯面向新世纪发展的必然选择。到2010年的总体目标是：把鄂尔多斯建成与"四个超一"的地区经济实力相适应，与城乡人民群众小康生活水平相匹配，与现代城乡建设和功能相一致，具有鲜明的个性、丰富的内涵、高效的文化产业运作，融鄂尔多斯传统优秀文化、民族地域特色和现代文明于一体的西部文化大市。届时，文化建设整体水平走进全国先进行列。二是文化设施建设，是文化大市建设的标志和象征，要着力提升城市的文化品位，彰显地区文化个性，着力加强基础文化设施建设，使之成为既是开展群众文化活动与传播先进文化的重要阵地，又是城市经济发展与社会文明的标志和象征。三是发展文化产业，是文化大市建设的重要支撑，要尽快确立《鄂尔多斯市文化产业统计指标体系》。制定出台《鄂尔多斯市文化产业发展规划》。要认真贯彻落实《国务院关于非公有资本进入文化产业的若干规定》，尽快制定出台《鄂尔多斯市关于扶持文化产业发展的若干文化经济政策》，要鼓励非公有经济入主文化产业，创新旅游与文化的最佳结合机制。四是文化体制创新，是文化大市建设的内在要求，文化体制创新与改革应当契合文化大市战略的目标选择，而不能就文化体制改革而改革，更不能简单地减单位、减人、减经费，而是要与我市经济快速发展的趋势相适应，在加大政府投入的基础上进行文化体制改革与创新。各级党委、政府在文化大市建设中的主要精力和投入，应该放在构建和完善全市的公共文化服务体系，为全市各族干部群众提供优质高效的服务和健康文明的公共文化产品上来。五是加快人才培养，是文化大市建设的根本保证，一方面要与区内外文化艺术院校联合办学，培养一批文化大市建设的急需人才；另一方面，要尽快创办鄂尔多斯职业艺术学院，要通过全市事业单位体制改革，调整布局，对现有文化艺术教育资源进行优化重组。六是保护文化遗产，是文化大市建设的基础工程，要在加强政策法规建设、建立专项资金与建立政府主导、社会参与、职能明确、运转协调的工作机制及注重科研成果和现代技术的应用、加强宣传教育工作等方面入手，扎实有效地开展工作。七是培育文化品牌，是文化大市建设的形象展示，文化品牌是地域文化精华的浓缩，是一个地区文化传承和创新与时代精神相结合的产物。这些多元化、全方位的文化品牌展示，能有效地提升地区和城市的文化品位和形象。

赵新民，内蒙古自治区文化厅原副局长。

选自《鄂尔多斯学研究》2006年第2期

试论鄂尔多斯生态文化

姚鸿起

鄂尔多斯生态文化包括在鄂尔多斯文化之中,研究鄂尔多斯生态文化,首先应当研究鄂尔多斯文化。鄂尔多斯文化古老、悠久、精湛、雄浑。它源于我国古代游牧民族创造的具有鲜明特色的草原游牧文化,这种草原游牧文化,在一定的意义上讲,就是最早的生态文化。早期草原游牧文化(生态文化)曾包括林胡文化、鲜卑文化、羌人文化等。15世纪中叶,自从蒙古鄂尔多斯部落驻牧鄂尔多斯,由于他们是历代少数民族在鄂尔多斯活动最稳定、时间最长的一个民族,所以草原游牧文化(生态文化)就逐渐演变为鄂尔多斯文化。马克思主义认为,一定文化总是一定现实的反映。同理,鄂尔多斯生态文化就是人们对鄂尔多斯生态环境状况及其演变的反映。鄂尔多斯生态文化就是人们运用文学、艺术等形式对鄂尔多斯生态环境及其变迁过程的再现。这种再现,既有人们对鄂尔多斯"天蓝、地绿、水清"的赞美与留恋,又有人们对鄂尔多斯草原"三化"(退化、沙化、盐渍化)和水土流失的抱怨与痛恨。唯物辩证法认为,文化不仅反映现实,而且反作用于现实。同样地,鄂尔多斯生态文化也既反映现实,又反作用于现实。由于秦汉以来的战争和垦荒,鄂尔多斯地区逐步形成了占鄂尔多斯市总土地面积48%的沙漠和48%的水土流失区。为了治理、改造沙漠和水土流失区,鄂尔多斯人在植树造林恢复植被的实践中,又提升了鄂尔多斯生态文化。

选自《鄂尔多斯学研究》2006年第2期

弘扬游牧生态文化是民族文化大区建设的重要内涵

杨·道尔吉

游牧文化遗产中最值得珍重并发扬光大的内容之一是游牧生态文化。它表达了人与自然、人与动物以及人对自身观照的一种鲜明文化态度。首先，其重要内涵体现在天地之歌，牧歌的优美动人在于它的天然。牧人的歌不是唱给听众的，甚至也不是唱给自己的，而是唱给大自然的。几千年的游牧文明留给我们最多的仍然是对天地的敬畏、对天地的赞美和对天地的倾诉。绝大部分游牧民族都保留了萨满教的遗存，在萨满教的仪轨中，游牧人把对自然的认识、对生命的认识以及对人与自然关系的认识进行了象征性的表达。其次，其重要内涵体现在生命的亲近，由于生产生活实践的强有力作用，使得游牧民与动物保持着极为密切的联系。作为家畜的动物，既是生产资料也是生活资料。在长期与动物共处的生命过程中，游牧民一方面了解并熟悉了动物（家畜）的习性，另一方面也从其同作为大自然的一员而给予了动物以必要的尊重。再次，其重要内涵体现在唱响英雄，对于英雄的赞美和歌颂也一直是游牧文化的主题。对英雄崇拜实际上是对自然力的崇拜。在英雄史诗中，英雄形象或诞生于岩石，或有天鹅化作美女救英雄，或有神树救活英雄等等母题。在英雄史诗里，游牧先民表达了对高山的敬仰与崇拜，总是把英雄的形象与高山岩石联系起来，寄托着与大自然割舍不断的观念情感，从而间接地表达出大自然实体得到的道德依赖与关怀。

游牧生态文化是游牧文化中的生态倾向，更多地通过习俗惯性保留下来，也通过艺术审美的诸种形式传达下来。我们所能粗略地列出关于游牧生态文化的三种显性特性，并不完整，似乎也不科学。我们之所以强调其在游牧文化遗产中的重要地位，除了通过审美功能以助于认读草原文化，并有助于民族文化大区建设的内涵充实以外，还有一个期望，那就是把游牧生态审美中的诚待自然、善待自然的理念烘托出来，传达下去。虽然我们已经离开游牧生产生活方式越来越远，但那种意念、那种精神、那种与自然相处的方式却强有力地影响着我们。

杨·道尔吉，准格尔旗人，鄂尔多斯学研究会首任秘书长。

选自《鄂尔多斯学研究》2007年第1期

草原文化研究要重视思想的研究

那仁敖其尔

思想是文化的核心部分，它在构成文化的多要素中占据主导性、关键性的地位，具有导向性、协调性的功能。要在民族精神和时代精神的统一上，在继承和发展的统一上，正确理解和把握草原文化的基本理念。无论是古代蒙古文化所展示的约孙和奇颜，还是阿阑·豁阿传说和成吉思汗讲的伊克伊（大和），都充分展示了草原文化的思想导向和价值引领。

概念是构成思想的基本形式，是反映事物本质联系的思维形式。无论是要正确认识一种文化思想，还是深刻揭示特定文化的思想导向功能，我们都必须重视概念。特定概念是特定文化思想的重要标志。古代蒙古文化是古代草原文化的重要组成部分，也是草原文化之典型形态。

正确认识古代蒙古文化的基本概念，对我们正确认识文化乃至草原文化具有重要意义。因为那些概念基本上都是在草原文化的环境中形成并表征或体现了草原文化。从这一视角来说，蒙古高原的草原文化有自己一套独特的话语系统和概念体系。

实际上，古代蒙古文化的诸多概念，如以上所提约孙概念，伊克伊（大和）概念奇颜概念，在一定意义上都是以理念的方式发挥了自己的独特作用，这是理解蒙古文诸多动作形式或机制如祭祀活动、那达慕文化、英雄史诗、民间文学或言语、传说的一把钥匙。

选自《鄂尔多斯学研究》2007 年第 1 期

地方文化研究

鄂尔多斯档案是鄂尔多斯文化中的珍奇瑰宝

乔布英

档案是"过去和现在的国家机构、社会组织以及个人从事政治、军事、经济、科学、技术、文化、宗教等活动直接形成的对国家和社会有保存价值的各种文字、图表、声像等不同形式的历史记录"。

鄂尔多斯全市10个档案馆现保管各类档案史料60多万卷（册），各级各类机关、组织、企事业单位档案馆（室）保管各种档案有200多万卷（册），这些都是鄂尔多斯的历史文化遗产和宝贵财富。

就鄂尔多斯市档案馆来说，现馆藏各种档案资料13万多卷（册），其内容丰富，门类齐全，历史久远，价值连城，已成为珍贵的市宝，有的是自治区甚至是国宝。馆藏档案资料主要有：历史档案，包括清朝档案、民国档案和革命历史档案5000多卷，6万多件。清朝档案，从清顺治三年到宣统三年（1646—1911年），1350多卷。民国档案，从民国元年到三十八年（1912—1949年），3500多卷。革命历史档案，从1937年到1949年中国共产党领导鄂尔多斯人民进行革命斗争的档案近200卷。中华人民共和国成立后的现行档案，从中华人民共和国成立到21世纪初原伊克昭盟党委、行署（政府）人民委员会以及所属各机关、团体、企事业单位的现行档案近10万卷。清代、民国时期和中华人民共和国成立以后的各种图书资料近3万册，其中有不少鲜为人知的内部史料。以上档案史料是鄂尔多斯350多年历史文化的真实记录，是鄂尔多斯历史文化的宝贵财富和珍贵遗产。

档案与文化有着难分难解的渊源，档案事业是文化事业的重要组成部分。鄂尔多斯的档案现象自然是鄂尔多斯文化现象的重要组成部分，鄂尔多斯档案自然是鄂尔多斯文化中的珍奇瑰宝。只有发掘出档案的文化渊源和内涵，把档案置于文化的高度，才能吸收古今中外的文化精华，让沉睡在铁皮柜里的档案信息资源在巨大的文化资源的洪流中焕发出不可磨灭的光彩。

乔布英，伊克昭盟档案局（馆）原局（馆）长、书记，鄂尔多斯学研究会原专家委员会原副主任。

选自《鄂尔多斯学研究》2007年第1期

地方文化研究

鄂尔多斯文化研究述评

旺楚格

鄂尔多斯文化的概念：鄂尔多斯文化是以蒙古鄂尔多斯文化为主体，融合吸收了中原文化等诸多的文化精华而形成和发展起来的具有鄂尔多斯地域和民族特色的物质文明和精神文明的成果；鄂尔多斯文化是以蒙古族文化为主体，融合吸收了汉族等多民族文化的成果而形成和发展起来的一种独特的地域文化和民族文化；鄂尔多斯文化是黄河文化、草原文化交融的产物，是农耕文化、游牧文化和边塞文化的聚集、融合、传承和积淀，具有鲜明的地域特色、民族特色，形成了兼容并蓄的地域文化体系；鄂尔多斯文化是以蒙古汗国时期成吉思汗陵为代表，吸收融合了众多民族文化而形成和发展起来的一种独特的民族文化，是多元交融、多样统一的文化；当代的鄂尔多斯文化，是鄂尔多斯在自然发展和人类文明演进的历史过程中积淀嬗变的悠久民族文化与改革开放以来鄂尔多斯大开发、大建设、大发展的时代主题相契合而产生和形成的。

历史上的鄂尔多斯文化和现代的鄂尔多斯文化：历史上的鄂尔多斯文化，就是中原文化与草原文化的亲和与融合的文化。而现代的鄂尔多斯文化，就是以蒙古族文化为主体，汉族文化为重要内容，兼有其他少数民族文化的民族团结文化、民族亲和文化、民族和谐文化，是蒙汉合璧文化。

鄂尔多斯文化的内涵（构成）：鄂尔多斯文化包括了鄂尔多斯蒙古族传统文化、祭祀文化和融汇的其他文化；草原文化、宋辽夏金元文化、西口文化、现代文化共同组成独特的鄂尔多斯文化。鄂尔多斯文化以我国北方游牧民族文化与中原农耕文化交流融合的特有内涵成为中华民族文化宝库中一颗眩目的宝石，享誉海内外；西口文化是草原文化（包括鄂尔多斯文化）的重要组成部分；鄂尔多斯文化是传承、发展、创新的文化；鄂尔多斯文化是经过长期发展、多民族创造的多样性与开放式的文化。鄂尔多斯文化既有历史上优秀的传统文化，又有当代活力四射、多姿多彩的文化，在弘扬中发展，在保护中创新，进而为建设和谐幸福、文明进步的鄂尔多斯提供精神保障；鄂尔多斯当代文化，体现着长期以来生活在鄂尔多斯这一地理环境和人文氛围中各族人民所具有的不甘落后、勇于进取的心理素质和精神，它反映着鄂尔多斯蒙汉民族勤劳朴实、勇敢豪迈、热情奔放的性格。

鄂尔多斯文化的归属：鄂尔多斯文化是草原文化的杰出代表。鄂尔多斯文化在华夏文化中属于黄河文化系统，其源头为河套文化。鄂尔多斯文化是北方游牧文化的传承和发展。鄂尔多斯文化是匈奴文化、西夏文化、中原文化、蒙古文化等多元文化的汇合与交融。总之，鄂尔多斯文化是黄河文化和草原文化的重要组成部分，从草原游牧文化（生态文化）演变而来。

鄂尔多斯文化的特征：鄂尔多斯文化具有亲和力、向心力、创造力的特征；鄂尔多斯文化具有多元交融与多样统一的风格；鄂尔多斯文化具有发祥的原生性、持久的交融性、璀璨的经典性、进取的现代性；鄂尔多斯文化具有自然地理条件的特殊性，北方游牧民族文化的交融性，以蒙古族文化为主体，以成吉思汗文化为核心，多元化组成，开放性极强，具有历史与现实互动、强烈挑战意识等特点。鄂尔多斯文化最显著的特征是成吉思汗文化。当代的鄂尔多斯文化具有显著的地域特征、民族特色和时代特点。

鄂尔多斯文化的地位、作用：鄂尔多斯文化在历史上曾经推动和影响了中国历史和世界历史的文明发展。鄂尔多斯文化中具有蒙古族文化最核心的部分，作为蒙古草原文化的重要组成部分，为中华民族的进步和中华文化的繁荣，为蒙古草原文化的构成和完善，提供了新的营养，补充新的血液，成为其繁荣发展的不可或缺的内在因素。鄂尔多斯文化是鄂尔多斯经济腾飞的强大精神动力。此外，鄂尔多斯音乐文化是整个鄂尔多斯文化的重要组成部分，在人们的社会生活中有着重要的地位，产生着重要的影响。鄂尔多斯文化遗产是蒙古族生存和发展的根基，它使民族团结凝聚成一种力量。

成吉思汗文化对鄂尔多斯文化的影响：成吉思汗文化的内涵大体是指两个方面，一是成吉思汗时代巨大的历史变革所产生的各种文化现象，包括思想观念、社会制度、科学技术、宗教艺术、典籍文学、民俗习惯等等；二是对这些文化现象的传承、研究以及由此而对成吉思汗的崇拜和祭祀；等等。成吉思汗祭祀，对蒙古民族文化的形成及发展起了决定性作用。成吉思汗铸就了蒙古民族精神，鄂尔多斯文化最显著的特征是成吉思汗文化。鄂尔多斯文化以蒙古族文化为主体，以成吉思汗文化为核心，鄂尔多斯是成吉思汗文化的富集区。成吉思汗把草原文化的文明融进了中华文化的文明中。在鄂尔多斯草原文化中，成吉思汗文化占据着举足轻重的地位和作用，特别是旅游文化中，成吉思汗的思想和文化具有很深的影响力。成吉思汗文化使鄂尔多斯文化独树一帜。

旺楚格，鄂尔多斯市文化局原副局长，鄂尔多斯学研究会专家委员会副主任。

选自《鄂尔多斯学研究》2007年第2期

对鄂尔多斯文化学术研讨会课题研究的初步思考

武家政

对鄂尔多斯文化研究的思考与建议：一是对鄂尔多斯文化研究，当务之急是要对鄂尔多斯文化的概念形成共识。要集思广益，把人们对鄂尔多斯文化认知的共同特点如一般的和本质的特征进行高度地概括、确定之后，对内对外形成一个口径的说法，既重要且更有必要。二是鄂尔多斯文化是中国传统文化的重要组成部分。要将鄂尔多斯地域文化置于中国传统文化中的黄河文化和草原文化的大视野中进行考察，才能避免在研究中只注重局部、强调个性，而忽视全局和总体特征的弊端。在研究方法上，要将鄂尔多斯地区历史发展进程作为重要内容和依据，依照时间演变的顺序，上下贯通，分析鄂尔多斯地方文化范围内各个历史时期的政治、经济、文化的重大历史事件和历史人物，才能把握鄂尔多斯地方文化发展的全过程，准确揭示出其特点和规律。若是割断历史，着重于某一段史实就给鄂尔多斯文化下定义或结论是不可取的，它的危害客观上既干扰了正确的学术研究，又混淆视听，产生误导。因此，提倡掌握和运用科学的研究方法，是一切学术研究的重要前提。三是任何一种类型的文化都要经历发祥、发展、演变和再演变的过程。对鄂尔多斯文化数千年的丰厚积淀进行梳理，界定出从古至今的不同发展阶段，是研究鄂尔多斯文化一个基础性的重要课题，有必要列入研究议程，组织人力进行攻关。四是一定的文化，是一定社会的政治和经济在意识形态上的反映，同时又对一定社会的政治和经济起着巨大的作用。因此，对鄂尔多斯文化的研究要注重历史与现实相结合、基础理论与应用理论相结合、宏观与微观（专题）的研究相结合。分轻重缓急，对每年举行的鄂尔多斯文化学术研讨会进行主题的定位。这种定位，既要考虑到学术层面上急需要解决的课题，也要考虑到在现实社会、经济、文化发展研究上的需要，推动鄂尔多斯文化学术研讨会程序化和规范化。五是要改变对成吉思汗研究缺乏系统性的状况。陈育宁教授、杨满忠副教授提出的《关于成吉思汗文化的初步思考》，对成吉思汗文化的学术概念做了系统阐述，为系统地研究成吉思汗提供了可操作性的重要参照。同时，也要加强对成吉思汗与鄂尔多斯文化关系的专题性研究，创造其文化品牌的价值。

选自《鄂尔多斯学研究》2007年第2期

关于秦直道的文化旅游价值与开发思路的探索

杨 勇

秦直道的历史文化价值：秦直道筑于秦始皇时代的公元前212—前210年，距今时间达2218年。究其筑路原因，一是"始皇欲游天下"，出于巡幸游猎北方草原异域风光的目的；二是为抵御匈奴入侵，因道直便捷，后勤支援前线更为迅速可靠。此道虽只用两年半修通，但却创造出许多令人惊叹的奇迹。秦直道的文化历史价值，主要表现为：第一，秦直道是人类历史上最早的一条高速公路。第二，秦直道是中国古代筑路史上的重大突破。第三，秦直道是中国古代最重要的军事大道、旅游大道、和亲大道、经济大道。第四，秦直道是长城内外各民族融合的民族大道。第五，秦直道是探索两千多年来遗存的原生态文化大道。秦直道绵延700公里，独特的地理条件和文化现象虽经两千多年无数朝代更迭，却保留了蒙汉两个民族承接下来的久远而珍贵的传统文化，这些都是我们现在已经比较罕见的原生态的文化遗存，具有很高的文化价值。

秦直道的旅游价值：第一，秦直道是垄断性旅游资源。秦直道是国内外唯一的两千多年前就已载入史册的一条大道，也是世界上最早、最直、最长、最宽的历史大道，具有世界性、历史性、文化性、唯一性，从旅游资源的角度来说具有垄断性。第二，秦直道东胜段是唯一具备秦直道三大特征的地段。据《史记》记载，秦直道的三个特征是"堑山堙谷，直道之"。通俗地讲，一是遇山劈山，呈豁口；二是逢沟填平，使平坦；三是南北700公里如一线。就此特点，在目前考古实证中只有东胜段非常清晰地表现出来，得以真实展现。如果开发成旅游产品，更加一目了然，再现历史原貌。第三，秦直道所包含的历史文化价值具有独特性。秦直道具有秦汉以来中原农耕历史文化的线条,也有匈奴以来游牧历史文化的线条,更有二者两千多年持续不断、割舍不尽的和与战的交往形成的特有的文化历史特征。这在历史上与其他地域具有明显的差异,具有难得的旅游价值。第四,秦直道的区位优势和客源市场。对旅游价值的分析,必须要注重区域位置,秦直道位于东胜西20多公里,从交通线路上讲,东西向的国道109线东胜至银川、乌海、西鄂尔多斯段紧邻秦直道,南北向的包茂高速、210国道、包神铁路都经东胜区。鄂尔多斯机场距秦直道50余公里。从旅游市场的角度讲,秦直道位于呼包鄂"金三角"核心区,与周边的京津唐、晋陕宁均形成一级客源市场,而仅当地和周边客源市场人群就近千万人。同时与成陵旅游区、响沙湾景区基本呈南北一线,形成鄂尔多斯最有价值的黄金旅游线路。所以,秦直道具有较好的区位优势和理想的客源市场。

秦直道旅游定位及功能区设置:第一,秦直道旅游开发首要的是明确定位。第二,秦直道旅游项目设置要有差异性。第三,秦直道旅游功能区设置为大秦直道文化区、匈奴文化区、中华传统文化区。

总而言之,秦直道因显著的历史作用和文化价值毋庸置疑地在中国历史上具有重要的地位,推动着旅游开发的激情。这将有助于鄂尔多斯乃至内蒙古旅游产业的提升,填补一段历史与文化旅游的空白,形成新的旅游亮点。

选自《鄂尔多斯学研究》2008年第1期

地方学研究

繁荣普及社会科学　推动社会全面进步

李洪波

2008年全市社会科学普及周活动的主题是哲学社会科学与构建和谐鄂尔多斯，目的是借助社会科学普及周这个平台，通过系列活动，普及社会科学知识，丰富群众文化生活，提高市民的整体素质，推动社会科学的繁荣发展，为构建和谐鄂尔多斯打下一个深厚的社会思想基础。

首先，充分重视哲学社会科学的普及工作。改革开放和现代化建设的新形势下，出现了许多新情况、新问题：如何落实科学发展观，进一步调整好经济结构，提高经济质量，尽快完成由粗放式向集约化生产方式的转变；如何进一步促进各项社会事业的改革和发展，使发展成果进一步惠及全市人民；如何在工业化中期正确处理好各种社会矛盾，使人们迅速适应各种社会变化；如何在广大乡村帮助人们养成健康的适应现代化的思维意识和生活习惯。这些新情况、新问题都离不开哲学社会科学的指导，亟待广大哲学社会科学工作者去探索、去回答。我们哲学社会科学工作者一定要统一思想，提高认识，以服务社会和推进社会实现全面、协调、可持续发展为己任，更加自觉地做好社科普及和发展的工作。

其次，大力繁荣发展哲学社会科学。大力繁荣发展哲学社会科学，要求哲学社会工作者贴近实际、贴近生活、贴近群众，在系统性、群众性、广泛性、科学性上下功夫，进一步掀起全市新一轮思想大解放，有效整合全市社科资源，共同开展多角度、多层次的理论研究和课题研究，解答改革开放和现代化进程中出现的矛盾和问题，解答广大市民密切关心的社会热点和难点问题，形成一个全社会热爱哲学社会科学、使用哲学社会科学的良好局面，并努力产生一批具有全局性、战略性、现实针对性的社科理论成果,为市委的科学决策服务。

总之,要把哲学社会科学普及工作继续开展下去,把哲学社会科学领域的专家学者的作用发挥好,使哲学社会科学深入人心,为繁荣发展我市的哲学社会科学,为构建文明和谐的鄂尔多斯,为实现鄂尔多斯市新的奋斗目标贡献力量。

李洪波,包头市人,鄂尔多斯市社科联原主席。

选自《鄂尔多斯学研究》2008年第3期

大力普及哲学社会科学
切实为我市经济社会发展服务

苏丽娅

普及哲学社会科学是一项基础性工程。做好社会科学普及工作,既是宣传马克思主义科学理论,传播哲学社会科学知识、科学思想、科学精神、科学方法,帮助人们树立正确的世界观、人生观、价值观,提高全民族思想道德素质的重要途径,又是坚持先进文化的前进方向,加强社会主义精神文明建设,反对伪科学和封建迷信的重要手段。

普及社会科学知识,把重大理论和现实问题作为社会科学研究的主攻方向。广大社会科学工作者在战略发展研究方面,要运用最先进最前沿的知识,多学科、多视角、多侧面地剖析鄂尔多斯的发展规律,提出战略性、全局性、前瞻性的思路与建议。要紧紧配合市委、市政府各个时期的战略调整,发挥理论优势,为市委、市政府提供决策前的咨询,决策中的论证与决策后的理论解释。

积极探索哲学社会科学普及规律,大力普及和繁荣我市的哲学社会科学。深入探讨和把握新形势下普及哲学社会科学的规律和特点,更加富有成效地做好社会科学普及工作,要在系统性、群众性、广泛性和科学性上下功夫,坚持面向基层、面向农村牧区、面向群众,贴近生活,着力在真学、真懂、真信、真用上下功夫,着力在解决实际问题上下功夫,有力地促进社会科学普及工作向纵深推进。

多方位、多角度重视和普及哲学社会科学工作。哲学社会科学普及工作是党的事业中一项十分重要的工作。做好哲学社会科学普及工作,对于普及科学理论,指导实际工作,落实以科学的理论武装人的战略任务,促进社会主义现代化建设，具有重要的意义。社会科学的巨大作用，只有通过社会科学普及，才能得以充分发挥。

选自《鄂尔多斯学研究》2008 年第 3 期

地方学研究

解读朱开沟文化

杨泽蒙

朱开沟遗址位于内蒙古自治区鄂尔多斯市伊金霍洛旗纳林陶亥乡朱开沟村（朱开：蒙语"心脏"的音译名，亦写作珠儿开或朱日很），地处鄂尔多斯高原东部，海拔1340—1400米。朱开沟水自东北向西南流，至纳林塔注入书会川，再向南流进入牸牛川、窟野河，后汇入黄河。遗址分布在沟壑纵横的朱开沟沟掌处，在东西长约2公里、南北宽约1公里的范围内都有遗迹分布。

朱开沟遗址于1974年发现，在1977年进行了首次发掘。4次发掘的总发掘面积约4000平方米，共发现居住房址83座、灰坑（窖穴）207个、墓葬329座、瓮棺葬19座，出土可复原陶器510余件、石器270余件、骨器420余件、铜器50余件。另外，还采集了大量陶器标本和可供鉴定种属的动物骨骼标本等。根据对出土遗迹、遗物的综合分析，可知朱开沟遗址的时代上限约相当于距今4200年的龙山时代晚期，下限约相当于距今3500年的商代前期，整个遗址前后延续了约800年。朱开沟遗址延续时间长，内涵丰富，特征鲜明，为探讨内蒙古中南部地区的古代历史提供了珍贵的实物史料。朱开沟文化的分布地域是以鄂尔多斯地区为中心的内蒙古中南部地区为主，向南大体分布至吕梁山至晋中以北和陕北地区，向北到阴山山脉脚下，东界可能在张家口地区左近，往西可至贺兰山东麓。

朱开沟文化的发现和确认，极大地推动了内蒙古中南部地区原始社会史和中国古代北方民族史的研究工作，其重要性主要体现在这样几个方面：一是4200年前，在以鄂尔多斯地区为中心的广大区域内，一支以仰韶时代晚期（大约距今4500年）以来在本地区延续生存、发展下来的人群为主体，同时也吸纳、融合了部分来自周邻地区人类群体的成分共同构成的人类集团——朱开沟人，创造了包括鄂尔多斯在内的中国北方地区原始社会末期的辉煌历史篇章，在中华文明的构建和发展史上，产生了极为深远的影响。二是以朱开沟人为代表的人类集团，凭借着他们以原始农业、家畜养殖业、制陶、制骨等手工业为代表的雄厚的社会经济实力，以及这种先进的社会发展进程下营造的聪明才智和顽强的顺应自然环境的能力，在越来越不适宜农业生产发展的自然环境面前，适时转变土地利用方式和经济形态，与大自然顽强抗衡。在传统的依赖原始农业为主导的社会经济基础上，不断加大家畜养殖，特别是牛、羊等食草动物的饲养程度，经济形态由单纯的农耕经济向半农半牧转变，其最终结果虽然未能使社会发展进程与中原地区的夏商族同时迈入文明社会的阶段，却率先完成了人类历史上的这一次社会大分工。这也是通过朱开沟文化告知世人的鄂尔多斯地区的古代文明为人类社会的发展做出的杰出贡献。三是经济形态的转变，自然引起人们生活习俗的改变，必然也导致了昭示当时人类社会的考古学文化面貌的改变，这一改变的标识物，便是最具北方游牧民族文化特征的鄂尔多斯青铜短剑、青铜刀、蛇纹鬲、砂质带钮罐等器物的出现。也正是这些变化，才引出了中原华夏诸族与北方民族的分野，以畜牧业为社会主导经济的中国北方民族，从此正式登上了世界历史的大舞台。这又是首次透过朱开沟文化折射出的以鄂尔多斯青铜器为代表的中国北方畜牧——游牧民族起源、发展的历程。

杨泽蒙，鄂尔多斯市文物考古研究院原院长。

选自《鄂尔多斯学研究》2008年第3期

鄂尔多斯传统文化的价值思考

旺楚格

鄂尔多斯传统文化，是中华文化的组成部分，具有悠久的历史、独特的风格、深厚的内涵，是取之不尽的文化资源；鄂尔多斯传统文化固有的价值，是在漫长的历史中形成并在历史的各个时期为社会的进步发挥重要作用和显现出自己特有的价值；鄂尔多斯传统文化，面临新的课题，现代化日益发展的当今社会，如果不寻求新的途径体现鄂尔多斯传统文化的价值，这一珍贵的资源也会枯竭，它固有的价值也就等于零，将会消失在历史发展的浪潮中；鄂尔多斯传统文化价值体现的最好途径，就是走向文化产业化之路，实现文化资源的社会化、资本化。

首先，鄂尔多斯传统文化的资源与社会价值。鄂尔多斯传统文化的价值主要体现在：一是精神价值内涵。传统文化，可以增强民族自信心，成为凝聚民族精神的动力。传统文化，包含形式、内容、理念、意识等多方面，对人的影响也是多方面的。生活在这一地区的人民，长期得到传统文化的熏陶，培育了共同的意志、共同的精神，进而生成强有力的自信心和维护地区利益的精神动力。二是历史价值内涵。传统文化，是历史的产物，在不同历史时期成为推动社会发展的精神动力，体现了应有的价值。传统文化始终是一个民族精神生命和群体人格得以发育、生长的根源，也是这种精神生命和群体人格能够绵延不断、演变发展的取之不竭的资源。三是艺术价值内涵。丰富多彩的鄂尔多斯传统文化，本身具有很高的艺术价值。比如，早期的鄂尔多斯青铜器，除了历史价值以外，更有艺术价值；而在鄂尔多斯传统文化中，蒙古族民间歌舞艺术的影响更为突出，它直接渗透到人们的生产、生活中，具有强大的生命力。这些影响很深的传统文化，经过漫长历史的锤炼，成为给人们极强的艺术感染力的经典，体现出自身特有的价值。四是经济价值内涵。传统文化，作为文化资源，与矿产资源一样具有经济价值。传统文化可衍生为表演艺术价值、音像制品价值、旅游观光价值，进而又带动包括娱乐、餐饮等一系列相关产业的发展，体现出直接或间接的经济价值。

其次，鄂尔多斯传统文化的保护与价值提升。保护和传承鄂尔多斯传统文化，是摆在我们这一代人面前的历史使命。对鄂尔多斯传统文化的保护，一是政府主导，出台保护、传承的政策与投入，形成有利于保护、传承鄂尔多斯传统文化的社会氛围。二是创造整体性社会保护的环境，形成有效的保护形式与保护生态。只有这样，诸多传统文化才会在相互的影响中得到更好的延续和发展。三是不断提高社会公众的参与意识，形成社会公众主动参与保护和承担保护职责的文化自觉，特别是重视发挥好传承主体与保护主体的作用。四是提升传统文化的现实价值，走产业化之路，形成社会生活中不可缺少的社会公众文化消费，使鄂尔多斯传统文化与现代文化相对接，成为顺应社会发展的新的文化产品。我认为，传统文化真正体现出社会价值，而且这一价值不是它固有的价值，而已是提升了的价值，它将形成社会公众的文化自觉，成为保护和传承鄂尔多斯传统文化的有效途径。

再次，鄂尔多斯传统文化的创新与产业化。对传统文化的创新，事实上就是保护、传承传统文化，提升传统文化价值的有益途径。我们要开发利用鄂尔多斯独特、丰厚的传统文化资源，保护传统文化，使之与当代社会相适应，与现代文明相协调，保持民族性、时代性，充分体现传统文化的有益价值。任何一个国家和民族文化的发展，都是在既有文化传统基础上进行文化传承、变革与创新。如果离开传统、割断血脉，就会迷失方向、丧失根本。我们要充分认识鄂尔多斯传统文化的历史根脉、历史意义和现实价值，使鄂尔多斯优秀传统文化以创新的手段得以传承，并不断发扬光大。传统文化的创新，最直接、最有效的途径就是文化的产业化。没有传统文化的创新，也就没有文化产业的发展；反过来讲，没有文化产业，也就谈不上传统文化的创新。因此说，文化创新与文化产业有着密切的联系，文化创新也就在文化产业化中得以实现。鄂尔多斯以传统文化为基础，可发展一大批文化旅游区、民俗文化村、民族风情园、特色饮食城、婚礼宫、影视城、歌舞演艺园，等等，使传统文化以现代新面孔出现在世人面前，充分体现现代价值。

选自《鄂尔多斯学研究》2008年第3期

鄂尔多斯的草原文化

乔 明

鄂尔多斯，历史悠久，文化灿烂，以富集的资源著称于世；鄂尔多斯，是"河套人"的发祥地；鄂尔多斯，是一代天骄成吉思汗英灵的供祭地；鄂尔多斯，是蒙古族传统文化保留最完整的地区；鄂尔多斯，是中央确定的中国改革开放30年18个典型地区之一和学习实践科学发展观5个典型城市之一；鄂尔多斯，是中国优秀旅游城市，是中华人民共和国成立60周年中国最佳民族风情旅游城市和中国最佳生态旅游城市，旅游资源和产品具有鲜明的地域特色和独特的诱人魅力。鄂尔多斯丰富的历史文化资源，成为发展旅游的基础。

鄂尔多斯草原文化的民族特征：第一，鄂尔多斯草原文化具有北方游牧文化的特征。作为这一地区的文化代表，始终反映的是中国北方游牧文化的形态，具有草原民族文化的各种风格。同时，也因为处于草原游牧文化和中原农耕文化两种文化的交织地带，又形成了区域性的民族特征。因此，无论从历史和学术研究，还是从社会意义上讲，在政治、经济和文化等方面都具有非常突出的典型性。第二，鄂尔多斯草原文化具有蒙古民族古代宫廷文化的特征。成吉思汗统一蒙古建立蒙古汗国，进行了无数战争，从文化角度上讲，吸收了东西方文化的诸多成分。当成吉思汗攻灭西夏时，他的大军驻扎在鄂尔多斯西部近一年之久，后因成吉思汗突然病逝被秘密北运安葬，但战争尚未最终完成。当战争完成后，又需大量的军政进行管理，从那时开始，随军而来的高级军政人物及其部落和蒙古民族宫廷艺术人才便留居在此，这种宫廷高雅的贵族文化便扎根在这块土地上。随后，鄂尔多斯部迁居此地，使蒙古民族文化较完整地继承下来，成为蒙古民族宫廷文化的活的化石宝库。第三，鄂尔多斯草原文化中具有蒙古民族帝王祭祀文化的特征。在鄂尔多斯草原文化中先天保留着蒙古民族高层次的文化内容和形式，自然地体现出了蒙古民族豪放、宽容的民族性格和精神，蕴藏着深厚的蒙古民族历史和文化底蕴。其中，具有唯一性的文化遗存、人文景观、民俗活动，体现出了具有中国草原文化的经典价值，主要表现在这样几个方面：鄂尔多斯青铜文化；成吉思汗祭祀文化；阿尔寨石窟文化；《黄金史》与《蒙古源流》；鄂尔多斯民族歌舞；鄂尔多斯婚礼文化。

选自《鄂尔多斯学研究》2008 年第 1 期

地方文化研究

建设鄂尔多斯原生态文化保护区的思考

旺楚格

实现走进全国前列、走向世界一流的宏伟目标，鄂尔多斯文化应当如何发展？这是摆在我们面前的值得思考的课题。本人认为，当前我们必须进一步解放思想，全面落实科学发展观，大力推动文化建设，为增强地区综合实力而努力。在鄂尔多斯文化建设中，可重点考虑建设原生态文化保护区，这是鄂尔多斯文化走向世界一流的有效途径：一是建立原生态文化保护区，是建设鄂尔多斯特色文化的重要途径；二是建立原生态文化保护区，是打造鄂尔多斯品牌文化的重要途径；三是建立原生态文化保护区，是发展鄂尔多斯创新文化的重要途径。在大力发展公共文化服务体系的同时，建立原生态文化保护区，是鄂尔多斯文化发展的一条新路。在政府的主导下，科学地发展传统文化，在组织领导、人才、投入等方面将会得到保障，使全市文化不断大繁荣、大发展。建立原生态文化保护区，将会形成鄂尔多斯独特的文化发展模式，体现鄂尔多斯特色文化，将为实现鄂尔多斯文化走进全国前列、走向世界一流的宏伟目标起到重要作用。

选自《鄂尔多斯学研究》2009 年第 1 期

地方学研究

充分开发利用蒙古族历史文化资源推动鄂托克旗文化旅游业的繁荣发展

仁钦道尔吉

鄂托克旗是一块引人注目的古老土地，这里具有悠久神秘的历史和灿烂神奇的文化。自古以来，北方游牧民族在这里繁衍生息，创造了举世闻名的游牧文化、草原文化，留下了诸多著名的遗迹。成吉思汗时期，这里成为蒙古大军的营地，使成吉思汗文化扎下了根。后来，这里又成为守护成吉思汗宫殿部落鄂尔多斯部的故乡。宋辽夏金元时期文化是鄂托克旗传统文化的代表性主题文化。把握宋辽夏金元时期文化的独特性，打造文化旅游业，是当今激烈竞争中寻找自己位置的有效举动。文化与旅游相互依托、共同发展，是新时期文化旅游发展的必然趋势。以蒙古族祭祀文化为主要内容的宋辽夏金元时期文化以及诸多历史遗迹和民俗文化，既是文化资源，又是旅游资源，而且含金量很高。古今中外任何一个旅游胜地都以其文化的含金量高而出名；世界有生命力的旅游城市，都是充分利用自己独特的历史、文化魅力来吸引游客。因此，鄂托克旗必须以宋辽夏金元时期文化这一丰富独特的历史，把文化与旅游紧密相连，拉伸文化旅游产业链。

发展鄂托克旗文化旅游业，要立足鄂托克旗蒙古族传统文化集中的优势，充分利用特有的文化内涵，大胆创新，勇于实践，不断创立特色旅游业、精品旅游业和品牌旅游业，拓宽发展文化旅游业的路子。坚持科学发展和创新精神，加大对历史文化的研究力度，加强对历史文化的保护和利用，深入挖掘和开发具有鄂托克文化特色的历史遗迹、自然景观和人文景观，促进自然景观和人文景观的有机融合，促动文化资源向文化资本转换，实现文化创新。完善旅游功能，丰富旅游内容，提高旅游文化品位，扩大旅游消费，延长旅游产业链，提高旅游附加值，努力促进文化旅游业向多元化转变，实现文化产业的规模化，推动鄂托克旗文化旅游业的繁荣发展。

仁钦道尔吉，鄂托克旗史志办原主任、副译审。

选自《鄂尔多斯学研究》2009年第1期

关于鄂尔多斯市文化产业发展的几点想法

王静有

鄂尔多斯市文化产业发展的条件：经济基础。改革开放30年来，我们取得了一条根本的宝贵的经验，那就是始终不懈地高举中国特色社会主义建设事业的伟大旗帜。鄂尔多斯市30年来打破发展唯条件论、唯资源论、唯政策论、唯经验论、唯GDP论，实现了由贫困落后向富裕文明的历史性跨越。鄂尔多斯已经成为全国经济最活跃、特色最鲜明、最具发展潜力的地区之一，走进全国前列的目标已经成为现实。这些有目共睹的成就是鄂尔多斯市文化产业赖以发展的经济基础。思想保证。从中央到地方，全面理解和贯彻落实科学发展观是我们团结奋斗的旗帜。这是一个统一思想的问题。思想领域只有一，没有多，体制就必然僵化；思想领域杂乱无章，没有一个统一的思想，社会就会混乱。鄂尔多斯市文化产业的发展要在科学发展观的指导下进行。发展鄂尔多斯市文化经济与建设鄂尔多斯市经济文化，科学发展观为其提供了思想保证。强大动力。继续解放思想是我们发展文化产业的强大动力。从亚洲到欧洲，从封建社会到近代文明社会演进，社会的每一次进步，无不是以思想的大解放为先导。一个地区，一个单位，思想解放到什么程度，改革和发展就进展到什么程度。哪些地方先解放思想，就争得了发展的先机；哪些地方解放思想更彻底，发展的步伐就会迈得更快。从过去到现在，许多伟大的实践雄辩地证明，解放思想不仅是发展各项事业的一大法宝，更是每一项事业发展的强大动力。

鄂尔多斯市文化产业发展的路径探索：一是要大胆解放思想，充分认识到文化是地区综合实力的重要组成部分，认识到文化的软实力价值，认清文化产业对提高全市人民素质的重要作用，认清文化的产业属性，其本身可作产业来运作，是新的经济增长点。二是要制定鄂尔多斯市文化产业发展详规。随着鄂尔多斯市经济的快速发展，无论从产业前景、资源利用、市场层面来看，还是从优化生产力布局、增强发展的协调性考虑，鄂尔多斯市将文化产业定位为主导产业来培育推进的条件已经具备。三是要拟定实现的初步目标。即用3至5年的时间推动和促进鄂尔多斯文化产业的发展，要有一个协调发展文化产业的政府组织机构。四是要有一笔文化产业发展的资金，要尽快制定出符合鄂尔多斯市文化产业发展的财政和税收优惠政策。在允许的权限范围内，综合运用财税政策，全力支持文化产业发展。建议市政府设立1亿元左右的文化产业发展专项资金作为发展文化产业的引导资金，采取资本金投入、无偿资助、贷款贴息等方式引导社会资本的投资方向。五是要有一支适应市场需要的文化产业经营管理队伍，加快文化人才队伍建设。当前需要培养一批政治强、业务精、作风正的文化领导人才；会经营、懂管理、善开拓的文化经营人才；学贯中西、精通艺术、善于创新的文艺专业人才；由此形成结构合理、素质优良、富有活力的人才群体。六是要有一批具有一定市场竞争力的文化产业竞争主体，实施品牌战略。因为文化建设领域同物质生产领域一样，也需要精品名牌。

王静有，东胜人，鄂尔多斯市委党史办原主任。

选自《鄂尔多斯学研究》2009年第1期

鄂尔多斯青铜器之再认识

杨泽蒙

从19世纪末叶开始，在我国北方长城沿线地带陆续出土了大量以装饰动物纹为特征的青铜及金、银制品。由于以鄂尔多斯及其周边地区发现的数量最多、分布最集中，也最具典型性，因此，被称作"鄂尔多斯青铜器"，在学术界也被称作"鄂尔多斯式青铜器"或"北方系青铜器"。鄂尔多斯青铜器多为实用器，按其用途大体可分为兵器和工具、装饰品、生活用具及车马器四大类，以短剑、铜刀、鹤嘴斧、棍棒头及各类动物纹饰牌、饰件、扣饰等为主，因以大量动物纹装饰器物而最具特征。动物纹的种类有虎、豹、狼、狐狸、野猪、鹿、马、羊、牛、骆驼、刺猬、飞禽等，多采用圆雕、浮雕、透雕等装饰手法，内容丰富，造型生动，工艺娴熟。鄂尔多斯青铜器以它复杂巧妙的图案构思、独特的艺术风格和优美的造型而享誉海内外。以造型生动、特征鲜明、寓意深刻著称的鄂尔多斯青铜器为代表的纯朴、豪放、生机盎然的北国原生态草原风，宛如诠释中国北方草原民族历史优美画卷中的一部精美篇章，一件件饱含生动、奔放、野性、彪悍个性的鄂尔多斯青铜器，生动地再现了两千多年前发生在中国北方草原地带的一景一幕。透过鄂尔多斯青铜器这支独放异彩的奇葩，人们不仅对中国北方游牧文明有了全新的了解，同时对于古老的多元一体的中华文明也有了全面的感悟。

鄂尔多斯青铜器是历史悠久、底蕴深厚的鄂尔多斯古代文化的重要组成部分。它既是自商代中晚期至西汉时期以狄—匈奴系统为代表的中国早期北方民族的物质遗存，同时也是广布于我国北方长城沿线地带，对中原及广袤的欧亚草原均产生过重大影响的一个多源、多分枝的复杂的综合体。开展对以鄂尔多斯青铜器为代表的中国早期北方民族文化的研究，不仅对于研究中国北方畜牧、游牧文化的产生和发展具有决定性的意义，同时对于研究整个欧亚草原地区早期文化的构成、发展及东西方文化的交流与发展、中原文化与欧亚草原文化的交流与发展、中国早期北方民族在中华大家庭中的地位和作用，等等，均具有十分重要的意义。

综上所述，闻名遐迩的鄂尔多斯青铜器尽管是以日常实用器皿为主，但属于首领、神职人员（萨满）等使用的具有特殊使命的器类也占有相当的比重。而且由于这类器皿使用者身份的不同，所以其装饰纹饰，自然也就不是常规上认为的现实生活场景、意念的简单再现，而具有不同的寓意和深邃的内涵。我们应该对它们重新仔细审视，给予全面的再认识、再定位。只有这样，才有可能最贴近事实地破译它们本身所携带的诸多信息，正确认识它们的文化内涵及其发生、发展历程，才有可能更加准确地解读这部还充满未知数的中国早期北方民族的神奇历史，以及中国早期北方民族在中华文明形成与发展中所发挥的重大作用和应有地位。

选自《鄂尔多斯学研究》2009年第3期

草原动物纹饰牌的审美特征浅析

——以鄂尔多斯动物纹饰牌为依据分析其审美特征

鲍红凌

鄂尔多斯式青铜器以其独有的艺术魅力为世人所瞩目，而动物纹青铜饰牌在鄂尔多斯式青铜器中更具代表性。目前已有很多学者对鄂尔多斯式青铜器的纹样与器形特点做了大量研究。作为一种生产工具的变革，青铜器的出现在人类社会的发展史上具有重要的意义，鄂尔多斯式青铜器又以其独有的艺术形式被世界各国学者所关注，同时，也为研究我国北方草原地区游牧民族的历史提供了珍贵的资料。鄂尔多斯式青铜器上起春秋下至秦汉，延续的时间较长，其最显著的特征就是各种动物纹，而青铜饰牌又是这种动物纹的集中体现。因此，对鄂尔多斯式动物纹饰牌的研究就更具有典型性。根据这里搜集的各种饰牌的造型，可将其归纳为三类。即椭圆形饰牌；长方形动物纹饰牌；动物形饰牌。

动物纹饰牌的形式审美特征：一是对称的审美倾向。这些群兽和双兽类饰牌构图都是对称样式，动物个数或双或三或四，显得和平整一、优美自然，正体现了草原的宁静。在形象刻画上，也细致入微、生动形象。整体上给人一种平和自然的静态美，就像在广袤的大草原上自由的放牧生活一样平静。可见，虽然蒙古民族勇猛、强悍、不拘一格，但是同时也有平静、恬静的一面。二是圆形的审美情结。这种对圆形的过多的刻画并不是偶然。通过很多资料的分析了解，蒙古语部族对圆形是有着特殊的感情的。

动物纹饰牌的题材审美特征：一是兽型艺术类比的美学思想。蒙古族自古以来崇拜凶猛的动物图腾，在历史不断的发展变化中，蒙古人逐渐意识到了自身的本质力量及其能动作用，发展到了英雄时代，这种"人的自然化"转化为一种兽型动物的类比，并且在生活的各个方面都有所体现，成为一种审美对象范畴。二是崇尚自然、狂野的审美情趣。从这些动物纹的刻画中，显然可以看出一种生动、凶猛的表现特征，同时又伴随着鲜明的游牧文化特点。这种生动、凶猛强化了动物纹的欲动性与力量感，从"力"的角度来表现草原青铜内容与形式的统一，同时这种力量又赋予了动物纹鲜活的灵魂，强烈的动势与力量自然淡化了其宁静、虚幻的因素，这正是草原青铜器最显著的特征之一，即狂野与崇尚自然。这与草原游牧的社会意识形态有着深刻的同一性。可以说，鄂尔多斯青铜纹样审美特征是一种动态的美，一种狂野的、不拘小节的崇尚自然的美。三是追寻自由与和平的审美风格。鄂尔多斯青铜纹样在饰牌的题材上，不仅有凶猛禽兽搏斗厮杀的场面，还有像鸟儿这样小巧温柔的图案。因为即使是在野蛮的时代，到处充满着血腥争斗，但是追求和平与自由，却始终是人类所共同追求的目标。强者之间的搏斗、弱者被强者撕咬，这样的场面固然是蒙古族特有的英雄情结和审美特征，但是像鸟儿这样欢快地飞翔，也显示了蒙古语部族的另一种审美意味。

综上所述，无论是造型还是题材，鄂尔多斯动物纹饰牌的各个审美特征都表现了蒙古语部族游牧的生活特性，以及蒙古民族不受约束，对力与勇无比崇拜的审美模式。

鲍红凌，中央民族大学教育学院。

选自《鄂尔多斯学研究》2009年第4期

以科学发展观实践成吉思汗文化的旅游产业

杨 勇

成吉思汗文化，近年来作为一个学术体系在理论上逐渐得到认可和完善。成吉思汗陵旅游区又首先被提出来作为成吉思汗文化的原发地，自2001年以来，鄂尔多斯市东联集团投资成吉思汗陵旅游区，进而发展多种形式的文化产业，以自觉的态度和科学的方式，积极开展成吉思汗文化在产业领域的探索和实践。

东联集团与成吉思汗文化：东联集团是以文化旅游、动漫产业、职业教育和建筑房地产四大产业为一体的民营企业，现拥有成吉思汗投资集团公司和东联房地产建筑集团公司，总资产10亿多元，是国家一级建筑企业、国家二级房地产开发企业。东联集团成吉思汗陵旅游区被评为国家文化产业示范基地、国家AAAA级旅游景区，是内蒙古龙头旅游景区，东联集团是鄂尔多斯乃至内蒙古最大的文化旅游产业集团之一。东联集团与成吉思汗文化的渊源，发端于成吉思汗陵旅游区。究其原因，首先是为成吉思汗的无穷魅力所吸引；其次，成吉思汗陵是本土影响最大的文化品牌；再次，成吉思汗陵旅游作为文化产业项目是朝阳产业，可以实现企业的长效发展目标。

东联集团与成吉思汗文化主题旅游：2001年5月23日，原伊克昭盟行署确立东联集团为成吉思汗陵旅游开发区业主单位。按照鄂尔多斯市委、市政府确立的"扩大规模、提高档次、创造精品"的原则，遵循盟委、行署已通过的《成吉思汗陵旅游区的总体规划》，通过科学的策划论证，编制了切实可行的《成吉思汗陵旅游区详细规划》。抓住成吉思汗陵旅游区世界性、唯一性、教育性、经济性的文化特质，充分体现蒙古民族特色、鄂尔多斯地方特色、成吉思汗陵特色，规划以蒙古族历史文化和鄂尔多斯民族风情为基础，以成吉思汗文化为主线，以旅游六大要素为要求，形成规划控制面积80平方公里、核心旅游区10平方公里的"三区、两道、八景"的总体格局。在成吉思汗陵旅游区规划设计和开发建设过程中，东联集团牢牢抓住成吉思汗的主题不放松，提出树立"成吉思汗长眠地，鄂尔多斯蒙古风"的主题旅游形象，使成吉思汗陵旅游区真正体现出了一代天骄成吉思汗的精神实质和英雄气概。由此，在2004年完成规划建设和经营管理之初，从文化宣传的角度总结出成吉思汗陵旅游区的十个"世界第一"，提出以"弘扬成吉思汗文化，打造国际旅游品牌"为目标，进而将成吉思汗陵旅游区明确定位为成吉思汗文化主题人文旅游景区，首次提出了"成吉思汗文化"的主题旅游概念。2005年，东联集团计划组织出版一套丛书，在与鄂尔多斯学研究会会长奇·朝鲁、鄂尔多斯学研究会专家委员会主任陈育宁研究后，首先明确提出了"成吉思汗文化"的学术概念，丛书也定名为《成吉思汗文化丛书》。在未来发展中，东联集团将继续以成吉思汗文化为主题，以弘扬和传承成吉思汗文化为己任，为构建成吉思汗文化学术体系和探索实践成吉思汗文化的产业发展道路做出更大的贡献！

选自《鄂尔多斯学研究》2010年第1期

地方学研究

鄂尔多斯首次民族文物普查回顾

杨 勇

鄂尔多斯，地处内蒙古中南部，自古以来就是北方游牧民族与中原农耕民族文化交融的最前沿地区。12世纪以后，蒙古民族成为这一地区的主体民族，尤其是400年前成吉思汗八白室（成吉思汗陵寝）驻牧鄂尔多斯，使得蒙古高原最南端的鄂尔多斯高原成为蒙古帝王文化、成吉思汗祭祀文化、古老的游牧文化保留最集中和最完整的区域。所以，以鄂尔多斯蒙古族文化为代表的民族文物有着深厚的历史底蕴和丰富的文化内涵，在内蒙古民族文物领域具有得天独厚的条件。

民族文物普查的意义：鄂尔多斯博物馆在1998—1999年首次开展了伊克昭盟民族文物普查。这也是迄今为止鄂尔多斯市（原伊克昭盟）唯一一次民族文物普查，也是自治区及盟市级的首次民族文物普查。此项工作的意义在于开创了鄂尔多斯乃至内蒙古民族文物普查的先河，细数了鄂尔多斯8.7万平方公里蒙古族与汉族文物（文化）的家底，掌握了大量鄂尔多斯民族文物的第一手资料。对鄂尔多斯民族文物（文化）从理论上做出了全新的概念和定位，对鄂尔多斯蒙古族文化系统地归纳出其产生与发展的脉络及独有的文化特点，不仅在鄂尔多斯民族文化领域，同时在鄂尔多斯经济社会方面，也产生出极为重要的作用。

民族文物普查的实施：一是组织和经费保障。鄂尔多斯博物馆在1997年底提出民族文物普查的设想，1998年初经请示伊盟文化局同意，馆内决定立即开始组织民族文物普查工作，组成鄂尔多斯民族文物普查小组，由博物馆副馆长、民族文物专职副研究员杨勇任组长，成员有娜仁高娃、马银贵、尹春雷、陈汉宇，以及各旗市文物部门领导和业务人员。馆内对这项工作非常重视，在没有得到财政经费的情况下，最初自筹资金2万元，派出唯一的2020型吉普车服务普查工作，专门购置了一台较专业的夏普900摄像机及专业录像带等，最终普查工作耗资4万元，从而有力地保证了这次民族文物普查工作的开展。二是普查状况及成果。这次民族文物普查行程万余公里，文字记录10万余字，拍摄照片3000余张，摄制录像带近百盘，对当时鄂尔多斯的100多个乡苏木进行了普查，普查率达到90%以上。特别是对东部区的准格尔旗，西部区的乌审旗、鄂托克旗、鄂托克前旗、杭锦旗做了深入细致的调查，对伊金霍洛旗围绕成吉思汗陵做了数次调查，对东胜、达拉特旗有重点地、有目的地进行调查。从而使这次普查工作在当时的条件下取得了圆满成功。三是工作要求及方法。由于此次为民族文物普查的首创性工作，借鉴了50年代国内曾经开展的对少数民族地区调查的一些方法，实行常规调查和重点调查相结合的方法，两年时间里在有限的条件下，完成了对面上的普查工作，其间针对重点地区和重点部位、重点人物，围绕季节时令、生产生活、民俗事象、节庆活动等开展工作。

民族文物普查的体会：一是从民族文物和文化的角度更进一步感觉到鄂尔多斯民族文化的重要性。二是民族文物普查恰当地利用了各种优势条件，也利用了民族文化的其他常规手段，从文物和文化的多方面开展普查和调查工作，征集了一批民族文物，收集了大量民间难得的宝贵资料。三是作为承担民族文物工作的博物馆，应当自觉而及时地大力开展民族文物工作，以抢救、保护和继承为目的，以常规和突击的方式，对常态和重点的民族文物和文化开展调查和普查，承担起时代赋予我们的责任和使命，承担起党和人民对我们的重托，承担起民族历史文化传承的大业。

选自《鄂尔多斯学研究》2010年第1期

加强蒙陕宁区域旅游合作
共创帝王陵旅游知名品牌

——关于建设中国西部最具魅力的帝王陵精品旅游线路的战略构想

乔 明

共创中国西部最具影响力帝王陵旅游知名品牌，建设中国西部最具魅力的帝王陵精品旅游线路战略构想的提出：笔者就共创中国西部最具影响力的帝王陵旅游知名品牌，建设中国西部最具魅力的帝王陵精品旅游线路，拜会了陕西省旅游局、西安市旅游局、咸阳市旅游局、延安市旅游局、榆林市旅游局和银川市旅游局的领导，并初步达成面向市场、互惠互利、共同打造、携手合作开发的协议。秦始皇的秦陵、汉武帝的茂陵、唐太宗的昭陵、成吉思汗的成陵等分别位于陕西省西安市、咸阳市和内蒙古自治区鄂尔多斯市，210国道和包茂高速公路纵向穿过，并通过中华人文始祖圣地黄帝陵和红色之都延安。从鄂尔多斯市沿109国道到宁夏回族自治区首府银川市，可以观西夏王陵，体验西夏历史文化。该线旅游资源丰厚，同质不同类，旅游产品特色鲜明，主题突出。加强蒙陕宁区域化旅游合作，共创中国西部最具影响力的帝王陵旅游知名品牌，建设中国西部最具魅力的帝王陵精品旅游线路，具有得天独厚的基础和条件。2006年，市委、市政府首次主持召开全市文化和旅游工作会议，再次将旅游业确定为发展第三产业的龙头，制定出台了《中共鄂尔多斯市委鄂尔多斯市人民政府关于进一步加快旅游业发展的决定》。2007年，市委、市政府决定全面推进和加快创建中国优秀旅游城市工作，向全市的旅游工作提出了更高的希望和要求。全市上下共同努力，创建中国优秀旅游城市，围绕"成吉思汗长眠地，鄂尔多斯蒙古风"旅游总体形象，建设和形成了"天骄圣地、大漠风光、民族风情"三大类旅游产品，旅游业进入了一个全新的发展期。

共创中国西部最具影响力的帝王陵旅游知名品牌，建设中国西部最具魅力的帝王陵精品旅游线路的可能性、必要性和深远意义：一是可能性。第一，《国务院关于加快发展旅游业的意见》，是共创中国西部最具影响力的帝王陵旅游知名品牌，建设中国西部最具魅力的帝王陵精品旅游线路的政策保障。第二，这条精品旅游线路沿线城市的旅游资源和产品主题突出，同质不同类，具有鲜明的特色和独有的优势，有同构的坚实基础。第三，这条精品旅游线路沿线城市的旅游基础设施和旅游要素功能日趋合理和完善，可以为旅游者提供良好的服务和保障。第四，这条精品旅游线路符合现代旅游历史文化深度体验的需求。二是必要性和深远意义。第一，该线路是旅游经济和旅游市场发展的客观需要。第二，该旅游线路能更好地推动和实现沿线城市旅游经济和旅游市场的共同繁荣。第三，该旅游线路可以进一步增强中华民族的自豪感和凝聚力，强化中华民族伟大复兴的紧迫感和责任心。

加强区域化旅游合作，坚持互惠互利的原则，共创中国西部最具影响力的帝王陵旅游知名品牌，建设中国西部最具魅力的帝王陵旅游精品线路：区域化旅游合作，是不同地区间的社会经济主体，依据一定的协议章程进行的自利性与互利性的旅游经济活动。因此，推进区域化旅游合作的进程，实现携手合作，必须依托政府主导，坚持互惠互利的原则。经过实事求是地深入分析和认真思考加强区域化旅游合作，共创中国西部最具影响力的帝王陵旅游知名品牌，建设中国西部最具魅力的帝王陵精品旅游线路的可能性、必要性和深远意义，笔者认为，当前实施区域化旅游合作，站在国内和国际旅游市场和区域旅游业发展的战略高度，携手合作，共同创建中国西部在国内和国际两个旅游市场最具有影响力和最具有魅力的帝王陵旅游知名品牌和旅游精品线路的条件已经基本成熟。只要沿线城市达成共识，认真协商，制定切实可行的实施方案，在国家旅游局和沿线省、自治区旅游局的大力支持下，齐心协力，克服困难，携手建设，共谋发展，中国西部最具影响力的帝王陵旅游知名品牌必将形成,建设中国西部最具魅力的旅游精品线路的战略构想必将实现!

选自《鄂尔多斯学研究》2010年第2期

论西口文化的核心精神

潘照东

走西口,是源远流长、对中国历史产生过重大影响的移民运动。自清朝康熙年间至民国年间的走西口,前后延续约300年,地域涉及内蒙古自治区和山西、陕西、河北(包括京、津)、甘肃、宁夏及内地省区。走西口广泛、深刻地影响了中国北方的社会经济、文化、政治、民族关系。那么,在这一历史活动中,参与者形成了什么样的价值观念?支持不同地域、不同出身、不同文化背景的人们共同投身于这一历史潮流的核心精神是什么?西口文化留给我们的最宝贵的精神遗产是什么?

一是不畏艰险、生生不息的开拓精神。西口文化之所以能历数百年而不衰,首先在于弘扬了中华民族不畏艰险、不惧辛劳、努力奋斗、不断进取的开拓精神。自从中华先民辟草莱、焚林莽、垦土地、植稼禾,筚路蓝缕,在中华大地播下文明发展的种子,这种开拓精神就在中华文化中植根,并成为支撑中华文化屡经坎坷、屡衰屡兴,历经千年万年而不中止、不衰亡的精神支柱。特别是每当因自然、社会因素而遭遇生存危机时,这种开拓精神往往会迸发出来,显示其强大的精神力量,并成为创造物质财富和精神财富的强大动力。二是团结互助、多元交融的和谐精神。西口文化中相依相生、相得益彰、多元交融的精神,集中体现在民间文艺方面。随着蒙古族与汉族的交往不断扩大,不少蒙古族民歌被译成了汉语,或采用了汉族的曲名,或者在歌词中采用了汉语。在流行于内蒙古中西部地区和山西、陕西、河北北部地区等地的二人台、漫瀚调、山曲、爬山调等民间戏剧、歌曲中,就体现了蒙古族传统民歌特别是短调歌曲与晋西北的山曲、道情、秧歌与陕北的信天游等汉族民歌结合的特点。这种交流与融合，既有蒙古族与汉族之间音乐文化的交流与融合，也有蒙、晋、陕、冀等地汉族音乐文化之间的交流与融合。既体现了不同民族的文化传统、风俗习惯、语言特点，也包含了不同地区汉族的文化特色、生活习俗以及方言土语。在这种交流与融合中，创造出了将蒙古族、汉族、回族的某些音乐文化元素珠联璧合、融为一体的新的艺术形式——二人台，成为民族音乐文化、地域音乐文化的奇苑。据《绥远通志稿》记载："土默特社会家庭及儿童娱乐方法，概与汉人同。常有蒙古曲儿一种，以蒙语编词，用普通乐器如三弦、四胡、笛子等合奏歌之。歌时用拍板及落子为节奏，音调悠扬，别具一种风格。迨后略仿其调，易以汉词，而仍以蒙古曲儿名之。"三是勤劳智慧、共创繁荣的精神。走西口首先是无数个人的行为。然而，当它在广阔的大地上汇聚成一股浩浩荡荡的潮流，而且是一股延续了约300年的历史潮流时，它就成为一种对社会、对历史产生重大和深远影响的群体行为。当走西口仅仅是个体的行为时，它只有一个简单的、朴素的动机与目的——求得个人的生存。而当走西口的数以万计的个体行为汇聚成巨大的群体行为之后，便在客观上形成了超越于个人动机与目的之上的群体目标——创造繁荣。因为，唯有在走西口的目的地创造出繁荣的经济、繁荣的文化、繁荣的社会，才能有效地保证个人动机与目的的顺利实现。而西口文化的开拓精神与和谐精神，恰恰是创造繁荣必不可少的两大基石。创造繁荣，成为走西口的人们以勤劳和智慧塑造的西口文化的精神支柱。第一，走西口推动了农业的繁荣；第二，走西口促进了手工业的繁荣；第三，走西口促进了商业的繁荣；第四，走西口促进了文化的繁荣；第五，走西口促进了城镇的繁荣。

走西口的脚步声，已经渐行渐远，消逝在岁月的长河中。然而，走西口创造的历史，走西口留下的西口文化，西口文化中蕴含的核心精神，今天不仅是十分宝贵的历史文化遗产，也是值得我们在现代化建设中发扬光大的精神财富。

选自《鄂尔多斯学研究》2010年第3期

鄂尔多斯原生态曲调劝奶歌

乌兰其其格

古老神奇的鄂尔多斯草原被世人称为歌海舞乡。鄂尔多斯的民族民间音乐以鄂尔多斯蒙古族传统民族民间音乐为主体。鄂尔多斯的民间歌曲历史悠久、风格独特、体裁多样、流传甚广，其中主要有牧歌、酒歌、情歌、颂歌、祭祀歌、叙事歌、婚礼歌，等等。这些民间歌曲与诗歌韵律、语言文字、祭奠祝颂、民俗礼仪、舞蹈艺术、饮食文化、绘画美术等共同构成了丰厚的鄂尔多斯文化艺术内涵。这些民间歌曲在历史的发展过程中其歌词与曲调基本定型，并被专家学者和广大文艺工作者或整理成书，或编排制作成音像资料，而且还在不断被挖掘整理当中。然而，与鄂尔多斯游牧生活有着密切联系的原生态"台根都"（即劝奶歌）则很少见于详细的文字记载或乐谱记载，而且随着现代社会的飞速发展，这一古老的曲调逐渐被人们所遗忘。因此，从继承和发展民族民间音乐文化的角度出发，对其进行挖掘、整理和研究是我们的一种责任。

"台根都"产生的背景："台根都"的汉语意思是"劝奶歌"，是牧羊人给那些被母羊抛弃的羔羊喂奶时吟唱的曲调。曲调只有一个衬词——"台格……"（用"toig"表示），因此而得名。古代鄂尔多斯蒙古族以游牧为主，关于劝奶歌产生的详细年代无据可考。通过对劝奶歌做了一些调查，发现劝奶歌产生的主要原因，一是蒙古族是一个淳朴、善良、注重博爱的民族。二是只有劝奶歌才能使它们母子相认。三是用深情的劝奶歌帮助羔羊渡过难关。四是将劝奶歌简单地理解为人性化的饲养方式是肤浅的，更深的意义是人与牲畜之间的情感共鸣在民俗中的自然表现。

"台根都"的风格特点：旋律舒缓流畅，节奏变化小；具有鲜明的地区特点。

"台根都"的社会意义：一是"台根都"作为一种古老的传统曲调，在鄂尔多斯牧民的游牧生活中起到了人与牲畜和谐相处的积极作用。它虽然不是饲养牲畜的主要手段，但因为有了"台根都"这种艺术形式，牲畜更加兴旺，牧人的精神生活更加愉快。二是"台根都"丰富了鄂尔多斯的民族民间音乐文化。三是真实地展示了鄂尔多斯蒙古族的风土人情。四是从一个侧面反映了蒙古民族热爱大自然、热爱草原、善待动物、崇尚母爱的品德与情操。正是有了蒙古族，才有了"台根都"。

"台根都"搜集整理的必要性：一是由于现代社会饲养牲畜的条件改善，羔羊、母羊分圈饲养的模式逐渐改变，牧民吟唱劝奶歌的机会越来越少。很多年轻牧人已经不会唱劝奶歌了。因此，"台根都"这一古老传统曲调和习俗正在面临失传的危机。二是搜集整理"台根都"对今后的音乐创作意义重大。三是"台根都"是鄂尔多斯蒙古族音乐文化遗产的一部分，我们有责任保存和发展它。

乌兰其其格，鄂尔多斯歌舞团二级声乐演员。

选自《鄂尔多斯学研究》2010 年第 4 期

地方学研究

文化创意产业发展与新一轮经济增长

姚洪起

文化创意产业，又称文化经济、创意产业。它是凭借人的创造力生产、再生产、储存以及分配文化产品和服务的一系列活动。这种具有创新性质的活动范围很广，如表演艺术、舞台美术、图书出版、时装制作、城市规划、建筑设计，以及动漫影视、媒体广告、电子游戏、电子网络等。文化创意产业具有创造性、知识性、融合性等特征。

在新一轮经济增长中，发展文化创意产业具有重要的战略意义。第一，以文化为依托的文化创意产业，能促进经济全面发展。当经济发展水平比较高，人们摆脱了短缺经济，从温饱走向小康时，便会越来越重视商品的观念价值，它包含着一定文化形态和审美情趣的设计构想、造型款式、装潢包装、商标品牌等。正是由于这种变化，文化创意产业提高了人们的消费，并在消费结构优化升级中，拉动了第一、二产业的产业链延伸，并使第三产业的发展空间得到拓展，进而促进了产业结构的优化升级和经济的全面发展。第二，以人为本的文化创意产业，能促进人与自然、经济与社会的协调发展。首先，文化创意产业的发展为人们创造着时尚的文化生活环境。其次，文化创意产品，能起到愉悦身心、陶冶情操、传承文明等作用。再次，文化创意产业以文化为基础，以人的精神满足为出发点和归宿点。第三，以创意为核心的文化创意产业，能促进经济可持续发展。其一，文化创意产业具有知识密集性的特点，它与对自然资源有巨大需求的传统制造业相比，能够不受自然资源相对稀缺的限制，在能源少的情况下，创造出大效益。其二，文化创意产业不仅不掠夺越来越宝贵的稀缺自然资源，而且还能保护现存的文化资源，并能充分利用历史的、现实的文化资源。通过历史与未来、传统与现代、东方与西方、经典与流行的交叉融合，对经济的可持续发展产生巨大的推动作用。

鄂尔多斯市大力发展文化创意产业恰逢其时的原因：第一，经济的又好又快发展为文化创意产业的发展准备了土壤。第二，全球一体化为文化创意产业的发展奠定了基础。第三，经济结构转型为文化创意产业的发展提供了机遇。

既然我们已经具备了发展文化创意产业的条件，那么，我们应怎样去发展文化创意产业呢？第一，政府要发挥积极作用。政府要把文化创意产业作为具有自主知识产权的核心技术创新发展的基础加以培育。第二，要努力培养多方面人才。文化创意产业发展的最重要资源就是人才，只要有了人才，文化创意产业的发展就会有动力和活力。第三，要多举办各种形式的文化活动，为文化创意产业发展构筑多层次平台。第四，要把发展文化创意产业同推进城市化结合起来。纵观世界，文化创意产业的创业者，在开始创业时大都是把城市中逐渐废弃的旧区作为创业基地。他们将没有活力的旧区改造成充满性格的创意园区，并形成文化创意产业的集聚地，从而为城市旧区带来了新的生命力。第五，要注重规模，形成规模效应。文化创意产业实际上是一种文化经济。要使文化创意产业得到长足发展，必须注重规模，形成规模效应。

总之，在全球新一轮经济结构调整中，文化创意产业正日益发展起来。我们深信，只要抓住机遇，加快文化创意产业发展，我们的综合国力和综合竞争力就会进一步增强。

选自《鄂尔多斯学研究》2011年第1期

试论地域文化三位一体的研究模式

刘开美

地域文化研究热潮应改革开放之运而兴以来，经历了由少数学者热衷到群体组织投入、由少数地域开启到整个地域展开、由文化资源挖掘到文化学科构建、由文化现象研究到文化产业开发的发展过程。随着改革开放的深入，以及经济社会发展由理念到模式的创新，地域文化研究处于新的发展形势，面对新的发展课题，展示新的发展前景。这一切，对地域文化研究而言，既有挑战，更有机遇。

地域文化研究的发展态势：一是世界经济全球化凸显文化地域性，促进地域文化研究创新发展。二是知识社会信息化提升产业文化度，推动地域文化研究引领发展。三是生产要素专业化促成创意产业化，加速地域文化研究孵化发展。四是区域经济一体化强化联合紧迫感，拓展地域文化研究合作发展。总而言之，世界经济全球化凸显文化地域性、知识社会信息化提升产业文化度、生产要素专业化促成创意产业化、区域经济一体化强化联合紧迫感的发展态势，对地域文化研究在提升地位的同时，要求强化作用。这对地域文化研究的发展来说，既有挑战，更有机遇。机遇在于随着地域文化地位的提升，其研究可以乘势而上；而挑战则在于面对强化地域文化作用的要求，其研究必须迎难而上。只要把握机遇，应对挑战，促进地域文化研究创新发展，推动地域文化研究引领发展，加速地域文化研究孵化发展，拓展地域文化研究合作发展，这样地域文化研究就会迎来崭新的局面。

地域文化研究的发展启示：地域文化研究的发展态势，为其带来了创新发展、引领发展、孵化发展和合作发展的大好机遇与严峻挑战。在这种情况下，要促进地域文化研究的发展，就应从多方面采取对策。地域发展的主导主体是政府，地域文化研究的驱动主体是学界，而地域产业的运作主体则是企业。如果这三者有机地结合在一起，使主导地域发展的政府对地域文化研究具有吸引力，驱动地域文化研究的学界对地域文化研究具有内动力，运作地域产业的企业对地域文化研究具有转化力，那么地域文化研究就会具有活力。在这方面，北京学研究和全国其他诸多地域文化研究都进行了有益的尝试，并取得了积极的成果，内蒙古鄂尔多斯学研究就是其中典型的一例。鄂尔多斯学研究会自成立以来，始终坚持"立足学术、服务建设、创新机制、着眼发展"的理念，注重区域历史与现实的对接，在区域传统文化的背景中观照现实，谋划未来，塑造区域形象，打造文化品牌，在独有的历史智慧基础上构建新区域、新文化。他们编辑出版38部《鄂尔多斯学研究丛书》与《成吉思汗文化丛书》，在丰富鄂尔多斯文化宝库的同时，提升了人们对鄂尔多斯的认识；他们编辑出版《鄂尔多斯历代书目索引》《鄂尔多斯大辞典》，为存史、资政、教化、外宣和科研提供了系统的资料。鄂尔多斯学研究的成功尝试，对地域文化研究的发展有着深刻的启示。它表明，地域文化研究以服务地域发展为宗旨，以政府主导、学会驱动、企业运作为一体，以开放型的专家队伍为依托，以运行机制创新为动力，使文化研究、产业开发、社会发展有机地结合起来，这样地域文化研究在推动经济社会发展中就会充满活力。

地域文化研究的发展模式：鄂尔多斯学研究会的经验，对于地域文化研究的发展来说，具有重要借鉴作用。为此，其他诸多地域文化研究也应建立健全主导、驱动、运作三位一体的模式，通过整合政府、学界、企业三大主体，使地域文化研究在推动地域经济社会发展中充满活力。在这一研究模式中，由于政府、学界、企业三大主体所形成的主导、驱动、运作三大力量，并非彼此间孤立的行为，而是相辅相成、互惠互利的，因此三大主体都应站在全局的高度来认识和把握地域文化研究的发展。一是要以服务地域发展为宗旨，增强政府对地域文化研究的主导力。二是要以开放型的专家队伍为依托，强化学界对地域文化研究的内动力。三是要以文化创意服务为纽带,提高企业对地域文化研究的转化力。

刘开美,湖北省宜昌市社科联研究员。

选自《鄂尔多斯学研究》2011 年第 2 期

开发文化资源　保护文化生态

陈育宁

文化生态的含义：所谓"文化生态"，一般是指文化发展的环境及其对环境的保护，如《国家"十一五"时期文化发展规划纲要》中提出"确定十个国家级民族民间文化生态保护区"，就是要求对非物质文化遗产的相关区域予以切实的保护。"文化生态"或者叫作"文化生态学"，是20世纪50年代美国人类学家斯图尔德（Julian Haynes Steward，1902—1972年）提出的一个概念，其思想核心是文化适应环境而产生，文化的特征和变迁是环境影响的结果，同时文化又对环境起到了稳定、保护的作用。环境和文化是耦合的一个整体，从而形成文化生态系统。我国改革开放以后，结合少数民族地区文化发展的状况，学术文化界对文化生态问题给予了很多关注，进行了深入研究。我们越来越认识到，民族文化的生存和发展与它所处的自然、人文环境密不可分，二者相辅相成又相互制约，成为一个整体。维系这个整体，就是维护了民族文化的文化生态。

影响民族文化的因素：自然环境和社会人文环境。一个民族的生产生活、思想信仰、文学艺术、风俗礼仪等文化，首先是对自然环境适应的结果。一个地区的民族文化在历史演进过程中，在改造加工这个民族所处的自然生态系统的同时，也赋予了这个自然生态系统一种文化属性。除了和自然环境的关系外，还有一个和社会人文环境的关系。民族文化也是对社会人文环境适应的结果。这里所说的社会人文环境包括一个民族的历史传统、宗教信仰、艺术风格等，也包括同时存在的其他民族的文化或文化元素。我国许多地区都是多个民族、多种文化共存与共容的地区，都存在于一个相互影响、相互吸收、相互制约的过程中。

文化生态蕴含的重要意义：文化生态蕴含着丰富的历史意义、文化意义和社会意义，它对于民族的生存方式、性格和精神的形成，有着极其重要的影响和作用。文化生态的破坏往往是人类自身所造成的。对于自然环境的不适当利用或掠夺，造成对民族文化的危害是直接的，短时间内就显现出来；而对于人文环境的破坏，包括民族关系的割裂、历史遗产的毁损、传统精神的变异，等等，其后果可能不像破坏自然生态那样直接，但其影响更深远，以致影响到民族自身的发展。

如何推进文化生态的发展：一般来讲，任何一个地区都有两种资源，即物质资源和文化资源。在开发初期，主要解决贫困和温饱，进行原始积累，非常重视物质资源的开发，注重利益和效益；但到了发展的一定阶段，文化资源的开发、文化建设就必然要提到日程上来。许多经济发展中出现的新问题，单纯依靠经济本身难以解决，要靠文化，即人的觉悟、视野、道德素质和法治来解决；经济结构转型，必须要有文化产业的大力发展来充实。这个时候，对于文化生态的保护就显得更为突出和重要。第一，要重视研究民族文化和地域文化的生态环境，提高对保护文化生态重要性的认识。第二，要正确处理民族文化生态的保护与经济发展的关系。第三，要重视汲取民族文化、地域文化中优秀的传统，要对其中的生态观、生态伦理、生态知识以及"和为贵"等思想加以整理研究并继承下来。第四，要切实维护民族间和谐友好的关系，这是保护和发展良好的社会人文环境的基础。

民族地区文化资源丰富，积淀深厚，特色鲜明，在当今形势下定能大有所为。我们要确立一个观念，即文化是民族凝聚力和创造力的重要源泉，是经济社会发展的软实力；要形成机制、健全制度，建立起文化生态环境和文化资源的保护机制，形成文化生态的良好局面；要形成稳定的对民族文化的支持体系，使多元文化相互尊重、共同发展。在良好的文化生态环境下，将民族文化的开发和保护、继承和创新推向一个新阶段。

选自《鄂尔多斯学研究》2011年第4期

推进鄂尔多斯文化产业发展
打造区域发展新引擎

安 源 武 洲

文化是地区和城市独具魅力的品牌和符号，是区域经济可持续发展的根本动力和核心竞争力。文化产业作为知识经济时代的一种新型产业，正以前所未有的影响力和亲和力，逐步渗透到整个经济社会生活中。大力发展文化产业不仅是拉动区域经济增长的绿色引擎，更是提高区域竞争力的必然选择。

鄂尔多斯市文化产业发展现状：鄂尔多斯市文化企业在"十一五"期间增长到 1200 家，从业人员 11013 人，资产累计达 108 亿元，文化产业产值达 80.7 亿元。鄂尔多斯市文化产业发展已经成为新的经济增长点。文化旅游业、文艺演出业、文化娱乐业、广告会展业、影视音像业、文化产品业、动漫产业、体育竞技产业被列为重点发展的八大文化产业。全市有全国重点文物保护单位 12 处，自治区级重点文物保护单位 39 处。以《鄂尔多斯婚礼》为代表的旅游文化品牌成效显著。各级文艺团体和演出中以鄂尔多斯独具魅力的民族艺术，积极拓宽国际国内两个市场，先后出访了 20 多个国家和地区以及国内各大中城市，引进了 20 多个国家的文艺团体以及国家舞台艺术精品工程重点剧目，成为自治区演出市场最为活跃的地区之一。东联动漫和天风动漫已经形成了一定的规模。康巴什新区建成的鄂尔多斯大剧院、博物馆、图书馆、文化中心、新闻中心、会展中心和体育中心 7 大文化设施，为我市文化产业的发展奠定了坚实的基础。

鄂尔多斯市文化产业发展中存在的主要问题：一是产业结构不合理。二是高级人才匮乏。三是管理体制不顺畅。四是资源利用不充分。

对发展文化产业的建议：一是进一步完善文化产业政策。积极发挥政府部门对文化产业发展的规划、组织、管理、协调、引导等功能。二是进一步理顺文化产业的管理机制。突出抓好文化体制改革创新。加强管理，依法行政，营造公平竞争的市场环境。三是突出招商引资，畅通投融资渠道。要加快体制改革，建立以政府投入和企业投入为导向、金融机构投入为支撑、外资和民间投入为重要组成部分的投融资体系。四是培育人力资源，打造高素质的人才队伍。发展文化产业离不开高素质的经营管理、策划、营销等人才，要从人才培养、人才引进等方面着手培育人力资源，以此来提升文化产业发展的比较优势。五是健全政策体制，鼓励文化消费。随着经济的快速发展和居民收入的稳步提高，大众用于消遣、娱乐、旅游等文化消费的支出比例也随之提高。六是依托市场需求，调整产品结构。文化产业要得到全面健康、可持续地发展，必须创造符合市场需要、以生产较大经济效益为目标的文化产品。

安源，鄂尔多斯市政协原巡视员；武洲，鄂尔多斯市文学艺术界联合会主席，鄂尔多斯学研究会专家委员会委员。

选自《鄂尔多斯学研究》2011年第4期

鄂尔多斯蒙古族传统文化

旺楚格

鄂尔多斯蒙古族文化，不仅是鄂尔多斯多元文化的重要组成部分，而且是鄂尔多斯市的主体文化。鄂尔多斯蒙古族传统文化历史悠久、源远流长，扎根于这块神奇的土地，形成独具特色、珍贵的文化遗产。鄂尔多斯蒙古族传统文化主要表现在以下几个方面：一是以成吉思汗祭典为代表的鄂尔多斯祭祀文化。成吉思汗传统祭典，是国家级非物质文化遗产。形式独特、内容丰富、内涵深刻，是蒙古民族原始文化的集中体现，鄂尔多斯祭祀文化的经典。二是以鄂尔多斯婚礼为代表的鄂尔多斯民俗礼仪文化。鄂尔多斯婚礼，是国家级非物质文化遗产。它是集民俗礼仪、民间歌舞、传统祝颂、民族服饰、传统饮食为一体的民俗礼仪活动，成为民间艺术的殿堂，具有很强的感染力和影响力。三是以宫廷"古如歌"为代表的鄂尔多斯音乐文化。古如歌，是国家级非物质文化遗产。它是鄂尔多斯蒙古族从13世纪传承的蒙古王朝宫廷"礼仪国歌"，是在盛大庆典开始时所唱的长调歌曲，它与普通的长调民歌截然不同，可谓世界唯一。四是以民间《筷子舞》为代表的民间舞蹈艺术。鄂尔多斯民间舞蹈，是自治区级非物质文化遗产。民间《筷子舞》，鄂尔多斯人几乎无人不会跳。五是以民间祝赞词为代表的鄂尔多斯礼俗文化。鄂尔多斯祝赞词，是自治区级非物质文化遗产。鄂尔多斯传统祝赞词非常丰富，其曲调、韵律、语言等保留着蒙古民族古老文化特点，以口头文学形式世代相传。六是以"珠拉格"为代表的鄂尔多斯节庆文化。珠拉格，亦称马奶节，是鄂尔多斯草原牧人庆贺丰收、祈求长生天的盛会。珠拉格，是鄂尔多斯那达慕大会的原型，鄂尔多斯各地除珠拉格外，还有敖包盛会、庙会、骆驼圣火祭典等诸多群众性传统节庆活动，显示着草原原始文化特点。七是以宫廷"珠玛宴"为代表的鄂尔多斯饮食文化。珠玛宴（汉语亦作诈玛宴），是自治区级非物质文化遗产。它是宋辽夏金元时期的"内廷大宴"，是最为隆重的宫廷宴会，是融宴饮、歌舞、游戏和竞技于一体的贵族庆典娱乐活动。八是以妇女头饰为代表的鄂尔多斯服饰文化。鄂尔多斯妇女头饰制作工艺等，是自治区级非物质文化遗产。鄂尔多斯妇女头饰，以金银、玛瑙、珊瑚组成，每个头饰十多斤重，保留了蒙古族古代的装饰传统，制作工艺精湛，显示出高雅、庄重、华丽特点。九是以漫瀚调为代表的鄂尔多斯民族和谐文化。鄂尔多斯东部盛行的漫瀚调，是国家级非物质文化遗产，漫瀚调主要流行的地方准格尔旗被文化部命名为"中国民间艺术（漫瀚调）之乡"。

选自《鄂尔多斯学研究》2011 年第 4 期

遵循发展规律　搞好文化建设

阎秉忠

　　遵循文化自身发展规律，搞好文化建设，推动文化大发展大繁荣，对提高国家的软实力，加速社会主义现代化进程，实现中华民族的伟大复兴，跻身世界文化强国行列，都具有重大而深远的意义。遵循这一规律，笔者以为，做好这样几点对搞好文化建设至关重要：第一，实施文化创新强国发展战略，培养创新型人才，不断创新文化，建设创新型国家。第二，在抓好文化自主创新能力建设的基础上，还要执行"拿来主义"，主动虚心学习世界优秀文化，搞好引进、吸收、消化工作，博采众长，学创结合，为我所用。第三，抓自主创新与抓世界优秀文化的学习、吸收、消化，最终效果要落到实处，即要提升精英文化的档次，提高大众文化的质地。

　　总之，依据文化自身发展规律，实施文化创新强国发展战略，虚心学习世界优秀文化，提升精英文化档次和提高大众文化质地，三管齐下，不失为是搞好文化建设的有效途径。

选自《鄂尔多斯学研究》2012年第4期

现代文明大潮中的蒙古族文化
之现状及未来

阿云嘎

　　蒙古族文化研究中的不足：厚古薄今。近十多年来，蒙古族文化研究成了热门，成果辉煌，但也有不足。其不足就是厚古薄今，就是偏重于历史而很少提及现在和未来。一个无法回避的事实是，现代文明已经成为一种席卷全球的强大趋势。在这种大趋势面前，世界各个民族的文化个性正在快速消失。我们居住的房屋，我们乘用的车辆，我们的食品和服装，我们使用的工具，等等，我们已经很难说清楚它们原来属于哪个民族。随着生产、生活方式的改变，各民族的音乐、舞蹈、礼仪习俗等正在快速地走向博物馆，变成少数专家的研究课题。"申遗""抢救"被列入重要议事日程。每年有很多种民族和地方语言在消失。而且还远不止这些，随着生产、生活方式的改变，各民族的思维特色、性格特色等也在迅速消失。

　　不可逆转的趋势：变化。这种变化主要来自三个方面，一是商品交换规则对游牧文化价值观念的冲击；二是现代工业生产理念对传统牧业生产方式的影响；三是城市生活方式对草原生活习惯的渗透。

　　一个核心问题：如何对待变化。任何事物只能在变化中保持生命力，文化亦如此。当某一种文化形态一旦停止了变化，它也就开始消亡。蒙古族传统文化之所以能够创造历史的辉煌而且能够延续到现在，正是因为它一直是在变化中不断丰富和完善，从而保持了蓬勃的生命力。应该积极迎接变化，主动参与到世界潮流中去。只有这样才能够在世界民族之林找到自己的位置——这是蒙古族历史为我们提供的结论。

　　积极应对变化的一个前提：反思和调整。其一，世界一些古老的民族先后进入了现代文明行列，有的甚至获得了领先地位。他们都经历了一个必不可少的环节，即文化反思和思维调整。这是任何一个古老民族进入现代化民族行列必须经过的重要过程。其二，现如今，世界各个民族其实都已进入了文化反思和思维调整的阶段，差别只存在于深度和广度、自觉与非自觉、主动与被动等方面。根据这个情况，我们可以认为，哪个民族的文化反思和思维调整进行得更为深刻而广泛，自觉而主动，他们迈向现代化的步伐就会相对快一些。反之，就有可能落后于潮流。其三，所谓反思，就是以新的视角审视自己的传统，而调整就是一种理智的应对。而这种反思和调整毫无疑问以现代文明作为参照坐标。其四，反思和调整，本质上就是一个扬弃的过程，其中当然包括对传统文化某些内容的修改和否定。

不必要的担忧：衰落。任何民族的传统文化只有在不断更新中才能够获取生命力。蒙古族传统文化不会衰落，而会在变化中获得新生！

选自《鄂尔多斯学研究》2012年第4期

地方文化研究

关于阿尔巴斯山岩画

陈育宁　汤晓芳

阿尔巴斯山岩画的调查与研究：20世纪70年代，居住在召烧沟的牧民秦福喜在放牧时发现了召烧沟岩画，引起了海勃湾文物部门的注意，他们于1973年着手调查，开始掀开阿尔巴斯山岩画的神秘面纱。此后引起了盖山林先生的注意，在对召烧沟、阿塔盖沟、苏背沟、摩尔沟岩画分布点进行调查后，他在1986年文物出版社出版的《阴山岩画》一书中以"附录一"的形式发表了《乌海市桌子山附近的岩画》一文。乌海市文物工作站站长梁振华在1989年对苦菜沟、召烧沟、苏白音后沟、后摩尔沟、雀儿沟等各沟岩画做了深入调查和研究，于1998年在文物出版社出版了《桌子山岩画》，发布了100多幅岩画。近年来，鄂托克旗文物工作站的巴图吉日嘎拉站长和巴特尔副站长，对阿尔巴斯山各沟的岩画进行全面调查，于今年出版了《祖先的印记》《鄂尔多斯岩画》两部岩画专著。

阿尔巴斯山岩画调查研究的新信息：一是调查数量大大超过了以往的发现；二是对人面像的研究有扩展；三是提供了许多岩画新图像。

关于阿尔巴斯山岩画的冠名：属于阿尔巴斯山各沟口的岩画，现在出现有三个不同的名称，即"桌子山岩画"，是以阿尔巴斯山最高峰桌子山命名；"鄂托克岩画"与"鄂尔多斯岩画"，是以行政地名命名。"鄂托克"系蒙古语，汉意"营"或"部"，是元明两朝蒙古地区基层军政建制单位，也有说它有"圣火"之意。鄂尔多斯原为蒙古部落名称，现为鄂尔多斯市行政建制名称。行政区划名称随时可以变动，因此将其作为地方岩画的固定名称，随着时间推移很容易发生记忆混乱。北部阴山和西部贺兰山的岩画均以自然山体命名为"阴山岩画""贺兰山岩画",现已约定俗成,被社会认可并固定下来。阴山、贺兰山、阿尔巴斯山的岩画实际上是一个文化体系,都依傍黄河,是黄河哺育了这里的远古民族。黄河是中华民族的摇篮,是中华文明的发祥地,分布于黄河两岸的山体岩画文化遗产,是千万年前远古民族创造的,是中华文明的三源头之一。黄河文明以游牧民族为载体而发展了草原文化。属于阴山、贺兰山系的岩画,无论从形成时期、表现内容、艺术风格和凿刻手法等都是一个体系的,命名既应相似,又对不同地段有所区别,因此,以"阿尔巴斯山岩画"命名较为妥帖。

选自《鄂尔多斯学研究》2013年第1期

地方文化研究

苏泊罕四百年的历史记忆

杨 勇

鄂尔多斯苏泊罕游牧大草原，是与成吉思汗陵园和成吉思汗哈日苏勒德共处在伊金霍洛旗的成吉思汗时代的游牧民族历史文化遗产保留地，承载的是成吉思汗及其后裔的无限优美而真实的故事，其中成吉思汗哈日苏勒德与苏泊罕游牧草原的故事、藏传佛教历史上的领袖与苏泊罕的不解之缘、游牧文化数千年对这片草原深深的眷恋，特别是伊克昭盟三个半世纪的历史从这里起航而直达彼岸，使这片草原更富有了无限的激情与浪漫，更具有了无尽的神圣与神秘，从而，激发出我们对苏泊罕近 400 年历史的憧憬和记忆。

苏泊罕与伊克昭盟：伊克昭盟在鄂尔多斯地区的历史始于 1649 年，止于 2001 年，前后共有 352 年。其中，属清朝政权统治 262 年，属民国政府统治 38 年，属新中国领导 52 年。在伊克昭盟历史之前的鄂尔多斯地区属蒙古族的北元政权——元朝统治时期，之后成为今天的中国共产党领导的内蒙古自治区鄂尔多斯市。伊克昭盟历史是从苏泊罕开始的。苏泊罕是北元时期济农驻帐之地，鄂尔多斯蒙古族六大部落在道劳岱山盟誓，以及成为有清一代伊克昭盟七旗会盟地，苏泊罕揭开了伊克昭盟历史的第一页，而且，伊克昭盟蒙古王权史话中最漫长、最精彩的篇章全部书写完成于苏泊罕大草原。

苏泊罕与藏传佛教：鄂尔多斯在这场史无前例的蒙古地区信仰变革运动中，即蒙古民族佛教化过程中，由于这种历史的原因和地理位置的关系，成为藏传佛教踏入蒙古高原的第一站，成为藏传佛教活佛在蒙古族中间传播佛法的第一个地点，进而成为藏传佛教活佛进入以漠南为中心的蒙古族的必经之地，更为重要的是成为明清时期藏传佛教领袖达赖活佛、班禅活佛从青藏高原下来转而进入汉域地区进京谒见历代皇帝的过渡性、适应性驿站。

苏泊罕与游牧草原文化：游牧草原文化是苏泊罕的文化基石。苏泊罕草原位居鄂尔多斯高原的中心位置，自然地貌体现出缓状起伏的高原性特征，由于多山多坡多水的特点，草原类型复杂多变，呈现出草甸草原、典型草原、半荒漠干旱草原和荒漠化草原的综合特征，可谓为草原自然生态博物馆。

苏泊罕与苏勒德文化：成吉思汗文化是苏泊罕游牧草原文化的灵魂所在，成吉思汗苏哈日勒德文化是苏泊罕游牧草原灵魂的本源性文化标志。明清时期，苏泊罕是鄂尔多斯地区蒙古政权的中心，从北元时期的济农至伊克昭盟首任盟长额璘臣开创了会盟制，之后大多数的会盟都在苏泊罕举行。苏泊罕作为伊克昭盟历史重要的遗存地，成了成吉思汗哈日苏勒德巡游祭祀的出发地，通过定期的大规模、大范围、大热潮的巡游祭祀，使苏勒德文化的传播每至一个龙年的生肖轮回便掀起一个高潮，鄂尔多斯草原到处都传颂着苏勒德的故事、传递者膜拜式的激情，这一切均源自从苏泊罕出发的成吉思汗哈日苏勒德巡游仪式，苏泊罕成为苏勒德文化传播的发源地。

选自《鄂尔多斯学研究》2013年第1期

传统文化与核心价值相结合

杨鹏飞

鄂尔多斯欲建设成为中国西部文化强市，提升文化软实力，就必须依托优秀传统文化，以传统文化与社会主义核心价值体系的结合，推进社会主义核心价值的生动实践。

优秀传统文化与核心价值相结合，推进核心价值观在鄂尔多斯生动实践的背景与优势：一是从文化与社会发展的关系看，任何时代的社会意识与以前时代的社会意识都有着紧密的联系，它的产生和发展都要以前人所积累的思想材料作为前提。二是从文化与经济发展的关系看，文化是经济发展强大的动力，是推动市场发展和市场革新的内在动力，经济的振兴对文化竞争力的依赖越来越强，正如马克斯·韦伯（Max Weber，1864—1920年）所言："如果我们能从经济发展史中学到什么，那就是文化会使局面几乎完全不一样。我们应从更广泛的经济繁荣的决定因素来理解文化的作用。"三是从鄂尔多斯地区的历史与现状看，鄂尔多斯历史悠久，文化灿烂，是"河套人"的发祥地，是一代天骄成吉思汗长眠的地方，是蒙古族传统文化保留最完整的地区之一。四是从鄂尔多斯城市发展的战略目标看，鄂尔多斯近年来的发展创造了巨大财富，包括GDP、高楼大厦、高新技术产业等这些有形的财富，同时也开展了"七城联创"、能源文化理论研讨会等活动，创造了众多无形的精神财富，但和深圳等城市相比，我们在文化创新、新的价值观的形成方面仍有差距。

优秀传统文化与核心价值相结合，推进核心价值观在鄂尔多斯生动实践的策略与方法：一是建立一支队伍。第一，拓宽人才渠道，构建完备的人才梯队资源库。第二，强化人才开发，更新人才培养机制。第三，改善成才环境，建立健全人才激励机制。二是坚持两条道路。坚持理论研究与实践探索两条道路齐头并进，既要以核心价值体系为指导，加强传统文化研究，实现传统文化与核心价值的有机融合。同时也要积极探索，付诸行动，在实践中构建当代文化，不断丰富核心价值的内容。三是确立三个维度。优秀传统文化与核心价值相结合是一项需要多方参与的系统工程，需要政府、社会、家庭"三维发力"。政府要"给力"，充分发挥政府的主导作用；社会要"尽力"，充分发挥各类社会组织的作用；家庭要"出力"，家庭作为社会组织的细胞，在社会建设中发挥着基础性的作用。四是搭建四个平台。第二，组建一个"优秀传统文化与核心价值"研究中心，开展文化学术研究，营造学术氛围。第二，开辟一个专栏，在《鄂尔多斯社会科学》杂志上设立"优秀传统文化"栏目。第三，建立一批"优秀传统文化与核心价值"教育基地，要将传统文化与核心价值教育纳入学校教育体系中，学校是传统文化教育的重要阵地。第四，组建一个"优秀传统文化与核心价值"协会，广泛动员民间力量的参与，让人民群众有更多的机会利用这种载体和交流平台实现文化传统知识与观念的提升。

优秀传统文化凝聚着中华民族自强不息的精神追求和历久弥新的精神财富，是发展社会主义先进文化的深厚基础，是建设中华民族共有精神家园的重要支撑。传统文化与核心价值的结合，是新时期城市发展建设的重要内在驱动力，我们要紧紧抓住当前社会发展的有利时机，推进传统文化与核心价值的结合，为建设更加繁荣富强的鄂尔多斯而做出贡献。

杨鹏飞，鄂尔多斯市杭锦旗人，鄂尔多斯市社会科学联合会《鄂尔多斯社会科学》编辑。

选自《鄂尔多斯学研究》2013年第2期

地方文化研究

鄂尔多斯蒙古族文化特征及其现实意义

杨 勇

鄂尔多斯蒙古族文化特征：第一，鄂尔多斯蒙古族文化具有蒙古汗国时期的帝王文化特征。第二，鄂尔多斯蒙古族文化具有蒙古高原13世纪的祭祀文化特征。第三，鄂尔多斯蒙古族文化具有北方游牧草原民族古老的文化特征。

鄂尔多斯蒙古族文化特征形成的历史背景：首先，1227年成吉思汗发动了对西夏的最后的战争，立志于长期作战，坚决要消灭西夏王国，所以，成吉思汗带来了蒙古帝国游牧性质的整个国家机器，运转在成吉思汗大可汗的周围。战争结束后，在鄂尔多斯大量留存下了蒙古汗国国家性质的文化精髓和组织人员，使鄂尔多斯地区承接了成吉思汗时期蒙古汗国宫廷文化的较为系统的重要内容。其次，蒙古汗国及元代，直至明代中叶以来，蒙古民族古老的祭祀文化和成吉思汗八白室在鄂尔多斯地区的长期存在，使鄂尔多斯蒙古族历经朝代多次更替，仍然严格遵循忽必烈钦定的成吉思汗祭祀文化之古制遗俗不变的初衷，使成吉思汗祭祀文化为核心代表的蒙古民族不同社会层面、不同社会场合、不同社会作用的整个蒙古族祭祀文化体系得以完整地保存在鄂尔多斯地区，至今仍然鲜活地表现在鄂尔多斯蒙古族的任何一个组织与个体的任何一个时空世界。再次，清代以前鄂尔多斯地区相对于蒙古高原而言的优质的草原生态、良好的气候条件、富裕的游牧生活、多元的蒙古文化，使鄂尔多斯承接了自匈奴、鲜卑、突厥、辽金等诸多北方游牧草原民族的文化精髓。众所周知，历史上大多数的北方民族起源于森林和草原，经过长期发展达到一定实力的基础上则逐渐向南推进，往往在达到最强盛的时候最终都出现在历史上的鄂尔多斯文化区域，鄂尔多斯成为历史上北方游牧民族发展的拐点。

鄂尔多斯蒙古族文化的现实意义：一是蒙古族文化前进的源头与宝库。在现实社会中蒙古族文化的活水之源和聚集宝库在哪里，哪里就成为传承和保护的重地，就成为推动蒙古族文化发展进步的核心和灵魂。其实探寻蒙古族文化的源头，首要的是寻找到成吉思汗文化最核心的内容，在现今当属成吉思汗陵寝。鄂尔多斯是成吉思汗陵寝所在地，是成吉思汗帝王文化和祭祀文化的保留地，鄂尔多斯蒙古族文化就是这一系列文化组合而形成的独具特色的地域文化，进而成为当代蒙古族文化的源头和宝库。二是蒙古族文化传承的基地与示范。鄂尔多斯蒙古族文化由于其在当代社会的源头和宝库作用，也就成了蒙古族最重要的文化基地，整个鄂尔多斯地区也成为蒙古族文化保护示范区。依托成吉思汗文化核心价值的基地作用，在现实社会条件下的意义之一就是发挥出其特殊的文化示范效应，传承蒙古族游牧草原文化，使蒙古族传统文化与当代时尚文化相融相合、相得益彰。三是蒙古族文化发展的未来与方向。鄂尔多斯蒙古族文化的核心作用，既承担着对传统文化的传承和保护作用，又肩负着对未来社会的引领带动作用与发展方向的指导探索作用。要以鄂尔多斯蒙古族文化所拥有的成吉思汗文化的灵魂和真谛以及所拥有的三大特征作为寻求蒙古族文化未来的梦想和把握未来发展方向的法宝，作为引领和探索蒙古族文化创新发展、与时俱进的航标。鄂尔多斯蒙古族文化是在特定的蒙古族历史文化背景下、依托成吉思汗文化产生出来的蒙古族文化的典型代表，鄂尔多斯蒙古族文化三大特征使其无可比拟地占据了蒙古族文化的制高点，对于蒙古族文化现在、未来发展方向和愿景的探索而言，鄂尔多斯蒙古族文化将起到极其重要的引领和带动作用，具有不可估量的社会价值和实际意义。

选自《鄂尔多斯学研究》2013 年第 3 期

地方文化研究

漫谈鄂尔多斯精神

潘 洁

关于"精神"的一般性解读：当经济、社会发展到一定程度，就会开始注重精神。一个国家、一个民族、一个地区，都应该有属于自己的、以简短文字表述的精神。单说"精神"，同精神文明、精神力量、精神支柱、精神境界、精气神这些词组的内涵是既有区别又有内在联系的。它与"物质"相对应，与"文化"相重合，是文化架构中最优秀、最具活力的部分。它与时代紧密结合，标示着特定人群的价值取向和社会前进的方向。它是地域文化的精华，改革发展的核心理念，多数民众的心理诉求，也是人文科学的新"产品"。

鄂尔多斯精神的形成过程：鄂尔多斯精神是鄂尔多斯这方土地、这个人群的精神。它有一个漫长的生长过程。它源于人民生活、人与自然相处、生产建设、改革开放实践。本地区的乡风民俗、名人言论、媒体评价、施政口号、政策法规、建设方针、发展战略、史志档案、文学作品中，都有可能存在构成精神的元素和材料。经过领导者、文人、专业工作者和普通百姓的提炼、归纳、概括，再集思广益、修润完善，就可能形成以文字表述的精神。这个精神的字里行间，融合着鄂尔多斯人的集体理想，也带有直接创作者的思想印记。一般说来，它不炫耀已有的成就与财富，而对优势与前景却尽力加以展示。

鄂尔多斯精神的社会功效：第一，明确方向，增添动力。从前面叙述的形成过程里可以看出，精神中包含了口号、思想、方针、战略。这些都为领导者、建设者提供了总的遵循和办事原则，从而增强了信心和力量。第二，提升民气，凝心聚力。精神反映民心。民心顺，事业进；民气升，万事兴。整个中华民族要实现大团结，像鄂尔多斯这样一个地方，其居民有着更直接的利益和共同追求。大家认可的精神，能把一百多万人民群众的力量聚合在一起，为实现既定的目标竭诚尽智。第三，引领"五位一体"的文明建设。精神是纲领，是思想的集中体现。它涵盖了政治、经济、文化、社会、生态等五种文明形态。它不是法律法规，但有着比法律法规更强劲的规范行为、推动进取的力量。第四，提高地区（城市）知名度、可信度、美誉度，提升地方与人群的形象定位。鄂尔多斯精神，就像经过几十年培育而形成的鄂尔多斯羊绒衫这个品牌一样，意味着质量、服务、信誉直到人的综合素质达到了相当的高度，是可以依赖的，是可以与之开展商贸往来和各种交流的。即使原先不甚了解，读了这个精神，也会顿生好感。因为文如其人，一个一穷二白的地方，缺少教化的人群，是产生不出如此内涵丰富且闪烁着逻辑力量和人性光辉的精神的。第五，整合、统率地方软实力。精神是地方科学理念、优秀文化、美好习俗和与时俱进的价值观念的大荟萃和最集中的表现形式。鄂尔多斯的良好经济基础，为文化事业大发展、文化产业大繁荣提供了物质条件。鄂尔多斯蒙汉各族人民从艰难困苦中实现华丽转身，迅速步入幸福祥和的崭新天地，他们也必将满怀信心，以乐观、美好、积极、向上的精神风貌面对全面小康、全面现代化的历史使命。以产业、科技为核心的硬实力和以精神、文化为统帅的软实力将相率而行，相得益彰。精神是成功的能源，是胜利的保障。

鄂尔多斯精神的演进方向：在对许许多多各种形态的精神进行分类研究之后，人们发现它们的变化规律是，一是由简到繁，再由繁到简。表述文字高度省净，日益文学化。最初，可能受古汉语影响，人们在介绍一个国家、一个单位的特点与风格时，往往只用一句话、一个词甚至一个字。我区知名学者郝诚之与外地专家谈论内蒙古最主要的特点时，各自在自己手上写下一个字，都是"大"，不谋而合：大草原，大森林，大幅员，大力度开发建设，大度豪放的民族性格……很早以前，学子们议论我国两所最知名高校的异同，公认的说法是：北大清高，清华精明。说中国特点，开头总是：地大物博，人口众多。说内蒙古物产总格局则更简单：东林西铁。20世纪60年代大庆成为全国工业标杆，核心精神是"铁人精神"。细究其经验，"两论起家"。当代汉语，都说比古汉语啰唆、烦琐，但也能伸能缩。加上同音近义、同音异义的替代变幻，把天气预报、企业精神、广告词搞得眼花缭乱、光怪陆离。假如把这些列为一线的语言产品，那么身处二线的精神必然受到影响和带动。在物质生活大为提高的今天，在精神食物的消费方面，人们也早已厌倦了硬生生的灌输和干巴巴的说教，而希望加上调味品，加以烹制，使之色、香、味俱全。连新闻都在向文学化靠拢。央视及各地的天气预报，除了配以美观的画面，还要调动几乎一切文学手法来吸引观众。主持人也不是单纯的朗读，而是在表演或者叫演示。二是迅速普及，被广泛接受，不断提高，成为地方的名片和文化品牌。如今已有许多地方推出了自己的精神。未来，相信所有的地方，从省、市、自治区、特别行政区到地市、县市直到乡镇，可能无地无精神，形成流光溢彩，百花争艳的局面。乡镇也会有精神？会的。不是有"一乡一品"的规划吗？物质千变万化，精神会跟着千差万别。可能会有趋同、相似，甚至重复，那无伤大雅。如今地名、人名不是有很多重复吗？世界照样丰富多彩。精神一旦普及，提高便摆上了桌面。汉语有着无尽的空间。随着经济循环，思想深化，文化多元，交流频繁，精神自然要提高、上升、提纯、浓化。三是感召力、感染力、影响力大幅度提升，成为本地区公仆和百姓的共同信仰。好的精神，往往带有情感色彩，是一部优秀的文学作品。不是说要用好的理论、思想、作品、精神去武装人、塑造人、感染人、激励人吗？在这里，精神完全能兼具这几种功效，让你不甘寂寞，不满足于慢节奏，而是以积极态度，进取姿态对待身边的人和手上的事业。汇聚了许多个体、群体、团队精神的地方精神，自然势如洪流，力赛雷霆，能够成为历史前进的伟力。四是从全局视角考量，从始至终葆有个性和独有的风格。相对于整个国家、民族的精神，地方精神是土产，是山歌，是适宜于本地水土气候的生物，是当地人创造出来又反过来为当地人服务的。通常说的中国功夫，南拳北腿，有许多的种类和流派；中国歌舞，五十六个民族，不止五十六朵花，因为各民族的艺术都不止一个套路，一类节目。如果硬性合为一种，即使是优中选优，也会扼杀整个中国文化的生机。只能相互借鉴，切磋，吸收长处，弥补不足。当今世界的发展潮流也是这样：多极化，多元化，多样化。五是鄂尔多斯精神的发展方向、完善途径。鄂尔多斯经济社会都处在转型期。既面临机遇，也面临挑战，创造了关注度极高的辉煌，又显现了结构性难题。首先说，现行的 12 字精神的内容、文字、趋向、效果都是比较好的，但精神肯定要随着物质变。首先是调门，要高低适度。有如一部乐曲，调子要定准，才能更好地服务于它的主题。眼下的精神无疑有些内向、低沉，与鄂尔多斯的地位、前景不十分吻合。其次，在内涵方面，应顾及极为丰富的自然资源与人文资源、在国家能源安全战略中的地位、作用以及近些年民族团结进步、生态文明建设方面的成就。当然，应秉要执本，统筹兼顾，不可能面面俱到，纤毫毕现。另外，说句题外话，下次，下一个精神应考虑公开向社会征集，汇聚广大群众的智慧，上下结合，把这件事办得更好。

选自《鄂尔多斯学研究》2013 年第 4 期

地方文化研究

把鄂尔多斯建成特色鲜明的旅游目的地

乔 明

鄂尔多斯市旅游业发展的基本情况：鄂尔多斯市是中国优秀旅游城市，也是中国最佳民族风情旅游城市和中国最佳生态旅游城市。近年来，全市旅游工作坚持以经济工作的思路研究、部署、推动旅游工作，认真贯彻落实科学发展观，积极落实旅游产业政策，不断加大旅游资源开发力度和旅游产业配套设施建设力度，不断优化旅游发展环境，进一步规范旅游市场秩序，加强旅游诚信建设，大力开拓客源市场，紧紧围绕"成吉思汗长眠地，鄂尔多斯蒙古风"总体旅游形象，全力打造"天骄圣地、大漠风光、民族风情和休闲避暑旅游文化名城"四大类旅游产品，旅游业实现了稳步较快发展，鄂尔多斯市已经成为内蒙古自治区重要的旅游目的地。2013年，全市接待旅游者650.7万人次，同比增长9.7%，其中入境旅游者31036人次；实现旅游总收入152.4亿元，同比增长21.5%。旅游产业已具一定规模。旅游服务质量进一步提高。旅游产品体系日益丰富。总体旅游形象更具影响力。

重点做好几项工作：组织做好《鄂尔多斯旅游业发展"十二五"规划纲要》的实施工作；全力抓好旅游重点项目与基地建设；稳步推进鄂尔多斯沿黄河旅游风光带建设；不断加强区域旅游合作，开拓市场，进一步推进呼包鄂旅游经济圈和中国西部帝王陵精品旅游线路的旅游合作与建设。

选自《鄂尔多斯学研究》2014年第2期

在文化大变迁时代抢救保护民族民间文化是地域文化研究的首要任务

杨 勇

改革开放带来文化大变迁：社会变革速度超过以往任何一个历史时期，文化变迁是社会变革的灵魂性转变；文化变迁将是一个历史时代的终极，文化变迁将是一次民族文化的跨越。

文化大变迁时代民族民间文化现状：传统文化赖以生存的条件发生了巨变；适合地域特征的民族民间新文化体系尚未建立；缺失文化灵魂的时代必然潜伏大量社会矛盾。

传承保护民族民间文化是时代赋予地域文化研究的历史重任：地域文化研究机构具有特殊优势和条件；坚持抢救第一，科学保护，活态传承；动员全社会力量参与多形式传承保护。

建立民族民间文化传承保护的地域文化研究立体平台：地域文化研究，在我国正在兴起和广泛推广，地域文化研究机构成为我们弘扬传承中华民族民间文化最重要的平台，它以耕耘民间文化土壤为基础，以抢救民间文化为目的，以传承中华文明为宗旨，以合理有效利用为手段，实现传统与现代的文化对接。为此，我们需要积极地构建旨在传承保护和合理利用民族民间文化的地域文化研究的立体平台，即制定专门的政府保护政策，成立专门的民间社会组织，开通专门的信息网络渠道，确立专门的抢救挖掘标准，设立专门的政策扶持经费，形成专门的市场运作方式，明确专门的法律保障制度，确定专门的研究示范基地，开展专门的培训服务管理，提供专门的成果展示窗口，打造专门的节庆活动品牌。

在文化大变迁的时代，中华民族最重要的任务是搭建五千年古老文明与现代文明相对接的平台,而我们现在正在从各自的角度和能力去努力的现实这样的目标。虽然这中间会有曲折和失误,但是,我们相信一个正在崛起的古老的民族和国家,终将会以其独有的性格和理念完成文化的传承保护,弘扬伟大的中华民族的文化。地域文化及其研究将在其中散发出一缕缕璀璨的光芒!

选自《鄂尔多斯学研究》2014年第3期

鄂尔多斯蒙古族宫廷文化及其特征

杨 勇

鄂尔多斯蒙古族文化，既有蒙古各部的文化共性，也有与其他各部极大的差异性，形成差异的一个重要方面就是鄂尔多斯蒙古族文化中所拥有的蒙古汗国时期的宫廷文化遗存。

鄂尔多斯蒙古族文化的三大特征：鄂尔多斯，由于成吉思汗征西夏留存了大量13世纪草原帝国的宫廷文化，又由于成吉思汗八白宫在15世纪中叶以来长期祭祀供奉在此，两次大的事件对鄂尔多斯蒙古族文化形成决定性的影响，形成了鄂尔多斯蒙古族文化的三大特征，即具有成吉思汗的13世纪宫廷文化特征、具有成吉思汗帝王祭祀文化体系特征和古老的游牧民族文化特征。

鄂尔多斯蒙古族宫廷文化特征：鄂尔多斯蒙古族文化继承的主要是13世纪成吉思汗建立的蒙古汗国时期的宫廷文化，这一阶段的蒙古宫廷文化，不同于元代的宫廷文化，而是在蒙古宫廷大帐（斡耳朵）里的宫廷文化。主要以蒙古高原一直以来传承发展的游牧民族传统文化为主，也吸收了部分的辽金以来长期对草原民族采取不间断影响而形成的契丹女真元素的文化，以及成吉思汗西征南进过程中产生出的中亚文化和中原文化对蒙古汗国影响的成分。同时，从蒙古高原辗转进入鄂尔多斯的成吉思汗八白宫和八白宫所具有的成吉思汗祭祀文化、成吉思汗重要将领的后裔为主组成的达尔扈特部的民俗文化中，也大量包含着13世纪的蒙古宫廷文化特征。蒙古宫廷文化先后两次集中进入鄂尔多斯的历史现象，成为鄂尔多斯蒙古族文化的灵魂和精髓。

鄂尔多斯蒙古族宫廷文化表现：第一，鄂尔多斯蒙古族衣食住行。鄂尔多斯蒙古族服饰主要有蒙古袍、蒙古坎肩、帽子、靴子。鄂尔多斯蒙古族服饰的款式、图案、颜色、装饰都体现出早期游牧蒙古宫廷文化的特征。鄂尔多斯蒙古族饮食，主要有肉食品、奶食品和粮食品，普通饮食与一般的蒙古族饮食基本相同，体现在宫廷饮食文化方面的特点主要有全羊宴，蒙古语称作"秀斯"或"乌查"。鄂尔多斯蒙古族居所，历史上主要以蒙古包为主，蒙古包有传统蒙古包、诺音蒙古包、祭祀蒙古包、沙柳蒙古包等。鄂尔多斯蒙古族行旅，以骑乘为主，骑乘对象又以马为主，部分地区辅以骆驼。骑马方式有骑鞍马、骑走马、裸骑；骑骆驼方式有骑备鞴驼、骑驮鞍驼、裸骑。其中，骑走马是鄂尔多斯蒙古族最具宫廷特色的骑乘习俗。第二，鄂尔多斯蒙古族礼仪习俗：鄂尔多斯蒙古族文化中存在着大量的礼仪习俗，在生产劳作、日常生活、家庭教育、婚丧嫁娶、歌舞艺术、信仰崇拜、节庆盛会、社交往来、游戏竞技等自然环境与人文社会中，无处不在地体现出游牧民族传统的礼仪习俗。第三，鄂尔多斯蒙古族历史研究。蒙古族历史上有三部史学巨著，即《蒙古秘史》《蒙古源流》《蒙古黄金史》，其中《蒙古源流》和《蒙古黄金史》两部历史著作是由鄂尔多斯蒙古族编著的。能产生出如此重大历史研究成果，无疑是与鄂尔多斯保留的宫廷文化的历史底蕴有着密切的关系。第四，鄂尔多斯蒙古族歌舞艺术。鄂尔多斯蒙古族民歌从韵律上分有长调和短调，鄂尔多斯长调民歌以宫廷"古如歌"为代表，悠扬、舒展、豪放，有穿透力、号召力。古如歌，是鄂尔多斯蒙古族传承的13世纪蒙古汗国宫廷"礼仪国歌"，在盛大庆典开始时所唱的长调歌曲，它是典型的蒙古民族宫廷艺术。如《成吉思汗两匹骏马》《六十棵榆树》等，以成吉思汗文化为主题，表现出鄂尔多斯蒙古族对成吉思汗的怀念与留恋。短调民歌激情、热烈、欢快、奔放，有强大的感染力、震撼力。如《阿尔斯楞的眼睛》《森吉德玛》《黑缎子坎肩》《敬酒歌》《送亲歌》等，一般以爱情、故乡、草原为主题，内容丰富，包括抒情、感叹、拟人、赞颂、鞭挞、讽刺、痛斥等多方面，曲调优美，语言流长，幽默活泼，流传面广，体现出游牧民族淳朴直爽、善良正直的性格和追求自然与人文的天人合一的艺术之美。鄂尔多斯民间舞蹈是鄂尔多斯民间文化之精华，历史悠久，流传广泛，以它独具地方特色和民族特色的魅力，在蒙古族舞蹈中独树一帜，在中华民族舞蹈艺术之林中也久负盛名。第五，鄂尔多斯蒙古族祝赞颂词。鄂尔多斯蒙古族民间祝赞颂词，是蒙古族一种独特的传统民间说唱艺术，是鄂尔多斯蒙古族宫廷文化在民俗礼仪中的生动表现。第六，鄂尔多斯蒙古族信仰崇拜。鄂尔多斯蒙古族信仰崇拜，受到成吉思汗帝王祭祀文化体系的深刻影响，在民间依然大量表现出13世纪草原游牧民族宫廷文化的特征。第七，鄂尔多斯蒙古族七旗会盟。清代在鄂尔多斯实行盟旗制，成立了伊克昭盟（1649—2001年），下辖七旗。成吉思汗黄金家族首领出任盟、旗两级首领（扎萨克），每三年举行一次规模盛大的"七旗会盟"，会盟地点固定在鄂尔多斯左翼中旗（伊金霍洛旗）苏泊罕大草原的道劳岱山。会盟仪式表现的是蒙古汗国大呼拉尔（宫廷集会）盛会的规模和气势，要举行七旗骑兵阅兵仪式、七旗兵勇操演观摩、盟旗联席断事办公会议、推举盟旗要员出任活动等。七旗会盟期，同时举行全盟最大的那达慕盛会，最长时间达3个月，少则半月，规模盛大，场面宏伟，游牧特色浓郁，是清代鄂尔多斯最隆重的草原盛会。

鄂尔多斯蒙古族文化，是以成吉思汗的蒙古汗国宫廷文化和帝王祭祀为核心形成的独特的草原游牧文化，又由于鄂尔多斯蒙古族肩负的守护、供奉和祭祀成吉思汗陵的特殊的历史使命，使得这样的文化数百年来极少程度地受到其他文化的影响，从而成为当今保留最完整的13世纪宫廷文化，成为蒙古民族文化的珍贵的非物质文化遗产。

选自《鄂尔多斯学研究》2015年第2期

鄂托克旗非物质文化遗产保护的现状与对策

白格日乐图

鄂托克旗历史悠久，文化底蕴深厚，是草原文化的主要发祥地和承载地之一。千百年来，繁衍生息在这片土地的各族人民在生产生活的实践中，创造了丰富多彩的物质文化和非物质文化，形成了独具特色的多元文化景观。但是，随着全球化趋势的增强，经济和社会的急剧变迁，民族文化的流失，鄂托克旗非物质文化遗产的生存、保护和发展遇到很多新的情况和问题，保护和传承非物质文化遗产刻不容缓。

鄂托克旗非物质文化遗产现状：从2005年开始，鄂托克旗开展了民族民间艺术资源普查，并在此基础上加强保护名录建设。2011年9月，鄂托克旗根据《内蒙古自治区文化厅关于确定鄂托克旗为全区非物质文化遗产普查试点的通知》要求，对全旗6个苏木镇、76个嘎查村、22个社区进行了非物质文化遗产普查，普查率达到100%。主要项目为民间文学、民间音乐、民间舞蹈、传统戏剧、曲艺、杂技和竞技、民间美术、传统手工技艺、传统医药、民俗等。通过普查，掌握了鄂托克旗非物质文化遗产的种类、数量和分布情况。目前全旗民间文学25项，传统音乐16项，传统舞蹈4项，传统戏剧3项，传统体育、游艺与杂技11项，传统美术12项，传统技艺24项，传统医药16项，民俗34项。自治区项目名录9项，市级项目名录20项，旗级项目名录42项；自治区级代表性传承人9名，市级代表性传承人33名，旗级代表性传承人52名。

鄂托克旗非物质文化遗产特征：一是资源总量丰富，涉及门类广泛。主要以民俗类为主，传统体育、技艺、民间文学类为辅。二是区域特色鲜明，分布相对集中。由于生产所处的地理环境和长期的生产生活习俗的差异，形成几个相对集中的区块。从生产方式大致可分为巴拉尔地区（沙区）、农耕区、山区、梁地等，从生活方式大致可分为城镇、农村、牧区等。三是反映历史全貌，文化价值凸显。鄂托克旗地区早在新石器时代就有人类活动。"河套人"就在鄂托克旗一带生息、繁衍，今阿尔寨石窟，桂勒斯太（樱桃山）等地区发现新石器时代"河套人"遗址。一代天骄成吉思汗在鄂托克留下了许多文化遗址。四是流动变化频繁。随着人口迁移和区域开发等原因，非物质文化遗产也在不同地区间流动。

鄂托克旗非物质文化遗产保护工作的重要性和紧迫性：首先，非物质文化遗产是各族人民世代相承的与群众生活密切相关的各种传统文化的表现形式和文化空间。非物质文化遗产就是历史发展的见证，又是珍贵的、具有重要价值的文化资源。鄂托克旗各族人民在长期生产生活实践中创造的丰富多彩的非物质文化遗产，是中华民族智慧与文明的结晶，也是联结民族情感的纽带。保护和利用好鄂托克旗非物质文化遗产，对落实科学发展观，实现经济社会的全面、协调、可持续发展具有重要意义。其次，非物质文化遗产与物质文化遗产共同承载着人类社会的文明，是世界文化多样性的体现。鄂托克旗非物质文化遗产所蕴含的民族特有的精神价值、思维方式、想象力和文化意识，是维护鄂托克旗文化身份和文化主权的基本依据。加强非物质文化遗产保护，不仅是经济社会和民族发展的需要，也是中华文明和人类社会可持续发展的必然要求。

鄂托克旗非物质文化遗产保护对策：第一，建立健全规章制度，将非物质文化遗产保护工作纳入制度化轨道。鉴于非物质文化遗产的特殊性，单靠"确认、立档、研究、保存、保护、宣传、弘扬、传承和振兴"等保护措施已远远不够。第二，加大教育宣传力度，不断提高社会公众对非物质文化遗产的认识度和自觉参与保护的意识。让民众广泛参与到非物质文化遗产的保护工作中来，使非物质文化遗产得到传承。真正做到社会公众自觉参与非物质文化遗产保护,并在保护中共享保护成果。第三,尊重非物质文化遗产传承规律,以科学的方式保护非物质文化遗产,并充分发挥非物质文化遗产在当代社会发展中的重要功能和作用。要继续以完善非物质文化遗产保护体系,保护传承人,建立文化生态保护区,以及运用现代化科技手段保护等方式,科学、全面、系统地抢救和保护现存的非物质文化遗产。第四,学习借鉴国内外关于非物质文化遗产保护工作的先进经验,根据鄂托克旗旗情及具体工作情况,建设符合鄂托克旗自身特点的非物质文化遗产保护制度和体系。第五,按照"政府主导,社会参与,明确职责,形成合力,长远规划,分步实施,全面结合,讲求实效"的原则,做好保护工作的同时,政府要加大对非物质文化遗产保护的资金投入,使保护工作得以资金保障。第六,加强对非物质文化遗产的理论教育。在保护的基础上,进一步挖掘、整理、传承。

白格日乐图,政协鄂托克旗委员会文化文史学习委员会原主任。

选自《鄂尔多斯学研究》2014年第3期

游牧文化＝蒙古族传统文化？

阿云嘎

这些年，当我们说起蒙古族传统文化的时候，总是强调"游牧文化"这个概念。这种强调当然有其道理，比如有人认为蒙古族传统文化是一种以游牧理念为基础的文化，也有人说蒙古族传统文化的主体是以游牧生产方式为主的草原牧民，所以蒙古族民族精神的核心是一种游牧精神。但笔者认为，过分地强调"游牧"二字，也很容易造成一些对历史的误读。产生误读的原因就是，我们将游牧文化这一概念当作了一个筐，能够装进去的尽量往里装，而对装不进去的东西就视而不见。所以，游牧文化这个概念不能够概括和解释蒙古族传统文化的博大内涵。成熟的市场与功能完善的城市，是现代文明的两大标志。看一种传统文化能否与现代文明接轨，就看其是否有市场文化意识和城市文化意识。而在蒙古族传统文化中，这两者都存在，而且还创造过举世瞩目的辉煌。但我们却很少提起或者在相当程度上忽略了这个客观事实。

我们的历史视野并不全面，我们在强调一些内容的同时又在忽略一些内容，其结果是不可避免地产生片面性。其中的一个主要原因是一种奇怪的直线思维在起作用。总的来说，人类历史是从"低级"向"高级"迈进的过程。这个过程首先表现在生产方式的演变方面，比如，人类在其初期阶段是依靠狩猎和采集的生产方式的，后来进入了一个更高的层次，即狩猎演变为养畜，采集变成了农耕。后来又出现了手工业作坊，再后来出现了大规模的工业生产等。但同时，历史进程绝不是一个简单的直线运动，而是一个充满着起伏、更正、探索、选择的过程。比如，亚洲与欧洲之间的航海贸易并不是出现在资本主义工业生产的发达时期，而是出现在封建时代。这就是历史的丰富性和复杂性。但当我们描述这个过程的时候，却往往采取了简单化的态度，结果对历史进程中丰富、复杂的内容视而不见。我们现在面临的是如何全面解读蒙古族传统文化的问题。蒙古族传统文化是一个庞大的体系。其中当然包括游牧文化，它不仅体现了整个蒙古族一种普遍的生产方式与生活方式，还表达着根植于这种生产、生活方式的许多独特的理念，比如，对苍天、大地和生命的崇拜理念以及关于人与大自然关系的认识等。但不仅仅是游牧文化理念，我们上面已经说过，蒙古族在治国理政、军事、法律、城市建设和开拓贸易市场（其中包括航海贸易）等方面对人类历史做出了举世瞩目的贡献。而这些丰富的传统文化遗产，对当今蒙古族乃至全国各民族的现代化进程是具有推动作用的。因此，我们不应该只盯着游牧文化。

选自《鄂尔多斯学研究》2017年第1期

地方学研究

康巴什城市文化定位之思考

旺楚格

城市，要以文化为灵魂、以文化为特点。一个城市的建设，包括建筑形态、建筑造型、建筑材料、建筑布局、公园广场以及城市道路名称、标识文字、品牌文化活动等无不体现文化特点。但是，广义的文化特点，还不能形成鲜明的城市特点，而只有通过周密规划，注入主题文化内涵，打造主题文化景观，举办主题文化活动，才能打造城市的个性，城市才能突出主题定位，形成鲜明的特点。康巴什，是鄂尔多斯政治、经济、文化中心。康巴什的城市文化定位，关系到这座年轻城市的发展方向，关系到引领鄂尔多斯文化兴盛，关系到展现鄂尔多斯文化鲜明特点等重要问题。

康巴什，首先是草原城市，即城市环境与城市建设理念是草原，是生态，是园林。草原，宽广辽阔，为城市提供了独特的氛围。"草原上升起不落的太阳"，是康巴什的城市建设理念。有了辽阔的草原，才有了世界巨人成吉思汗，才有了成吉思汗文化。但是康巴什的城市文化特点是什么？很多人看得不是很清楚。在城市建设中，似乎注重休闲功能，一定程度上忽略了主体文化的影响力。目前，康巴什的城市建筑特色，总体上一个模式，色调以淡灰色为主，没有鲜明特点；康巴什的城市环境特色，以绿色为主，形成园林城市；康巴什的文化特色已经有了成吉思汗文化、蒙古族文化、青铜器文化、休闲娱乐文化等元素，但主线不太明显。因而，康巴什的文化形象还没有完全形成主体文化鲜明特色。当前，康巴什在建设品质城市的过程中，一定要找准城市文化定位，彰显城市主体文化特色，打造城市文化形象，使城市发展得更有魅力。城市的魅力在于它的特色，城市的特色是民族文化特性的反映。

康巴什，全力打造"草原城市，成吉思汗文化"，势在必行。

要研究和体现康巴什城市文化资源、文化特征、文化特色、文化精神、文化形象、文化标志。通过文化符号来识别康巴什，通过文化传承来认知康巴什，通过文化特色来吸引世人。结合实际，把握和弘扬鄂尔多斯人文、历史方面的个性和优势，把文化特色纳入城市化建设与发展之中，城市硬件建设和软件建设中浸透特色文化的内容，营造特色文化的氛围，塑造特色文化的精神。在康巴什城市文化形象建设中，既要考虑历史的，也要设计现代的，两者要自然结合，融为一体。既不能忽视历史文化的传承和历史文化资源的利用，也不能不追求现代文化形象塑造。只有历史文脉的传承和现代建设的理念有机结合，才能更好地形成康巴什城市文化特色。同时，也要考虑历史文化内涵的体现与城市自然环境建设融为一体。在城市建设中要树立"城市在草原上，文化在城市中"的理念，把康巴什建设成为既是体现成吉思汗文化的文化名城，又要体现园林化的草原城市。人们在园林化的城市给予的大自然环境中感受鄂尔多斯独特的历史文化，领略神奇的成吉思汗文化，使康巴什显示出独特的魅力。康巴什在今后的城市建设与发展中，要注重特色文化建设，增加城市装饰、增加城市标示、建立特色街巷等，以再现一批文化标志和文化符号。同时，要打造具有品牌影响力的文化活动，比如条件具备时固定举办大型主题实景演出、品牌文化艺术活动、专项国际文化论坛等，让人们感觉康巴什文化形象和领悟鄂尔多斯文化精神。"草原城市，成吉思汗文化"，将会为新兴城市康巴什塑造"康巴什文化形象"和"鄂尔多斯文化精神"起重要作用。

选自《鄂尔多斯学研究》2017年第3期

不断开创新时代鄂尔多斯社会科学普及事业新局面

李洪波

社会科学普及是意识形态工作的重要组成部分，社会科学普及的过程也是不断地提高人民群众思想道德素质和科学文化素质的过程。深化社科普及工作，推动社科普及工作的常态化，是顺应党的意识形态工作的必然要求，也是满足人民群众提升科学文化素养的必然要求。

一是深化思想认识，总结工作经验，充分发挥社会科学普及成风化人、凝心聚力的重要作用。第一，社科普及的内容形式不断丰富。第二，社科普及基地建设不断加强。第三，经常性社科普及品牌效应不断凸显。二是紧跟时代发展、创新工作思路，努力推动新时代社会科学普及工作有新气象新作为。第一，以增强"四个意识"为核心，把准社科普及的政治方向。第二，以宣传党的十九大精神为重点，提高社科普及服务效能。第三，以创新社科普及内容与方式为路径，提升社科普及能力。第四，以提升平台载体建设为抓手，提升社科普及的辐射力和影响力。第五，以深化改革、完善制度建设为保障，推动社科普及工作持续深入开展。

等闲识得东风面，万紫千红总是春。哲学社会科学繁荣发展的春天已经来临，让我们乘着新时代的浩荡东风，加满油，把稳舵，鼓足劲，以更加昂扬向上、奋发有为的精神状态，奋力开创新时代鄂尔多斯社会科学普及事业新局面，为推动鄂尔多斯经济社会持续健康发展做出新的理论贡献。

选自《鄂尔多斯学研究》2018年第1期

改革开放四十年
鄂尔多斯市精神文明建设成果辉煌

苏雅拉图

鄂尔多斯精神文明建设发展历程，可分为四个阶段。一是起步探索阶段（从1981年至1985年）。二是理顺创建阶段（从1985年至1995年）。三是巩固创建、迎接"创城"阶段（1996年至2007年）。四是发展提升及创建全国文明城市阶段（2007年至今）。

改革开放40年精神文明建设取得的主要成果：一是坚持执政为民，营造高效廉洁的政务环境。二是坚决维护社会和谐稳定，营造公正公平的法制环境。三是坚持强化管理，营造规范守信的市场环境。四是坚持文化形象塑造，营造健康向上的人文环境。五是坚持以人为本的精神理念，营造安居乐业的生活环境。六是坚持平安鄂尔多斯建设，着力构建安全稳定的社会环境。七是坚持科学发展的生态观，营造可持续发展的生态环境。八是坚持肩负优质教育的时代使命，着力营造有利于青少年健康成长的社会文化环境。九是坚持重在建设，开展扎实有效的创建活动。

改革开放40年精神文明建设的主要经验：一是党委、政府高度重视，为精神文明建设取得成效提供了组织保障。二是建立长效常态工作机制，持续不断地推进群众性文明创建活动，为精神文明创建提供了制度保证。三是坚持为民、利民、惠民的理念，办实事、解难事，为精神文明建设取得成效提供了坚实基础。四是因地制宜，实事求是，扎实推进生态建设，为精神文明建设取得成效提供了闪光点、支撑点。立志为群众回顾改革开放40年的进程，鄂尔多斯市在精神文明建设强有力的智力支持下，经济社会发展不断创造新的业绩，先后获得了"全国技术创新示范城市""国家双拥模范城""国家卫生城市""国家环保模范城市""国家生态园林城市""国家森林城市""国际健康城市""中国优秀旅游城市"等诸多荣誉称号。

苏雅拉图,鄂尔多斯市文明办原主任。

选自《鄂尔多斯学研究》2018年第4期

推动文旅融合高质量发展
让诗与远方更美

杨鹏飞

文化是旅游的灵魂,旅游是文化的载体。旅游是一种文化体验、文化认知与文化分享的重要形式,而文化又需要通过旅游这一载体加以传承和创新。在党和国家新一轮机构改革中,文化和旅游部门合并,让"诗与远方"携手前行。推动文旅深度融合,实现文旅融合高质量发展,既是巨大的历史机遇,更是伟大的时代使命。鄂尔多斯有着丰富的文化和旅游资源,在推动文旅融合发展方面当大有作为,需要文旅部门深刻领会文旅融合发展的要求,准确把握文旅融合发展机遇,努力开创文旅融合发展的新局面。领会文旅融合发展要求,推动文旅多点融合。一是推进资源融合;二是推进技术融合;三是界域的融合。抢抓文旅融合发展机遇,推动文旅融合高质量发展。第一,在规划引领上下功夫。旅游规划是对旅游目的地或景区长期发展的综合平衡、战略指引与保护控制,从而使其实现有序发展的目标。第二,在锻造特色品牌上下功夫。要克服单一、同质化现象,避免出现"千城一面""千村一面"的单一、同质化现象;要强化品牌意识,文化创意产业研究专家王离湘指出,文化旅游发展在内容建设上,要牢牢抓住两个关键词:一是特色,二是品牌。第三,在改进技术上下功夫。着力探索推进文旅融合的新模式、新举措,注重利用互联网、大数据等新技术、新手段,推进技术手段数字化。第四,在创建精品上下功夫。打造精品演艺活动,围绕重大主题,开展现实题材艺术创造,打造一批精品力作。第五,在非遗保护上下功夫。加强文物保护利用和文化遗产保护传承,坚持创造性转化和创新性发展。第六,在推动文化交流上下功夫。积极参与"一带一路"沿线国家和地区文化贸易活动,以人文交流的繁荣带动文化旅游的发展。第七，在保护生态环境上下功夫。良好的自然生态环境是文旅融合发展的基础。第八，在转变方式上下功夫。积极推动文旅产业运营模式改革，推进旅游业从"门票经济"向"产业经济"转变，从粗放低效方式向精细高效方式转变，从企业独享向社会共建共享转变，从景区内部管理向全面依法治理转变，实现"旅游＋"和"文化＋"的双链互动。

选自《鄂尔多斯学研究》2019年第3期

传承游牧草原文化　　促进文化产业发展

——鄂尔多斯民族文化产业现状及其特征

杨　勇

　　游牧草原文化的产业化发展，自党的十八大特别是十九大以来，在国家高质量发展的战略目标指引下，国家文化产业政策从鼓励支持和关怀帮助的角度出发，对全国特别是少数民族地区制定了诸多利好政策。鄂尔多斯作为民族文化产业重要的发展地区，也迎来了有史以来一个最佳的发展期。

　　鄂尔多斯民族文化产业渊源：第一，历史特征及其民族文化。鄂尔多斯游牧草原文化与长城内外融合文化形成的两大文化体系，几乎贯穿全部的文明历史阶段，数千年不变，直至今日。第二，历史上的民族文化产业。在鄂尔多斯民族文化有机融合的背景下，鄂尔多斯历史上民族文化产业呈现出了不同凡响的特点。其一，鄂尔多斯青铜器是历史上鄂尔多斯民族文化产业的鼻祖；其二，中国北方民族向南扩张，到达长城边上的鄂尔多斯，寻求中原的财富与生存空间。

　　鄂尔多斯民族文化产业现状：第一，产业资源与分布。鄂尔多斯的文化产业资源，依托于两个方面，即游牧草原文化资源和长城内外融合文化资源。第二，产业结构与类型。从产业结构与类型分析，鄂尔多斯文化产业表现为工厂化民族文化产业、创意开发式民族文化产业、传统手工民族文化产业、园区式民族文化产业。主要有鄂尔多斯品牌羊绒衫、国礼陶瓷产业开发、荣朝创意民族文化艺术产品开发、成吉思汗陵园区文化旅游开发、遍布城乡各地的传统手工艺制作。第三，产业技术与人才。鄂尔多斯文化产业领域要求两步走，其一是注重传统文化产业，即非物质文化遗产传承人的培养利用；其二是大力培养现代文化产业人才队伍，唯此才能可持续全面发展鄂尔多斯民族文化产业。第四，产业规模与市场。鄂尔多斯文化产业规模相对来讲，处于两极分化状态，一方面品牌产业与工厂化产业的规模较大，另一方面是基本上没有规模小的作坊式产品加工和销售。第五，产业传承与品牌。鄂尔多斯文化产业发展应该从传承与品牌的研判上区别对待，也即在文化产业的发展上需要从政策制定与措施落实方面区别对待传统产业与现代产业。

鄂尔多斯民族文化产业特色：一是以草原文化为灵魂产业定位；二是以文化融合旅游的发展路径；三是以职教为育人实践基地；四是以传统文化产业提升普及率；五是以品牌促发展的国际化路径。

鄂尔多斯民族文化产业前景：第一，推动形成欧亚草原文化背景下的文化产业链条。第二，加强鄂尔多斯品牌力量的国际化与标准化建设。第三，构建引领游牧草原传统与现代潮流的产业平台。第四，打造国家级特色化民族文化产业示范引领基地。

鄂尔多斯历史文化悠久，民族文化灿烂，鄂尔多斯民族文化产业与整体经济社会发展同步，风帆已扬，舰船起航，未来一个标记有现代草原名城的鄂尔多斯，以其更加响亮的民族文化产业品牌，将走出草原、走向全国、走向世界。

选自《鄂尔多斯学研究》2019 年第 3 期

鄂尔多斯市民族文化产业发展成效和经验

丁国春

鄂尔多斯民族文化产业发展条件：鄂尔多斯蒙古族元素；鄂尔多斯汉族农耕元素；鄂尔多斯民族交融元素；鄂尔多斯历史元素。

鄂尔多斯民族文化产业发展现状：民族文化产业发展，我们需要全方位对文化产业现象与文化产业投资、运营环境进行研讨，明确各类文化产业发展的条件及如何发展，准确对各类文化做出定位，选择出适合文化产业发展的相应战略，制定出相应的机制、制度保障措施。形成文化产业集群，加快鄂尔多斯文化产业产品品牌打造，增强鄂尔多斯市文化产业竞争力，大幅度提升城市形象，打造出鄂尔多斯市独具魅力的城市文化名片。从2010年开始，市财政每年安排文化产业发展专项资金，采取项目补贴、借款、贷款贴息等方式，引导民营资本投资文化产业，共投入资金近2亿元，扶持重点项目128个，调动了200多亿民营资本投资文化产业。文化产业发展专项资金的设立为全市文化产业的快速发展提供强有力的资金保障，使鄂尔多斯文化产业发展经历了由量变到质变的过程，成为第三产业中发展最快的产业之一。

鄂尔多斯文化产业消费现状：第一，2017年，鄂尔多斯城镇、农牧区全体居民人均可支配收入35648元，较2016年增长了8.8%，第三产业人均净收入4832元，较2016年增长了17.8%。消费性支出主要涵盖食品、衣着、居住、生活用品及服务、交通和通信、教育、文化娱乐等，其中文化娱乐支出人均1005元，较2016年增长了13.9%。全体居民收入的普遍增加和相应的财务积累，扩宽了鄂尔多斯市文体娱乐业。第二，2017年，鄂尔多斯地区专业技术人员、包括工程技术人员、农业技术人员、科学研究人员、卫生技术人员、教学人员、经纪人员、会计人员、统计人员、翻译人员、图书资料、档案、文博人员、新闻出版人员、律师、公证人员、广播电视播音人员、工艺美术人员、体育人员、艺术人员、企业政治思想工作人员，共17个专业技术职务类别，如此多的各类消费人群聚集，致使鄂尔多斯市文化消费市场逐步趋向多样化、个性化发展历程。第三，2006年，鄂尔多斯市提出了创建全国文明城市的目标，作为"创城"三大工程之一的市民素质提升工程开始全面推进。

鄂尔多斯民族文化产业发展的制约因素：一是文化产业规模小；二是文化专业人才缺失；三是文化产业结构失衡；四是文化资源保护不力。

鄂尔多斯民族文化产业发展的建议和对策：一是打造规模化、集约化文化产业。二是深化文化旅游体制改革。

丁国春　云南人，鄂尔多斯市委党校讲师，鄂尔多斯研究会专家委员会委员。

选自《鄂尔多斯学研究》2019年第3期

地方文化研究

鄂尔多斯蒙古族民歌简论

柳 谦

鄂尔多斯高原，是蒙古族人民历史上的"礼乐之邦"。元、明以来，著名的成吉思汗陵（八白室）便设在这里。因此，蒙古族古老的文化和礼俗，在鄂尔多斯部的蒙古族中保存得较为完整，例如14世纪产生的民歌《成吉思汗的两匹骏马》至今还在流传着。正是由于这种独特的地理、历史和传统文化的影响，所以鄂尔多斯蒙古族有着非常鲜明的民族特色和地区特色。

鄂尔多斯蒙古族民歌一般都有固定的歌名和固定的词、曲。如果从乐曲的体裁上区分的话，大体上可分为两类：一类是气息悠长、速度缓慢、节奏自由的"长调"歌曲。另一类是结构方整、速度轻快、节奏鲜明的"短调"歌曲。鄂尔多斯蒙古族民歌不仅题材广泛，而且内容丰富，不论是重大的社会斗争，还是日常生活中的亲情友好，在歌曲中都有所反映。鄂尔多斯蒙古族民歌不仅表现上述各种较重大的社会主题，同时也表现牧民的劳动生活及其他的主题思路。

综上所述，可以看出，鄂尔多斯蒙古族民歌在鄂尔多斯人民生活中起着重要的作用，它伴随着人民的社会斗争、生产劳动和日常生活，反映了鄂尔多斯重大的历史变化，表现了鄂尔多斯人民的心理愿望，它与鄂尔多斯人民传统风俗相联系，在人们生活中起着自我教育、自我娱乐和帮助人们认识世界的作用。鄂尔多斯人民离不开自己的民歌，民歌伴随着鄂尔多斯人民，唱民歌是鄂尔多斯人生活中不可缺少的内容，生活中到处是歌。

柳谦，国家一级作家，中国音乐家协会原会员，伊克昭盟文联原主席。

选自《鄂尔多斯学研究会会员通讯》2003年1月15日第2版

鄂尔多斯蒙古族及其文化特征

杨 勇

鄂尔多斯的蒙古族由于其特殊的使命和身份，创造出了历史与现代文化的无数亮点。蒙古族文化追本溯源，当然是承接中国北方游牧文化的精髓。鄂尔多斯自古就是北方游牧民族的前沿阵地，鄂尔多斯式青铜文化研究表明，作为这一文化的缔造者——匈奴民族，自夏商至汉代，引领了一个漫长时期的草原文化的潮流，首创了草原民族的辉煌历史，奠定了其后数千年直至今日的中国游牧文化的坚实基础。而这一文化和文化拥有者的匈奴人，据考古资料表明，均源自鄂尔多斯地区。

鄂尔多斯蒙古族经过两次集中的迁入，形成了今日分布的格局，而这种格局也奠定了鄂尔多斯蒙古族在所有蒙古各部中的唯一性。首先，其组成都与成吉思汗本人有着最直接的联系，前者是在成吉思汗生前至此，死后承担起特殊的职责而留下来的；后者是在成吉思汗秘葬后设立八白室时形成，然后辗转护卫圣灵成吉思汗至此的。所以，鄂尔多斯蒙古族与成吉思汗都有生死之缘。其次，正因鄂尔多斯蒙古族组成的独特性，众所周知，它肩负着全体蒙古族所赋予的神圣的对先祖、先帝、神灵般的成吉思汗及其他圣贤、圣物供奉祭祀的职责。第三，由于使命的特殊性、重要性，蒙古族的每一个部落、每一个人在组建这样一个群体时都是争先恐后，并以此为荣。组建该部落以对成吉思汗生前的效忠和贡献，形成了各个阶层的划分。所以，鄂尔多斯蒙古族的构成不是单一的部落成分，而是几乎囊括了13世纪蒙古高原上统一的蒙古帝国旗帜下的所有大小部落、姓氏和群体的精英。第四，因为供奉成吉思汗为代表的帝王圣灵、圣物，由忽必烈钦定过的诸多规章制度不允许任何人加以改变，使得这一群体始终严格按传统方式履行自己应尽的职责和义务，按草原民族几乎不变的生产和生活方式一代一代地生存发展，在这个过程中虽然也受到了其他文化的一些影响和打上了一些时代的烙印，但并没有较大的变化，所以，鄂尔多斯蒙古族基本上保留了蒙古族13世纪的诸多文化特征。第五，由于鄂尔多斯蒙古族构成是由成吉思汗当年的各部落精英组成，加上所受使命是蒙古帝王、黄金家族的重托，从其传承的文化层面而言，具有蒙古族最高贵的文化属性，既有蒙古族宫廷文化、帝王文化的传承，同时也有古代蒙古文化经典和秘籍的传承。不仅是现代，就是古代也是通常百姓无法了解和知晓的诸多文化细节及内涵，都在这一群体中按惯例常年延续着，直至今日仍浓重地存在并表现出来，成为蒙古族文化的瑰宝。虽然，受到近现代文化前所未有的影响，但仍不失其固有的面貌和特征。所以，鄂尔多斯蒙古族文化具有蒙古族古代帝王文化、宫廷文化的典型特征。第六，鄂尔多斯蒙古族在历史上由层面较高的组织构成并肩负神圣的历史使命，因此汇集和涌现出许多杰出人才，产生了无数在蒙古族历史上有影响的事件。第七，以成吉思汗八白室、成吉思汗苏勒德为核心的蒙古帝王祭祀文化，成为鄂尔多斯蒙古族文化形成的核心凝聚力，也是古代蒙古文化的活化石，其文化价值弥足珍贵，在国内外具有非常重要的影响和人文价值。与此同时，我们还应注意到，在藏传佛教盛行数百年之后，在鄂尔多斯仍然有古老的萨满教文化的诸多属性，这在其他蒙古部落是无法保留的。

选自《鄂尔多斯学研究》2004年第3期

蒙古历史文化博物馆现状及发展思路

杨 勇

改革开放以来,我国的博物馆发展呈现出多样化体制和社会参与的趋势。鄂尔多斯市蒙古历史文化博物馆,是一家民营企业性质的以蒙古文化为主题,以旅游景区为依托,实行市场化运行、企业化管理的博物馆。蒙古历史文化博物馆,位于内蒙古自治区鄂尔多斯市成吉思汗旅游区,经自治区文化厅批准成立,属鄂尔多斯市东联集团投资建成的成陵旅游区的一部分,建筑面积5800平方米,2004年完成馆建工程,2005年6月18日正式开馆,总投资4000多万元,是内蒙古地区大型博物馆之一。蒙古历史文化博物馆是目前国内外唯一专题收藏、研究、展示蒙古民族历史与文化的大型博物馆。博物馆建筑造型独具匠心,设计为蒙古文"汗"字的造型,即帝王之意,南北长150米,东西最宽处为90米,分为序厅、曲廊式和五个阶梯式展厅、尾厅。博物馆功能齐全,设施完善,民族特色和现代化气息浓郁。

蒙古历史文化博物馆发展思路:蒙古历史文化博物馆体现出三个特点,其一它属于民族文化类的博物馆;其二它属于民营性质的博物馆;其三它为旅游景区内的一个景点式博物馆。对于它未来的发展,应注重这样几个方面:第一,博物馆应坚定不移地走一条市场化投入和产出的管理模式,依托旅游市场发展文化产业,特别是发展具有民族特色的文化产业,形成产业链和市场优势,寻求自我发展的途径。第二,在未来发展中要充分利用社会技术、人才、科研成果,利用社会闲置资金的输入,形成多元化、开放式的博物馆投资与管理形式,有效地整合社会力量和资源,达到更大更快的发展。第三,要面向内蒙古自治区、面向全国、面向世界办博物馆。一方面,在文物征集、文化的收集整理和展示范围上要如此;另一方面,举办展览、进行研究,也要请进来、走出去,形成文化和产业的互动,创造出更大的活力。第四,成立文化文物不同类的专委会、收藏基金会,形成馆内外的联动机制,将发展博物馆的新概念延伸到社会相关的各大学、各科研院所、各专业人士之中,以紧密的、松散的组织方式,整合人才、技术、科研成果,以求博物馆具有的深厚文化底蕴和广博而高素质的一支人才队伍。

选自《鄂尔多斯学研究》2006年第1期

阿尔寨石窟的开凿与藏传佛教艺术传入的年代探析

汤晓芳

关于阿尔寨石窟开凿的年代：有学者断定阿尔寨石窟"开凿于13—14世纪"。笔者认为，其断定的依据是不够充分的。阿尔寨石窟所处的平顶小山为红砂岩结构，由于地质构造的疏松、自然的风化及人为的破坏，许多洞窟已严重残损，有的已坍塌，不见原貌。阿尔寨石窟的考古调查尚未全面进行，虽然初步认定窟内有13—14世纪的绘画遗存，但并不排除某些洞窟开凿的时间要早于13世纪，更不能简单地得出整个阿尔寨石窟"开凿于13—14世纪"的结论。首先，从石窟艺术发展的历史规律来看，石窟艺术是随佛教的传播而推进的。在中国北方，石窟寺的分布是沿河西走廊和黄河流域自西向东布列的。除古代西域最早的石窟新疆拜城克孜尔石窟外，敦煌石窟是乐尊和尚在前秦建元二年（366年）开始开凿的，其次是开凿于北凉沮渠蒙逊时期（412—433年）的甘肃天梯山石窟，甘肃炳灵寺石窟开凿于西秦建弘元年（420年），麦积山石窟始凿于后秦（384—417年）。由此可以看出，十六国时期虽然战乱频繁，但这个时期却是佛教发展的兴盛时期，封建权势需要佛教统一思想，以强化统治。匈奴、鲜卑、羯、氐、羌等少数民族建立了自己的政权，其统治都依赖于佛教的支持，而崇拜佛教的一个重要形式就是开凿石窟寺。在十六国时期，阿尔寨石窟所在地区属于匈奴族赫连勃勃建立的大夏国的范围内。4—6世纪，从十六国到北魏是中国佛教传播的兴盛时期。随着佛教的东进，石窟寺的开凿也自河西走廊沿黄河向东移进。阿尔寨石窟所处的地理位置恰好是石窟寺从敦煌向云冈东进路线的中端，其开凿时间虽无明确记载，但始凿于这个时期，却是大有可能的。其次，从阿尔寨石窟建筑的形制分析，也可以看出，该窟群有各历史时期建筑的特点。阿尔寨石窟的第 10 窟、第 22 窟为中心塔柱形制，高大的方形中心塔柱位于室内，直通窟顶，四周有甬道，供僧人和信徒绕塔观像和礼拜用。这种结构属于早期石窟的形制，受印度支提窟影响较多，在中国境内形成于西域克孜尔石窟，约在公元 4 世纪。复次，阿尔寨石窟还有覆斗式洞窟和平棋顶方格形天花方形洞窟，沿墙四边存有佛坛，原有彩塑，现无存。从洞窟建筑的形制特征来看，各窟开凿的时间前后延续较长，也许有一个从魏晋南北朝至西夏元明清的发展过程。虽然各窟开凿的确切年代还待全面考古调查和考证，但从以上分析可以推断，阿尔寨石窟群的开凿年代很有可能要早于 13—14 世纪。

关于阿尔寨石窟留存藏传佛教壁画的年代：有学者对阿尔寨石窟留存的西夏与元代壁画区分的依据是，西夏壁画受北宋文人画即汉地绘画传统影响，元代壁画受藏密即藏地绘画传统影响。这种区分的结果即是藏传佛教及其艺术是元代才进入该地区的。显然，藏传佛教绘画进入阿尔寨石窟与藏传佛教在当地的传播是密切相连的。那么，藏传佛教到底是元代进入该地区，还是更早些时间呢？根据笔者所查阅到的资料，11—13 世纪该地区属西夏行政区划范围，在西夏的中晚期，藏传佛教已传播到该地区了。因此，藏传佛教宗教绘画进入阿尔寨石窟的最早时间应该为西夏晚期。关于这个认识的实物佐证，是近年在宁夏宏佛塔、拜寺口双塔、拜寺沟方塔出土的西夏时期的藏传佛教绘画作品，以及被俄罗斯科兹洛夫（Пётр Кузьмич Козлов，1863—1935 年）掘走的现藏于圣彼得堡艾尔米塔什博物馆（Hermitage Museum）的黑水城出土的西夏时期的具有西藏风格的绘画作品。

关于西夏壁画的风格：有学者认为西夏时期的壁画风格，直接受到来自北宋文人画的影响，"重墨轻色"是总体特征。这一结论，忽视了西夏壁画风格的另一个重要特征，即藏传佛教的绘画特征。在笔者主编的 2003 年出版的《西夏艺术》一书中收录了西夏时期敦煌莫高窟、安西榆林窟、东西千佛洞、阿尔寨石窟的壁画和出土于西夏佛塔的绢画、唐卡等精品几十幅。从众多的西夏壁画及其他种类绘画作品可以看出，西夏的绘画艺术明显有两种不同的风格：一种是继承中原绘画传统；另一种是藏传佛教绘画的传统。西夏绘画艺术的多元特点与其在不同时期接受的不同文化影响有关。西夏前期和中期与宋交往频繁，积极吸收以儒学为代表的中原文化，同时多次向宋朝赎经，求取汉文大藏经，因此早期洞窟壁画的绘画风格主要接受中原传统。

综上所述，阿尔寨石窟的藏密艺术，不排除是西夏时期的作品。西夏壁画艺术中原传统和藏地传统的同时并举，是西夏壁画的总体特征，多元风格使西夏绘画艺术呈现出颇为繁荣的局面，在石窟艺术史上，继唐朝巅峰之后，经五代、宋代开始走下坡的情况下，又出现了一次新的高峰。西夏绘画艺术在中国绘画艺术史上占有独特的历史地位。

选自《鄂尔多斯学研究》2005 年第 3 期

地方学研究

浅谈蒙古包的变迁

白斯古郎　白秀金

蒙古包是蒙古民族独特的住所和代表蒙古民族居住特征的典型建筑物。但是，蒙古包并非一开始就是如今这样的，而是经过数百年或更长的时间，借助古人类的住所及古代各民族和部落的不同住所逐步完善、逐步成形，从粗略到精细，从简易到复杂。

"穹庐似天"蒙古包：汉代史学家司马迁撰写的《史记》中称匈奴人使用"毡帐"和"穹庐"作为住所。古代所称"穹庐""毡帐"和蒙古包都是游牧民族的房舍。可见，无论"毡帐"还是"穹庐"，它们的造型、做法及用料等，都带有当今蒙古包的原型和结构方面的内容。

蒙古包无疑是一种古老游牧民族的住所，就蒙古包而言，蒙古族不是它的唯一创造者。历史上已经有匈奴、鲜卑、突厥、室韦等民族共同成功地实践了游牧的生存式样。只是到蒙古人那里，他们不但继承了这些生存式样，从某种意义上讲还使其发扬光大，成为古代游牧及蒙古包文化的集大成者。

蒙古族人的住宅形成原理：从蒙古包沿革的历史来看，13世纪初，蒙古族在北方崛起，蒙古族首领铁木真统一北方各少数民族和部落，建立了蒙古大帝国，把过去别称的"毡帐""穹庐""车式住宅"等活动式住宅和建筑通称蒙古包。为了更好地适应蒙古高原的气候及自然环境，蒙古人创造性地运用"圆形原理"，进一步研究出畜群走到哪里，牧民也跟到哪里的便于移动与拆卸的容量适合的蒙古包，以适应游牧生活。他们在漫长的游牧生活中学会了近代力学的原理，把蒙古包和畜圈都建成圆形。建圆圈的好处是节省材料，同时还能有效抵挡来自圈内外的冲击力（如风力、牲畜冲撞力），圈内不形成死角，从而避免了牲畜相互挤压，圈内的风力容易成螺旋上升气流，有利于吹散沙尘。这种建筑物在受风雪袭击时阻力小，不积雪。下雨时，雨水可沿着周围的排水沟泄走。蒙古民族选择穹庐一样的圆形毡包作为流动房屋，与他们自古以来逐水草而居，熟悉天体、热爱自然、信守"天人合一"的哲学思想有关。牧民选择蒙古包坐落地点，也经常考虑丘陵、河川等地形及风向、阳光等环境因素。

蒙古包兴旺不衰的原因：蒙古包不是万能的建筑物，也有很多局限性。尤其是传统式蒙古包材料易燃，易虫蚀，易腐烂，保温性差，木料消耗大等，缺陷比较明显。但千百年来，蒙古包不但没有消失在人类建筑史上，而且从品种到质量、从草原到进城、从国内到出口，都有质的飞跃和长足的发展。那么，它的吸引力和生命力究竟何在？一是我国各级党政机关十分关怀各族牧民的生活居住条件。从20世纪50年代开始，除投入大量资金生产各种用途的蒙古包外，还组织有关科技人员对传统式蒙古包进行改造，研究生产新型蒙古包。二是随着国内外旅游事业的迅速发展，我国内蒙古、新疆、青海等省和自治区已成为生产蒙古包的基地，每年向日本、德国、美国等国家出口数百顶蒙古包，中国也成为蒙古包出口最大国家之一。三是近年来，草原牧民定居、圈养牲畜后，移动式住宅或蒙古包的需求量的确不像过去那样迫切了。可是，草原的退化，牧区大部分地区每年不同程度遭受旱灾等，这样一来，抗灾救灾的主要办法，还是圈养或倒场放牧相结合。尽管目前我们提倡定居轮牧，但客观上还没做到。实践证明，蒙古包——这种典型的移动式住所，对自然环境的反作用极少，克服了草原上的城市化带来的弊端，与草原环境非常和谐。

白斯古郎　白秀金，新华社内蒙古分社。

选自《鄂尔多斯学研究》2007年第3期

地方学研究

蒙古族饮食理念的提升及烤全牛的礼仪设计

杨 勇

蒙古族饮食，是数千年北方草原民族饮食习俗的沿袭与弘扬，是适应游猎民族文化特征、以肉食与奶食为主要原料加工制作的饮食方式。自古以来蒙古族饮食文化的特点主要体现饮食制作与饮食礼仪上。

蒙古族餐饮理念的提升：一是节约原料，降低成本。搭配法：适应现代饮食需求，采用肉食与辅助原料的搭配，减少传统原料的使用量；辅助原料的选择和量的把握，要尽量满足不同民族、不同地域、不同季节、不同场合的特殊要求，做到既减少成本，又减少浪费，还能受到食客的青睐。精细化：蒙餐在历史上就有原始制作传统，而现代蒙餐走进城市，走入高档餐饮行列，必须考虑在保留传统的观念下，突出制作精细化的要求，体现出色香味俱佳的品质，同时在精细化制作中考虑方便自如的食用方法，尽量让食客不以手直接抓触肉食。多样性：蒙餐传统菜品较少，这是由历史时代和民族特征决定的，而今天随着时代变化和为国内外其他民族提供蒙餐服务的要求，需要改进菜品，从菜品研发的角度，吸取其他菜系的长处，菜品要一样多吃，一吃多样，千变万化，层出不穷。二是注重礼仪，突出文化。礼俗性：现代饮食，特别是招待宴席，不以酒足饭饱为满足，而以饮食过程的特色性为另一需求，对于蒙餐在菜品的上菜方式、摆放方式、食用方式，予以简单独特的仪式和介绍，甚至表演，应当是非常必要和可行的，也是突出蒙古族礼仪之邦与热情好客的较好的表达方式。寓意性：蒙餐的菜品制作与名称历来以实用为主，现代蒙餐要体现出民族文化的丰富多彩，在菜品制作和菜品名称上赋予蒙古族文化无穷无尽的寓意。体现出文化内涵的餐饮，往往会令人惊喜和得到享受与满足。道具性：蒙古族在传统性的饮食中就有餐具的诸多特色，在这一点上，现代大多数饭店的餐具缺少特色性和传统性。因此，我们还应选择富有民性情调的铜器、木器、柳编、骨角器、景泰蓝、老式瓷器，甚至皮囊器具等作为餐具，高档豪华的餐厅可以考虑金银等金属餐具。所谓道具性，意在强调餐具的造型选择方面体现出蒙古族文化吉祥与适用的属性，彰显文化特色的各式各样的造型，让食客在餐桌上不仅吃到美味佳肴，更让其享受到满眼的蒙古族文化。三是保留传统，恢复原态。蒙餐的主体菜品，必然要保留部分主体菜肴，虽然量少，但保持草原上固有的口味是非常必要的。这就要求使用传统、地道的制作手法，保持传统意义的菜肴品质，尽量减少用过去不曾使用的佐料来调味、用不曾有过的蘸汁来食用。在这类型传统菜肴的安排上，数量少，但要精致，食客以品尝为主，以体验蒙古族古老饮食文化为目的，强化蒙古族菜肴的原生态与纯净绿色的生活概念。

烤全牛的礼仪设计：设计理念的定位即神圣庄严化、宫廷礼仪化、欢快节庆化、刻骨铭心化。礼仪设计的框架即迎宾入场、落座主持、低婉音乐、敬献德吉、开席祝颂、神化烤牛、礼俗上菜、宫廷敬酒、歌舞吉祥、礼赞退席、祝福送行。

综合以上两点，蒙古族的饮食文化确有值得继承和弘扬的重要性，同时，也存在有保留传统性与适应时代性的辩证作用。因此，在感激蒙古族饮食文化的理论与实践者长期以来不懈努力的同时，也希冀蒙古族饮食文化能成为国际国内重要品牌，为蒙古族文化争得重要的一席之地。

选自《鄂尔多斯学研究》2008 年第 3 期

鄂尔多斯民间口头文学

葛云鹏

鄂尔多斯民间流传着很多传说、故事、英雄史诗、谚语、谜语等蒙古民族口头文学。下面我把这些口头文学的内容和形式，以及它们和其他民族的口头文学的区别简单做一介绍。

神话故事：它是在鄂尔多斯民间流传非常广泛的一种故事。内容方面，有描写镇压邪恶残暴、崇尚美好生活道德的；有颂扬劳动人民美德的。蒙古民族的神话故事，还有本民族的明显的特点。概括起来，一是紧密结合牧民群众的劳动和生活形式，反映牧民群众的放牧、狩猎等劳动和生活形式，反映由这些劳动和生活形式所表现的民族感情。二是蒙古族人民的传统风俗习惯，如射皮圈靶、赛马、摔跤以及蒙古民族特有的其他风俗习惯，均在故事里得到艺术的反映。三是对作为牧民劳动对象的畜群，尤其对马的刻画，是非常突出的。四是蒙古民族所特有的那种艺术语言和蒙古口头文学传统的表现方法，这个特点最新鲜、最突出。生活故事：这样的故事在鄂尔多斯人民中间也流行得非常广泛。主题大体上是反映阶级对抗，贫富差距，讽刺剥削阶级和宗教上层，颂扬劳动人民的聪明智慧。寓言故事：这样的故事，是对人们通过礼貌教育，增长人们的社会知识和增加人们的智慧。这类寓言故事的艺术特点，一是通过一种动物的形象和交谈来反映人的语言，概括人的丰富的社会经验，赞扬人的聪明才智。二是通过动物的脾气、动物的特点来隐秘地表现人们的某些性格和特点。例如绵羊是温顺的，狼是凶狠的，狐狸是狡猾的，兔子是聪明的。三是寓意都在故事的结束时说出，而且都反映的是蒙古谚语。动物故事：把这类故事说成是关于动物的传说也可以。这是很早以前的事情，主要是说明动物的外貌和性格。

鄂尔多斯蒙古族人民中间保存着大量手抄本的民间故事。由于时间关系，未能系统地深入调查研究，有很多作品还未及整理。这里所谈，远不能概括鄂尔多斯民间故事的全貌，仅仅作为参考。

葛云鹏，原伊克昭盟盟委党史办主任。

选自《鄂尔多斯学研究》2009 年第 2 期

地方学研究

浅谈漫瀚调民歌的继承与发展

苏怀亮

漫瀚调的继承与发展要在机制上有作为：漫瀚调民歌的继承保护既要加强对传承人的保护，还应采取一些具体、得力的措施。一是漫瀚调民歌原生态的部分，我们尽量不要去碰它。在这方面，不妨借鉴博物馆的思路。二是建立一所漫瀚调博物馆，通过歌曲、词谱等形式，向人们全面展示漫瀚调民歌的风貌。可以考虑请一批对原生态民歌掌握较好的民歌手，作为博物馆活的资源，将他们的原生态民歌原封不动地录制下来，然后传授给后人。这样积累得多了，我们原生态的歌曲也就可以更多地保留下来，为世人所欣赏和传承。现在人们一提发展好像就忘了保护。民歌要继承，要发展，但在继承和发展的同时千万不要忘了保护。三是要保护就要有措施，要成立专门机构，要有专款，有计划地开展各种各样的比赛、交流等活动。因为漫瀚调民歌的发展不是靠几个人坐在办公室里研究一通就可以解决的，要靠广大群众的热情参与，活动一旦多了，很快就能火起来，在活动中不断推出新人新作来。在保护特色的同时，提炼、加工、充实时代的东西。四是建设一些长期固定的活动。比如办全国性的比赛，把全国喜欢唱漫瀚调民歌的人吸引到准格尔来，把各个专业院校研究、演唱漫瀚调民歌的人吸引到准格尔来，交流、座谈、学习和培训。这样做还可以更好地宣传准格尔、宣传鄂尔多斯。总之，要认识到自己的特点，通过保护政策和保障措施，因势利导，通过科学的测定和全面的分析，才能够让漫瀚调民歌屹立在世界艺术之林。

苏怀亮，鄂尔多斯日报社原主任，鄂尔多斯学研究会专家委员会委员。

选自《鄂尔多斯学研究》2009年第3期

鄂尔多斯传统祭祀的基本特征

旺楚格

鄂尔多斯蒙古族传承的以成吉思汗祭祀为主要内容的传统祭祀，在长期的历史中不断完善，形成区别于其他地区的鲜明的基本特征。鄂尔多斯传统祭祀的基本特征，主要体现了祭祀内容的原始性、祭祀内涵的神秘性、祭祀形式的独特性和祭祀传承的唯一性。鄂尔多斯传统祭祀的基本特征，使鄂尔多斯传统祭祀在崇拜对象、崇尚内容、思想内涵、表现形式等诸多方面构成了具有系统性、完整性的独具特色的鄂尔多斯祭祀文化。

祭祀内容的原始性：鄂尔多斯传统祭祀是蒙古族原始祭祀的集中体现。随着 13 世纪蒙古民族共同体的形成，这一民族的宗教信仰也已形成。当时代表蒙古民族的信仰就是原始萨满教。基于原始萨满教的蒙古族祭祀，成为蒙古民族共同心理素质形成的思想基础。鄂尔多斯的传统祭祀，完整地保留了成吉思汗时期以及蒙古王朝时期的原始祭祀，集中体现了崇拜长生天、崇拜祖先和崇尚大自然的心理。成吉思汗祭祀长生天的神秘的"天神"祭祀仪式，唯独在鄂尔多斯完整地保留下来，成为珍贵的文化遗产。

祭祀内涵的神秘性：鄂尔多斯传统祭祀是蒙古族原始祭祀内涵的集中体现。鄂尔多斯传统祭祀，在祭祀对象、祭祀内容、祭祀形式以及祭祀供品、祭奠祭文、祭祀用具等诸多方面带有神秘性，留下诸多解不开的谜。成吉思汗祭奠中所唱的祭歌，就带有神秘性。鄂尔多斯传统祭祀中，有很多神秘的仪式。成吉思汗春季查干苏鲁克大祭中就有神秘的"芦苇浸酒"程序。鄂尔多斯传统祭祀中敬献的许多供品，也带有神秘色彩。除了全羊、全牛、全马以及素食、奶食、圣酒等常见供品外，还用些特殊的供品。

祭祀形式的独特性：鄂尔多斯传统祭祀是蒙古族原始祭祀形式的集中体现，也是鄂尔多斯蒙古族原始礼仪习俗的集中体现。在长期的历史变迁中，鄂尔多斯传统祭祀从内容到形式，形成完整的祭祀体系。祭祀体系在祭奠形式上再现了古老的蒙古民族牲祭、火祭、奶祭、酒祭、歌祭等形式。在祭祀用具上，表现了草原民族对大自然和动物的艺术审美趣味，产生了具有浓郁特色的诸多珍贵的祭器，使鄂尔多斯传统祭祀独具特色。

祭祀传承的唯一性：鄂尔多斯传统祭祀是蒙古族原始祭祀的完整保留。因此，鄂尔多斯传统祭祀在内容、形式、传承等诸多方面体现了独特性和唯一性。特别是鄂尔多斯传统祭祀的传承载体、传承人，更是世上绝无仅有。鄂尔多斯传统祭祀，在祭祀对象、祭祀内容方面与其他蒙古族地区虽然有着很多共性，但在表现形式、祭祀礼仪、祭祀程序等诸多方面又有自己独特的特点，区别于其他地区。

选自《鄂尔多斯学研究》2009 年第 3 期

黄土天籁：永远的漫瀚调

武 洲

漫瀚调是内蒙古、晋西北和陕北地区十分珍贵的文化资源，是蒙古族、汉族音乐文化交融、磨合的结晶，是黄土高原的天籁之音，是中华民族传统文化的重要组成部分。许多年后，当离开这片神奇土地，走到全国和世界各地的人们都不约而同表示，自己对故乡最难以释怀和忘不掉的东西就是漫瀚调，那是对流淌在血液中的优秀民族文化的记忆。

漫瀚调来源十分复杂，既有民间音乐，也有宫廷音乐，还有佛教、道教等宗教音乐影响，远的源头甚至可以追溯到淮河两岸花鼓艺人（凤阳花鼓）的表演。至于直接渊源，长期研究漫瀚调的专家们比较一致的看法是，它是由蒙古族短调民歌和陕北、晋西北汉族"山曲""爬山调""信天游"相互融合而产生的。从漫瀚调产生的时间看，应在明朝中后期。它是草原文化、黄河文化、黄土文化及边塞文化共同影响的产物。从漫瀚调的母体蒙古族短调民歌看，短调歌曲是伴随着蒙古民族成长起来的。细细品味漫瀚调，我们从中能寻觅到祖先的足迹，感受到他们的日常生活和情感世界。从漫瀚调表现的内容看，歌唱爱情是永恒的主题，这类题材占歌词的70%左右，同时也有不少民歌是反映生活现状、憧憬幸福的。

中华人民共和国成立后，国家十分重视民族民间艺术，内蒙古自治区曾多次举办各种民间艺人学习班，1955年内蒙古自治区文化局主办第一届民族民间音乐、舞蹈、戏剧班观摩演出大会，75岁的传奇漫瀚调歌手改利古以一首《乌苓花》获得个人演唱一等奖。改革开放后，漫瀚调获得新生，优秀歌手层出不穷。著名的有奇附林、朱俊兰、杨毛毛、杨锁柱、王金娥、王凤英、刘莹、奇文俊、田桃、王巧、王虎、张俊义、韩丽、王慧萍等，由于著述中经常提及，这里不一一介绍。在漫瀚调理论研究与实践中，近年也出现了一批推动漫瀚调发展的专家学者和创作者，主要有张玉林（张皇）、柳谦、王世一、杜荣芳、张发、刘新民、赛音吉雅等。

许多人都说，了解准格尔是从了解准格尔的漫瀚调开始的。漫瀚调曲目丰富，风格多样；曲调优美，高亢华丽，起伏洒脱；节奏灵活多样，既有自由舒展的拖腔，又有紧促的催板；器乐演奏时而领奏，时而接奏；歌词更是直抒胸臆，幽默浪漫，自由奔放，朗朗上口。这是广大人民群众喜欢它的真正原因。准格尔旗早在1996年就被文化部命名为"中国民间艺术（漫瀚调）之乡"，漫瀚调艺术的继承和保护也已走上正轨。在此建议政府加大经费投入力度，成立漫瀚调研究机构，在大学设立漫瀚调艺术课，组织漫瀚调研讨会，培养漫瀚调演职人员，挖掘整理原生态漫瀚调民歌并形成资料库，建立漫瀚调自然保护区，打造漫瀚调艺术品牌项目，定型漫瀚调曲目等，使漫瀚调能够健康长远地传承与发展。

武洲，鄂尔多斯市文学艺术界联合会主席，鄂尔多斯学研究会专家委员会委员。

选自《鄂尔多斯学研究》2011年第3期

碰撞与交融

——大型音画舞剧《蒙古·传说》艺评

赵 媛

优秀的艺术作品渗透着一种思辨，对立与统一这对哲学名词恰是艺术表达方式所追求的最高境界，独立的艺术门类如此，综合的艺术形态亦如此。大型音画舞剧《蒙古·传说》这个庞大的艺术综合体以震撼的视觉效果征服观众，其巨大的感染力诚然得益于多重艺术手法的对比与统一和大量民族元素的整合与重组。用哲学的思辨理解音画舞剧《蒙古·传说》方可解读其深刻内涵。一是传统民族元素华丽转身。传统民族文化在艺术创作中不拒绝现代艺术手法的雕琢。汇集诸多传统元素容易陷入简单的拷贝或并置局面，而《蒙古·传说》则有序整合大量原始素材，经过酝酿和发酵，巧妙构思合理构架，不但避免了机械的罗列，反而锦上添花。《蒙古·传说》脱胎于传统而不拘泥于传统，这正是传统题材大型舞剧的现代性选择。二是时间与空间的动态结合。颇具民族特色的音画舞剧的产生与发展，恰恰是舞蹈艺术本身时间与空间特征的相互观照、协调统一的结果。关于音、画、舞的结合，《蒙古·传说》和《大漠敦煌》有异曲同工之妙，但《蒙古·传说》在采用多媒体技术和重视音、画、舞动态结合方面走在了前列。三是矛盾冲突的合理设计。对比是艺术中无处不在的规律，舞剧中的对比不外乎为戏剧冲突的构成和矛盾的合理安排。戏剧冲突包括人物与人物之间的冲突、人物内心的冲突、人与环境之间的冲突。《蒙古·传说》的主人公面临着各种感情纠葛，如爱与恨、苦与乐、喜与忧、情与仇，等等，在不同的场景中通过肢体语言、背景音乐和舞台环境的共同作用倾泻而出。从成长的历程来看，生与死、离与合、浪漫与悲壮、战争与和平将人生的矛盾浓缩于舞台，强化了舞剧的戏剧冲突。四是情与景的精心布局。强调与削弱在舞剧中体现为一种修辞技巧。独舞和双人舞与群舞的对比，体现出一种层次，群舞根据舞蹈的构图强调视觉中心点，独舞和双人舞则成为舞台的特写，如《蒙古·传说》中鄂尔多斯婚礼和战争部分的舞蹈编排便做了精心的布局。舞台情绪的起伏牵动着周围环境的变化，灯光和道具匠心独运，可移动的三维背景按照故事情节和舞台情绪的需要不断变换着内部的色彩和内容，浮雕、光影和图案随着舞剧的起承转合错落有致、层次分明。舞剧收尾部分模拟了雪花飘舞的场景，烘托着战争结束后悲凉的气氛，少年在首尾呼应的长调声中离开观众的视线。

赵媛，鄂尔多斯市伊金霍洛旗委宣传部。

选自《鄂尔多斯学研究》2013年第2期

吉祥哈达情深意长

——"蓝色民族"高尚的礼物

王雅丽

哈达是蒙古族和藏族远古文明的象征，在岁月的长河里柔情地飘动。它将连接着我们彼此的情感，在人生的道路上充满温馨的回忆，也将使你深深地记住草原这片苍茫的大地。哈达是蒙古族人民、藏族人民作为礼仪用的丝织品，是社交活动中的必备品。在人们的意识中，哈达都是纯洁无瑕的白色的，但是实际上哈达也有着多种颜色，而每一种颜色其自身都包含着不同的寓意。哈达是用纤维织成，柔软纤美，轻如鸿毛，你可以带它到天涯海角，随时随地馈赠远方的客人，你也可以把尊贵的客人送给你的哈达放置在室内，表示你对他的尊敬。但不论怎样，只要你一踏上草原，便有无数条哈达等着你，你会获得最纯洁的心愿和祝福。

哈达以白色为多，在青藏高原、内蒙古草原上，白色是最为常见的颜色：漫长冬季的茫茫雪原，用青稞磨出的面，骑的白马，放养的羊群，挤的牛奶、羊奶等。自古以来，藏族、蒙古族等少数民族就认为白色象征着纯洁、美好、吉祥、善良，人们珍视洁白的颜色。说起哈达的由来，那要从蒙古草原开始了。千百年来，逐水草游牧的蒙古族在日常生活中，拥有广泛使用蓝色哈达的高尚习俗，蓝色哈达是地地道道蓝色文明的象征。蒙古民族正宗的哈达为什么是蓝色的？这与其民族宗教信仰分不开。

自古以来，蒙古族始终崇拜大自然——信奉长生天，认为苍穹的颜色浩瀚无边、纯洁美丽、清新永恒，以威猛的神力呵护着草原上的万物生灵。为此，蒙古族无比敬慕苍天之蓝色。甚至为了达到人与大自然的完美和谐统一，蒙古族男性身着与苍天相谐的蓝色服装，女性身着与大地相谐的绿色衣裳。

随着年龄的变化，服装的颜色由浅变深。由此，形成了强烈的生态意识和道德观：衡量一个人的品质、分析事物发展的原委、决策任何事情，总是以生态道德理念为尺度，来护卫大自然的原始状态，将赖以生存的绿色植被珍爱如命。所以，他们自豪地把自己称为"蓝色民族"。蒙古民族的蓝色哈达不仅象征纯洁神圣、清新永恒的苍穹本色及力量，还意味着淳朴善良、美好吉祥等丰富多彩的情感寓意。同样的哈达在不同的场合，体现着不同的情感价值。在过去，凡是成年男女都要随身携带哈达，准备随时使用，会客、拜见、祝寿、婚宴、祭奠、送礼等诸多生活场面都离不开哈达。征兆万事吉祥、美好如意的蓝色哈达被珍视为"礼仪之首"。佳节之日，人们互献哈达，表示祝贺节日愉快、生活幸福；婚礼上呈献哈达，意味着祝愿新婚夫妇恩爱如山、白头偕老；迎宾时奉献哈达，表示一片虔诚、祈祷菩萨保佑；葬礼上献哈达，是表示对死者的哀悼和对死者家属的安慰。还有五彩哈达，颜色为蓝、白、黄、绿、红。此哈达为高尚的礼物，每种颜色各有寓意，蓝色象征蓝天、白色象征白云、绿色象征河水、红色象征空行护法，而黄色则象征大地，这五彩哈达只是在特定的情况下应用。还有说五彩哈达是献于菩萨像前的，是菩萨的服装。

蒙古民族向尊贵客人敬献哈达的礼仪，起源于久远的蓝色草原文明，是体现蒙古民族深情典雅、庄重高贵、憧憬美好的礼仪。敬献者与被敬献者之间，应该准确、完美地展现蓝色哈达的使命价值。

王雅丽，鄂尔多斯市东胜人，鄂尔多斯学研究会会员。

选自《鄂尔多斯学研究》2013年第3期

民族凝聚力是中华民族复兴的强大动力

陈育宁

中华民族的形成发展有着悠久的历史。夏、商、周三族融合形成华夏族，历经春秋、战国、秦，融合蛮夷戎狄成分，至两汉时期形成汉族。南北朝时融合进来的少数民族改变了汉族的民族构成，形成了早期的"中华"，即中华民族。唐朝以后入主中原的契丹、女真、蒙古和满洲等少数民族，无一例外地接受了中华文化，不断壮大了中华民族。中华民族是几千年来华夏——汉族与周边少数民族交流融合以及相互间取长补短、求同存异的必然产物。

在中华民族的形成过程中，也孕育了维系中华民族的强大内在力量——中华民族凝聚力。这种力量首先表现为一种统一力，包括中华民族整体对各民族的吸引力、各民族对中华民族整体的向心力、各民族之间的亲和力；同时表现为一种生命力，即中华各民族的生存保种力、发展创新力、独立自主力；最终表现为中华民族认同、中华文化认同、国家认同的强大凝聚力。

我国半封闭型的内陆地理环境，对中华民族凝聚力的生成发展产生了深刻影响，使中华民族在相当长的时间里形成了多内聚、慎外迁、各民族相互依存的民族心理和民族性格。近五千年来气候从暖湿走向干冷和气温逐渐下降的趋势，使南方少数民族更易于做出据守故土的选择，也给农耕经济区的汉族王朝向南扩张提供了条件。而同样的气候波动过程却迫使北方少数民族以各种形式南迁，寻求新的生存之路，从而强化了他们对中原地区的向心力。中原地区的水源条件优越，不仅有利于生命延续和农业发展，而且促使华夏先民及北方游牧民族依水而聚，由分散走向联合，由部落联盟走向国家的建立。

更重要的是，中国历史的发展创造了中华民族凝聚力形成的诸多社会要素。

多源多流、源流交错。从古至今各民族的形成几乎都是多源多流的，源流之间又有着复杂的交错联系，有些是同源异流，有些是异源合流，有些则是源流交叉。由于民族内部或民族之间的经济差异、战争、迁徙、通婚、杂居以及地理条件、生态环境变迁等因素，民族本身必然经常地发生分化、聚合或与其他民族交融。这种民族之间多源多流、源流交错的复杂关系构成了中国历史上各民族间的一种天然联系，一种源远流长的或多或少的血缘联系，形成了你中有我、我中有你，不断地发生着相互间的同化和融合的民族关系格局，为中华民族凝聚力的形成创设了历史前提或历史条件。

共同开发、共同创造。中国的历史是各民族共同创造的。各民族不仅为本民族的发展进步，也为中华民族的集聚壮大和中华文明的形成发展做出了各自的历史贡献。各民族以坚韧的精神开拓、捍卫了祖国的疆域，维护了中华民族生存空间的独立、统一和完整。各民族以辛勤的创造性劳动，推动了生产力的发展，奠定了中华民族凝聚力强大的物质基础。各民族以聪颖的智慧创造了各具特色的民族文化，成为中华古代文明的重要组成部分。中华民族凝聚力既是一种物质力量，也是一种精神力量，是几千年来各族人民对经济与文化开发、创造和贡献的汇聚，是一种强大的合力。这种合力又表现为一种整体观念、大一统思想，表现为国家的统一性和中华民族面临外来侵略时的空前一致性，构成了中华民族凝聚力坚实的历史基础。

迁徙流动、汇聚交融。历史上的民族迁徙流动，或发生在局部地区，或成为全国性的局势，始终不断，而且几度形成高潮。每一次民族迁徙的高潮之后，随之而来的是各民族间凝聚力的增大和民族大融合的出现。民族迁徙和流动有经济原因，也有政治原因，最基本的原因在社会经济方面。北方游牧民族由于受单一生产方式及地理环境和经济条件的限制，向中原方向移动，寻求新的自然和物质条件，成为一种必然的选择。随着统一的多民族国家疆域的逐步稳定及对边疆地区的不断开发，中原汉族地区人口剧增，汉族向边疆地区迁徙也逐步增加。他们拓展交通，向周边延伸，进行商贸交流、文化传播，形成了城镇网点，架起了联通各族的网络。民族的迁徙流动，促进了各民族的交往、融合、同化，促进了中华民族文化的形成，成为形成中华民族凝聚力的一个重要途径。

经济互补、相互依存。由于古代各民族所在区域的经济地理条件不同，特别是汉族与周边少数民族形成了不同的生产方式，也形成了区域经济的自然分工及发展的不平衡。经济生活的本质决定，任何一个民族，无论从事何种生产，出于生计和民族发展的需要，都要和其他民族进行物质交换。这种经济上的互相联系和交往，历时久远，且逐步完善。几千年来，各民族间的关系无论是以战争掠夺的形式或是以和平交往的形式表现出来，其实质都是为了实现经济上的相互需要和满足。这种民族间经济的联系和依赖，把各民族社会生活内在的需求紧密结合起来，形成了中华民族作为整体而存在的牢固基础。

主体民族、凝聚核心。汉族在漫长的历史发展过程中，像滚雪球一样，大量融入各民族成分，不断壮大，成为人口最多的主体民族和中华民族的凝聚核心。汉族生活的地区有优越的自然条件和巩固的共同地域，有发达的农业、手工业，掌控中心城镇及交通道路，这是汉族长期稳定和统一的基础。汉族建立的统一的多民族国家政权以及逐步完善的国家制度，为统一国家的巩固和发展起着主导和稳定的重要作用。汉族有着悠久的历史文化，自古形成的大一统、天人合一的观念成为凝聚中华民族的思想基础和传统力量。汉字记述和保存了中华文化，且从未间断。汉族的文化及辉煌成就，成为中华文化的核心。历史上，各民族的分裂是短期的，而统一是长期的。经过分裂后总是走向统一。各民族间在政治、经济、文化等诸方面的联系愈来愈密切，彼此间相互依存、相互吸引，形成一股强大的内聚力量，最终结合成中华民族这个多元一体的整体。这是历史发展的必然结果。

近代以来，在殖民主义的武力侵略下，我国经历了百年耻辱历史。新中国的成立实现了民族平等,依靠历史上形成的自发的凝聚力,把分散的中华各民族整合成了自觉的多民族统一体,使之有了自立于世界民族之林的能力,为中华民族的独立、尊严和发展奠定了坚实的政治基础。今天,在新的历史起点上,中华民族面临着实现中国梦的历史使命。这个梦想,凝聚了几代中国人的夙愿,体现了中华民族和中国人民的整体利益,是每一个中华儿女的共同期盼。历史是最好的教科书。这门功课不仅必修,而且必须修好。习近平总书记指出,"我国各族人民同呼吸、共命运、心连心的奋斗历程是中华民族强大凝聚力和非凡创造力的重要源泉"。中华民族凝聚力是我们优秀的历史传统,是最大的历史资源,我们必须继承这一优秀传统,充分发挥这一历史资源的巨大功能,使其在未来的奋斗历程中为实现共同理想和远大目标发挥应有作用。

选自《鄂尔多斯学研究》2014年第4期

地方学研究

鄂尔多斯首家活态博物馆探析

旺楚格

2014年8月2日，鄂尔多斯博物馆分馆——苏泊罕游牧文化活态博物馆和鄂尔多斯市非物质文化遗产传承保护示范基地，在伊金霍洛旗苏泊罕大草原文化旅游区正式挂牌成立。苏泊罕，为蒙古语，即苏布日嘎，意为"塔"。清康熙五十七年（1718年），在郡王旗巴音柴达木草滩上建立了一座规模较大的寺庙，叫巴音柴达木庙。清雍正年间班禅经过此地，之后在此建立一座白塔（查干苏布日嘎）。白塔，成为这地方的标志性建筑，后来这块草原也就被称为苏泊罕（苏布日嘎）。古老的苏泊罕草原，曾经是伊克昭盟七旗札萨克会盟之地，建有伊克昭盟七旗供奉的盟敖包。苏泊罕草原历史悠久，是保留较为完整的蒙古族原生态游牧草原之一。这里蕴藏着鄂尔多斯蒙古族古老又独特的游牧文化、宫廷文化、祭祀文化、民俗文化、宗教文化资源。鄂尔多斯市文化局与东联集团，以这块神奇的草原为依托，共同建立了"鄂尔多斯博物馆分馆——苏泊罕游牧文化活态博物馆和鄂尔多斯市非物质文化遗产传承保护示范基地。这是以政府为主导、以民营企业资本为依托，政府与民营企业、民间联合运营的文化旅游相结合的发展模式，是传承保护民族文化和合理利用民族文化资源的创新之路，是文化与旅游有机结合发展的有力举措。这也是深入贯彻市委三届五次全委会精神，深化文化体制改革，打造祖国北疆亮丽文化风景线的具体举措。这对于拓宽鄂尔多斯文化建设的空间，深化文化体制机制改革，推动全市文化的繁荣发展，具有深远的意义。一是苏泊罕游牧文化活态博物馆成为鄂尔多斯博物馆的延伸，打破传统博物馆模式，拓宽博物馆发展路子。二是苏泊罕游牧文化活态博物馆成为鄂尔多斯文化建设由资源优势型向综合优势型转变的实践,推动文化转型发展。三是苏泊罕游牧文化活态博物馆成为文化遗产保护与旅游产业发展相结合的典范,拓展文化发展空间。四是苏泊罕游牧文化活态博物馆成为政府、企业、牧民联手办文化的有益尝试,创新文化建设多元化机制。

新形势下,文化怎样转型发展,传统文化如何与旅游产业相结合,文化遗产保护如何与旅游景区建设相协调,政府如何与企业和农牧民联动办文化,活态博物馆建设如何与本地实际相结合,我们可以从苏泊罕游牧文化活态博物馆的建设实践中得到有价值的启迪。

选自《鄂尔多斯学研究》2015 年第 1 期

民族复兴的历史追溯

陈育宁

民族复兴的提出：复兴，是近代以来中国在遭受外来侵略以及自身走向衰败的情况下，面临着生死存亡、民族危机、国家危机下的产物，是走投无路之际的自救，也反映了中华民族为了追求民族独立、繁荣昌盛的志向和决心。复兴的内涵是指衰落以后再兴盛起来。中国古代社会曾持续不断地创造了伟大的文明，在两千多年的封建社会中，几度出现繁荣发展的盛世，成为当时世界上的大国、强国。在这些盛世中，疆域扩大，经济发达，军事强大，政治开明，文化昌盛，民族关系和睦，科学技术出现新的发明和创造，在同期世界的发展潮流中处于领先地位，留下了许多光彩夺目的记载，出现了文景之治、贞观之治、康乾盛世等。1924年，孙中山在对三民主义进行解释时，正式使用了"民族复兴"这一概念。自晚清至民国成立，在资产阶级民主革命初期提出的"民族复兴"口号的主要内涵是：追求中华民族的独立，建立现代民族国家，被侵略、被奴役的殖民地状况绝对不能再继续下去了；要恢复中华民族的朝气与活力、自尊与自信，恢复中华民族的灿烂文化，恢复中华民族曾经世界领先的国际地位。历史发展到今天，中华民族伟大复兴的使命面临一个新的起点，这一使命落到了现在这一代人的身上。今天所提出的民族复兴更全面、更深刻，是在借鉴历史经验和传统的基础上，在现代社会更高层次上的复兴，而不是简单地复旧、复古。

历史上的盛世与民族问题分析：以文景之治、贞观之治、康乾盛世为例。

文景之治：汉初文帝、景帝统治时期，共40余年。在秦末战乱以后，面对经济衰退、土地荒芜、农民流失等情况，其政策核心是休养生息，薄税劝农，抑制豪强，完善集权制度，迎来了一个稳定发展的时期。汉承秦制，但更重要的是它有了重要的发展，稳定了秦朝建立却尚未巩固的封建制度，创立了中国历史上第一个强大的封建王朝，也是中国历史上建立时间最长的统一王朝。汉朝对中国封建制度的建立、封建统治的巩固，贡献是多方面的。继续维系和完善了中央集权的统治模式，用董仲舒提出的"罢黜百家，独尊儒术"的理念进行了思想统一，奠定了我国疆域的基础，开通了对外交流的渠道，为中华民族以后的崛起奠定了基础。特别重要的是，对当时已经形成的多民族并存并对峙的局面，提出了解决的思路，取得了经验。民族关系在汉朝有了重大变化。第一，汉族名称的出现。汉族的前身华夏族作为一个自在的民族早已出现，而汉族作为一个民族的名称是汉代形成的。在汉代，"汉"这个名称逐渐代替了"夏""华""华夏""秦人"等族称，成为一个更加广泛的人们共同体的统称。众多民族成分统属到一个民族下，表明这个民族进入了一个新的阶段，不仅表现为整个民族居住区域的扩大，人口的增加，经济文化的发展，也表现为民族内部联系加强，民族特点更加稳定，民族实体更加强壮。原来比较零散、地处边境的人口逐渐纳入汉民族人口中，成为汉人，汉民族由此逐渐壮大起来，民族意识逐渐增强，民族的风俗习惯也慢慢形成。汉族形成后，历朝历代不断发展、不断扩充。汉族吸收了各个民族优秀的文化，充实在自己的实体中，逐渐成为中华各民族凝聚的核心，成为中国的主体民族，成为中华文化重要的载体。汉族的形成和发展，是汉朝的一大贡献。第二，在边疆民族地区建立郡县。春秋战国时期实行分封制，秦始皇统一六国后，实行郡县制。郡县制是一大进步，是将全国划成若干个行政管辖单位进行管理。秦始皇时期，将全国划成36郡。郡县制作为一项国家制度的诞生，意义深远。郡县制建立之初，由于秦朝疆域不大，周边的许多少数民族并未纳入郡县制的管辖之中。西汉时，扩大了郡县制，政权所到之处，基本实施了郡县制度，全国有100多个郡。这样，将边疆地区的民族，通过政府的行政管辖系统纳入版图之内实施管理，意义也十分重大。第三，关于汉匈关系。

汉初周边被众多民族包围，民族政权林立，其中最为强大的是北方的匈奴。匈奴几乎和汉同时建立（匈奴是公元前209年，单于建立龙庭），如果加上匈奴建立的其他政权，其存在的时间较汉王朝长。匈奴政权到赫连勃勃建立的大夏国亡国才最终完结（431年）。汉朝如何处理汉匈关系，如何安置周边的民族，是其遇到的重大的民族问题。匈奴是一个强大的北方游牧民族。中华民族最早形成的两个成员就是匈奴和华夏。匈奴人口众多、疆域广阔，经济文化发达，与汉朝形成两大对峙的民族集团。秦汉以来，匈奴不断向南侵扰。到汉武帝时期，国力强盛，开始反击匈奴，双方时战时和。两个民族的关系实际上是两种文明的交往，在一定程度上反映了中国农耕文明和游牧文明最早的交锋。两种文明之间的较量、交流和融合，在中国历史上持续了很长时间，而最早的汉匈关系非常有代表性。匈奴从强到弱，从统一到分裂（北匈奴西迁至中亚和中亚以西接近欧洲的地方；南匈奴向南归附在山西、甘肃、内蒙古、宁夏一带），从建立自己强大的帝国到臣服于汉，相当一部分成为汉朝统治下的少数民族。这个结局，一方面决定于汉匈之间力量对比的变化，原来汉弱匈强，汉武帝后汉朝逐渐强大；更重要的是两种文明的较量，先进的文明逐渐融化了较为落后的文明。匈奴和汉比较，匈奴是奴隶制，汉已经进入比较发达的封建制；匈奴的流动性决定了不如汉族统治那样稳定。匈奴虽然拥有强大的军事力量，有强烈的机动性，在战争中取得了一时的胜利，但最终被汉朝所败，其本质原因在于文明程度的差异。匈奴帝国的国家制度有很大的军事国家的成分。军事国家很明显的特征，就是依据军事需要成为联合体。战争结束后，这种军事联合体未必能稳定地存在下来。汉匈关系同时又说明，两种文明在较量过程中，后进文明不断吸收先进的文明，正因为如此，民族之间的经济文化交流不断，逐渐成为民族关系的主旋律。汉代开始与匈奴之间的和亲、纳贡、建立互市等加强民族之间互相联系的形式纷纷出现。特别是互市贸易，在汉代形成后，一直延续了1000余年。通过统治阶级之间的和亲这种政治联姻，在当时建立了民族之间的友好关系，汉将王昭君嫁给南匈奴单于就是最早的例证。正是这种民族联系不可分割的需要，创造了那么多交往的形式，一直延续下来，维系了中华各民族相互依存的关系。第四，属国制。属国制是一个创新的制度，在匈奴、西部的羌族等归附后，在其部众集聚的地方设置行政区划，由其自主管理。战国时已经出现了属国制的雏形，汉高祖立国时已经实行，到了汉武帝时，全面推行属国制，作为一种国家制度在边疆地区建立起来。属国大小不一，设都尉直属中央，掌管政治、军事，其下设有各级官吏。这些官吏多由内附的民族首领担任。在边疆民族地区建立有一定自治权力的行政管理区域，在中国是有历史传统的。贞观之治：盛唐的时候，全国设有1500多个县。唐朝的疆域扩大，北边一直到里海、贝加尔湖和日本海，南部到云南、广西及越南的北部。记载的编户人口约5000多万，实际约7000万。当时的粮食产量人均700多斤。经济繁荣，社会祥和，成为人们向往的美好国度，对世界各地有很大的吸引力。有一个说法是"西有罗马，东有长安"。唐朝首都长安成为东方的国际大都会，东方经济文化的中心。各国的使者、商人、僧侣、学生，通过丝绸之路来长安交流。据说长安城里西域来的留学生有两万多人。长安街头经常可以看到胡旋舞，很多中亚人来这儿卖艺。唐人的形象，唐人的称呼，唐人的饮食，唐人的服装，传遍全世界。至今，华侨聚居的地方，被称为唐人街，中国的服装，被称为唐装。唐朝的影响，一千多年经久不衰。唐太宗李世民贞观年间达到了极盛。盛唐局面的出现，与唐王朝对待民族及处理民族问题的观念、政策及效果有着紧密的关系。第一，开明进步的民族观。唐太宗开明进步的民族观，是历史上的一大进步。唐太宗的民族观，最著名的论断就是"自古皆贵中华、贱夷狄，朕独爱之如一，其种落皆依朕为父母"，都是一家人，都是一家亲。这种平等的思想，非常了不起，是一种开放的态度、包容的态度，代表了一个国家、一个民族的胸怀。他的这个民族观，为后世留下了许多可供借鉴、吸取的东西。有了唐太宗的这个思想，就能有一个稳定的民族关系。西晋时，江统发表了一篇《徙戎论》，指责匈奴等胡人进入中原以后，带来了很多不好的风气，必须将他们迁走，不能容留他们。北方民族的南下融入是一种潮流，他的这种排斥，是一种逆潮流，所以难以实现，反而制造了民族之间的紧张关系。正是由于唐太宗开明的、进步的民族观，决定了唐朝初年民族政策比较稳定，起到了积极的作用，有利于统一多民族国家的巩固和发展，有利于边疆的稳定与开发，也加强了对边疆地区的管理。丝绸之路在盛唐时是畅通的，后来被吐蕃所阻隔。很多带"胡"字的东西，都是唐朝时由西域来的胡人传进来的。当时西藏地区虽然没有归属中央王朝，但唐朝采取积极的态度，加强和松赞干布的联系，将文成公主嫁到西藏。文成公主不仅自己去和亲，还带去了包括种植、纺织、文化习俗方面的书籍和匠人，在藏人中间建立了极高的威信。这一切都来源于统治者开明的民族观。第二，羁縻制度。它既是汉朝以来属国制的一种延续，更是一种创新和发展，规模很大，制度本身更加完善、更加系统。唐朝先后在边疆少数民族地区设立的羁縻府州有850多个，这样的制度设计，既保留了少数民族传统的行政管理制度，又使少数民族纳入国家统一的行政体系之中，授予唐朝的官职。羁縻府州的军政长官都督、刺史，可以由少数民族首领担任并世袭，让他们继续统辖本民族的人员。但都督、刺史须由中央任命。同时，也派遣汉族的官员来此充任一定的职务，让他们联合执政。凡是这个民族活动的范围都可以纳入羁縻府州的范围，可以按照原来的办法和政策管理。在羁縻府州内征收的赋税不用上缴中央，自行用度。拥有一定的军事权力。户籍发展不受控制，不必上交户部。唐朝的羁縻制度已十分完备，这是唐朝的一个巨大贡献，也促成了唐朝周边的稳定。第三，灵州会盟。灵州会盟是中国历史上的一件大事。唐太宗贞观二十年（646年）八月，唐太宗从长安出发前往灵州（大致在今吴忠市古城一带）。九月到达灵州。九月十五日，在灵州召开大会，北方各个民族的首领、使者数千人云集于此，共同得到唐太宗的接见，场面宏大，气氛热烈，各族民众高呼唐太宗为"天可汗"，表示接受唐朝的领导和管辖（历史上被称为天可汗的少数民族首领，是在此之后600年的成吉思汗。1206年，成吉思汗统一蒙古各部，各部尊其为

"天可汗"）。十月，唐太宗由灵州原路返回长安。此次灵州会盟，是在征服突厥、平定薛延陀、铁勒后，为了安定边疆，唐太宗亲赴灵州，招抚归附的少数民族首领，解决他们内附内迁后的安置问题。这是一次民族友好之旅，唐太宗说，真是"古今之壮观"。会盟结束后，将内附的少数民族按照羁縻府州的形式进行安置。灵州会盟反映了唐王朝对于民族问题的基本态度，也反映了当时民族关系友好的局面，意义深远。中国历史上的民族关系就是互相包容，你中有我，我中有你，打打和和，和和打打，最终融为多元一体的中华民族。所有的民族无论大小、无论强弱，都对中华民族做出了别的民族不可替代的贡献，没有任何理由排除他，也不可能排除。康乾盛世：1644年顺治入关，到1911年结束帝制，清王朝共存在了268年，是中国封建社会最后一个君主专制的王朝。在清朝的十任皇帝中，第二、三、四任皇帝，分别是康熙（1662—1722年，在位年限，下同）、雍正（1723—1735年）、乾隆（1736—1795年），这三任皇帝在位前后130余年，形成了中国历史上又一个辉煌的盛世，被称为"康乾盛世"。在此时期，中国社会的各个方面达到了封建社会的极致。乾隆末年，中国的GDP总量占世界的三分之一，位居世界第一。当时世界人口总量约九亿，中国约有三亿人口，占全世界的三分之一。国家大统一的局面建立起来，人口达到了封建社会的峰值。可耕种土地不断增加，康熙继位时约有六亿亩土地，乾隆末年拥有约十亿亩土地。中国的制造业闻名世界，丝绸、瓷器、茶叶远销南洋、日本、中亚及俄罗斯等地。18世纪末19世纪初，全球50万人口以上的大城市有十个，其中中国有六个，北京、南京、扬州、苏州、广州、杭州，城镇无其数，交通发达。全国一年财政收入白银四千多万两，国库储备六七千万两。文化事业也高度繁荣，乾隆时期编纂了著名的《四库全书》，按照经、史、子、集四大类，收录了约3500种图书，是一项浩大的文化工程。康乾盛世的形成与当时的民族观、民族政策及国家统一的局面息息相关。第一，实现了国家的大一统，奠定了现在中国疆域的基础。满洲贵族入关后，将统一中国作为自己的目标。投入重兵，征服中原。征服中原只用了 20 年,但对边疆民族地区的收复治理却用了百年之久。首先完成了对台湾的统一。康熙派施琅收复台湾,设立了行政管理机构。康熙组织力量反击沙俄入侵,通过雅克萨之战击败沙俄。康熙亲赴漠北,安抚喀尔喀蒙古,使其归顺清朝,将跟随北元外逃的蒙古部落一一收复。三征漠北,解决了噶尔丹的叛乱,完成了对西北的统一。乾隆时期,奠定了对西藏治理的格局,建立摄政王制,中央派驻藏大臣,同时允许西藏建立政教合一的地方政府——噶厦。实现国家的统一,前后用了百年的时间。统一及治理边疆,措施得当,效果明显,边疆纳入统一版图,各民族有了稳定统一的家园,维持了长治久安,奠定了现代中国的疆域基础。第二,建立了完善的管理民族事务的体制。建立理藩院。理藩院原名蒙古衙门,专门负责管理蒙古事务和处理满蒙关系。康熙后期明确理藩院的管理范围扩大到其他民族地区。乾隆时期完成了对边疆地区的统一后,理藩院的职能发生了很大变化,除了管理蒙古以外,还包括新疆、青海、西藏等,重点是西北及西南的边疆地区。管理的内容扩大到涉及边疆民族地区的行政建制、社会经济、民族立法、宗教文化等多个方面。理藩院的地位因此而提高,直接归属皇帝。理藩院的建立,将边疆民族事务管理统一起来。除了理藩院以外,清政府在蒙古、新疆和西藏地区还实行两套不同的管理体制。一套叫作将军衙门,是中央派出的最高军政长官。在漠北喀尔喀蒙古设乌里雅苏台将军,在漠南内蒙古设绥远将军,在新疆设伊犁将军。西藏设置驻藏大臣。这是中央派驻的最高权力机关,负责地区的政务军务,具有控制地方、保卫边疆的作用。一套是当地的民族自治制度。在蒙古地区设立盟旗制度,当地的王爷官员有权召集会盟,管理本旗的具体事务。新疆实行伯克制,首领由当地民族的人担任。西藏设置有政教合一的噶厦政府。形成了非常严密的地方中央两套管理机构。第三,因俗立法的法律制度。乾隆末期,制定了《理藩院则例》,作为管理民族事务的基本法。另外还制定了《蒙古律例》,对蒙古地区实行盟旗制度通过立法确立下来。在青海、新疆、西藏,分别制定了《西宁青海番夷成例》《回疆则例》《西藏通制》。第四，宗教政策。满族统治者认为，蒙古人笃信黄教，要使蒙古地区安定就必须利用藏传佛教，重视西藏问题，以此顺服蒙古，处理好和西藏的关系。给藏传佛教的上层优待和礼遇，支持藏传佛教的发展，赋予寺庙集团种种权力，保护其经济利益。加强对藏传佛教的管理，创立金瓶掣签转世制度。转世灵童必须经过中央政府的册封，这样既尊重了信教群众的民意，又将宗教的领导权牢牢地掌握在中央政府的手中。上述汉、唐、清三个朝代的盛世中，对民族问题的处理以及所取得的效果，是盛世形成、存在和壮大的必要条件，也是值得借鉴的历史经验和历史传统。对中国这样一个自古以来就是多民族组成的国家，要达到统一强盛、长治久安，在涉及民族问题上，必须要注意到这样几点。第一，统一的疆域。边疆是少数民族聚居区。只有保持统一稳定的疆域，各个民族才能有共同生活的家园，稳定而不被侵略、不被分裂。第二，大一统思想是国家强盛民族安定的基础。在大一统思想的指导下，各个民族都是中华民族不可分割的一部分。凡是分裂、割据的时代，总是伴随着对少数民族的歧视和排斥。开明的民族观是盛世之前提。第三，要有维护民族友好关系的民族政策，要因俗而立，符合各民族的实际，从国家制度层面给予边疆民族地区一定的自治权。第四，鼓励内地和民族地区的经济文化交流，不能分割这种联系。要畅通渠道，创造条件，鼓励经济文化交流。第五，民族事务管理要纳入国家法律和制度的体系。

选自《鄂尔多斯学研究》2015 年第 3 期

鄂尔多斯民族文化的传承与创新发展

旺楚格

在经济转型发展中，鄂尔多斯市高度重视文化建设，深入贯彻落实《中共中央关于深化文化体制改革推动社会主义文化大发展大繁荣若干重大问题的决定》，大力实施文化强市战略，加快推进文化改革发展，高度重视民族文化，文化建设取得丰硕成果，开拓了鄂尔多斯民族文化的传承与创新发展新路子。

现代文化发展中认识民族文化的价值：鄂尔多斯，是一块引人注目的古老的土地。这里具有悠久神秘的历史和灿烂神奇的文化。鄂尔多斯，是"河套人"的发祥地。这里，先后有北方游牧民族繁衍生息，创造了举世闻名的游牧文化、草原文化。鄂尔多斯文化是以蒙古族文化为主体并吸收融合了汉族等多民族文化的成果而形成和发展起来的一种独特的地域文化和民族文化。鄂尔多斯蒙古族，是鄂尔多斯地区的主体民族，长期繁衍、生活在这里。在历史长河当中，鄂尔多斯蒙古族创造了举世瞩目的灿烂文化，如被称为蒙古族三大历史名著的《蒙古秘史》《蒙古源流》《蒙古黄金史》，后两部产生于鄂尔多斯。鄂尔多斯文化除了具有发祥的原生性、持久的交融性、璀璨的经典性、进取的现代性特征，还具有亲和力、向心力、创造力特征。亲和力，是各民族共同生存、生活、发展的基础；向心力是中华民族共同体形成的基本力量；创造力是鄂尔多斯文化能够与时俱进、不断创新的新时代特点。

以"三位一体"融合发展模式传承民族文化。鄂尔多斯市，为传承发展民族文化做出突出的贡献，使民族文化在现代化发展中得以保护和传承，取得了令人瞩目的成效。传承民族文化的实践告诉我们，以公共文化、文化遗产、文化产业"三位一体"融合发展为主要内容的转型发展模式，是鄂尔多斯民族文化传承发展，形成抓基础、抓重点、抓特色，提升文化建设的综合成效的有效途径。鄂尔多斯文化"三位一体"融合发展的基本思路，是以公共文化为基础，文化遗产为内涵，文化产业为延伸，有效利用文化资源优势，有效整合文化发展实力，全力打造著名文化品牌，使鄂尔多斯公共文化、文化遗产、文化产业相互依托、相互融合、相互促进，推动全市文化整体、稳步、持续发展，开创鄂尔多斯文化的创新发展、转型发展的新局面，有效保护发展民族文化。具体而言，一是民族文化的传承与现代公共文化有机结合。二是民族文化的传承与文化遗产保护有机结合。三是民族文化的传承与文化生态保护有机结合。四是民族文化的传承与文化产业有机结合。

现代公共文化建设中发展民族文化：鄂尔多斯市认真总结改革开放以来文化建设经验，深入探索民族文化建设基本模式，深入探索和实践文化与经济社会协调可持续发展的机制，取得了显著成果，走出了一条以政府为主导、公共财政为支撑，符合当地实际的公办与民办相结合、阵地与流动相结合、集中与分散相结合、传统与现代相结合的新路子。具体而言，一是民族传统文化为公共文化提供丰厚的资源。二是民族传统文化为公共文化注入丰富的内涵，为公共文化服务注入灵魂。三是全市公共文化服务部门和民间文化组织，依托传统节日和民族民间文化资源，坚持开展群众喜闻乐见、丰富多彩的文体活动，使公共文化活动贴近群众、激发群众，提高了群众的参与率，提高了文化的效率。

选自《鄂尔多斯学研究》2015年第4期

鄂尔多斯匈奴金凤冠

奥东慧

匈奴金凤冠是罕见的早期北方游牧民族女性冠饰，为匈奴贵族女性所佩戴，出土于鄂尔多斯市准格尔旗。匈奴金凤冠具有鲜明的匈奴文化特征，从女性美的角度呈现了匈奴的装饰观念和审美观念，同时它的制作工艺、纹饰风格等，又集中体现了北方游牧民族和中原农耕民族以及东西方不同文化的交汇与创新，具有极高的历史价值、艺术价值和文化价值，是北方草原文化中不可多得的艺术珍品。

金凤冠——匈奴文化的绚丽瑰宝。金银器，特别是女性装饰品，无论在任何朝代，任何地方，都特别光彩照人，美不胜收。1979年，对于鄂尔多斯市准格尔旗布尔陶亥乡西沟畔村来说是颇为不凡的一年，在这个并不起眼的小村落竟然接连发现了4座匈奴墓葬，而在当年10月发现的4号墓葬其墓主人为一名贵族女性，随葬品众多，制作精美，主要以金器为主，还伴有银、玉石、琉璃器等，而其中一件雍容华贵、流光溢彩的精美文物尤其引人注目。这件古物携着昂昂匈奴古风穿越两千多年的时光扑面而至，它就是匈奴金凤冠。

匈奴——横亘草原的古老民族。匈奴是中国北方的古老游牧民族，在中国北方草原这个北方游牧民族"你方唱罢我登场"的历史舞台上，活跃于战国、秦汉时期。匈奴在战国时期逐渐强盛，早期活动地域在大漠以南的鄂尔多斯、河套及阴山一带。鄂尔多斯及其周围地区成为匈奴族形成和发展的中心地区，由于这片土地"草木茂盛，多禽兽"，使得匈奴的游牧经济得到迅速的发展，赵武灵王曾进行"胡服骑射"改革，可见当时北方游牧民族的骁勇善战和军力的强大。鄂尔多斯与匈奴有着极其密切的关系，这里属于史书上记载的"河南地"的范围,是匈奴活动的主要地区之一,早在春秋、战国时期,匈奴系的林胡、楼烦等北方游牧部落就驻牧于此。

匈奴金凤冠——多元文化融合的历史见证。匈奴金凤冠的主流风格显示出很多中原文化因素,匈奴与中原通过长期的战争、和亲、贸易等多种方式,文化之间相互影响和渗透。西汉以后,匈奴与汉和亲,受到汉文化的影响,在装饰品的纹饰上也讲求祥和气氛,反映了匈奴金银器的时代特征,金凤冠的金饰片以卷云纹为主,在体现女性柔美气息的同时,也与当时的时代特点和装饰风格不谋而合。而金耳饰上的包金镂空玉佩,其中一件的螭虎纹是汉代常见的纹饰,汉代的玉器常装饰此类纹饰,显然这是受中原地区的影响。与此同时,匈奴金凤冠在制作工艺上,采用了欧亚草原斯基泰金银制造中常见的锤揲工艺,而与该金冠类似的制品,在欧亚草原斯基泰文化中更是常见,金耳饰的长方形鹿纹金饰牌上的鹿纹也是欧亚草原游牧民族动物纹的装饰风格,从而证实,鄂尔多斯匈奴部族与欧亚草原民族存在着密切的技术和文化交流。更值得一提的是,与金凤冠一起出土的项饰中的琉璃珠、琥珀珠产自中亚,金凤冠的镶金边蚌饰和金耳饰的长方形鹿纹金饰牌、包金镂空玉佩采用的是联珠纹,嵌蚌、镶嵌绿松石、包金边以及联珠纹工艺等,是波斯以及地中海古希腊、罗马等西方古文明特有的作风。

匈奴在中国北方草原活跃的 300 余年的历史岁月中,创造了独具特色的草原文化类型,为中国草原金银器艺术的宝库增添了一颗璀璨的明珠。鄂尔多斯地区因其独特的地理位置和宜农宜牧的自然环境,直接见证并参与了匈奴的崛起,成了保留匈奴文化的重要地区之一,在鄂尔多斯地区发现了大量的匈奴青铜器,被人们称为"鄂尔多斯式的青铜器",鄂尔多斯青铜器文化作为匈奴文化灿烂辉煌的重要组成部分,随着匈奴的四处扩张也在扩散。东西方文明国家间的交往,首先是通过中国农耕民族与北方游牧民族的接触,然后又通过草原民族的传递而实现的。匈奴在其发展壮大的过程中,对开通和繁荣草原丝绸之路做出了很大贡献,成了中西方文化沟通交流的桥梁,匈奴金凤冠以其兼容并蓄的制作工艺、艺术风格等,体现了匈奴文化在草原丝绸之路上同多个国家、多个民族、多个地区进行着经济、文化、贸易、技术上的广泛交流,是东西方文化、农耕文化和欧亚游牧文化碰撞和交融的见证,也是北方草原游牧文化中不可或缺的民族瑰宝。

奥东慧,鄂尔多斯市东胜区人,鄂尔多斯市博物院办公室文秘。

选自《鄂尔多斯学研究》2016年第1期

浅谈草原丝绸之路

白格日乐图

丝绸之路是一条东方与西方之间进行经济、政治、文化交流的主要道路。它最初的作用是运输中国古代出产的丝绸，因此而得名。丝绸之路承载着人类文化的全部因素，是人类历史上最长的文化交流大通道。东西方文化以此为纽带碰撞、融合、升华，对人类文明的产生与社会历史的发展产生了积极而又深远的影响。中国古代丝绸之路主要有四条，即沙漠丝绸之路、草原丝绸之路、海上丝绸之路、茶马古道。在这四条文化大通道中，草原丝绸之路最为典型，形成的时间最早，文化传播的速度最快，对人类社会的影响也最为深远。

北方草原地带，游牧民族创造了灿烂的游牧文化，并通过草原丝绸之路与我国的中原地区和西方国家进行经济、文化方面的交流。以驰骋在草原上的马背民族为主宰的草原丝绸之路，是几千年来连接东西方经济贸易的大动脉，在公元前5世纪前后的青铜器时代就已初见端倪，其产生的重要原因与骑马民族逐水草迁徙的生活习俗有关。一个民族的迁徙实际上是不同民族文化的互动过程。草原丝绸之路的进一步繁荣与发展，与历史上的匈奴、突厥、回纥、契丹、蒙古族都有着密切关系。鄂尔多斯地区发现的大量黄金与青铜器质地的野兽风格的装饰品，尤其是杭锦旗阿鲁柴登两座墓葬当中的鹰形金冠、四虎噬牛纹金饰牌、虎形镶宝石金饰、金项圈、金耳坠最为典型。这是草原丝绸之路东端开通的重要标志，也是草原丝绸之路为人类文化发展起重要作用的有力证据。

草原丝绸之路的发达，使草原文明在元朝达到了极盛。在商品交流方面，丝绸与同样原产中国的瓷器一样，成为当时一个东亚强盛文明的象征。贸易在欧亚大陆的广泛传播为带动欧亚贸易交流做出了贡献。在宗教交流方面，佛教传入西域于阗以后，拜火教、摩尼教和景教也随着丝绸之路来到中国，取得了很多人的信仰。并且沿着丝绸之路的分支，传播到韩国、日本与其他亚洲国家。在文化交流方面，中国的指南针、火药、造纸术、印刷术通过草原丝绸之路传播到了欧洲，从而推动了世界文明的发展。2014年6月，我国丝绸之路成功申报世界文化遗产。随着丝绸之路申遗的成功和人们对此的持续关注，随着丝绸之路在历史时期对中西文化交流和中国西部社会经济、文化发展的巨大贡献日益被人们认识，随着我国西部大开发的深入发展，丝绸之路研究将会继续兴旺繁荣。

草原丝绸之路有着自己特殊的文化载体，在沟通东西方经济、文化交流中起的作用比其他丝绸之路更具得天独厚的优势：一是草原丝绸之路所处的自然环境较海上丝绸之路、沙漠丝绸之路要优越；二是草原丝绸之路上的商品交换与流通更加快捷与方便；三是文化传播的面是全方位的，普及面较大。所以说，草原丝绸之路不仅是东西方商业贸易之路，而且是中国和欧亚各国政治往来、文化交流的通道，是集系统性、综合性、群组性于一身具有突出普遍价值的世界文化遗产，也是目前世界上最为庞大而又最具影响力的文化线路。草原丝绸之路的研究是一个含义深邃的文化课题，需要挖掘的内容很多。

选自《鄂尔多斯学研究》2016年第1期

试论苏泊罕游牧文化活态博物馆对于民族文化传承与保护的意义

窦志斌

2014年8月2日，由鄂尔多斯博物馆、鄂尔多斯市非物质文化遗产保护中心、内蒙古东联旅游集团联合打造的苏泊罕游牧文化活态博物馆在鄂尔多斯苏泊罕大草原旅游景区正式成立。"活态博物馆"作为一种创新的理念被应用于鄂尔多斯苏泊罕大草原旅游景区，一条全新的探索民族文化保护与传承之路缓缓开启。

苏泊罕游牧文化活态博物馆位于鄂尔多斯苏泊罕大草原旅游景区，以伊克昭盟352年的历史文化为背景，重点保护世代居于此地的原汁原味的蒙古族民俗文化资源，突出展示馆区内自然环境、生态景观、人文景观、民俗风情以及民间艺术，等等。苏泊罕游牧文化活态博物馆将旅游娱乐与民族文化传承保护有效结合，使珍贵的民族文化遗产及与其相关的自然生态环境得到整体的、合理的、长远的原真保护，也使传统的博物馆馆藏文物陈列参观走向广袤的自然界，在游客对活态文化的原生体验中将无形流动的文化信息与沉寂不动的馆藏文物融为一体，游客在体验、娱乐、观赏场景的同时感受蒙古族悠久厚重的历史文化内涵。这项由政府、企业、牧民三方合作在原乡对原地的原味民族文化进行活态传承与保护的举措，恰当精准地体现了活态博物馆的理念。

苏泊罕游牧文化活态博物馆成立的文化背景：首先，鄂尔多斯厚重的民族文化为活态博物馆的建立提供了丰润的土壤。其次，原生态的草原游牧文化为活态博物馆的构建提供了丰富的素材。

苏泊罕游牧文化活态博物馆对于民族文化遗产传承与保护的意义：首先，

活态博物馆的建立使当地众多民族文化资源得到保护与传承。其次，活态博物馆的建立推动了当地民族文化的广泛传播与永续长存。再次，"让文化遗产活起来"——苏泊罕游牧文化活态博物馆的示范作用。苏泊罕游牧文化活态博物馆既是顺应新博物馆学运动潮流的产物，也是博物馆在对民族文化保护与传承过程中的创新之举，它的建立对于鄂尔多斯尤其是苏泊罕地区的民族文化遗产的传承与保护具有积极意义。

窦志斌，鄂尔多斯市乌审旗人，鄂尔多斯市博物院院长、研究员。

选自《鄂尔多斯学研究》2016年第2期

雪域藏地的文化旅游体验

杨 勇

2016年秋冬之季，一次期待已久的雪域藏地行终于成行。这是一次与蒙古族文化密切联系的藏传佛教圣地的文化考察，这是一次对雪域高原游牧民族文化传统与现状的深度比较式体验。虽然仅为9天时间的往返停留，只是漂移式的观察和点水式的体验，仅此，已经足以让我们所有同行者震撼。

一个村落的调查：在日喀则到拉萨60公里的地方，有一个村庄叫罗林村，属于桑珠孜区年木乡的一个移民搬迁行政村。卓玛给我们介绍了半个多小时的藏族民族民俗文化。这里曾是典型的农奴聚居区，过去这个村里的所有人都是归农奴主所有的私人财产，真正如我们所了解的那样一代一代悲惨地生活着，食不果腹、衣不遮体，没有人身自由，没有任何权利、地位，农奴主处死一个家奴就如同处死一头牲畜一样。卓玛的家里现在有父母和姐姐、姐夫，我们仔细盘问，得知她的妈妈嫁给了她的两个爸爸，这是一些藏区至今仍然保留的传统习俗，一个爸爸可以娶同为姐妹的几个妈妈，一个妈妈可以嫁给同是弟兄的几个爸爸，他们将最大的一位爸爸称作爸爸，其余的都称作"叔叔"。他们的饮食至今基本上还是保留着传统习惯，主要吃的是糌粑和青稞制作的面食，蔬菜吃的很少，肉食现在依然很少食用，大量食用牦牛奶制品。我们到他们家的时候，是快过藏历新年的季节，卓玛的爸爸正粉刷外墙，妈妈正在捣制牦牛酸奶。

一次宴席的体验：就在几位朋友为我们举办的私人宴会上，让我们真正体会到了藏民族贵族文化的精髓。首先是宴会上的一份菜单：酥油茶、青稞肉丁汤、藏式馒头、印式土豆咖喱、酸萝卜炒肉、土豆炖牦牛肉、爆炒羊排、石锅藏香猪、爆炒羊肺、雪域羊头、玉米人参果、油炸土豆包子、藏式牛肉包子。朋友讲,这其实就是当年的贵族饮食——藏族宫廷宴。其次,在这个主要是蒙古族与藏族相聚的宴会上,因为是私人宴会,也因为是朋友之间的宴请,显得气氛热烈而活泼,相互间都以自己民族的礼节表达各自的感情,于是就有了歌舞、礼仪。还有一点就是席间的藏族朋友,在每一个环节表现出来的民族自豪感和自信感特别强烈。我们其实在整个宴会中间一直在进行学习了解藏文化知识,请教好多好多的问题,他们对于这些问题的回答都充满了激情。

  一座酒店的装修:香巴拉酒店,坐落在大昭寺近旁,是我们特意选择的酒店,因为,这是一个藏族装饰风格极浓的院落,今年的7月份重装开业,过去也可能就是一处贵族居住的大院。从一条民族氛围特别浓烈的商业街进入酒店的大门,映入眼帘的是环形而高耸的庭院里金碧辉煌的豪华装饰图案,金灿灿、亮闪闪,全部用光亮光亮的手工敲打出来的铜皮覆盖的立体式装饰,透射出来一种藏文化的霸气。步入大堂,仿佛融入了一个博物馆,每一件摆设在体现功能性的同时,都好像在诉说着雪域高原和高原民族的历史与文化。

选自《鄂尔多斯学研究》2016 年第 4 期

鄂尔多斯蒙汉语方言相互融合面面观

栗治国

语言从来都是在各民族的交流、融合中发展的。500余年间，生活在鄂尔多斯地区的蒙汉族民众在共建美好家园的相互交往中，语言也不断地交流融合，特别是在语音、词汇、语法三方面，都具有非常鲜明的互相影响交融的特征。对蒙汉语方言相互融合的研究也可以从中感知民族之间团结合作、平等互利的进步意义。

现今的鄂尔多斯汉语方言，归晋语区大（同）包（头）片。由于其地理环境相对封闭，较为完整地保留了古晋语的特点：有入声、圪头词、分音词。而另一个明显地有别于其他晋语的地方则是有大量胡文化的遗存。例如胡服、胡椒、胡琴、胡麻、胡萝卜、胡桃、胡杨、胡闹三关、胡吼獠叫、胡言乱语、胡说八道、胡来、胡害，等等，涉及当时生活的方方面面，显示了当时胡汉文化的深度交融。特别值得指出的是，"走胡地随胡礼"的文化选择、政治取向和深入民心，为我国多民族统一国家的建立和巩固，发挥过巨大的推动作用，也成为鄂尔多斯对全社会进步的贡献之一。

鄂尔多斯蒙汉族方言的融合，不是一个孤立的语言现象，其大背景是当地蒙汉族民众广泛的社会融合。在鄂尔多斯，成吉思汗是蒙汉族民众共同尊奉的民族英雄，蒙古族信奉的藏传佛教也为汉族群众所认同，蒙医蒙药与中医中药共同承担着为当地民众治病救人的责任，蒙商汉商（初为边客）共同从事货物交流，蒙汉文老师共同承担着蒙汉语的教习，汉族群众积极参与蒙古族的那达慕活动，蒙古族群众热心参与汉族的社火活动，蒙汉族群众共同创造了地方小戏"二人台"，蒙汉族民间艺人共同创造了蒙曲汉词的"漫瀚调"。住房趋同，衣着趋同，饮食趋同，生活习俗的广泛趋同，以及宜农则农、宜牧则牧、农牧结合的经营理念等等，难以逐一说明。特别是蒙汉族民众相互抱养子嗣，认干亲、结拜识（结为异姓兄弟）直至自由恋爱互结姻亲。凡此种种，无一不在说明：民族聚居地区的民众相互尊重，相互包容，团结合作向前看，才是社会进步的正能量，才会使富饶美丽的鄂尔多斯明天更美好。

栗治国，鄂尔多斯市政协文史委原主任。

选自《鄂尔多斯学研究》2017 年第 2 期

藏传佛教在蒙古地区的传播

——以鄂尔多斯桑根苏如为例

思 娜

桑根苏如，为何成为鄂尔多斯蒙古族的标志？众所周知，鄂尔多斯蒙古族家家户户门前都有用石头、砖、泥土垒起来的桑根苏如，人们统称其为黑慕热，意为天马旗、飞马旗、神马旗、禄马风旗。自古以来，桑根苏如被认为是鄂尔多斯蒙古族的标志。听老人们讲，黑慕热是从成吉思汗苏勒德演变而来，是每一个蒙古族人家每日必须祭祀的圣物。黑慕热是天马的象征，也是鄂尔多斯蒙古族人精神的寄托，是寓示生活吉祥如意、兴旺发达的象征。桑根苏如是一座完整的祭台，由苏勒德杆子、黑色公马额鬃、风马旗三个部分组成。苏勒德杆子有双的，也有单的，它通常对着正门。杆子顶端是苏勒德，苏勒德下边的圆圈上悬挂着由公马鬃制成的缨子。双杆苏勒德的两杆之间由印有凌空腾飞的骏马图案的五色小旗所连接。

关于桑根苏如的来源及形成，学界主要有三种说法：一是由马崇拜演变。二是由军旗演变。三是受到藏传佛教影响的产物。本文在藏传佛教（喇嘛教）在蒙古地区传播的大背景下，截取具有明显黄教与蒙古族特色相结合的桑根苏如为论述对象。

藏传佛教影响下的桑根苏如：第一，宗教气氛浓厚的鄂尔多斯地区。鄂尔多斯是率先引进藏传佛教格鲁派即黄教的蒙古地区，这里是黄教占领内蒙古宗教阵地的策源地。截至清代乾隆年间，原伊克昭盟地区已成为拥有280多座寺院、2万多名喇嘛的黄教大盟。第二，藏传佛教传入后桑根苏如的变化。藏传佛教对蒙古族民众的影响是非常深刻的，它已经成为蒙古族人日常生活的一部分，蒙古族和喇嘛教的融合，已经深入他们的历史、政治、经济、文化、教育和风俗习惯中。以桑根苏如为例,在藏传佛教传入后,它的外在形态与内在文化都发生了变化。外在形态的变化,一是苏勒德杆的原型是成吉思汗的黑苏勒德,它的大体形状是上面的尖状部分像战争中用的长矛的形状,有1尺3寸(约43.33厘米)长,两边均有刃,中间较厚,下面有柄眼的铁质物体。后改为藏式的三叉,并在其上增刻了日月图形;有些地方的苏勒德杆三叉铁头的木托盘上画着头骨,这又是藏传佛教文化的标志。二是风马旗的图案原来是一匹马,后在四角上增加了猛虎、雄狮、凤凰、飞龙,并用藏文写上它们的名称,意在增加威力,故称"五雄"。三是增加了祭台。藏传佛教对桑根苏如的影响不只体现在其外在的形态上,更为重要的是改变了桑根苏如祭祀文化的内涵与功能,主要体现在两个方面:首先,蒙古族风马旗的原型为战旗,一直被蒙古族认为象征繁荣昌盛,当它受到藏传佛教的影响成现在人们所使用的样子之后,军旗的功能消失了,被佛教教义所取代,它现在的首要功能就是祝福祈祥。其次,丧葬中使用风马经幡也是藏传佛教传入之后影响的结果。在古代,蒙古族人有杀马殉葬的习俗,一方面表明马可以抚慰死者的灵魂,另一方面也表现死去的马有灵魂。在藏传佛教传入后,风马旗有了送魂的功能,因此有时也叫送魂幡。

近现代桑根苏如的变化:随着蒙古地区近代社会阶级矛盾的日益尖锐化以及唯物主义与民族解放思潮的涌入,蒙古族人民开始认识到喇嘛教的危害,认识到信奉喇嘛教后给人带来幸福的谎言,所以开始采取各种形式来同喇嘛教斗争,揭露和批判喇嘛教的思想内容的民间文学作品层出不穷。从民国时期至今,喇嘛教在蒙古地区逐渐衰落。随着藏传佛教的衰落,桑根苏如中风马旗的变化最为显著,因为它是桑根苏如中受藏传佛教影响最深刻的。目前,蒙古族使用的风马旗在内容方面有越来越简化的趋势。民间普遍使用的风马旗,已经简化为一匹白马,虽然有经文,但除了一些藏文以外,看不出任何佛教的因素或藏族文化的影子。

苏勒德杆子、风马旗、黑色公马额鬃等汇集于一体形成了桑根苏如,体现了鄂尔多斯祭祀习俗中原始的自然崇拜、传统的英雄崇拜、藏传佛教三种信仰意识的交融汇合。萨满教的万物有灵思想下的马崇拜,集中展现了对圣主成吉思汗的崇敬与祭祀的苏勒德,代表了藏传佛教精神的风马旗。各种供奉物各有其来历和表达不同的信仰意识,但由于在历史的演进过程中它们逐渐组合于一个整体,形成了独具特色的鄂尔多斯祭祀文化。桑根苏如的变迁过程,不仅仅是一个简单的民俗现象的变化,实则折射了藏传佛教在蒙古地区的兴盛与衰落。在那个全民尚佛拜佛的年代里,桑根苏如是无比神圣的,它同寺庙一样都是藏传佛教的坚实象征,它的印制都由喇嘛们掌握,代表萨满教的文化痕迹被抹去,发放到信徒手中。随着藏传佛教在蒙古地区的衰落,桑根苏如也经历了一次"蒙古化",图像越来越简化,佛教的内容逐渐消失,最终留下的通常是代表蒙古族文化因素的符号,如出现在马的左右或背上的日月符号。所以说,对于任何文化现象的研究都不能脱离它根植的政治、经济、时代背景,脱离了上述条件的文化研究将毫无意义。

思娜,中央民族大学研究生。

选自《鄂尔多斯学研究》2017年第2期

地方学研究

点赞内蒙古　思考70年

奇海林

70年前，曾经饱受民族压迫与阶级压迫的内蒙古各族儿女，在中国共产党的领导下，开创了举世无双的民族区域自治先河，在中华民族解放战争的隆隆炮声中，率先在内蒙古东部实现了蒙古民族的解放。内蒙古自治区的成立，开天辟地地践行了中国共产党民族区域自治理论与政策的现实可行性，实践表明，以乌兰夫等共产党人敢为人先的首创精神，为统一多民族国家解决少数民族当家作主走出了一条有中国特色解决民族问题的正确道路。内蒙古自治区的成立，实现了祖国统一与民族自治的有机结合，实现了共产党的领导与各民族团结的有机结合，民族因素与区域因素有机结合的历史证明，中国共产党既是中国工人阶级的先锋队，同时也是中国人民和中华民族的先锋队，"内蒙古现象"为中国55个少数民族走向富裕民主文明繁荣树立了样板与典范。70年来，内蒙古从封闭落后走向文明进步，从贫瘠荒凉走向富裕繁荣，从草原深处走向开放前沿，从农牧为主走向多元发展，从民族聚居点走向交往交流交融的城市城镇，积累了各项事业全面发展的"内蒙古经验"。"内蒙古经验"无疑是"中华民族一家亲，同心共筑中国梦"的成功范例。

思考一，在伟大祖国的怀抱中当家做主。70年来，在祖国大家庭中，蒙古民族不仅建立了内蒙古自治区，还建立了3个自治州、8个自治县，与兄弟民族一起相互了解、相互尊重、相互包容、相互欣赏、相互学习、相互帮助，在平等团结互助和谐的社会主义民族关系中守望相助，共同团结奋斗、共同繁荣发展，真正享受到了当家做主的权利。思考二，在多民族国家这个大家庭中实现了民族大团结。70年来，蒙古民族与汉民族和其他少数民族一道，水乳交融、唇齿相依、休戚相关、荣辱与共的观念和中华民族利益高于一切的思想日益深入人心。思考三，在中华民族百花园里绽放出绚丽多彩的草原文化。70年来，草原儿女从"赞歌"唱到"牧歌"，从乌兰牧骑到凤凰传奇，从"我从草原来"到"陪你一起看草原"，草原文化与黄河文化、长江文化交汇一起，奏响了中华民族一家亲的宏伟乐章，谱写了一曲又一曲"三个离不开"的和谐乐谱。思考四，党领导北疆儿女从草原深处走向现代工业化和城市文明。70年来，中国共产党始终是草原儿女心中永远不落的红太阳。70年前，在中国共产党的领导下，蒙古民族实现了区域自治，获得了翻身解放，70年来，在党的领导下，内蒙古各族儿女团结一心，齐心协力，在中国特色社会主义道路上，取得了一个又一个辉煌成就。思考五，坚持和完善民族区域自治是中国特色解决民族问题的唯一正确道路。70年来，我国的民族区域自治制度由建立、推广、规范到法律保护，虽有艰难曲折，但它终归被确定为基本政治制度之一。

综上所述，内蒙古自治区70年的历程就是内蒙古各族人民群众认同伟大祖国、认同中华民族、认同中华民族文化、认同中国共产党、认同中国特色社会主义的光辉历程。

选自《鄂尔多斯学研究》2017年第3期

中华民族从站起来、富起来到强起来

李洪波

中华人民共和国成立以来，久经磨难的中华民族经历了从站起来、富起来到强起来的发展巨变，实现了三次历史性飞跃。对站起来的认识：自近代以来到中华人民共和国成立，中华民族完成了民族独立和人民解放的历史任务，标志着中国人民进入了站起来的时代。自中华人民共和国成立到改革开放前，中华民族经历了30年的社会主义建设和发展，全面实现了站起来的历史飞跃。这个时期，我们医治战争创伤，确立了社会主义制度，建立政治、经济、文化、社会秩序，全面落实人民当家作主的各项政策，党和国家各项事业蓬勃发展，实现了从进入站起来时代到全面实现站起来的历史性飞跃。对富起来的认识：从党的十一届三中全会到党的十八大，中华民族经历了30多年中国特色社会主义的建设与发展，全面实现了从站起来到富起来的历史性飞跃。这个时期，我们坚持实践是检验真理的唯一标准，全面实行改革开放，确立了一个中心、两个基本点的基本路线，强调经济中心论，确立了社会主义市场经济，坚持中国特色社会主义道路自信、理论自信、制度自信和文化自信，不断把中国特色社会主义伟大事业推向前进，实现了从站起来到富起来的历史性飞跃。对强起来的认识：党的十八大以来，党和国家发生了历史性变革。中华民族站在了新的起点上，进入了新的发展阶段，意味着实现了从站起来、富起来到强起来的历史性飞跃。这个时期，我们提出了实现中华民族伟大复兴的中国梦，确立了"两个一百年"奋斗目标，扎实推进"四个全面"发展战略，以压倒一切的态势惩治腐败，确立了习近平在全党的核心地位，坚决维护党中央权威。这个时期，中华民族进入了新境界，拓展了走向现代化的方向，标志着中华民族进入了强起来的时代。

对三次历史性飞跃的几点感想：一是要倍加珍惜来之不易的和平环境，为世界和平与发展和推进人类文明进程，贡献中国智慧、中国力量，提供中国方案。二是反对一切意义上的动乱，维护社会稳定，维护人民群众的根本利益。三是坚持深化改革，推进党和国家事业的历史性变革，不断焕发出强大的生机和活力。四是高举中国特色社会主义旗帜，捍卫共同富裕的社会主义原则，化解两极分化风险。五是牢记从严治党永远在路上，始终维护党中央权威，确保政令畅通。六是维护核心、服从核心，这是当代中国最大的政治。七是扎实推进"两个一百年"奋斗目标，共圆中国梦，不断强化各族人民对实现中华民族伟大复兴中国梦的向往。

选自《鄂尔多斯学研究》2017年第4期

地方学研究

民族文化繁荣发展的70年

旺楚格

内蒙古自治区成立以来走过的70年，是民族文化繁荣发展的70年。70年来，鄂尔多斯的文化发展史充分见证了这一点。首先，鄂尔多斯的公共文化服务建设，维护了民族地区群众文化权益。鄂尔多斯的公共文化服务，从改革开放以来蓬勃发展，特别是鄂尔多斯市于2011年创建国家公共文化服务体系示范区以来，认真总结改革开放以来文化建设经验，深入探索现代公共文化服务体系建设基本模式，深入探索和实践文化与经济社会协调可持续发展的机制，构建起以市、旗两级为骨干，苏木乡镇、街道、社区和嘎查村为基础，农牧民家庭文化户和民间组织为延伸，流动文化为枢纽的现代公共文化服务网络。鄂尔多斯现代公共文化服务体系建设，走出了一条以政府为主导，符合当地实际的公办与民办相结合、阵地与流动相结合、集中与分散相结合、传统与现代相结合的新路子，构建具有浓郁民族地域特点和时代特点的新型现代公共文化服务模式。即创新服务结构，拓宽公共文化服务网络；创新服务模式，发展流动文化服务；创新服务机制，补充公共文化服务力量；创新投入机制，保障公共文化建设资金；创新服务内容，突出民族地域特点，有力地推动鄂尔多斯现代公共文化服务体系的持续发展。其次，民族艺术事业不断发展。鄂尔多斯市，蒙古族占总人口的10%，但是，国办艺术团体几乎都是民族艺术团体，体现了党的民族政策，体现了民族区域自治制度。几十年来，包括鄂尔多斯歌舞剧院和各旗乌兰牧骑，在党和政府的支持下，创作演出诸多优秀民族艺术作品，多次荣获国家级奖项，为发展鄂尔多斯民族艺术事业做出了贡献。再次，民族文化遗产得到保护。在党和政府的有力支持下，鄂尔多斯已经发现的所有文物古迹和非物质文化遗产得到有效保护。全市有全国重点文物保护单位14个,国家级非物质文化遗产项目6个,涌现出国家级"漫瀚调"艺术之乡、自治区级"鄂尔多斯文化生态保护区"和一批各级文化艺术之乡、非物质文化遗产传承人,见证了鄂尔多斯民族文化遗产保护取得历史性成就。

选自《鄂尔多斯学研究》2017年第4期

地方历史研究

地方历史研究

研究历史　指引后人

夏　日

鄂尔多斯是一个古老而神奇的地方。36亿年前，当地球表面还是一片汪洋的时候，鄂尔多斯就是全球仅有的几块古大陆之一。鄂尔多斯是人类的发祥地之一。考古学家贾兰坡先生发现"河套人"曾在35000年前繁衍生活在鄂尔多斯乌审旗萨拉乌苏河流域。鄂尔多斯是北方骑马民族的发源地。还形成了著名的鄂尔多斯青铜文化。鄂尔多斯在清末民初内蒙古面临分裂的关键时刻，坚定地维护了祖国的统一。在近代中国史上，鄂尔多斯人最早创造了"独贵龙"这种斗争形式，高举反帝反封建反垦荒的大旗，先后坚持斗争80多年。近20年来，在党的基本理论和基本路线指引下，坚持思想开明、改革开放、经济开发、整治国土、转化资源的指导思想，实现了跨越发展，创造了世人瞩目的"鄂尔多斯经济现象"。鄂尔多斯悠久的历史文明，丰厚的文化底蕴，独特的人文资源，伟大的民族精神和复杂的发展轨迹，都值得探索和研究。研究历史，总结过去，指引后人。鄂尔多斯学研究会应运而生，生逢其时，其作用和意义将会远远超过其研究本身，进而促使鄂尔多斯走出内陆，走向世界。

选自《鄂尔多斯学研究会会员通讯》2003年2月15日第2版

论秦汉时期鄂尔多斯地区的经济开发

陈育宁

秦汉时期对鄂尔多斯地区的大规模经济开发，始于秦始皇，盛于汉武帝。这一时期的经济开发，不仅使鄂尔多斯地区的社会经济出现了空前的繁荣，而且对这一地区以后的发展产生了深远的历史影响。

经济开发的起因：秦汉时期鄂尔多斯地区的开发，既有政治上的原因，也有经济上的需要。对鄂尔多斯地区实行经济开发的直接起因是屯垦戍边。鄂尔多斯地区在秦统一以前，曾经是游牧民族林胡、楼烦等活动的地域。战国时代，又是匈奴族最早活动和栖息的地区之一。与此同时，秦、晋、赵等国的势力都曾达到鄂尔多斯地区。匈奴势力逐步壮大，不时南下扩展，造成了对中原各国的威胁。赵国为了抵御匈奴，于公元前265年派大将李牧破匈奴十余万骑，一度把匈奴逐于赵国边城以外。此后，在整个秦汉时期，汉匈关系一直是一个比较突出的问题，而鄂尔多斯河套一带则是这种关系表现最集中的地区。因此，从秦开始，屯驻大量士卒于鄂尔多斯河套地区以御匈奴，就成了秦汉两朝的基本国策之一。实行这个政策，直接的原因是由于受交通运输条件的限制，不如此就无法解决戍边军需的供应问题。而结果却通过穿着士卒衣衫的农业人口，把中原地区比较先进的农业种植和农耕技术向鄂尔多斯等边塞地区广为传播，这对于鄂尔多斯等地的经济开发，在客观上起了很大的促进作用。

经济开发及其效果：第一，移民开垦，发展农业。第二，兴修水利，引河灌溉。第三，铁器广泛使用，耕作技术大大改进。第四，手工业随之兴起发展。第五，畜牧业有了新发展。鄂尔多斯地区的经济开发，促使这一地区的人口有了迅速增加。

经济开发的历史影响：秦汉时期，对鄂尔多斯地区的经济开发是起了积极进步作用的，这种作用在当时不仅表现在政治上巩固了边防，安定了局势，加强了北方游牧民族与中原汉族的联系，而且在经济上使鄂尔多斯等边塞地区与中原紧紧连结成为一个经济实体。这对于统一的多民族国家的形成和发展，具有重要的意义。同时，这种作用还表现在对鄂尔多斯地区以后的历史发展产生了深远的影响，这主要表现在两个方面：第一，从经济结构上看，自秦汉开始，基本上形成了这一地区农业和牧业共存的格局。秦汉的农业开发地区，主要集中在沿河水利条件和土质条件较好的地方，随之逐渐形成的居民点，成为秦汉时的郡县治所。汉代在今天伊盟范围内的20余个县治所在地，基本上是农业区。鄂尔多斯的大部分地区是草原畜牧业地区。这种农业和牧业的布局是秦汉时期各族劳动人民通过长期实践、摸索，依据自然条件的一种选择。两千余年来，这种经济结构的布局基本上延续了下来，形成了这个地区农业和牧业的互相补充、互相依靠和互为市场的关系。在人口比较集中的农业区发展起来的城镇逐步成为这个地区政治、经济、文化的中心。第二，从民族结构上看，秦汉时的匈奴、魏晋时的敕勒、隋唐时的突厥、宋辽时的党项，以及明清时的蒙古族，等等，这些北方的游牧民族，进入这个地区，基本上是占领广阔的牧场，从事畜牧业，历代屯田和迁徙边塞的中原农民不断进入这个地区，活动的范围大体是在东北、西北和南部的沿河农耕地带，从而就形成了在鄂尔多斯河套地区农业民族与游牧民族大杂居、小聚居的布局，这种民族结构在封建社会也基本上维系下来。

选自《鄂尔多斯学研究》2002年第4期

地方学研究

萨拉乌苏探秘

杨泽蒙

在鄂尔多斯高原的南部,有一条起源于陕西省西北部白于山北麓、由西南至东北弯弯曲曲穿行在毛乌素茫茫沙海中的河流,当地蒙古族群众称其为"萨拉乌苏"(蒙语,"黄水"的意思)。萨拉乌苏,原本是条名不见经传的小河,在地图上,你虽然可以看到它的身影,却很难看到它的名字,因为它只是黄河的一级支流——无定河上游的一部分。萨拉乌苏,还具有神奇的小区域自然景观,高原面上,是一望无际的沙海,新月形的移动沙丘星罗棋布,为典型的戈壁沙漠生态,而深深下切的河谷里,却是潺潺流水环绕的片片绿洲,不仅果树飘香,水稻扬花,并且具有常年不冻的水流,素有"塞北江南"的美称。

萨拉乌苏遗址的发现:1922年,法国天主教神父、博物学家、地质学家、古生物学家、北疆博物馆(今天津自然博物馆的前身)创办人桑志华(Times New Roma,1876—1952年)在鄂尔多斯萨拉乌苏河流域考察时,在家住邵家沟湾的当地牧民旺楚克(汉名石王顺)的引领下,采集到许多哺乳动物化石、人工打制的石器和三件人类股骨化石。1923年七八月份,桑志华与另一位法国天主教神父、古生物学家德日进(Pierre Teilhard de Chardin,1881—1955年),再次风尘仆仆来到萨拉乌苏,在杨四沟湾进行了科学发掘,良好的地层堆积和丰富的动物化石、人工打制石器等,令他们惊叹、兴奋不已。在近一个月的发掘工作中,他们由崖面向内掘进了10余米,向两翼扩展了200多米,在旧石器时代文化层中清理出200多件人工打制的石制品和骨角器,还有大量的破碎动物骨。在后来进行的实验室整理过程中,于一堆1922

年采集的羚羊牙齿和鸵鸟蛋化石碎片中，意外地发现一枚幼儿的左上外侧门齿，经当时的北京协和医学院解剖学系主任、加拿大体质人类学专家步达生（Davidson Black，1884—1934年）研究，命名为"the ordos Tooth"（鄂尔多斯人牙齿）。这是中国境内发现的第一件有准确出土地点和地层记录的人类化石，也是第一批有可靠年代学依据的旧石器时代古人类遗存。这个在中国乃至整个亚洲古人类学及旧石器时代考古学研究史上均具有划时代意义的重大发现，立即在国际上引起一场轩然大波。

"河套人"生存年代：1998年，董光荣等公布了他们对晚更新世萨拉乌苏组时代的新认识。董光荣先生等在前人研究的基础上，将袁宝印划分出的萨拉乌苏组上部河流相沉积命名为风成沙相为主的城川组，而将萨拉乌苏组仅仅限定在原萨拉乌苏组下部的河湖相沉积范围内，并把萨拉乌苏组底部沙土砾石层之下的黄色细沙和黄土划归为中更新世。在对这一地层序列取样进行绝对年代测定后，得出的结论由下至上分别是：中更新统风成沙TL测年位距今约21万年，萨拉乌苏组偏下部距底界4.5米处TL测年为距今约12.5万—15.8万年；距底部约10米处TL测年为距今约9.3万年，萨拉乌苏组顶部TL测年为距今约7万年。这样，依据地层沉积相变化和绝对年代控制，包含"河套人"化石、石器、用火遗迹及萨拉乌苏动物群动物化石的萨拉乌苏组形成的时代，就应该为距今14万—7万年的晚更新世早、中期。

"河套人"——开启中国现代人起源迷宫的钥匙。伴随着萨拉乌苏遗址研究工作的进一步深入开展，不仅中国现代人究竟是从何起源的这一困扰学术界近一个世纪的难题有望得到破解，而且该人类集团中所特有的东西文化交流的特性，也随之将有一个圆满、合理的答案。

选自《鄂尔多斯学研究》2007年第1期

地方学研究

浅论红庆河古城、秦直道与昭君出塞

甄自明　岳够明

红庆河古城概况：鄂尔多斯市伊金霍洛旗红庆河乡政府以西的一片田地中，夏季时分，玉米长得郁郁葱葱，西侧的柳树林枝繁叶茂。在这片田地的中心有一大段非常明显的夯土墙痕迹，周围有老乡从田里捡出的大量陶器碎片和陶瓦碎片，由此可以断定，这里曾是一处汉代城址，这就是红庆河古城，俗称"三套城"。地理坐标为北纬39°21′34.7″，东经109°34′55.9″，海拔高度为1437米。据《中国文物地图集·内蒙古自治区分册》（下册）记述，红庆河古城可分为外城、内城和子城。外城墙已不存。内城西墙呈土垄状。子城保存较好，平面呈长方形，长136米，宽130米，城墙夯筑，基宽6—10米，最高处为4.5米，夯层厚5—12厘米。文化层厚1.2—3米。

红庆河古城与秦直道：2005年，国家博物馆、内蒙古文物考古研究所、鄂尔多斯博物馆、东胜区文物保护管理所组成联合调查队对鄂尔多斯市境内，包括伊金霍洛旗、东胜区、达拉特旗的秦直道遗址进行了全面的调查。调查队对红庆河古城进行了仔细的探查，派出技术工人通过钻探，在红庆河古城西约1500米的地方，发现了秦直道遗迹。这次调查用考古钻探的方法证实了红庆河古城西侧秦直道的存在。

红庆河古城与昭君出塞：秦汉时期多称鄂尔多斯地区为"河南地"，又称"新秦中"。所谓"秦中"是指秦国长期所居的农业发达的关中地区。秦国占据鄂尔多斯地区后，鄂尔多斯地区便成了秦国的重要经济区和组成部分。以"新秦中"命名，正说明了鄂尔多斯地区在当时重要的经济地位。昭君出塞时曾经过鄂尔多斯，并且是从上郡（榆林）进入鄂尔多斯，又从鄂尔多斯进入五原（包头），那么昭君出塞是否通过秦直道，是否在红庆河古城停留呢？我们认为答案应该是肯定的。因为在上郡通往五原的路途中，秦汉时期只有秦直道沿 15 度的近南北方向贯通，因此最近；秦直道遇山开山，遇谷填平，因此也最为平坦。昭君出塞为一皇宫女子乘车北行，旅途劳顿颠簸，肯定要走最近最平坦的道路，那么非秦直道莫属。而在上郡通往五原的秦直道附近，红庆河古城恰好在上郡与五原的正中间，且红庆河古城作为规模宏大的汉代重镇，成为昭君出塞时的中途休息地和给养补充地是必然的。

红庆河古城和秦直道的重要历史和现实意义：作为长安（以及咸阳）通往五原（以及九原）的重要中转站，红庆河古城是秦汉时期鄂尔多斯高原上的重要中途休息地和给养补充地。对秦汉时期中央政府和北方少数民族的经济往来、商品贸易、人员交流、交通运输、移民开发等方面起到了不可替代的重要作用。这些说明从秦代开始，鄂尔多斯地区已经是北方游牧民族地区通往中原农耕王朝辖区的交通要道，是北方少数民族同中原汉族经济、政治、文化交流的前沿阵地。红庆河古城旁的秦直道历代一直沿用。汉武帝派兵北击匈奴，大将军卫青、骠骑将军霍去病就是沿着直道进军的。唐王朝夺取"河南地"，同突厥作战，也是通过这条路线进行的。清代，直道成为关中棉花向北运输的必经之路。可见，历代秦直道对于促进鄂尔多斯和中原地区的政治、经济、文化、交通联系都起到了十分重要的作用。

甄自明，山西省和顺县人，鄂尔多斯市博物院副院长，鄂尔多斯学研究会专家委员会副主任，研究员；岳够明，山西省榆社县人，内蒙古文物考古研究院主任，研究员。

选自《鄂尔多斯学研究》2009 年第 4 期

元代货币探究

虹宝音

货币是历史的产物。它是承载着经济文化和考古学、历史学、地理学、钱币学、民俗学、金属冶炼学、训诂书法史以及政治史的重要实物史料。宋辽夏金元时期统治内地时地域辽阔，各地经济发展状况不同，货币制度也相当复杂。起初局部地区仍是使用辽、宋、金代的钱币，当时的主要商业贸易还处于以物易物的方式，正如马克思所指出的"简单的、偶然的价值形态"。这种落后的物物交换，是游牧民族原始的商品交换方式和对外商贸交易的具体反映。

元代币制改革，结束了唐朝末五代以来割据政权以及鼎立争霸对峙形势下所造成的币制不统一的历史。元代纸钞的实行，更为商品经济的发展提供了便利的条件，从而推动了元朝社会经济的发展，对促进整个元朝的商品交易和货币的流通发展都起到了积极的作用。

根据有关史料记载和当时的各种因素分析，蒙古汗国和元朝的货币行使过程大致可以划分为以下几个阶段：第一阶段，是太祖成吉思汗、太宗窝阔台汗至宪宗蒙哥汗统治时期（1206—1259 年）。这一时期大部分地区使用的是辽、金、宋旧钱，局部地区阶段性分散发行会子、交钞、宝钞和地方性非正式纸币——楮币、帖子、行用钞，以及包括钱引、铁引、茶引、盐引（券）等无法与"银"相比的货币。属于交钞初创阶段。在当时的条件下，发行的纸币未形成统一，不能充分体现货币的价值，采取的是不限制发行数量的币制。第二阶段，是从世祖忽必烈中统元年到至元二十三年间（1260—1286 年），为中统钞阶段，也是元朝钞法确立，制定较完备的一整套的纸币管理政策、制度、条例和办法阶段,是忽必烈汗改革钞法的黄金时代,真正把钞用于流通环节,是中统钞币值基本稳定时期。第三阶段,是从至元二十四年至至大元年(1287—1308年),并行中统宝钞和至元宝钞,是蒙古元朝钞法发展和继续完善阶段。当时把至元钞面值改为自二贯至五文,凡十有一等。印钞成倍上升,币值有波动。第四阶段,是武宗至大二年至至正九年(1309—1349年),为蒙古元朝币值下降,钞法进入衰退阶段。这时回收了中统钞,银钞和铜钱并行。随着钞法日弊,最终至"钞不值钱"的地步。第五阶段,是惠宗至正十年至至正二十八年(1350—1368年),为蒙古元朝钞法崩溃阶段。统治者库里无保证金,为了弥补财政赤字而不断超量印发钞币,正如《元史·食货志·五》所载"……至正通宝钱,行之未久,物价腾踊,价逾十倍。又值海内大乱,军储供给,赏赐犒劳,每日印造,不可数计。舟车装运,轴轳相接,交料之散满人间者,无处无之"的局面。

元朝币制的历史功绩:到了元朝,我国发行纸币进入新阶段。元朝的货币在当时的商品世界中是最有权威的。元代钞币发行和改革很成功,体现了货币职能,它的威力和影响不可磨灭,在社会经济和人民生活中起到了积极而重要的作用。元代成为我国历史上最早实行纯纸币流通的朝代。回顾历史,其通货膨胀的教训和既不能紧缩又不能滥发等有益经验,对当今社会经济金融发展,仍有相当重要的启示和借鉴作用。蒙古汗国及元朝货币,体现了劳动人民的聪明智慧和创造才能,不但对元代的社会发展做出了卓越贡献,也对中国和世界货币发展史上增添了光辉灿烂的一页。同时,在中国乃至世界货币史上具有不可磨灭的承前启后的地位,为东方和欧洲文化交流、中欧货币相互影响都提供了平台。元"权钞"铸币是我国最早的金属辅币,也是我国货币史上的又一创举。元朝货币为丝绸之路架桥铺路,它又是中国最早在纸币上使用蒙古文和一种铸币上同时使用几种少数民族文字(八思巴、畏吾儿、西夏、察合台文和梵文等)通用的先河。回收和焚毁昏钞的规定是世界上最早提出的破币兑换规则,具有重大的历史意义;当今残币上加盖印章也是从元代首创先河的,它作为一种经济文化的载体继往开来。元代货币是中华民族重要文化遗产的一部分,也揭示了元代经济现象的本质;元代货币研究成果是了解和研究元代政治、经济、军事、文化、宗教发展史中的珍贵的"窗口"资料。元钞首开纯粹纸币流通制度的先河,是中国封建社会历史上使用地域最广、行用时间最长、发行数量最多、法规制度最完善、中外影响最大的法定货币,反映出元代务实创新的改革轨迹。

笔者认为,认真全面地研究元币,让后人继承前人留给我们的伟大货币文化遗产,也对推进当今的经济金融研究和发展,仍有重要的参考价值,并可提供正反两面的经验教训,为正确认识我国当前的经济金融形势,促进国民经济的良性循环都有非常积极的借鉴作用。

虹宝音,鄂托克前旗农业银行。

选自《鄂尔多斯学研究》2009年第4期

地方历史研究

从镇守榆林的明朝总兵说起

陈育宁

榆林的历史很古老。远古的不说,秦始皇统一六国后,即命大将蒙恬北击匈奴,收复失地。蒙恬在黄河南岸"垒石为城,树榆为塞",取名曰"榆林塞",即最早的榆林。如今在榆林市绥德县还有蒙恬墓遗址。汉武帝时,派大将卫青从匈奴手中收复河套地区,又从榆林塞旧址北渡黄河建九原郡(今包头市西)。从秦汉开始,榆林就成了北方游牧民族与中原农耕民族相互争夺的要塞之地。这种争夺演进到明代,规模更大,更激烈也更曲折。明初,为了防止故元蒙古势力南下,朱元璋连续北伐,之后在北部边防设卫,建榆林塞。正统年间筑榆林城,成化年间设榆林卫,同时筑起东起清水营、西至花马池的边墙。榆林卫地位日益重要,后成为明设北疆九边之延绥镇治所,为延绥镇总兵驻地。榆林城也因此三次扩建,规模日巨。榆林的这番历史身世,决定了它不仅是历来的军事要塞,也自然有尚武之风,是出武将之地。

当我们观察14至17世纪中国历史的形势时,首先要明确的是,从1368年明军进入大都,直到1644年清军入关进京建起了大清王朝,其间在元朝旧有的版图上出现了明朝和北元—蒙古两个并峙的政权,而常常被一些"正统"观念忽视的北元—蒙古,理所应当地和明朝一样是14世纪至17世纪我国历史上的一个政权。这就是老一辈著名历史学家胡钟达先生在《明与北元—蒙古关系之探讨》中所称的"我国历史上第三次南北朝"。一国之内出现了两个政权,这是打破统一后又一次争夺和对峙的产物。蒙古贵族北徙后,仍保持强大兵力,辄以重新入主中原、恢复元朝统治为目标;而明朝北疆的安危关系明朝的存亡,在怀柔手段难以奏效的情况下,明朝诸帝都将北疆的军力布置、边防建设放在头等位置，采取了诸子封王守边、建立军事卫所的防御体系、修筑长城、新建边墙、将塞外人口内迁，同时辅以通贡、互市等羁縻手段，建立起了严密的防线。特别是从辽东至甘肃先后设立了九边重镇，加强防卫。榆林就是九边重镇中的要塞之一。

我在20世纪80年代发表的《鄂尔多斯地区民族关系的历史考察》《明代蒙古之入居河套》等论文中，表达了这样一个观点："民族之间在政治上的战与和，一般都是为了达到经济上的联系与依赖。我国古代民族尽管有兵戎相见的战争，但却没有永远打散，总是打打和和，和和打打，分不开，离不得。这种关系，经历了两千多年的各种考验而持续存在，其根本原因就在于此。这种经济上的联系和依赖，在相当长的历史发展过程中，成为一种内聚力、向心力，成为我国历史上民族关系的纽带和之所以十分牢固的基础。"200多年明蒙对峙的南北朝局面终究是暂时的，越来越弱化的对峙最终由新崛起的清朝在17世纪中期完成了重新统一的历史使命。曾经是明蒙对峙前沿的榆林，只不过是表现历史上民族关系规律的一个标志和缩影而已。

由此看来，那些效忠于明朝皇帝的榆林总兵们奋力守卫的边墙，并不是国界之墙，而是"兄弟阋墙"之墙；所谓"边塞"，不过是国内两个地方政权划分势力范围的界线。200多年争夺较量的结果，并没有使一个政权把一个政权吃掉，或者把分裂持续下去，而是又回到统一的局面上。但却不是统一的简单回归，而是历史螺旋式向更高阶段发展的统一。这种现象，既是历史复杂性的表现，也是历史研究者应予解释清楚的问题。

选自《鄂尔多斯学研究》2010年第1期

成吉思汗守陵人达尔扈特溯源

旺楚格

成吉思汗守灵群体,是守护成吉思汗宫廷的鄂尔多斯部的组成部分,俗称"达尔扈特",有"担负神圣使命者"之意。成吉思汗时期,这一群体被称为"守护鄂尔多的人们",即鄂尔多斯部的前身。成吉思汗去世后,这一群体被大蒙古国授予免除赋役、专门守护成吉思汗祭灵白宫的特殊权利和神圣使命,这一群体便成为"达尔扈特",即"担负神圣使命者"。鄂尔多斯部原为成吉思汗四大鄂尔多的守护者,而达尔扈特人的祖先主要是守护成吉思汗大鄂尔多的群体。达尔扈特人,从成吉思汗祭灵白宫建立以来,世世代代守护、祭祀和管理成吉思汗八白室、成吉思汗苏勒德等奉祀之神。在过去那样艰难困苦的条件下,辗转南北,保护了成吉思汗祭灵宫帐,完整地保留了13世纪蒙古民族古老的祭祀文化和宫廷礼仪文化。关于达尔扈特是"万名贺希格腾"(万名受福者。也有史料记载为"怯薛军",即轮流值班守卫之意)的后裔,可用以下几方面说明。

一是成吉思汗身边的这支亲军,成吉思汗去世后仍履行守护成吉思汗祭灵白室的义务。根据达尔扈特家谱,成吉思汗守灵人主要由成吉思汗大将博斡儿出、木华黎的后裔或他们的属民组成。二是成吉思汗守灵达尔扈特,在管理体制上一直保留了成吉思汗时期的亲军管理体制。三是达尔扈特守护成吉思汗灵包的工作流程仍然保留了成吉思汗"万名贺希格腾"即"怯薛军"的值班守卫形式,值班守卫同样分为日班、宿卫,与当年的值班守卫完全相同。在鄂尔多斯,除居住在大伊金霍洛周围的圣主达尔扈特和苏勒德达尔扈特外,还有旗属达尔扈特。旗属达尔扈特是守护、祭祀分布于鄂尔多斯各旗的成吉思汗眷属灵包及圣物的达尔扈特。

亚木特德产生于忽必烈时期：元世祖忽必烈把成吉思汗祭祀钦定为大元朝廷祭祀时，委任了祭祀主持亚木特德。亚木特德，为元朝时期官员称号，是达尔扈特中主持成吉思汗祭祀和苏勒德祭祀的特殊人员。亚木特德，从职能上分为圣主达尔扈特亚木特德和苏勒德达尔扈特亚木特德。两部分达尔扈特，各有八大亚木特德。据元朝文献《十善福经白史》中的记载，元世祖忽必烈钦定成吉思汗四时大典时，以大臣的称号命名主持祭祀的官员。当时，忽必烈封博斡儿出子弟等人为太师、太保、宰相、洪晋，从其他人员中又选派了图利、格赫、彻尔彼、哈萨嘎、土默图、明嘎图、昭图等大小亚木特德，专门从事成吉思汗祭祀。清朝时期规定亚木特德只管理守护、祭祀成吉思汗陵寝的事务，不能涉及公务。亚木特德，为达尔扈特中的特殊阶层，一代代世袭。在圣主达尔扈特和哈日苏勒德达尔扈特各八大亚木特德之外，还有在成吉思汗祭奠中从事具体工作的职业亚木特。

五百户达尔扈特重新组成于康熙年间：17 世纪 30 年代，成吉思汗八白宫及诸多奉祀之神再次集中于鄂尔多斯，守护、祭祀成吉思汗祭祀圣物遇到一定压力。为了加强成吉思汗八白宫及圣物的管理与祭祀，约在康熙三十五年（1696 年）由内外蒙古十个盟的王公札萨克商议，并经清政府同意，重新组成五百户达尔扈特，仍享有不服兵役、不交纳税赋的神圣权利，专门从事守护、祭祀成吉思汗八白宫及哈日苏勒德的事务。五百户达尔扈特以原有的达尔扈特为主，并由鄂尔多斯七旗和全蒙古各札萨克派来的代表性人员组成。五百户达尔扈特，集中居住在八白宫及哈日苏勒德所在的伊金霍洛和苏勒德霍洛周围，郡王旗札萨克为他们分封了牧场。历史上，将这部分重新组成的成吉思汗守灵人称为"五百户达尔扈特"。专门守护、祭祀成吉思汗奉祀之神的五百户达尔扈特，绝大多数来自鄂尔多斯的各旗，也有一部分户来自其他盟旗。总结而言，17 世纪末，以鄂尔多斯部为主，来自全蒙古地区十个盟的五百户达尔扈特中，有记载的包括锡林郭勒盟苏尼特的吉鲁根巴图儿的后代二十八户。根据史料记载,我们可以认定,重新组成的五百户达尔扈特,形成于清朝康熙年间,是原有达尔扈特的基础上,以鄂尔多斯各旗为主、从内外蒙古各札萨克派来的部分人员组成。

选自《鄂尔多斯学研究》2012 年第 1 期

鄂尔多斯的战国时代

——鄂尔多斯地区西夏宋辽金时期史略与遗迹

甄自明

纵观鄂尔多斯古代历史，西夏宋辽金时期是该地区占据民族最繁多、战争最频繁、历史最复杂、社会变化最剧烈的年代，是西夏、宋、辽、金、蒙古等王朝进行激烈争夺和走向统一的时期，真是你来我往不亦乐乎，堪称鄂尔多斯地区的战国时代。

本时期鄂尔多斯历史的特点：第一，鄂尔多斯高原是水草丰美的宝地。自秦汉以来，鄂尔多斯草原就是北方民族的游牧天堂和根据地，这里草高马肥，因而，在宋辽金时期，鄂尔多斯高原成为西夏、宋、辽、蒙古争夺的战略要地。第二，多民族的争夺和融合。虽然宋辽金时期，鄂尔多斯高原发生了宋与西夏、辽与西夏、蒙古灭西夏等多次战争，但这里也是民族融合和经贸往来的前沿阵地，当时曾在鄂尔多斯南部西夏与宋交界处设立榷场，西夏的马匹、盐与北宋的粮食交换是当时的大宗贸易。第三，战争对鄂尔多斯经济和生态的破坏。多次战乱破坏了鄂尔多斯草原的牧业和南部的农业生产，夏辽河曲大战又焚烧了草原，致使社会生产力和生态遭到严重破坏，因而本地民众热切期盼和平安宁的到来。第四，一部西夏国的兴衰史。从唐末"安史之乱"后，党项拓跋部迁到鄂尔多斯东南部生存、发展，到党项平夏部首领拓跋思恭镇压黄巢起义，被封为夏国公，赐姓李；从李元昊1038年称帝，建立西夏王朝，到西夏与宋、辽的历次大战，再到1227年被蒙古所灭。鄂尔多斯作为平夏部的故地和基地，见证了西夏的兴起、发展、辉煌与衰亡，故而，宋辽金时期的鄂尔多斯史，堪称一部西夏国的兴衰史。第五，蒙古驻牧。自1227年蒙古大军灭亡西夏后，鄂尔多斯高原成为蒙古族的游牧之地。元代，鄂尔多斯成为蒙古贵族的牧场和避暑胜地。公元 1272 年，忽必烈将鄂尔多斯赐予其第三子忙哥剌所属四千户牧民为牧地，后名曰"察罕脑儿"。明代，明王朝由于军粮运输的困难和防守的艰难，始"弃套"，蒙古鄂尔多斯部入居河套，在这里一直留居下来。清代，实行盟旗制度，称伊克昭盟。中华人民共和国成立后，伊克昭盟一直保留，至 2001 年，撤伊克昭盟设地级鄂尔多斯市。宋辽金时期以来，直到现代，蒙古族一直都没有离开过鄂尔多斯这片肥沃的土地。

选自《鄂尔多斯学研究》2013 年第 1 期

地方学研究

鄂尔多斯长城修筑的自然、地理和历史原因

甄自明

自 2007 年至 2011 年，鄂尔多斯市长城资源野外调查工作已全部完成，调查成果表明，鄂尔多斯市分布着战国、秦汉、隋、宋、明五个时代的长城，全长近 300 公里，其中战国—秦昭襄王长城分布于伊金霍洛旗、准格尔旗、达拉特旗和东胜区，秦始皇长城分布于鄂托克旗和达拉特旗，隋长城分布于鄂托克前旗，宋代烽燧线分布于准格尔旗，明长城分布于鄂托克旗、准格尔旗和鄂托克前旗。鄂尔多斯市是内蒙古乃至全国长城时代最多、分布最广的城市之一，并且，鄂尔多斯保留着内蒙古唯一的一段隋长城和一条宋代烽燧线。那为什么在鄂尔多斯高原上会存在分布如此广泛、里程如此之长、年代如此之多的长城呢？

自然与地理原因：鄂尔多斯高原位于北纬 37°—41°之间，海拔在 1000—1300 米，属温带气候，年平均气温仅 0℃—10℃，大部分地区年降水量不足 400 毫米，为草原和荒漠景观，年生长期一般低于 210 天，为我国主要的牧业区之一。鄂尔多斯高原南端正好是年降水量 400 毫米上下的分界线，也是我国牧区和农区的分界线，在这条分界线上，2000 年以来，年降水量 400 毫米线在南北摆动，牧区和农区的分界线也在南北摆动。自古以来，鄂尔多斯高原就是北方草原民族的游牧天堂，而鄂尔多斯高原以南地区是中原农耕王朝的粮食产区，两种不同的生产生活方式、北方少数民族和中原汉族迥异的文化和习俗在这里碰撞、交融，甚至因为政治、军事的原因在这里冲突、战争。故而，鄂尔多斯高原分布着战国、秦汉、隋、宋、明等几个时代的长城，就是因为这个气候因素所造就的经济、政治和文化差异。鄂尔多斯高原的长城地

带，从商周以来，就成为北方游牧民族与中原农耕王朝军事冲突的中心地带，战国、秦汉、隋、宋、明等时代在这里修筑长城，鄂尔多斯高原成为军事防御的前沿阵地，并且，由于游牧经济和农耕经济相互的多样性经济、贸易需求，北方草原民族和中原农耕民族在政治、文化上的相互吸引和交融，使鄂尔多斯高原成为多民族融合和经济交流的重要区域。

历史原因：第一，战国：秦昭襄王长城。公元前475年，我国进入七雄争霸的战国时代，当时的鄂尔多斯成为赵、魏、秦、义渠（古代北方的游牧民族）、匈奴争夺的肥沃牧场和战略要地。秦昭襄王修筑长城的目的，主要是为了防御义渠，唯恐其夺回已失去的故地。第二，秦长城：战国末年，秦王嬴政灭六国，统一中国，自比三皇五帝，因而称"始皇帝"，在位期间不仅修筑六条驰道通往六国都城，而且修筑了"直道"，至今秦直道仍然纵贯鄂尔多斯，地表遗迹分布于伊金霍洛旗、东胜区和达拉特旗。第三，隋长城：公元581年，杨坚废黜北周9岁小皇帝自立为皇帝，建起了隋朝。就在杨坚废北周建立隋朝后，北面夺得突厥汗位的沙钵略可汗，在他的妻子——北周宗室女千金公主的请求下，借口为周复仇，不断侵入长城侵扰边地，隋朝统治者在反击突厥入侵的同时，开始不断修筑长城，隋炀帝杨广当政之后，长城的修筑也未停止。第四，宋代烽燧线：宋辽金时期，鄂尔多斯高原的西部、中部等大部分为西夏领地，东北部小部分为辽占据，东南部位于黄河西岸的小部分却属于宋朝管辖，因而西夏、辽、宋、金之间频繁的战争，乃至蒙古军队灭西夏的关键性战役都发生在鄂尔多斯地区。在他们之间关系紧张的时候，鄂尔多斯高原成为反应最敏感和争夺最激烈的地区。位于鄂尔多斯市东南部的丰州故城、保宁砦、永安砦及其附近的烽燧线，成为宋朝对付西夏和辽的重要边防据点。烽燧的预警、卫星城的护卫、丰州城的坚守形成了一条宋朝针对西夏和辽的多重军事防御体系。第五，明长城：为巩固北部边防，在明朝的200多年统治中几乎没有停止过对长城的修筑工程。明长城的修建过程，大体可以分为三个阶段：第一阶段为1368—1447年，明前期对长城的修缮；第二阶段为1448—1566年,明中叶长城的大规模兴筑;第三阶段为1567—1620年,明后期长城的重建和改线。鄂尔多斯明长城均为第二阶段修筑。

鄂尔多斯自古以来就是一块神奇的土地,这里孕育了多个时代的典型文明,保留下不可尽数的文物遗存,而历代长城作为时代最多、分布最广、里程最长的线性文物,是鄂尔多斯的宝贵历史财富。

选自《鄂尔多斯学研究》2015年第2期

地方历史研究

乌兰木伦旧石器时代遗址近年来的考古新发现、新成果

甄自明

乌兰木伦遗址自2010年被发现后,就以其特殊的面貌进入人们的视线,独领风骚而又光彩夺目,作为"红色的大河"——乌兰木伦河畔的古人类遗址,近年来,鄂尔多斯市文物考古研究院在每年进行考古调查、发掘和研究的基础上,不断有新的发现、新的成果问世。经中国科学院地质与地球物理研究所袁宝印研究员考察确定,遗址所在地基岩为白垩纪红色风成砂岩,顶部为近现代风成沙堆积,遗物出土地层为呈灰绿色的河湖相三角洲沉积。今乌兰木伦河流域在久远的古代曾为湖泊,周边为绿洲,有多条流经绿洲的河流注入乌兰木伦古湖,遗址所在地便是其中一条河流入湖的三角洲地带。2010年9月,北京大学张家富教授采集了乌兰木伦遗址年代样品,并在有关实验室初步测定其年代为距今约70000—30000年,属于第四纪更新世晚期,旧石器时代中期。2012年,为了得到更为可靠的光释光年代,张家富教授对样品的沉积背景和样品的光释光性质都进行了大量实验,并且利用年龄—深度模式得出乌兰木伦遗址文化层的年代应该为65000—50000年。

乌兰木伦遗址文化面貌独特,内涵丰富。总体上属于小石片工业组合,除常见的各类刮削器外,以发达的锯齿刃工具和凹缺器为代表的石器工业组合与欧洲旧石器时代中期文化的面貌趋同,预示旧石器时代东西方之间存在文化上的交流与融合。工具形态与生活方式相应除常见的器型外,一些新兴工具类型如装柄工具的出现反映了人类生活方式的转变引发的新需求,"乌兰木伦人"为满足狩猎行为在生活中所需的不同器物类型,表现出石制品生产趋向专业化。用火遗迹与烧骨现象的发现,说明"乌兰木伦人"可能已有加

工熟食的习惯。乌兰木伦遗址出土石制品丰富，乌兰木伦河流域旧石器遗址分布密集，不仅是因为当地拥有独特的良好暖湿地自然环境，吸引了大量古人类在此生息繁衍；也与乌兰木伦河上游丰富的砾石层堆积而蕴含大量可供古人类制作石器的原材料有直接的关联。

乌兰木伦遗址地处东亚北部人类迁徙的重要腹地，属于旧石器时代中期，处于现代人起源的敏感时空阶段；结合我国华北其他相关遗址的证据，将为该主题的探讨提供全新的宝贵材料。旧石器时代中期的遗址在我国相当稀少，使得该遗址的年代位置显得尤为重要，遗址出土遗物的数量、内涵之丰富为内蒙古地区、华北乃至东亚地区研究该阶段增加了新的内容，有望调整以往关于中国旧石器中期的看法，推动中国旧石器分期的理论研究。

乌兰木伦遗址是继1922年法国人发现萨拉乌苏及水洞沟遗址后鄂尔多斯地区的又一次史前文化的重大发现。该遗址对于研究鄂尔多斯高原的第四纪地质学、古环境学、古人类学、古生物学等相关学科具有不可替代的科学价值，势必对东亚史前史和第四纪研究领域产生重要影响。2012年1月6日，在中国社会科学院考古学论坛——2011年中国考古新发现上，内蒙古伊金霍洛旗乌兰木伦旧石器时代遗址被评选为"2011年度中国考古六大新发现"。2014年9月29日，乌兰木伦遗址群由内蒙古自治区人民政府公布为第五批自治区级重点文物保护单位。

选自《鄂尔多斯学研究》2015年第4期

地方历史研究

鄂尔多斯青铜器与草原丝绸之路

甄自明

先秦时期,以草原游牧写实风格动物纹饰为主要特征的"鄂尔多斯青铜器",从朱开沟遗址为中心的鄂尔多斯高原发源,沿着鄂尔多斯境内的天然通道和秦直道,逐步扩散到山西、陕西、河北、辽宁等地,后来又沿着鄂尔多斯高原周围的天然大通道传播到华北、东北和西北地区,并且与欧亚大陆上典型的草原文化——斯基泰文化有着多样的文化、技术交流。鄂尔多斯境内出土的鄂尔多斯青铜器,有的具有典型的中原风格特征,有的具有浓厚的中亚和西欧风格,表明鄂尔多斯地区游牧民族长久以来就与中原、漠北,乃至中亚、欧洲有着文化、技术、物品的交流和交换。随着鄂尔多斯青铜器文化的蓬勃兴起,匈奴帝国的扩张鼎盛,鄂尔多斯青铜器通过草原丝绸之路迅速扩散到整个中国北方,并远播欧亚大陆草原地带。鄂尔多斯青铜器的传播促进了历史上大范围草原丝绸之路的形成,同时,草原丝绸之路又便利了鄂尔多斯青铜器的广泛扩散和交流。

鄂尔多斯青铜器的起源与传播:"鄂尔多斯青铜器"主要指发现于鄂尔多斯高原及其邻近地区考古遗存中的青铜或金银制品,时代相当于春秋至西汉时期,约公元前8—前2世纪,因以鄂尔多斯地区分布最集中、发现数量最多、最具特征而得名。自鄂尔多斯青铜器的收藏与研究成为国内外一大热门以来,寻找其起源和滥觞成为一项重要课题。大致有三种说法,即一是黑海沿岸斯基泰文化起源说,二是西伯利亚卡拉索克文化起源说,三是鄂尔多斯起源说。直到朱开沟遗址的发现、发掘和研究之后,这个问题便迎刃而解。

鄂尔多斯青铜器的交流与吸收:鄂尔多斯青铜器文化兴盛并远播之后,

又通过鄂尔多斯境内的三条天然大通道和秦直道同周边地区进行交流，吸收中原汉文化、东北夏家店下层文化的因素。甚至通过鄂尔多斯高原周边的数条天然大通道，同欧亚草原游牧文化进行文化和技术的交流。从某种意义上说，草原丝绸之路促进了鄂尔多斯青铜器文化的对外交流、不断进步和繁荣兴盛。

鄂尔多斯青铜器的传播与草原丝绸之路的形成：由于鄂尔多斯青铜器代表的是一种先进的、强势的、独特的游牧文化，加之，鄂尔多斯草原及以北的蒙古草原和欧亚草原地区均为适宜畜牧业发展的地区，鄂尔多斯青铜器文化从春秋时期到汉代一直在向周围地区迅速传播、扩散，从而形成了鄂尔多斯境内的和鄂尔多斯高原周围的数条草原大通道。之后，鄂尔多斯青铜器文化作为匈奴文化灿烂辉煌的重要组成部分，随着匈奴的四处扩张也在广泛传播。鄂尔多斯青铜器随之从鄂尔多斯地区扩散到整个中国北方，甚至广阔的欧亚大陆草原地区，并且在广泛传播的基础上，同中原汉文化、东北夏家店下层文化，乃至西伯利亚和欧洲的斯基泰文化形成了广泛的文化、技术的相互交流和影响。鄂尔多斯高原地处内蒙古西部，三面环绕黄河，南接中原、北通大漠，历史上中国北方游牧民族匈奴、突厥、蒙古都曾在这里放牧、崛起，南面关中农区的粮食、丝绸、茶叶、手工艺品同漠北草原牧区的皮革、马匹、牲畜、肉奶制品等产品都在这里交换、贸易，同时鄂尔多斯高原宜农宜牧，使得鄂尔多斯地区成为汉唐时期沟通关中与塞外，乃至中西方经济、文化交流的大通道，成为当时草原丝绸之路上冲突战争、友好和亲、交流贸易、民族融合的交通枢纽和战略要地。

选自《鄂尔多斯学研究》2017年第1期

要重视对草原丝绸之路的研究

陈育宁

历史上形成的丝绸之路大致有四条：第一条是草原丝绸之路，它横贯欧亚大陆北方的草原地带，又称草原通道、草原之路。第二条是绿洲丝绸之路，即张骞自长安出发，经过河西走廊、新疆，一直通向东欧的道路，这是丝绸之路的主道。第三条是西南丝绸之路，涵盖今四川、贵州、云南、西藏、广西至印度、东南亚乃至更大范围。这条通道又是藏区和内地的茶叶、马匹贸易运输之路，又被称为"茶马古道"。第四条是海上丝绸之路，一般是指自广州、泉州经过印度洋抵达波斯湾的海上通道。

草原丝绸之路的形成：第一，草原通道的形成和自然生态环境有着密切的关系。第二，从文化形态上看，这个草原地带连接欧亚两大洲，客观上是一个文化交往互动的地带。任何文化都不会在封闭状态下长期存在，不同形态的文化都有走出去发展的需求，都会和其他文化碰撞与交流。第三，除了自然环境、文化形态外，驯养马及马文化，也是促成草原各种文化积极传播交流的重要媒体。第四，丝绸等各类物资的贸易交换是重要的媒介。丝绸曾经是这条道路上最主要的贸易商品。第五，最重要的，草原丝绸之路的形成，草原游牧民族肩负了重要的任务。

草原丝绸之路的历史作用：草原丝绸之路的中心区域是欧亚草原，这里是游牧文明的摇篮，位于欧洲、中原汉地和西亚三个文明地区之间。草原丝绸之路的特殊地理位置决定了它在历史上对于世界各种文明的传播交流以及沿线广大区域多种民族的发展都产生了广泛而深刻的影响。对于我国来讲，中国北方古代的众多游牧民族，包括狄、匈奴、鲜卑、突厥、回鹘、契丹、蒙古等都在此繁衍生息，这些游牧民族不断融合变迁、发展壮大，与中原民族自古以来就形成了相互依存的关系。草原丝绸之路是各民族共同利益的联结线，是打通我国向西开放的历史通道，对于我国辽阔疆域和统一国家的形成意义重大。草原丝绸之路极大地改变和影响着中原文明的发展进程，也推动着欧亚文明的交融发展，在中国历史的关键时期，都发挥了极为重要的作用。

要重视对草原丝绸之路的研究：第一，要研究草原丝绸之路对世界文明交流的贡献。第二，研究草原丝绸之路对中华民族多元一体格局的深远影响。第三，要研究草原丝绸之路对促进经贸交流和发展的历史作用。第四，要研究草原丝绸之路在"一带一路"倡议中的功能作用。

选自《鄂尔多斯学研究》2019年第1期

鄂尔多斯辽代遗存探析

李军平

由于鄂尔多斯地区特殊的地理位置（北有黄河和阴山之天险，西有黄河和贺兰山之屏障），所以自古以来就是兵家必争之地。多年来，鄂尔多斯地区辽代遗存发现甚少，研究还处于初级阶段。1987年在文物普查时首次发现鄂尔多斯境内的两处辽代遗存，为我们进一步更加深入了解研究鄂尔多斯古代历史以及在中国古代文明发展进程中具有非常重要的意义。

鄂尔多斯出现的辽墓与以下情况有关：

第一，由于西夏与辽长期的依附关系，二者之间发生着很多的政治与经济上的交往。辽圣宗统和四年（986年），西夏王李继迁开始称臣于辽，直到兴宗重熙十五年（1046年），辽和西夏往来频繁。之后关系紧张，至重熙二十一年（1052年），辽和西夏恢复旧好。天祚帝与西夏王李乾顺存在甥舅之亲，有世婚关系。史载"以族女南仙封成安公主，下嫁西夏王李乾顺"。契丹国先后有三位公主下嫁西夏国王，每一位公主出嫁都将有一批人陪嫁到西夏。比较有名的如夏州（今鄂尔多斯市乌审旗统万城）统军萧合达，便是辽国皇室的姻戚，因屡建军功，曾被赐予西夏王国的国姓。因当时鄂尔多斯是西夏主要的畜牧业地区之一，有喜牧者愿居鄂尔多斯。这些墓葬或许就是一些少量契丹人与党项人在鄂尔多斯杂居交往的一个证明。第二，"西夏与辽，以大河（黄河）相隔，无城堡可守。交界处的党项部落原来处于辽朝统治之下，西夏建国后，多叛辽附夏"。这些"交界处"的党项人因长期与契丹人朝夕相处，因接受契丹文化的影响而改变其固有的丧葬习俗者应有之。第三，五代十国时，契丹（辽）的势力伸入鄂尔多斯东北部。916年，辽占领胜州城（今准格尔旗十二连城），将居民移到河东居住。辽对宋朝作战时，为避免两线作战，一直与西夏保持着友好关系。1005年，宋辽订立了"澶渊之盟"后，辽夏间因争夺鄂尔多斯北部的部众，导致了1044年的辽夏大战，这年，辽兴宗亲自统率10万骑兵出金肃城（今准格尔旗北），分兵三路进攻西夏，北路军于贺兰山北击败西夏兵。据《中国历史地图集》，这个时期，鄂尔多斯大部被西夏占据；东北部的东胜区、准格尔旗东北被辽占据，为辽河清军、金肃军属地；准格尔旗南部被宋占据，为宋丰州属地。这些零散的辽墓或许与此有关。

总之，辽代契丹人的墓葬的形式是在继承民族文化的基础上，创造性地吸收了唐、宋墓葬制度，从而丰富和发展了契丹民族文化，具有鲜明的民族特点。契丹族在200余年的历史进程中，因游牧文化与农耕文化有机地融合在一起，相互影响，形成了多元一体、独具特色的辽文化，创造了一整套自成体系的北方契丹民族文化，为中国古代文明的历史增添了灿烂的光彩。

李军平，鄂尔多斯市东胜区人，鄂尔多斯市博物院副研究员。

选自《鄂尔多斯学研究》2019年第3期

地方生态研究

从钱学森的理论创新到
内蒙古的科学决策

郝诚之　丁秀娟

内蒙古有 13 亿亩草场，是我国五大草原之首；有沙漠、沙地 11.2 亿亩，占全国沙漠面积的四分之一。作为我国北方最重要的生态屏障，内蒙古在著名科学家钱学森沙产业、草产业科学理论的指导下，换一种思维看沙漠、看草原，坚持生态和生计兼顾，治沙和致富双赢，绿起来和富起来结合，将沙、草作为优势资源大做文章，将其发展为新型产业，现在已成为自治区经济发展新的增长点。

发展知识密集型的沙产业、草产业这一科学理论是我国著名科学家钱学森 1984 年首先倡导的。这一理论概括地说就是以系统工程思想整合的"阳光农业体系"和"绿色产业集群"。21 年来，钱老一直关注着内蒙古的沙地草原科学利用。1984 年，钱学森为《内蒙古日报》撰写了全国第一篇关于草产业的专论《草原、草业和新技术革命》。随后又撰写了《创建农业型的知识密集产业——农业、林业、草业、海业和沙业》的万言书，并在内蒙古党委决策内参《调研信息》上刊发。

2002 年 12 月 22 日，内蒙古沙产业、草产业协会在全国率先成立。内蒙古是钱老知识密集型沙产业、草产业的构思之地、创建之地、试验之地和示范之地。经过全区各族人民 21 年的努力，内蒙古生态环境由过去的"整体恶化，局部控制"转为"整体遏制，局部好转"的良性态势。沙产业、草产业发展已经走在了全国的前列。以鄂尔多斯市为例，2000 年禁牧前的植被覆盖率为 25%，2004 年达到了 70%。在大力发展沙产业、草产业进程中，该市粮食产量不但没受影响，而且由 1999 年的 69 万吨，增加到 2004 年的 76 万吨，牲畜总头数突破了 1000 万头（只），农牧民人均纯收入 2004 年达到 3090 元。鄂尔多斯市近年来还涌现出伊泰生物高科、东达蒙古王、亿利集团、恩格贝、华森草业等一批致力于沙产业、草产业发展的先进典型，形成了涉足沙产业、草产业的企业家军团，有力地带动了全区特色产业的发展。

西部安则国家安，西部危则国家危。沙产业、草产业理论真正解决的不仅是沙区草原少数民族弟兄的生存问题，而且是中华民族 21 世纪的生存发展问题。21 世纪是人类科学利用沙漠的世纪，我们应该伸出双手迎接这个新世纪。

丁秀娟，内蒙古自治区政协。

选自《鄂尔多斯学研究》2006 年第 2 期

地方生态研究

鄂尔多斯土地沙化和历代退耕还林还草的回顾与反思

陈懋才

当今世界,土地沙化的迅速发展,日益引起世人的广泛关注,鄂尔多斯土地沙化就是一个明显的例子,在8.7万多平方公里的土地上,各个阶段发育的沙化土地占86%,其中已失去生产能力的强度沙化土地就占32%。

造成鄂尔多斯地区土地沙化的原因,有地表沙质松散的内因,也有人类经济活动的外因。就外因而言,本区历史上曾是多民族活动的舞台,中原农业民族占领后,开垦土地,从事农业;北方游牧民族占领后,恢复草木,发展畜牧业和狩猎业。每次人们经济活动的变革,涉及人口的增与减,也会引起生态环境的良性、恶性循环。从史料记载看,鄂尔多斯地区第一次农业开发是从秦始皇三十六年(前211年)开始的。秦汉开垦后,又经历了一个时期的退耕还林还草,生态环境有所恢复。第二次农业开发是在唐代中期之后,开发的目的,一方面是抵御北方突厥等游牧民族入侵;另一方面是由于重视农耕。第二次退耕还林还草是在13世纪的元代。第三次农业开发是清政府时期。第四次农业大开发是在中华人民共和国成立后,当地各族人民大力开展造林治沙的群众运动,力图改变这一地区的落后面貌,也取得了不少经验和成绩。党的十一届三中全会以来,鄂尔多斯地区的生态环境出现了新的转机,植树造林种草的绿化速度已超过了土地沙化(每年300万亩)的速度,扭转了过去绿化赶不上沙化的状况。全市林草植被面积由过去的36%增加到60%左右。特别是由于近年来规模空前的退耕还林还草活动,植树种草的速度猛增,鄂尔多斯地区2000年植树13万亩,2001年植树13万亩,2002年植树38万亩,2003年植树50万亩,到目前为止,全市四年植树114万亩。但我们必须认识到，这只是一个良好的开端，自然界变化的周期十分缓慢，人对自然界的破坏容易恢复难。要想把这一地区恢复成过去的原始森林和原始草原的生态系统，则需要几代人的努力。因而，我们必须有长远的战略指导思想，避免重蹈以往造林不见林的覆辙。

陈懋才，鄂尔多斯市老年科技工作者。

选自《鄂尔多斯学研究》2006 年第 2 期

论鄂尔多斯生态现象

夏 日

鄂尔多斯生态建设的四个阶段：第一阶段，清朝、民国期间的反放垦运动。第二阶段，中华人民共和国成立后到十一届三中全会期间的局部治理。第三阶段，十一届三中全会以后到 20 世纪末的大规模治理。第四阶段，进入新世纪，党中央、国务院开始实施西部大开发战略，把生态建设作为西部大开发战略重点之一，采取了包括加大投资在内的一系列重大措施，为鄂尔多斯的防沙治沙、生态建设事业，提供了前所未有的历史机遇，与此同时，鄂尔多斯党委、政府在继续坚持过去的战略方针的基础上，迈出了两步历史性、革命性步伐。

鄂尔多斯生态现象的内涵和特征：我们把鄂尔多斯生态建设中的这种巨大变化称为"鄂尔多斯生态现象"，即从生态植被盖度上看，由 20 世纪 70 年代 80% 的沙化面积发展到现在 70% 以上的植被盖度；从治理模式上看，由单一的植树造林项目治理模式到三种五小、禁牧舍饲，防、治、管、用相结合的综合治理；从投资体制机制上看，由政府一家投资到企业、个人、股份、社会多元投资建设；从可持续发展的角度看，由投资、建设、破坏、再投资、再建设、可破坏的恶性循环到"三效五增"的良性循环；从生态建设的理念上看，由自觉的、局部的治理到政策化、制度化的全面治理。这些变化由外延的扩大到内涵的丰富，我们可以总结出这样几个特征，即自觉性、长期性、坚韧性、群众性、政策性、创新性、科学性、战略性。这些变化和特征客观地体现了鄂尔多斯生态由荒漠变绿洲、由有害变有利、由量变到质变的发展轨迹，从而也必将进一步推动鄂尔多斯生态现象向着稳定、健康、快速的方向发展。

鄂尔多斯生态现象给我们的启示：一是人与自然是可以和谐相处的。二是科学发展观是人与自然和谐相处的基础、前提和保证。三是发展沙产业、草产业是在防治荒漠化、生态建设领域内落实科学发展观的核心技术措施。四是综合治理才符合自然规律。五是改革投资管理的体制和机制。

选自《鄂尔多斯学研究》2006年第3期

生态改善与认识升华
生态改善与观念转变

——对鄂尔多斯生态建设历程的回顾与认识

陈育宁

中华人民共和国成立几十年来,从过去的伊克昭盟到今天的鄂尔多斯市,历届领导都在带领干部群众不断探索着如何改善鄂尔多斯的生态环境。这是一条艰难而曲折的道路。取得今天的成就,的确令人惊叹。今天的发展,是历史发展的延续;今天的经验,是历史经验的积累。回顾这一过程时,我们看到其间贯穿着一条主线,即人们观念的不断转变和认识的升华。

我们认为,需要强调两点:第一,充分认识人和自然环境的辩证关系。一方面,自然环境对于人类的意义是十分重大的。这是因为,人类本身就是自然环境的产物。第二,要使我们的决策由经验决策转变为科学决策。长期以来,我们习惯于凭经验来决定宏观的经济政策。沉痛的历史教训告诉我们,再也不能像过去那样仅仅凭良好的愿望,凭狭隘的经验来进行决策了!一定要使决策由经验型变为科学型……对于像鄂尔多斯地区今后发展经济的方针这样重大的问题,在总体规划上要体现环境保护的思想,在具体政策上要有环境保护的内容。

按照夏日先生关于鄂尔多斯生态建设分为四个阶段的意见,即清朝、民国期间的反放垦运动,中华人民共和国成立后到十一届三中全会的局部治理,十一届三中全会后到20世纪末的大规模治理,进入新世纪生态建设作为战略重点的全面治理。我们经历了最为重要的后两个阶段,特别是进入新世纪后的历史性、革命性的变化阶段。我们所经历的这个过程,也是我们国家在指导思想上进行重大调整的时期。因此,我们不仅有了感性的比较,更有了理性的认识和提高,思想更为成熟和统一了。在最近一期《求是》杂志上发表的重要文章《西部地区科学发展的成功探索——关于鄂尔多斯模式的思考》中，对近年来鄂尔多斯的快速发展及所创造的"鄂尔多斯模式"给予了高度评价："鄂尔多斯的发展之路，是一条我国西部地区的科学发展之路，具有很强的代表性。认真研究和分析鄂尔多斯模式，对于我国其他地区特别是西部地区全面贯彻落实科学发展观，实现经济社会又好又快发展，具有重要的理论意义和实践意义。"

鄂尔多斯的快速发展，不可忽视的还有一大收获，即生态文化。我们看到，近年来，热爱自然、关心绿色、保护环境等健康的观念和生活方式在鄂尔多斯悄然兴起；普及生态知识，进行生态道德教育，树立生态文明的风气，关注和研究生态现象的文化氛围正在形成，生态文化成了鄂尔多斯文化的重要组成部分。这方面的变化，将在今后的发展中发挥更为重要的作用。

鄂尔多斯在生态建设中，已经积累了丰富的正反两个方面的经验教训，这是极宝贵的财富。生态环境是一个综合、全面的概念。除了改善被沙漠侵害的生态环境外，在各类资源的开发、基础设施建设、城市规划与建设、人居建筑与环境、防治污染、应对灾害和气候变化、旅游开发等诸多方面，都有一个坚持用科学发展观指导、协调人与自然关系的问题，都有一个不断解放思想、转变观念、真正落实以人为本的问题。这项任务，还是长期的、艰巨的，是不可能一次就完成的。我们非常高兴地看到，鄂尔多斯已经有了一个历史性的良好开端，正如胡锦涛总书记称钱学森沙产业理论的设想，在内蒙古鄂尔多斯"正在变为现实"。抓住这一次极好的机遇，更加深入地研究和实践沙产业理论设想，全面推进生态建设，为进一步落实科学发展观做出新的成绩，提供新的经验。

选自《鄂尔多斯学研究》2008 年第 3 期

鄂尔多斯市水环境污染及其防治

王子光　窦德林

　　鄂尔多斯市是一个资源性和工程性缺水地区，水资源贫乏。如果水环境遭到污染，水质变坏，又将形成水质性缺水的地区，这些问题，必将影响到鄂尔多斯的可持续发展。究其原因，主要是因为过去全市经济基础薄弱，以煤炭开发为主的单一经济结构以及能源资源价格上涨等因素的影响，在全市范围内，盲目投资，低水平、高能耗，重复建设了一大批电石、铁合金、焦炭等高污染企业，造成严重的资源浪费，也使环境和生态遭到破坏。再加上新世纪的到来，随着西部大开发的深入，"三化"进程的加快，各地工业城镇、经济开发区和工业园区的建立，煤化工、天然气化工、PVC、电厂等企业的建设，使鄂尔多斯市的水资源更加紧缺，水污染形势更加严峻。

　　鄂尔多斯市水环境污染防治的举措：一是清洁生产。二是节约水资源，建立节水型社会，在某种意义上说，节水本身也是一场革命，是生产观念的革命，是经济结构的革命，是产业结构的革命，也是种植业结构的革命。所以建立节水型社会应是我市水资源战略的出发点，更是落脚点。三是加强污废水的处理与回用及废弃物的管理。四是充分利用水体的自净能力。五是加强管理、监督与检查。

　　王子光，鄂尔多斯市水利勘察设计院高级工程师；窦德林，鄂尔多斯市水利堪察院高级工程师。

选自《鄂尔多斯学研究》2008 年第 4 期

再谈农牧业经济与生态建设

何石曾

改善生态环境与农牧业增效相协调发展的问题：鄂尔多斯自然环境的特殊性，决定了生态系统的复杂性，利与弊共存不能忽视，人在生态系统中的主要地位不能忽视。同时，沿河平原区、丘陵山区、沙区、硬梁区都有改善生态的必要性，只是程度和策略有所不同。所以靠某些单一措施，是难以解决生态系统良性循环的问题。生态经济学家认为"如果单从生态论生态的话，人类只好回归到原始社会"，生态良好，社会经济发达，才是生态经济学的真正意义。

关于养山羊是否破坏植被的问题：畜牧业是我市的支柱产业，生态生产协调发展，是大家的共识。牧区的休牧轮放，农区的舍饲养畜，是畜牧业发展历史上的一场革命，除了从制度上、政策上做保障，全面深入贯彻落实科学发展观，才能健康、稳定、持续发展。在这方面全市各地涌现出许多好典型好经验，一是立草为本，树立植被建设是最大的基本建设的观念。二是科学养畜，包括棚舍标准化、畜种改良、卫生防疫、科学饲喂等。三是市场拉动，产业化进程较快，目前全市上规模的畜产品加工企业有100多家，由于产业化的拉动，促进畜牧业走向区域化、商品化的发展格局。四是民营科技，各类协会的涌现，带来了新的生机。

制定土地合法流转政策：农村牧区的生产方式还停留在一家一户为经营单元的水平上，因为分散，难以形成合力，生产手段落后，劳动生产率低，治理生态环境乏力是真正的原因。解决的核心是制定土地合法流转的政策，包括耕地、草牧地、林地、五荒地（荒滩、荒山、荒沙、荒沟、荒坡）等。

合理配置和利用资源：产业结构调整，转向新产业开发，是农牧业增效、农牧民增收的有效途径。实践证明一项新产业的兴起，可以带动一方人致富。鄂尔多斯的植物、动物资源十分丰富，待开发的中草药、沙生植物、果类、山野禽兽等，开发利用好可成为农牧民致富的基地。

何石曾，山西人，原伊克昭盟委员会政研室主任。

选自《鄂尔多斯学研究》2008年第4期

地方学研究

浅谈查处环境保护违纪问题的对策

张 石

鄂尔多斯环保工作的状况：2007年SO_2排放量为25.66万吨，比2006年下降了17.23%，比2005年下降了8.85%，减排量为7.84万吨，居全区各盟市之首；由于环保部减排核查办法规定老污水处理厂均不计算减排量，CO_2减排量为0.02万吨，新增量0.21万吨，净减排0.19万吨，排放量为3.02万吨，比2006年下降6.7%，比2005年下降31.3%。我市主要污染物减排工作虽取得了阶段性成果，但距离"十一五"环保目标还很远，面临的形势还很严峻，存在环保违纪的问题也不少。

影响查处环保违纪违法问题的因素：一是排污企业后面有官员当"保护伞"。二是企业违法成本低、守法成本高的客观存在。三是环保人员素质及必备条件的不适应。四是部门联动机制难落实。

解决环保违纪问题的对策：一是查处充当污染"保护伞"的政府官员。二是从严从重从快处罚违纪违规企业。三是执法部门、环保部门要"修好自身功"。四是加强部门联动，采取综合措施惩治违法行为。

张石，鄂尔多斯市纪委执法室。

选自《鄂尔多斯学研究》2009年第3期

地方生态研究

以科学发展观为指导
大力推进鄂尔多斯的生态文明建设

萨仁高娃

鄂尔多斯生态建设取得成效：改革开放以前，鄂尔多斯的森林覆盖率只有13.8%。经过30年的努力，到2007年，全市禁牧草原3518万亩，占草原面积的40%，休牧5298万亩，占草原面积的60%，划区轮牧2398万亩。完成退耕还林502.7万亩，退牧还草3013万亩，人工造林1016万亩，飞播造林838万亩，封育102万亩。林沙产业形成巨大生态效益和经济效益。沙柳造纸项目带动农牧民种植沙柳600万亩，甘草制药项目带动农牧民种植甘草近400万亩，沙棘产业化项目带动农牧民治理砒砂岩39.8万亩，2007年全市林沙产业增加值达到了13亿元，农牧民来自林沙产业的人均纯收入突破1000元。目前全市植被覆盖率由2000年的30%提高到75%以上，森林覆盖率由13.6%增加到20.07%。累计关闭高耗能、高污染企业537户，减排烟粉尘68.7万吨、二氧化硫14万吨，全市空气质量优良天数达到325天，集中式水源地水质达标率100%，黄河流经鄂尔多斯728公里，境内无一家企业向黄河排污。

鄂尔多斯生态环境建设的成功经验：决策正确、措施得力；典型引路、以点带面；建管并举，利益驱动；以林促工、以工补林；承包到户、责任到人；遵循规律、因地制宜。

鄂尔多斯是一座资源型城市，化工、建材等重污染行业占主导地位，由于经济结构战略性调整的任务尚未完成，粗放型经济增长方式还没有根本转变，随着工业化、城镇化进程的加快，资源开发力度不断加大，污染物的排放总量还会增长。生态环境风险不断加大，生态环境安全受到挑战，生态环境问题将成为影响社会稳定的重要因素。鄂尔多斯生态环境存在的主要问题：

工业"三废"排放居高不下。城市空气环境质量不尽如人意。农村环境保护形势严峻。矿区生态环境问题较为突出。

鄂尔多斯生态环境综合治理对策：坚持科学发展观，把环境保护摆在更加重要的战略位置；大力发展循环经济，着力解决结构性和布局性污染；推进环境污染防治，努力削减污染物排放总量；建设环境保护重点工程，着力解决突出环境问题；统筹城乡环境保护，着力推进生态文明城市建设；完善环境保护机制，切实把环境保护任务和责任落到实处。

萨仁高娃，巴彦淖尔市人，鄂尔多斯市委党校教授。

选自《鄂尔多斯学研究》2009 年第 4 期

让沙海流淌绿色
建生态宜居之城

——由鄂尔多斯荣获"国家森林城市"称号谈起

巴音道尔基

绿色,是鄂尔多斯人渴望已久的生态底色和夙愿,也是鄂尔多斯(原伊克昭盟)历届领导带领人民不断努力实现的奋斗目标和梦想。如今,这一夙愿、这一目标,终于实现了。2015年底,全国绿化委员会和国家林业局正式授予我市"国家森林城市"称号,这是一张国家级的名片,是鄂尔多斯人的光荣和骄傲,也是对鄂尔多斯人长久付出的奖赏和回报。

鄂尔多斯生态演变及原因分析:一是自然地理(环境)的原因。鄂尔多斯地处我国北方农牧交错带,属半干旱向干旱区过渡地带,风沙高原向黄土高原过渡带,风蚀、风水蚀、水蚀交错带。由于所处的地理环境的原因,鄂尔多斯地区直接受到我国西部大面积干旱、半干旱和亚湿润干旱地区气候的直接影响。这里远离海洋,深居大陆腹地,加上层层山脉的阻隔和青藏高原对水气的遮挡,使得这一地区成为全球同纬度地区中降水量最少、散发量最大、干旱程度最高的地带。同时,这里还处于西伯利亚和蒙古高原的反气旋中心,其频繁的强风为风蚀土壤提供了动力,这是造成沙尘暴的主要原因。鄂尔多斯是有名的沙区,库布其沙漠和毛乌素沙地横亘南北,占全市总面积的48%,20世纪70年代中期沙化面积一度占到总面积的80%,当时年平均8级以上大风日数40天。正因为大环境的缘故,鄂尔多斯风大沙多,被称"十年九旱"。二是历史的原因。历史上鄂尔多斯地区的农业开发经历了秦汉、唐和清末三次大的开垦,这就为鄂尔多斯土地严重沙化打下了基础。清代光绪末年,对内蒙古实行的"新政"就是"开放蒙地""移民实边"。而鄂尔多斯又是实行垦荒的重点之一,从光绪二十八年(1902年)开始,6年内共垦土地 23800 多顷，第二、第三期又垦 17300 多顷。民国时期的开荒种地更使土地沙化雪上加霜。据记载，1915—1928 年，绥远垦务局在鄂尔多斯地区开垦牧场 17340 余顷。由于各个朝代长期向鄂尔多斯地区徙民农垦和战乱，对森林、草原破坏严重，使水草丰美的鄂尔多斯从森林草原地带走向了沙化。三是认识误区的原因。中华人民共和国成立后，合作化和国家三年经济困难时期，因急于解决粮食问题，强调"以粮为纲""粮食自足"，大力倡导"多种多收"，后来又提出"牧民不吃亏心粮"口号，导致盲目开荒，扩大耕地面积，加之不合理的放牧方式和草场载畜量过大等原因，鄂尔多斯可利用草场面积迅速减少，草地牧草覆盖率减少了 30%—50%，部分沙区农牧民因房屋被沙压，草场被沙埋，因而失去了基本的生存条件。中华人民共和国成立以来三次大开荒导致大片土地沙化，特别是 1958 年至 1972 年的 15 年中的三次大开荒导致鄂尔多斯沙化面积由 1949 年的 11752 平方公里扩展到 23248 平方公里，15 年的沙化面积是两千年的近两倍，而且草原产草量和覆盖率比 1949 年减少 20%—60%。到 20 世纪末，鄂尔多斯沙漠化土地面积达 42667 平方公里，占总面积的 49%；沙化退化草场面积 40000 平方公里，占可利用草场面积 80%；全盟每年砍伐沙蒿、沙柳大约在 5 亿公斤以上；因风蚀沙化、水土流失每年向黄河输入泥沙 1.8 亿吨。四是地区贫困的原因。原伊克昭盟曾经是有名的贫困地区，生态恶化、沙化严重、生产落后、贫困面大，几项主要经济指标长期居自治区末位，真可谓"老少边穷"地区。面对脆弱恶劣的生态环境，中华人民共和国成立以来，历届党委政府都十分重视生态环境建设，也取得一些成绩。但是，由于错误路线干扰，乱垦滥伐开荒种地的行为一直没停止，致使广大农村牧区的自然植被和生态环境进一步恶化，形成了开荒—沙化—贫困，越贫困—越开荒—越沙化的恶性循环。总之，鄂尔多斯生态演变的原因有历史和现实的因素，也有自然和人为的因素。

为更好弘扬生态文化优良传统，提升生态文明意识，应从以下几方面着力：一是我市生态文明建设已经走上了健康、和谐、可持续发展的道路。二是鄂尔多斯作为北方游牧生态文化的故乡，传承了蒙古族文化崇尚自然的优秀基因。三是大胆先行先试，加快生态文明制度建设。四是创建和发挥生态博物馆的功能。要想更好地保护少数民族传统文化，就应该在民族地区更多地建立生态博物馆，这是至今为止被认为是保存民族传统文化的最好选择。让我们发扬"前人栽树、后人乘凉"的精神，把绿色理念种进大地，让绿色共识化作现实。随着绿色、低碳、循环发展的全面推进，一个天更蓝、水更清、山更绿，充满盎然生机的美丽鄂尔多斯将显现在世人面前。

巴音道尔基，鄂尔多斯市政协文史委原主任。

选自《鄂尔多斯学研究》2016年第3期

从荒漠到绿色家园

齐凤元

众所周知，鄂尔多斯本是天赐的丰美草原。但是近百年来，特别是 20 世纪 50 年代至 70 年代，千里草原变成了连绵沙丘，不论冬夏，满目焦黄。绿色曾经是鄂尔多斯最贫乏的颜色，这里成了典型的荒漠化地区。所谓荒漠化，就是"因气候变化和人类活动所导致的天然沙漠扩张和沙质土壤上植被的破坏，沙土裸露的过程"。鄂尔多斯地区的荒漠化固然有"气候变化"的原因，但是更主要的是人类的破坏，20 世纪 50 年代至 60 年代，地方党委和政府虽然提出"禁止开荒，保护牧场""种树种草基本田"等多项保护草原的举措，但因为粮食短缺，城乡居民口粮得不到保障，在这种情况下，默许农牧民开荒种地，使本来就十分脆弱的生态环境雪上加霜。到了 70 年代末，鄂尔多斯地区植被覆盖率降至 18%，森林覆盖率仅为 0.6%，荒漠化程度到了极限。

从 70 年代末开始，特别是改革开放以后，以党的政策为动力、政府支持为依托，大搞草牧场基本建设。提出"农林水综合治理"的口号，开始实施"三种五小"，大力推行"个体、集体、国家造林一齐上，以个体造林为主"，谁种谁有，合造共有，长期不变，允许继承，"'五荒'划拨到户、草牧场两权分离"等政策。90 年代明确提出"草牧场建设是最大的基本建设"，至实施"两翼一体战略建设 3153 工程""反弹琵琶，逆向拉动"。进入 21 世纪以来，以撤盟设市为契机，提出以"绿色低碳大市"为目标，"建设美丽鄂尔多斯"新理念。在这个理念指导下，按照五大生态功能分区，以城市建成区、苏木乡镇、嘎查村绿化为切入点，以道路、水系、农田林网绿化为脉络，以平原、丘陵、沙区、干旱硬梁区等绿化为平面，以实现大地增绿、资源增值、农牧民增收、企业增效、地方增税为发展道路,大大加快了荒漠化的治理速度。切实实现了绿色先行、低碳发展,建成功能完善的森林生态体系、发达的森林产业体系、繁荣的生态文化体系和健全的森林安全体系,最终达到生态与发展双赢、绿色与美丽共存的建设目标。

从昔日的荒漠化到今天的绿色家园,前后仅用了40年,这似乎是一场梦。但梦想终于变成现实。2015年11月24日,鄂尔多斯荣获"国家森林城市"称号。这是全国绿化委员会、国家林业局经过严格的调研、筛选、认证、评估,最后由专家组核验等程序,从诸多申请城市中评出了21个"国家森林城市",鄂尔多斯市名列其中。"国家森林城市",是目前我国对一个城市在生态建设方面的最高评价。森林城市已成为现代化城市科学发展的基础和保障,是生态林业、民生林业建设的主要领域有效载体,发展森林城市、建设森林城市已经成为改善生态环境和提升民生福祉的重要内容。40年,鄂尔多斯森林面积达到3363.5万亩,覆盖率从20世纪70年代末的0.6%跃升到25.8%,城市建成区绿化覆盖率达到42.07%,植被覆盖率从20世纪70年代末的18%跃升到76.3%,荒漠化土地和沙化土地面积年均减少52.4万亩和3.38万亩,沙尘暴天气数由2000年的9天减少至1天。这个奇迹的出现是来之不易的。正因如此,鄂尔多斯市今年9月6日将迎来《联合国防治荒漠化公约》第十三次缔约方大会的召开。这是鄂尔多斯市有史以来首次举办如此大型国际会议,是值得鄂尔多斯人永世骄傲的一件盛事。

选自《鄂尔多斯学研究》2017年第3期

地方学研究

金山银山与绿水青山共赢的鄂尔多斯40年

奇海林

黄河环抱沙梁,宝藏沉睡苍茫。有人说,鄂尔多斯是一片神奇的土地,有神奇的黄河、神奇的沙漠、神奇的丘陵、神奇的草原、神奇的文化底蕴和神奇的文明。而我要说,鄂尔多斯的土地南接黄土高原、北连内蒙古高原,不仅不神奇,甚至很普通;黄河环抱鄂尔多斯700多公里,不仅没有壶口瀑布的壮观,也没有塞上江南银川的美妙;毛乌素沙地、库布其沙漠占鄂尔多斯总面积的48%,留给鄂尔多斯人的记忆是"走也是沙、坐也是沙,家乡怎么有这么多的沙"。生活在恶劣环境之中的鄂尔多斯人,一边用自身微弱的力量与自然抗争,一边也曾用过极其传统的落后方式采挖过河槽旁边露头的煤炭,至于天然气的开采利用就可以说是天方夜谭了。因此,数千亿吨煤炭与数千立方米天然气就默默沉睡在鄂尔多斯高原的苍茫大地之下。

改革开放发展,地上地下创业。鄂尔多斯市成功创建"全国绿化模范城市""国家森林城市""国家园林城市"等,绿色真正成为鄂尔多斯的基本底色,生态文明成为鄂尔多斯最大的发展活力点,大美鄂尔多斯已经成为最响亮的城市名片。生存环境不断改善的同时,在党的改革开放大政方针的鼓舞下,伊克昭盟从"工业立盟"到鄂尔多斯"工业强市"政策的推进,古老的鄂尔多斯焕发出青春的活力和无限生机,鄂尔多斯人在率先"包产到户"后,又率先开创了少数民族能源资源富集地区追赶发达地区的"赶超型经济"新局面,发展速度与日俱增,终于从"八五"时期开始步入"快车道",实现了持续较长的经济增长期,经济建设和社会面貌出现了历史性巨变。

跨越崛起领先,名扬中外温暖世界。2009年至今,鄂尔多斯一直是引领自治区经济发展的领头羊。"十二五"末,鄂尔多斯市经济总量位列全国333个地市第33位,公共财政预算收入位列全国333个地市第29位。2016年,全市地区生产总值4418亿元,位居全国地级市第35位,比2000年的150亿元增长15.4倍,年均增长18.6%;公共财政预算收入451亿元,位列全国地级市第28位;全市城乡居民收入分别达到40221元和15480元,位列全国地级市第27位和第49位;主要经济指标保持全区领先,综合经济实力稳居全国中西部城市前列。

扬眉吐气再出发,由小康走进现代化。一是实体经济更有实力。二是高质量发展优势更优。三是产业生态环境更加优化。四是乡村振兴战略全面实施。五是人民福祉不断增进。六是发扬吃苦耐劳和一往无前的蒙古马精神,推动工作任务落实。

选自《鄂尔多斯学研究》2008年第1期

地方学研究

做习近平生态文明思想的坚决践行者

杨鹏飞

习近平总书记在参加全国两会内蒙古代表团审议时强调，保持加强生态文明建设的战略定力，探索以生态优先、绿色发展为导向的高质量发展新路子，加大生态系统保护力度，打好污染防治攻坚战，守护好祖国北疆这道亮丽风景线。总书记的讲话精神在我市引发热议，干部群众普遍表示，鄂尔多斯要做习近平生态文明思想的坚决践行者。鄂尔多斯曾经是生态破坏的受害者，现在又是生态建设的受益者，在尝过"苦头"后品味过来之不易的"甜蜜"，更加深刻地认识到加强生态文明建设的重要意义。

生态文明不只是"生态"的文明，而是一个系统的概念，是人类社会继原始文明、农业文明和工业文明之后，发展起来的崭新文明形态。生态文明是指人类遵循人、自然、社会和谐发展这一客观规律而取得的物质与精神成果的总和；是指人与自然、人与人、人与社会和谐共生、良性循环、全面发展、持续繁荣为基本宗旨的文化伦理形态。习近平总书记基于对人类社会发展规律、人与自然关系认识规律、社会主义建设规律的科学把握和深邃洞见，科学概括了生态文明的主要内涵，即新时代推进生态文明建设的"六项原则"。鄂尔多斯是一个生态相对脆弱的地区，境内的库布其沙漠是中国第七大沙漠，这里曾经一片荒凉，扬尘、沙尘暴肆虐。经过几代人的奋斗，如今成功实现了"人进沙退"。据全国第五次荒漠化和沙化土地监测结果显示，10年间鄂尔多斯市荒漠化土地面积减少580.8万亩，沙化土地总面积减少42.69万亩。目前，境内毛乌素沙地和库布其沙漠治理率达到70%和25%，重点治理区生态得到明显改善。

理论的魅力，在于知行合一，以理论指导实践，以实践升华理论，从而将事业推向更高境界。践行习近平生态文明思想，就是要在实践中不懈探索，围绕"六项原则"，创造出生态底色更浓郁、增长势头更强劲、民生指数更幸福的新业绩，努力实现更高质量、更有效率、更加公平、更可持续的发展。

选自《鄂尔多斯学研究》2019年第1期

地方人物研究

地方人物研究

洒向边疆都是爱

——忆著名科学家钱学森关怀内蒙古沙产业草产业发展二三事

郝诚之

　　钱学森院士自 1984 年以来，厚爱内蒙古的"八个第一"，愿历史永远铭记：一是钱老考察的第一个沙漠，是内蒙古自治区额济纳旗所在的巴丹吉林沙漠。二是钱老研究的第一个草原是内蒙古草原。三是钱老论述草业系统工程的第一篇专论是写给《内蒙古日报》的。发表在 1984 年 6 月 29 日第 1 版、第 4 版，后《人民日报》1984 年 7 月 10 日全文转载。四是钱老关于第六次产业革命的论述，即万言书《创建农业型的知识密集型产业——农业、林业、草业、海业和沙业》的打印稿，第一次加按语登载的省级内参是内蒙古党委政策室的《调研通讯》（1984 年 7 月 27 日第 24 期）。五是钱老关注的第一批牧业旗县是内蒙古的阿拉善左旗和镶黄旗；钱老夸奖的第一个沙漠地区用衬膜技术试种水稻成功的典型是内蒙古的奈曼旗，钱老赞扬"这是沙产业的又一喜讯"。六是钱老直接写信肯定的第一个沙产业龙头民营企业，是内蒙古鄂尔多斯市的政协委员企业——东达蒙古王集团。七是钱老担任名誉顾问的第一个省级协会，是内蒙古沙产业、草产业协会。八是第六次产业革命的学术报告中点到的第一位民族地区省级领导是内蒙古自治区党委第一书记周惠同志，《通信集》中提到的第一位蒙古族省级领导是内蒙古自治区主席布赫同志。钱老关于"沙产业、草产业是内蒙古的优势产业"，希望"在全国起到示范作用"的第一封贺信，是写给内蒙古自治区党委副书记杨利民同志和内蒙古自治区政协副主席夏日同志的。

选自《鄂尔多斯学研究》2006 年第 2 期

云北峰与郡王旗和平解放

——为纪念云北峰同志逝世 20 周年而作

聂生有

云北峰,男,蒙古族,于1915年9月18日出生在内蒙古土默特左旗北石轴村一个典型的农民家庭。从小在土默特小学读书,小学毕业后即考入南京蒙藏学校读书,后来又转入南京政治学校就读。在校期间学习了许多进步书籍和报纸刊物,对他的思想触动很大,于是未等到毕业即回到了家乡内蒙古,并找到共产党人高凤英、贾力更、奎璧等同志,向他们提出到蒙古国留学深造的要求。由于种种原因,到蒙古国留学的要求未能成行,被安置在当地的一所小学校里当了教员。

为了给郡王旗建立新的人民政权做好准备,1949年10月中旬,云北峰同志派遣奇林宝前往杭锦旗将奇忠义、奇宝玺及其眷属接回郡王旗,并做了妥善安置。1949年11月26日,伊克昭盟召开首届各族各界人民代表大会,郡王旗由奇忠义等12人出席,通过代表大会成立了伊克昭盟人民自治政务委员会,奇全禧被推选为政务委员会委员并兼任民政处副处长。1950年2月2日,郡王旗各族各界人民代表大会召开,选举产生了郡王旗人民自治政府,郡王旗的末代王爷奇忠义被选为自治政府的首任旗长。与此同时,中国共产党郡王旗委员会也相继成立,云北峰同志被委任为第一任旗委书记。

郡王旗的和平解放,是我党民族政策在少数民族地区取得的巨大胜利,也是我党统一战线工作所取得的巨大胜利。当然这其中云北峰同志也功不可没。他不辞艰辛甚至多次冒着生命危险,始终不渝地坚持开展了这一地区的民族统战工作,并最终取得了胜利,圆满地完成了党所赋予他的光荣而艰巨的任务。云北峰同志特别关注和培养使用知识分子,对知识分子不论他们的家庭出身如何，他都能做到精诚团结，肝胆相照，量才使用。他的功绩将永垂青史。

云北峰同志的一生是全心全意为人民服务的一生，他把自己的一生默默地奉献给他所从事的事业，他没有给后人留下任何物质财富。但他给我们留下了宝贵的精神财富，那就是一身正气、两袖清风的崇高品德。

聂生有，原伊克昭盟林业局局长，现已退休。

选自《鄂尔多斯学研究》2006年第3期

地方学研究

阳早、寒春在城川的日日夜夜

尉光明

城川地处鄂尔多斯西南部，紧靠陕甘宁边区。这里是一块沙滩相间、资源丰富、水草丰盛、气候温和、雨量颇佳的适宜林牧农发展的好地方。1949年8月，阳早和寒春来到城川（三边牧场）工作。阳早（原名欧文·恩格斯特，Erwin Engst），1918年11月9日出生于美国纽约州，康奈尔大学毕业后，从事养牛业，是一名奶牛专家，2003年12月25日因病去世。寒春（原名琼·辛顿，Joan Hinton），1921年4月20日出生于美国芝加哥，1943年4月1日，她在美国的威斯康星大学物理系攻读研究生时，参与投放广岛、长崎原子弹的研制。

他俩在美国通过寒春的哥哥韩丁（阳早的大学同学，原名威廉·辛顿，William Hinton）介绍相识。1946年，27岁的阳早受《西行漫记》（Red Star Over China）的影响，辗转半年来到延安，被分配在光华农场，专搞养奶牛工作。他说，他要亲眼见识创造了"小米加步枪"和"长征"的毛泽东。1947年，毛泽东会见了恩格斯特等人。1949年8月，陕甘宁边区建设厅决定成立三边牧场，又派阳早去三边牧场工作，同时任命阳早为副场长。1948年春天，寒春以宋庆龄福利会雇员名义，远渡重洋来到中国，随后辗转上海、北京，1949年2月来到延安，4月同阳早结成伴侣，一块去瓦窑堡农具厂和三边牧场工作。以心换心的友谊是永恒的。阳早、寒春和同志们用诚挚、善良的心和蒙古族牧民交朋友，用热情、细致、周到的服务感染着牧民，使牧民有什么事情都愿意找阳早、寒春解决。城川是牧区，牧民以游牧为主，因此，居住条件比瓦窑堡艰苦。一到冬天，草木凋零，天寒地冻。人们晚上睡在蒙古包里,用火盆取暖。阳早、寒春身着统一配发的粗布棉衣,和牧民穿着羊皮裤、羊皮袄相比,可想而知的寒冷,特别是夜间,尽管他们感到生活艰苦,但他们觉得苦中有甜,有乐趣。周恩来5次接见他们,次次道"辛苦"。阳早回应周恩来,给社会主义干活,心甘情愿。做心甘情愿的事不谈辛苦。

尉光明,鄂托克前旗文联。

选自《鄂尔多斯学研究》2007年第2期

钱学森与内蒙古沙产业

郝诚之 刘艾君

2008年1月19日,中共中央总书记、国家主席、中央军委主席胡锦涛看望著名科学家钱学森。他高度肯定钱老的两大有中国特色的科学建树:一是系统工程理论,二是沙产业理论。他握着钱老的手亲切地说:"前不久,我到内蒙古自治区鄂尔多斯市考察,看到那里沙产业发展得很好,沙生植物加工搞起来了,生态正在得到恢复,人民生活水平也有了明显提高。钱老,您的设想正在变成现实。"

关注沙漠,首倡"发展沙产业"。钱学森先生一生的追求是八个字:志在强国,心在富民。他首创的知识密集型沙产业、草产业、林产业理论,指导了西部大开发的科学进行。钱学森先生深入分析了内蒙古沙漠地区农业气象资料、土地资源特征,指出那里不仅具有发展农业生产的制约因素,也具有独特的自然优势。沙产业愈发达,第一性产品的产量就愈多,人们为追求生活必需品而进行的盲目开垦和放牧就会相对得到控制,脆弱的自然资源就会得到休养生息的机会。

心系草原,赞扬"内蒙古带头"。钱老专门分析了内蒙古的草场资源,细心研究了当时内蒙古党委第一书记周惠同志的有关文章,结合利用世界新技术革命的机会,给内蒙古提出了资源带动、产业联动、科技兴区、后来居上的独特方略。观点新颖,充满战略的思考;论证严谨,闪耀着系统工程的光辉。老科学家高屋建瓴地指出:"内蒙古自治区有13亿亩草原,如果下决心抓草业,可是件大事。"

支持试点,"三生统一"创伟业。1999年,鄂尔多斯市的内蒙古东达蒙古王集团，响应党中央实施西部大开发的号召，斥巨资进军库布其沙漠，实施了沙区适生灌木沙柳的产业化综合利用项目。内蒙古政协经济委员会认为东达蒙古王集团利用灌木"平茬复壮"的特性（4年不平茬就要枯死），开辟了工业用途，开创了"沙柳造纸"新工艺，使生态、扶贫、环保一举三得。以"沙漠增绿"带动"资源增值""农牧民增收""企业增效"，体现了恢复生态、发展生产、改善农牧民生活的"三生统一"理念。

重视网站，书信指导促发展。为了推动内蒙古自治区沙产业走进全国前列，1984年6月以来，钱老通过书信，具体指导内蒙古抓好"建设试点"，认为"先从奶、肉、毛、绒四个类型做起很好"。为了响应中共中央宣传部领导同志关于抢占国际互联网、宣传中国新成就的号召，2006年12月，在内蒙古自治区人民政府和政协领导支持下，内蒙古沙产业、草产业协会与新华网联合开通了中国沙产业、草产业网站。钱学森先生不但欣然应允担任名誉顾问，而且赠送著作、文稿四大袋，同意开辟"钱学森论述"专栏。2007年3月，钱老为网站签名题词："内蒙古各民族人民过去在'两弹一星'事业上做出了贡献，现在又在沙产业和草产业上给全国带了个好头，做出了榜样。我希望他们在沙产业和草产业上继续做贡献，并把沙产业、草产业推向全国去！"

郝诚之，内蒙古沙产业草产业协会常务副会长兼秘书长，鄂尔多斯学研究会专家委员会副主任委员；刘艾君，内蒙古沙产业草产业协会副秘书长。

选自《鄂尔多斯学研究》2008年第3期

王悦丰：忠诚的革命战士

甄达真

王悦丰同志参加了鄂尔多斯的解放全过程，始终是司令员，同高平同志在一起，从乌审打到准东，直至解放了全鄂尔多斯。我以为称他为忠诚的革命战士是不过头的。王悦丰，这是他的汉名，是他为了和汉族同志相互沟通、相互了解方便取的名字，他的蒙名叫阿尔宾巴雅尔。王悦丰出生在乌审旗西部牧区。那是清末，正是社会大动荡的时期。乌审王爷腐败，不仅大量放垦以收取大量银两，进而还大片出卖土地，激起了牧民的愤怒。所以乌审旗的"独贵龙"运动蓬勃兴起。他继承了席尼喇嘛的革命遗志，高举起了"独贵龙"运动的火炬，带领这一支革命武装力量继续前进。之后他带领部队和奇金山的西乌审部队会合，改编为西乌审保安团，奇金山为团长，王悦丰为副团长，建立了西乌审革命根据地。到1945年2月，奇玉山趁春节偷袭了西乌审保安团，奇金山牺牲，部队遭受了严重损失。伊盟党组织在西北局的指导下，重整了这支部队，正式成立了西乌审保安司令部，王悦丰任司令员，奇福禄任参谋长，赵玉山任秘书长。解放战争打响后，这支部队便成了解放伊盟的主要力量。在党的领导下，部队在斗争中不断发展、壮大，打出了自己的军威，建树了不可磨灭的丰功伟绩。在这一段时间内，王悦丰同志始终工作在部队，转战伊盟各地。

王悦丰和高平、高增培等同志一道全身心地投入解放伊盟的战斗中。起初，他在乌审旗战斗，后来又离开家乡，辗转到准旗、达旗、东胜，直至解放全伊盟。他是解放全鄂尔多斯的亲历者。这期间生活的艰苦是人们难以想象的，战斗的险象是令人惊心动魄的。三年多的解放战争，王悦丰就生活在部队，工作在部队，和伊盟支队的同志们共同战斗，迎来了全鄂尔多斯的解放。王悦丰同志是一位忠诚的、有智慧的、讲大局、讲团结、热爱党、热爱家乡的战士。王悦丰是乌审旗的骄傲！

甄达真，内蒙古准格尔旗人，原鄂尔多斯职业中专主任，鄂尔多斯学研究会专家委员会委员。

选自《鄂尔多斯学研究》2010年第1期

殷玉珍：征服沙漠的女人

苏伟光　周晶宇　王雅丽　边俊祯

　　殷玉珍是鄂尔多斯市乌审旗河南乡农民。24 年来她在荒无人烟的毛乌素沙地深处植树 7 万亩的事迹，感动了当地，感动了内蒙古，感动了中国，感动了世界。24 年，她让不毛之地变成绿洲，她让沙漠披上绿茵。她是世界的治沙典范，是中国的骄傲。她以中国治沙女英雄的身份参加了 10 月 27 日开幕的韩国妇女与防治荒漠化国际会议，她成为 2010 年水环境大奖——盖娅（GAIA）奖获得者，并获得 2 万美元的奖金。1965 年，殷玉珍出生于陕西省靖边县东坑镇伊当湾村，村子大，人也多。陕北治沙早，沙漠在那里停住了脚，村里村外，满眼是绿色的树。父亲放羊时和临界内蒙古的一位放羊老汉相识，两人话语投缘，私自做主，撮合成孩子的婚事。1985 年，殷玉珍 20 岁，怀着少女五彩斑斓的梦想，遵从父命，从陕西嫁到内蒙古乌审旗河南乡尔林川村一个叫井背塘的地方。丈夫白万祥是一个老实巴交的农民。新婚的殷玉珍连红棉袄也没穿，没有迎亲乐队的吹吹打打，更没有轿子，一路步行着来到尔林川村背井塘。即使在今天，殷玉珍对新婚没有穿上红棉袄也感到遗憾。

　　种树为什么？绿化山川，改善生态？当时的殷玉珍没想那么多。只有一种质朴的想法，门前屋后种上树，像个人住的地方，就像家里种了一片花，看着心宽。她用家里仅有的一只羊换回 600 株小树苗，没日没夜地栽树，没日没夜地看护。饭顾不上吃，觉顾不上睡。也许是殷玉珍的精神感动了上苍，就像移山的愚公感动上帝让夸娥氏二子搬走大山一样，在风沙肆虐的沙漠里，小树苗有不少竟然发了芽。殷玉珍的高兴劲决不亚于哥伦布发现了新大陆。他们找来沙柳、葵花杆等柴草，扎下沙障，挡住风，定住流沙，层层设防，栽一片，巩固一片，逐步蚕食，造林成活率大大提高。殷玉珍战胜了毛乌素沙漠的风沙。

殷玉珍与沙漠斗了多年，比那些专家还有经验，不仅摸清了它的脾气，而且还懂得了治沙先用沙的道理。他们根据土壤条件和沙丘的方位，确定哪些地方适合种乔木，哪些地方适合种灌木。需要种灌木时，他们先赶来羊群，在松软的沙地上踩出密密麻麻的蹄印，然后撒上柠条、紫穗槐、羊柴、沙打旺等植物种子，再重新"请回"羊群走上一遭，这样用不了多久，小苗便会破土而出了。与沙漠抗争的代价是沉重的。丈夫白万祥因长年奔波，积劳成疾，患上了肺炎、气管炎等疾病，已失去从事重体力劳动的能力；殷玉珍怀孕期间，顾不上休息，仍坚持种树，结果儿子在腹中8个月时便早产了，她也落下个腰腿疼的毛病；孩子无人照料，经常一人在家哭闹，小小年纪便患上了肺结核；怀第二个孩子时，她背苗条不慎摔倒，造成流产。没读过多少书的殷玉珍给儿子起名叫国林、国材，寄托着她为国家造林、让树木成材的希望。自治沙开始，到曹乡长一行进来，整整12个春秋，殷玉珍夫妇没要国家一分钱投入，已将3万多亩沙漠变成了绿洲。远离尘世，整日与大漠为伍，他们的坚守本身便是人类向大自然的一种皈依和挑战，尽管它是那么的恶劣。谁又能想到这户人家，在大漠里默默地忍受，孤军奋战，十几年如一日地植树治沙。环境由黄一点一点地变绿，那每一片绿叶的背后，都倾注着一家人无尽的汗水。

发现了绿洲，也发现了创造绿洲的人。那年，《鄂尔多斯日报》记者报道了殷玉珍的事迹。随之，各级政府开始重视殷玉珍，各个媒体争相报道殷玉珍。国外的媒体、治沙机构也发现了殷玉珍。时间的犁铧在大漠黄沙中艰难地前行着，地球上一处不起眼的斑疮得到了医治。一个小小家庭实现造林控制面积7万多亩，有林面积4万多亩，累计植树30余万棵，她以最小的单位、最少的人员、最多的数量而一鸣惊人。她本人也荣获了全国"三八"绿色奖章、全国劳模、首届中华环境奖、全国治沙标兵等荣誉。2001年获全国十大女杰提名奖，2002年被评为第四届全国十大女杰，2005年获得诺贝尔和平奖提名，多次出国演讲，多次受到党和国家领导人的接见。

选自《鄂尔多斯学研究》2012年第1期

侯钰蛇：领航内蒙古文化旅游产业集团军的缔造者

杨 勇

侯钰蛇，东联集团董事长，这是一位踏着中国改革开放的时代节拍，在鄂尔多斯一路高歌猛进而又低调如蚁的传奇人物。东联集团及侯钰蛇可谓领航内蒙古文化旅游产业的集团军及其缔造者！侯钰蛇缔造的文化旅游产业帝国。

东联集团文化旅游产业主要项目：成吉思汗陵旅游景区、东联秦道城、苏泊罕大草原旅游景区、上海庙欢乐大草原旅游景区、北京东联敖包会、东联影视动漫科技公司、东联书画博物馆。东联集团与鄂尔多斯学研究会联合主编了一套七册"成吉思汗文化系列丛书"，邀请内蒙古著名历史文化专家学者完成了《成吉思汗评传》《成吉思汗文化论集》《外国人眼中的成吉思汗》《成吉思汗与蒙古族》《蒙古历史长卷》《蒙古族民族风俗》《永远的成吉思汗》的编著出版工作。这套丛书，首次在国内外正式提出了"成吉思汗文化"学术概念，开创了成吉思汗文化专题研究的先河。东联集团的旅游、动漫、教育、书画、博物馆、民族艺术，成为自己的产业符号，铭刻在绿色产业的碑帖之上；文化东联，更是东联集团的符号，化身为鄂尔多斯转型发展的代表，新型产业发展的导向。而侯钰蛇缔造的东联王国，将坚守这样一份荣誉与骄傲，将以无比坚定的信心和勇气，遨游在文化旅游产业的苍穹，荡漾在绿色温馨产业的海洋！东联集团的产业目前已经遍布国内诸多大中城市，东联集团在鄂尔多斯的系列旅游景区，每年吸引着国内外近百万的游客；东联动漫总部移师北京，正以全新的动漫＋教育＋互联网的模式辐射全国各地。东联集团的文化旅游产业正随着鄂尔多斯深厚的历史文化、灿烂的民族文化、草原特色的时尚文化,走出草原、走向全国、走向世界。侯钰蛇,是鄂尔多斯改革开放的骄子,是内蒙古文化旅游产业领域的开拓者,东联文化旅游王国,将继续引领内蒙古民营文化旅游产业的航船奋勇向前,创造出内蒙古文化旅游产业的美丽神话与传奇故事。

选自《鄂尔多斯学研究》2015年第4期

地方人物研究

执着普及蒙古族历史文化的追求者

田 天

说到普及蒙古族历史文化，我们不能不说到内蒙古作家协会会员甄达真。他原籍河北省邢台。1942年因日本入侵，祖父的皮毛商业破败，无法生存。面对困境，他的祖父不低头，又远走千里之外，来到鄂尔多斯闯天下，再次开始艰辛创业。老家断了以商助农的财源，又连遭大旱，全家人无法生存，连温饱的梦想也破灭了，只好举家逃荒走西口，这才落脚在鄂尔多斯的纳林。生存竞争是一种强大的动力，但对人的思想影响也是深刻的。他1952年考入伊盟一中附设师范班，1955年毕业后分配做小学教师工作。他一生做教育工作，直至1995年退休。退休后，他最初还很幸运地干过一份工作，在鄂尔多斯电视报社当剧情编辑。报社的年轻人多，他们思想活跃，性格开朗，有说有笑。这种情境感染了他，他似乎也变得年轻了很多，思想也随着不断发生的新鲜事情活跃起来，生活中充满了快乐。他在鄂尔多斯电视报社干了5年，这期间由于工作的需要，他除编稿外还写了不少文章，有的剧评还获过奖。工作中他的写作能力又有了很大提高，这给他的写作生活添上了厚重的一笔，使他有了更多的信心。记得是2002年春节过后，他走进书店看到了《蒙古秘史》，这本书勾起了他从前的记忆。他曾在准格尔旗一中工作时看过此书，书的内容只记得大概了，知道它是讲成吉思汗一生的。出于深入了解成吉思汗生平的欲望，他买下了这本书。书是道润梯步先生用文言文译出的，读起来颇费力，需要查词典疏通文字。此时，他突然闪出一个念头，为让普通大众能阅读《蒙古秘史》，普及蒙古族历史文化，他很想将这本书译为现代汉语版的通俗读物。当时他深知自己是汉族，不懂蒙文、蒙语，译起来困难很多，他虽没有绝对把握，但却特别想做这件事，于是就动手翻译了。说实在的，确实困难不少，有时一天也翻译不了一二节。凭着信心，他坚持着，以毅力顽强拼搏，用了一年多时间，终于译完了。因为不是蒙古族，生怕译文不贴切，他把译稿拿给蒙古族同志审查，请他们提出意见。经过几番努力，不少人支持这本书的出版，认定这本书会对普及蒙古族历史文化起作用，这是一件有社会意义的事。在众人的鼓动下，他将书稿送审了。编审认为书稿符合原书旨意，译文贴切，在纠正一些错误后同意付印。付印时，他将书名定为《成吉思汗秘史》，以配合鄂尔多斯的旅游业，让人们了解成吉思汗的不平凡的战斗一生。这本书被列为《鄂尔多斯学研究丛书》之一，由内蒙古教育出版社出版发行，他也由此被吸收为鄂尔多斯学研究会专家委员会委员。之后，他怀着大力普及蒙古族历史文化的信念，又用现代汉语翻译出版了《蒙古源流》。此书出版时，正值乌审旗要举办"纪念萨冈彻辰诞辰400周年学术研讨会"，他们将此书作为礼品赠给与会的专家学者，也传播到寻常百姓家。到此，他就将蒙古族三大古典史诗巨著的两本，以现代汉语本呈献给了广大读者，为普及蒙古族历史文化做出了贡献。几年工夫，他已出版了《鄂尔多斯解放演义》《成吉思汗秘史》《成吉思汗传奇》等，提供了人们了解鄂尔多斯、了解蒙古族历史和成吉思汗文化的基本材料，也为成吉思汗陵的旅游文化提供了两本导游读本。有人说他是蒙古族历史文化的专家，但他面对这些称誉，不敢自乐，只看作是做了一点极普通的、有益于普及蒙古族历史文化的工作。回眸过去，他写了四句话表示自己的心态：老耄心高志千里，追求梦想自奋蹄。桑榆虽晚攀精彩，老树绽花斗寒激。

田天，鄂尔多斯博物馆。

选自《鄂尔多斯学研究》2015年第4期

地方人物研究

萨冈彻辰与《蒙古源流》研究概述

阿拉腾松布尔　纳·巴图吉日嘎拉

蒙古历史名著《蒙古源流》一书的作者萨冈彻辰生于 1604 年，是鄂尔多斯乌审旗伊克锡巴尔地方名门望族的后裔。他的曾祖父呼图克台·彻辰·洪台吉（1540—1586 年）是明代蒙古史上的显要人物。据萨冈彻辰介绍，他的曾祖父博学多才，上知天文，下知地理，是能"总结历史、汲取经验、预测未来、制订对策"的一位学者。他不但满腹经纶，具有雄才大略，是治国安邦的贤能；而且慈悲为怀，行善积德，是信仰虔诚的佛教徒。当蒙古宗主大汗图门札萨克图汗执政时期，呼图克台·彻辰·洪台吉得到宠信，被任命为五位最高决策大臣之首。在 37 岁时，他谒见其叔父土默特部的阿拉坦（俺答）汗：谓大仇已报，且已同明朝"议和"，叔父年龄"渐至于老，事之有益于今生以及来世者，惟在经教"；劝阿拉坦汗迎请"西方纯雪地方"之"大慈观世音菩萨""照从前神祖呼必赉彻辰汗（即忽必烈彻辰汗）与胡土图帕克巴（即八思巴）喇嘛设立道教，岂非盛事乎"？阿拉坦汗认为很对，便接受了他的建议，选派使者前往西藏，邀请黄教领袖索南嘉措即三世达赖喇嘛来蒙古传教。

萨冈彻辰一方面不愿意提到投降和失败等令人痛心的事件，另一方面为维护民族传统文化、风俗习惯，立志以蒙古历史为题材，撰写一部历史著作，歌颂那些大义为先、心怀民众的可汗和坚决维护民族利益、不惜牺牲性命的文臣武将，赞扬那些不畏强暴、勇于捍卫民族生存的平凡的蒙古族民众，以唤醒人们的民族意识，激发人们的民族自豪感。为此，萨冈彻辰在后金占领鄂尔多斯以后，从 30 岁开始直至 59 岁，整整用 29 年的时间收集资料，酝酿构思，直到最后撰写完成《蒙古源流》一书。他潜心著书，歌颂祖先的光荣、民族英雄的勇敢，为后代留下了宝贵的精神财富。他不愧为值得人们尊敬的承前启后的学者、思想家、17世纪蒙古族历史上罕见的杰出人物之一。

阿拉腾松布尔，内蒙古社会科学院副研究员，鄂尔多斯学研究会专家委员会委员；纳·巴图吉日嘎拉，内蒙古社会科学院编审，鄂尔多斯学研究会专家委员会委员。

选自《鄂尔多斯学研究》2017年第2期

追忆鄂尔多斯最后的老红军战士齐学斌

国 税

齐学斌同志是生活在鄂尔多斯市的最后一位老红军。2015年春天他永远离开了我们,享年98岁。齐学斌同志一生跟党,一生为党,大公无私,襟怀坦荡,公道正派,受到人们的敬仰和怀念。1937年1月,19岁的齐学斌在老家陕西吴起走上了革命道路,并光荣地加入了中国共产党。抗日战争和解放战争中,在前线,他冒着生命危险,一次次在枪林弹雨中浴血奋战,成为战场上的英雄;在后方,他积极响应党的号召,全身心地投身生产运动,不断为前线提供支持。1949年5月,受党组织派遣,他毅然离开家乡和亲人,冲破重重封锁,来到内蒙古伊克昭盟,支援当地的解放与建设事业。此后,齐老先后在公安、检察、政法战线和地方政府夜以继日地忘我工作,"文革"中也曾经遭受过迫害。一转眼,就是几十年的光阴。

1981年3月,时任伊克昭盟盟委书记的千奋勇找到齐学斌,语重心长地讲:"从战火纷飞中走出伊克昭盟,又经历了'文革'整整十年的动荡,搞建设一定要有经济基础才行。组织上经过慎重考虑,决定委任你到税务局担任税务局长,领导全盟的税收工作。"就这样,齐老从政法战线上第一次走进对他而言十分陌生的财税工作领域。接过组织交到手里的"枪",齐学斌迅速投入新一轮的"革命"中。那时伊克昭盟的经济落后,税源零散,交通不便。靠着艰苦奋斗的精神,60多岁的他,坚持深入基层税务局和一线税务所,与工作人员一起研究税收工作中遇到的问题。最难走的路,最难收的税,都由他亲自带领税务人员来承担。1983年12月,年已65岁的齐学斌,主动要求不再担任领导工作。经党组织批准,从税务局离休。

可是，他并没有就此而躺在"功勋证"上睡大觉，依然保持革命优良本色，继续为传承红军精神，发挥着自己的余热。随着时间推移，曾经和战友们一起浴血奋战的场面总会时时浮现在他的脑海。为了传承红军精神，齐老开始亲笔撰写革命回忆录。他的文章陆续在《宝塔之光》等刊物上发表，并最终集结成书，至老仍担任着鄂尔多斯市延安精神研究会名誉会长的职务，许多单位组织爱国主义教育活动都邀请齐老参加。只要是社会需要，他都精心准备，全身心地为大家义务讲授党课，把党的优良传统和红军精神发扬光大。离休后的近30年，齐老仍心系着税收事业的发展。他一直坚持着订阅报纸，收看电视新闻。每当看到鄂尔多斯经济社会发展取得新的成就，齐老总是难掩心中的喜悦。每当看到国家实施的税收优惠政策落实到老百姓，齐老总是发自内心地骄傲。

生活中的齐学斌，像极了《激情燃烧的岁月》中的主人公石光荣。在他的家庭里，5个儿女和11个孙子、孙女都接受着他正统、严格的教育。无论是读书还是工作等人生大事，他都要求孩子们发扬艰苦奋斗、自力更生的红军精神。在他的字典里，凡事都要靠自己努力，全心付出。多年来，齐老从没有利用自己的影响力为孩子们安排、调动工作，也没有向领导提出过提拔孩子的要求。他用自己的实际言行影响着家庭中的每一个人，也给孩子们带来了最为宝贵的精神财富。

选自《鄂尔多斯学研究》2017年第2期

地方人物研究

女英雄打造的大漠绿色奇迹

于 妍

女英雄名叫殷玉珍，汉族，中共党员，内蒙古自治区党代表、人大代表、政协委员，市人大代表及常委会委员，市妇联不驻会名誉副主席。殷玉珍从1985年嫁到婆家那年开始，她和丈夫倾其所有在荒沙梁里植树造林，种树治沙、绿化家园，在极端困难的条件下艰苦奋斗，34年治理沙漠7万亩，栽种杨树、柳树等700万株，樟子松、油松大约60万株，沙柳、羊柴、花棒、柠条等灌木不计其数。

因为治沙造林成绩显著，殷玉珍先后荣获内蒙古自治区"三八"红旗手、全国绿化奖章、全国劳动模范、全国"三八"红旗手、中国十大女杰、联合国2005年全球千名妇女诺贝尔和平奖提名奖、水环境大奖——盖娅（GAIA）奖、瑞士索马齐和平及人权突出贡献奖……殷玉珍身上承载着许许多多的荣誉。2008年，她还曾光荣担当北京奥运会火炬手，她先后荣获国内国外奖项100多项，并多次受到国家领导人的亲切接见。韩国国家电视台将她的事迹制作成多语电视专题片在全球播出。

这个荒无人烟的地方，一个半掩在沙漠里的地窖就是殷玉珍和丈夫白万祥的新房，方圆几十公里除了他们的家，就剩下茫茫无际的沙漠了，风一起，小屋随时有被沙漠吞没的危险，风一停，一家人便赶快用铁锨把门口的沙一点点挪开，这样的情景几乎天天可以遇到。沙漠中的沙棉蓬、沙蓬子、沙米就是他们的主要食物。对殷玉珍来说，最难以忍受的不是生活上的贫困和艰难，沙海中无边无尽的寂寞才是最可怕的。

殷玉珍面对茫茫无际的沙海、随时可能被沙魔吞噬的小屋、方圆几十里人迹罕至的孤独，她不甘于命运的摆布，暗下决心：这辈子宁肯治沙累死，也不能让风沙给欺负死。据林业部门的统计显示，1985年至1999年，在没有国家任何资金支持的情况下，殷玉珍和丈夫凭着自己勤劳的双手，在毛乌素沙漠腹地植树造林，治沙总控制面积达到3万多亩。15年，没有国家投资，没有鲜花，没有掌声，没有一丁点的实惠，有的只是不解的目光、无尽的操劳和数不清的辛酸。面对大漠，面对滚滚的黄沙，殷玉珍一步一步走来；面对挫折，面对一次又一次失败，殷玉珍硬是坚持了下来。这是怎样博大无私的奉献，又需要怎样旷日持久的意志和耐力。殷玉珍在治沙实践中，践行着自己的诺言。

15年沙海植树的磨炼，殷玉珍成熟了。尤其是2000年，殷玉珍获得全国劳动模范称号，这让殷玉珍更加坚定了信心，她要在治沙的路上走得更远，走得更科学。2014年，殷玉珍把现代农牧业与观光产业有机结合起来，通过自筹和向上级争取，投资4000多万元启动建设了集餐饮、住宿、休闲娱乐、运动健身、治沙教育为一体的沙漠生态示范园。从过去的"汗珠子摔八瓣"靠辛苦种树，到如今成立治沙造林公司，实现农牧林一体化的绿色经济循环，殷玉珍开始探索先辈们没有做过的沙里淘金的治沙模式。殷玉珍的"绿色抱负"不止于满足自己富起来，还要带领几十里外的乡亲们共同植树造林，治理荒漠，走上致富之路。沙海里的绿色致富梦想正在从殷玉珍的绿色家园扩散到四面八方。在殷玉珍的带动下，周边农牧民掀起了造林治沙的热潮，涌现3000亩以上的造林大户240户，全旗森林覆盖率达32.3%，近10万亩荒沙披上了绿装。殷玉珍的造林治沙事迹，为有效改善人居环境、防治沙漠化、加强生态环境保护与建设提供了成功范例。几年来，殷玉珍以中国治沙英雄的身份，足迹踏过了世界10多个国家。无论是去开会领奖还是讲课介绍，她都十分珍惜，因为她知道自己还肩负着向世界展示中国的使命。

  于妍，辽宁人，鄂尔多斯市委党校副教授，鄂尔多斯学研究会专家委员会委员。

选自《鄂尔多斯学研究》2019 年第 2 期

成吉思汗研究

成吉思汗军事思想浅说

徐 钧

成吉思汗是一位崛起于蒙古草原的杰出政治家、军事家、战略家。他顺应历史发展,首创了横跨欧亚的大帝国。他的一生是光辉的一生,因为他推动了中国社会政治、经济、文化、思想的进步,开创了中国历史空前辉煌的一页。尤其令人惊叹的是其伟大的军事思想和无与伦比的战略战术,以及让人叹为观止的指挥艺术,都给后人留下了一份极其珍贵的历史文化遗产。

震慑战略的先驱:成吉思汗的军事思想及若干战略战术无不源于《孙子兵法》及其他。正如《鬼谷子》所说:"正不如奇,奇流而不止者也。"一般计谋不如让人意想不到的计策,因为这种出人意料的计策,就像流水一样变化多端。"兵以诈立,以利动,以分合为变者也。"这就是说,用兵打仗,必须依靠诡诈多变来争取成功,依据是否有利于决定自己的行为,按照分散或集中兵力的方式来变换战术。成吉思汗就是成吉思汗,他的战略战术又有他的个性特征和时代特色,其思路仍是超凡脱俗、出类拔萃的。

十三翼之战是正义之战:十三翼之战是铁木真登上汗位后的一次保卫战,是地地道道的捍卫政权之战,是正义之战。它是蒙古族内部争夺领导权的一次大规模战役。正是这次战役,采取了以攻为守的战术,虽败而得民心,在政治上取得了巨大的胜利,成为铁木真汗兴起的开端。

洞察全局的不朽战神:成吉思汗一生中观察事物、分析局势,都经过深思熟虑,然后得出正确结论。即使病危中仍心忧天下,为蒙金之战绞尽脑汁,于是给后人留下遗嘱:"金精兵在潼关,南据连山,北限大河,难以遽破。若假道于宋,宋、金世仇,必能许我,则下兵唐、邓,直捣大梁。金急,必征兵潼关。然以数万之众，千里赴援，人马疲敝，虽至弗能战，破之必矣。"此遗嘱是锦囊妙计。

亲自督战的伟大兵圣。成吉思汗是历史上的名君英主。1206年以后，为统一漠北而战，建立了统一的蒙古国家，东起也儿古纳河（今额尔古纳河），西至也儿的石河（今额尔齐斯河），北抵菊海（今贝加尔湖），南临戈壁，统一了蒙古各部族。1207年起是南进，1219年后是西征。他戎马一生，临阵督战，是一位世人公认的不朽战神。即使在抗金战场上，他也是身先士卒，亲自指挥乌沙堡战役、野狐岭战役、会河堡战役、西京战役、怀来—缙山战役、紫荆关战役、居庸关战役……歼灭金军主力百万，占领金国的半壁河山。蒙金之战历时23年，是中华民族大融合中的一件重大历史事件。虽然，成吉思汗本人在金国境内的作战仅六七年。可是这六七年中，他却是花费了心血，创造出一个个让世人称道的战例。他病逝军中，其后的战役，他均未能参加，可是对金作战的指导思想仍是遵循其遗嘱进行的。

容人之过的军事家。成吉思汗录人之功，容人之过，任才使能，体现了他的伟大人品和巨大的人格力量。有人说他有"人君之度，能衣人以己衣，乘人以己马，能束其众以抚其下。"他自己说："有别里古台之力，哈撒儿之射，此朕之所以取天下也。"虎将者勒蔑原为牧人，战将巴歹、乞失里黑原是一般平民，大将古出沽儿原是木匠。塔塔统阿、曷思麦里、石抹明安、耶律楚材、察罕、赛典赤·赡思丁、史天倪、郭宝玉、严实、张柔……都不是蒙古人，他们或为降将，或为俘虏，可他们都得到了成吉思汗的信任。

战略大包围置敌于死地：战略包围是一种大的军事行动，往往是对一国家的战略行动，一旦形成包围之势，便产生了巨大的震慑力量，敌人闻风丧胆，上上下下慌成一片。西征花剌子模则是一例。成吉思汗派商队和使者，驮500峰骆驼的商品（金、银、丝绸、海狸皮、貂皮等）携带国书前往，希望两国和平通商，不料摩诃末却杀了商人，没收了财产。成吉思汗并不计较，又派使臣前往，摩诃末又杀了蒙古使臣，并将两名副使剃光胡须，押送出境。于是成吉思汗被逼，不得不向花剌子模宣战。在蒙古军对花剌子模的征战中，战略包围的威慑作用是巨大的。

神兵天降，速不及防：成吉思汗非常重视军马。他说："跋山涉水，要爱惜乘马，平时必须将鞍摘下，将辔头脱去。"弓马娴熟，人人能骑善射，个个会格斗，坚忍不拔，强悍无比是蒙古民族的特点。

总之，成吉思汗的用兵到了出神入化的高度，其"诡道"，已达到神妙的境界。成吉思汗的一个重要的指导思想，就是在敌人无防备处发起进攻，在敌人想不到的时候采取行动。成吉思汗的军事思想是人类思想宝库里的精品、珍品、极品，他既属于蒙古族，又属于中华民族，属于全人类。成吉思汗的伟大功绩，应该在其出类拔萃的军事思想和军事艺术上，其高超的战略、战术是一座历史的丰碑。

徐钧，鄂尔多斯市讲师团原团长。

选自《鄂尔多斯学研究》2004年第1期

地方学研究

成吉思汗伟大的人格和与众不同的用人政策

朱耀廷

任何事业都要由人去完成,都离不开人的主观努力。成吉思汗之所以能"以弱制强、以小胜大",取得震古烁今、彪炳史册的伟大胜利,他"个人政治、军事、经济方面的卓越天才,百折不挠的坚定意志,宽宏容忍的伟大人格",以及其"股肱重臣的勇敢和智慧"起了关键的作用。这是美国学者札奇斯钦(Jagchid Sechen,1914—2009年)在《蒙古史论丛》中提出的一个基本观点,他认为"没有伟大的人格、坚定的个性、超人的天才,在历史上不能完成超人的事业"。

一代天骄与伟大的人格:在蒙古高原的几十个部落中,唯独成吉思汗的力量从小到大、从弱到强,虽然也曾遇到严重的挫折,但最终还是战胜了别人,这与他本人卓越的天才和伟大的人格的确有着直接的关系。首先,勇敢机智是一个游牧民族的领袖必须具备的起码条件。成吉思汗是青少年时代十几年的艰苦生活培养了他勇敢的性格和坚强的意志,使他成为"英勇果决,有度量,能容众,敬天地,重信义"的人,使他在困难中不屈服,在胜利面前不满足,对有用的人才十分重视,对天地鬼神十分虔诚,与人交往讲究信义,从而使他战胜了许多困难,争取到了不少的支持。其次,成吉思汗具有一种自强不息、勇往直前、协作奋进的团体精神。再次,成吉思汗还继承和发扬了蒙古族恩仇必报、敢爱敢恨的民族传统,十分注意维护个人的人格自尊。最后,成吉思汗具有雄才大略无往而不胜的政治谋略与军事才能。

成吉思汗得人的原因和人尽其才的措施:人才的得失去留,关系到事业的盛衰兴亡。正确的用人政策是成吉思汗取得成功的另一个关键。但成吉思汗

"有度量，能容众"，注意充分发挥各种人才的作用也是其中的一个重要因素。成吉思汗得人的主要原因一是能否实现人才的政治抱负，能否满足人们的物质利益是人才得失去留的重要原因。铁木真表现出了杰出的政治、军事才能和组织能力，使处于社会动荡当中的蒙古各族人看到了希望和前途，认为只有跟着他走，自己才有前途。二是能否礼贤下士，推诚待人，是人才得失去留的另一个重要原因。成吉思汗是"统御天才"，爱护人才，能知人善任，能破格用人，因才授任，努力做到人尽其才，才尽其用，这是成吉思汗取得成功的另一个关键。

成吉思汗用人的道德标准：成吉思汗所强调的"德"，一是维护当时的主奴关系，不允许奴隶和属民背叛本主。他认为只有忠于本主的人，才能忠于新的主人，实质上还是要求人们绝对忠于自己；二是要求人们忠诚老实，踏实履行自己的职责；三是要求部下在困难中不动摇、不背叛，经得起困难和失败的考验。

综上所述可以看出，成吉思汗的确不愧为一个英勇果决、有雄才大略、"有度量、能容众"的人，是一个杰出的历史人物；同时又是一个重视人才、善于用人的伟大人物。他之所以能取得胜利，与他个人的才能和充分发挥人才的作用有十分重大的关系。从个人才能和人格以及人才政策方面认真研究成吉思汗取得胜利的原因，对进一步认识成吉思汗，进一步掌握历史发展的规律都会有一定好处。

朱耀廷，北京联合大学历史系教授。

选自《鄂尔多斯学研究》2006年第4期

论成吉思汗的军事哲学思想

道尔基 奇 倩

成吉思汗不仅是一位杰出的军事家,而且是一位具有哲学头脑的思想家。世界上享有盛名的现代英国军事战略学家利德尔·哈特(Liddell Hart,1895—1970年)曾指出:"在中世纪里,战略的最好例证不是出在西方,而是来自东方。公元13世纪,对于西方战略的发展来说,是一个卓有成效的时代。其所以显出光辉,是因为蒙古人给欧洲的骑士们充当了教师,使他们在战略方面得到了有益的教训。蒙古人所进行的各次战争,无论在作战的规模和艺术方面、突然性和机动性方面,还是在战略和战术上采取间接路线方面,不逊色于历史上任何战争,甚至还要超过这些战争。"成吉思汗时代的蒙古族的哲学思想,同任何杰出的思想一样,不是凭空产生的,而是时代的产物。

成吉思汗曾经说:"余之使用武力,完全以极大的劳苦,企求而为长期之和平。为奠定和平,需要战争。草原之故老曾云:将尔无法媾和之敌消灭后,远近始可太平。洵非虚语。"正是在这种战争观的指导下,成吉思汗以50余年的戎马生涯,经历了血亲复仇的掠夺战争、统一蒙古诸部落的战争以及后来的对外进攻的征服战争。在这些战争中以及在政治生活中,处处显示出成吉思汗的哲学思想。

一是注重实际客观的唯物思想。蒙古民族的游牧经济生活培养了成吉思汗讲求实际、重视客观规律的意识,而统一各部族的斗争和多年的战争实践熏陶了他的唯物辩证思想。成吉思汗在采取一个战略行动之前,总是要长时间地考虑,进行充分的调查了解,制定周密的计划,做充分的准备工作,不打无把握之仗,决不草率行事。成吉思汗不论在统一群雄割据的草原,还是南下伐金、西征，遇到的都是比自己强大多少倍的敌人，地形复杂，语言各异，民情不同，兵力布置和战斗力也不相同。由于成吉思汗重视实际，不断了解战争中的各种情况，并加以分析、判断，随时调整自己的战略战术，使他处于常胜的地位。

二是军事辩证法思想。纵观成吉思汗之战例，真使人赞叹不已，其间蕴藏着丰富的辩证法。成吉思汗所以能威震欧亚，建立光辉的业绩，重要原因之一就是将辩证法广泛用于战略战术之中。成吉思汗在军事上的胜利，在某种程度上与其说是在政治上的胜利，倒不如说是在辩证法上的胜利。当然，这种辩证法只是朴素的辩证法。这种辩证法在军事上的运用，在当时是其他民族，也就是当时任何民族所不可比拟的。第一是正确处理全局与局部的关系；第二是着眼于解决主要问题；第三是机动灵活地解决问题。

三是天命思想与人的因素。古代蒙古族的理论思维，富于智慧、哲理，它虽未经过精雕细琢，却不失深奥；虽没有系统的理论概括，却有草原般的粗犷与深沉，易为蒙古民族所接受。考察蒙古民族古代战争史，从索端察儿时代到成吉思汗时代的200余年间，经历了血亲复仇的掠夺战争、蒙古诸部落的统一战争及对外扩张的侵略战争。它们构成了古代战争的不同阶段，决定了蒙古民族哲学的不同内容与特点，从而决定了不同的思维形式。其中，成吉思汗继承了古代蒙古民族的天命论思想，并在战争发展的不同阶段有不同的表现层次。成吉思汗及其蒙古军队，虽然有其天命论思想，但随着战争实践的发展，则更重视战争本身的规律及人的作用，因而取得了一系列的胜利。

四是帝国思想与天下太平。成吉思汗在统一蒙古高原的过程中，随着他的力量的壮大与战争的逐步胜利，帝国思想逐渐产生。"天无二日，地无二罕"的帝国思想的理论概括，体现了成吉思汗的皇权观念。在"汗权天授"思想指导下，成吉思汗统一了蒙古各部后，在1206年登基，建立蒙古帝国，对外即称"我大蒙古国"。而大汗国的建立是成吉思汗帝国思想的具体体现。成吉思汗的帝国思想对当时的草原人民起着凝聚力的作用，这就是草原人民在互相残杀中逐步认识到,只有建立统一的国家,才能制止残杀,实现和平,生产发展,社会才能安定。成吉思汗的帝国思想正是反映了人民的意愿、历史的要求,使他向往的帝国得以实现。

我国是一个多民族的国家,各民族共同缔造了我们伟大祖国,每个民族都有当家作主的权利。当时,我国在黄河南北又是几个政权的割据状态。在这种割据政权下,又是几个民族各争政权。成吉思汗代表蒙古封建阶级的利益,到中原逐鹿,争夺皇帝,是理所当然的。后来元朝的建立,正是成吉思汗帝国思想的再一次体现。而元朝的大统一,促进了我国经济、文化的发展与各民族的团结和融合,进一步说明了成吉思汗帝国思想当时的进步性。

总之,"一个民族想要站在时代的最高峰,就一刻也不能没有理论思维"。从公元7世纪起,蒙古民族登上历史舞台,历经几百年的艰苦磨难,披荆斩棘、不断繁衍,于13世纪,不仅在畜牧业、经济方面,而且在军事、科学方面登上了中国与世界的高峰。

选自《鄂尔多斯学研究》2005年第4期

奇颜文化与成吉思汗

那仁敖其尔

奇颜文化是成吉思汗成功的重要原因：多年来，人们对成吉思汗成功的奥秘曾进行多方面研究，也取得了引人注目的成就，但是从人才与文化的视角探讨得少，而且成效也不明显。要想深入我们的研究，必须重视文化对人才成长的决定性影响，因为任何伟人的成长及其成功，都是在人才与文化的互动中实现的。这既是人才成长中的规律性东西，又是文化发展中的规律性东西，也是成功学关注的关键。然而，在那既无专业老师，又无学校教育，更无文字教育的状况下，古代蒙古文化如何培育成吉思汗这样的伟大人物呢？也就是说，成吉思汗的成功是如何实现的呢？在那些较为先进的部落，如乃蛮部和金国人看来，那么落后的蒙古人能够战胜他们是不可思议的事，可是以弱胜强、以少胜多，正是成吉思汗成功的主要特点。在探索这个问题的答案时，必须重视古代蒙古文化与成吉思汗的成长、成功之间的关系。可喜的是，在《蒙古秘史》和波斯著名历史学家拉施特（又译剌失德丁，Rašīd ad-dīn，1247—1318年）的《史集》中都有"奇颜"这一极为重要的概念，它既是古代蒙古文化的重要概念，具有标志性意义，如同民族图腾，又是古代蒙古人的姓氏之一；它不仅是当时的核心部落的称谓，又是标志着古代蒙古人的心理、性格和意志的重要概念或在标志群体意志上具有典型意义的概念。因此，正确理解和把握奇颜，对揭示古代蒙古文化与人才的互动关系，对揭示古代蒙古文化的形成、发展的规律，都具有重要意义。

奇颜称谓的由来及奇颜文化的形成：在古代蒙古史中有几个民间传说不但占据特别重要的地位，而且影响极大，其中《额儿古涅·昆传说》和《阿阑·豁阿传说》最为典型，自古以来这两部传说已成了蒙古人进行祖谱教育的民间教材，也成了进行民族精神教育的经典。两部传说，虽然产生的时代不同，所反映的内容有异，但它们的历史主体是共同的，都说的是奇颜人或奇颜部的历史，都反映了奇颜文化发展的历史趋势。根据文献记载，蒙古人的苏鲁锭及苏鲁锭文化是奇颜文化的重要组成部分，又是它的重要标志之一。苏鲁锭与奇颜部一同出现在《蒙古秘史》第63节并不是偶然的，具有内在的必然性。正确理解苏鲁锭对准确把握奇颜具有重要实际意义。值得高兴的是鄂尔多斯人至今较为完整地坚持蒙古族的传统文化，坚持奇颜传统，坚持苏鲁锭而且结合时代特点不断丰富和发展了民族文化。有学者说，鄂尔多斯文化是蒙古族传统文化的标本。因此，了解现代鄂尔多斯文化，对深入讨论古代蒙古族文化肯定会有重要帮助。

鄂尔多斯人克服重重困难，战胜来自各方面的干扰，坚持对成吉思汗的祭祀，坚持苏勒德祭祀，并形成一整套完整的祭祀仪式，形成了独具特色的祭祀文化。也就是说，无论是在弘扬民族精神方面，还是在发展民族文化形式和机制方面，他们都做出了特殊的贡献。这是他们尤其是他们中的老奇家（奇颜部后裔）和达尔扈特人受到大家的赞扬和尊敬的根本原因。鄂尔多斯人既坚持民族传统，发扬民族精神；又坚持现代化，发扬时代精神。并在二者的结合中创造了社会主义新文化，从而为世人树立了榜样。

奇颜文化的发展历程：由于种种原因，奇颜称谓曾经历了使用、基本不用，恢复使用这样三个阶段。恰巧这三个阶段与奇颜部历史发展的三个阶段密切相关。它反映了奇颜文化发展三个阶段的重要特征。表明这不是一个使用不使用奇颜称谓的一般问题，而这正是拉施特关注的关键之处。从起用奇颜称谓到朵奔·篾儿干、阿阑·豁阿为第一阶段，其间包括在额儿古涅·昆创造辉煌和随之又迁徙到斡难河的广阔原野这样一个漫长时期。如果说，刚起用奇颜时它专指某一头头或首领的名字的话，那么，在额儿古涅·昆时已成为特指氏族或部落姓氏了。看来著名的奇颜部就是这样名扬世界的，这也符合蒙古人崇尚的力量，首先指族群集团的力量而不是孤立强调个人的力量。

奇颜文化的主要内容及其特点：奇颜文化作为古代蒙古文化的典型形态，是以游牧经济为基础的政治、经济、军事文化的统一体。它的最基本内容可以概括为两点，一是热爱故乡、崇尚自然、和谐共进的伊克伊思想；二是勇往直前、自强不息、自力更生的思想。伊克伊思想和自力更生的思想互为条件、互为渗透，构成了奇颜文化的根本内容，从而贯穿于整个蒙古族的政治、经济、军事等社会生活的各个方面，并以祭祀文化、那达慕文化、英雄诗史、民间文学或言语等形式顽强而充分地显现。后来有了自己的文字。奇颜文化的这些运作形式和机制与蒙古族传统家教结合在一起，充分显示了古代蒙古文化的育人功能。奇颜文化与任何其他文化一样在以潜移默化的方式发挥自己育人功能的同时又形成了具有蒙古特色的家庭教育体系。蒙古文化的基本特点，一以异族文化的比较而言，二以蒙古文化所特有的功能或传统优势而言。当然，文化的共性和个性是不能截然分开的，一切特点都是相对的，只有正确理解这一点，才能较为准确地揭示特定文化的特点。

最后，就蒙古文化的基本精神概而言之，就是奇颜精神和伊克伊精神的统一。它作为蒙古文化的基本精神，逻辑地应成为蒙古民族的精神支柱。我们党的十六次代表大会指出："民族精神是一个民族赖以生存和发展的精神支柱。"一个民族如果没有精神支柱，就等于没有灵魂，就会失去凝聚力、整合力和生命力。这是无数事实证明了的客观真理，不管民族大小，都不能违背这一规律，我们不能只讲现代民族而不讲古代民族，也不能只讲大民族的民族精神而忽略或不讲那些少数民族自己独有的民族传统和民族精神。

那仁敖其尔，兴安盟科右中旗人，内蒙古农业大学原党委书记、教授。

选自《鄂尔多斯学研究》2005年第2期

地方学研究

中外学者评论成吉思汗的世界影响

巴拉吉尼玛

《千年风云第一人——世界名人眼中的成吉思汗》，该书约80万字，包括60多个国家约400位名人学者对成吉思汗的评论。为完成这部书，我们跑了世界近30个国家和地区，搜集到了大量有关成吉思汗的文献资料，包括1000多部古今中外图书和1000多幅中外珍贵图片。在编写过程中我们发现，成吉思汗的传奇一生，和他的辉煌成功，紧紧与"影响"二字联系在一起，就像国外学者评论的那样，"成吉思汗的诞生，改变了世界的方向"，以他独有的智慧和人格魅力对世界尤其对人类历史进程产生了重大而深远的影响。各国学者虽然对成吉思汗的评论各异，褒贬不一，但在两点上是一致的，都认为：成吉思汗是世界上最大的成功者，是对人类历史产生过最大影响的人。成吉思汗超越历史时空，冲破民族和国家的界限，不仅仅影响一个民族，一两个国家，而是影响了整个世界，其影响之大之深之久，在世界历史上是罕见的。综合中外学者们的意见，成吉思汗在世界各地的影响主要反映在以下三个方面：首先，对蒙古民族的影响。1206年，成吉思汗完成了统一蒙古高原各部的大业，建立了蒙古汗国。从此，形成了蒙古民族共同体，名扬四海，在历史舞台上发挥了巨大的作用。其次，对中国历史的影响。成吉思汗为中国的统一打下了基础，并由他的子孙完成了统一大业。我国民主革命的先驱孙中山先生说：综观历史，元朝时期远比中国最强盛时期更强大了。成吉思汗为中国的大统一做出了不朽的贡献，可以说没有成吉思汗就没有今日的中国版图。史学家陈高华说得好：成吉思汗的丰功伟绩在于为中国历史增添了光彩。其三，对世界各国产生的影响。成吉思汗及其子孙征服了欧亚大陆的辽阔地区，构建了人类历史上版图最大的大陆性帝国。成吉思汗的传奇一生，他的成功和震撼世界的辉煌业绩，离不开"影响"二字，从这个意义上说，只要深入探讨，全面认识和理解他对世界的影响，就可以说读懂了成吉思汗。

巴拉吉尼玛，内蒙古日报社高级记者。

选自《鄂尔多斯学研究》2006年第3期

成吉思汗经济思想初探

姚鸿起

从历史唯物主义的角度分析，历史上任何个人、民族、国家的成败与兴衰都根源于经济。一个不重视经济的人、民族、国家，是不可能强大起来的。成吉思汗作为当时蒙古社会最高的统治者，及时适应了这一社会经济现象。他虽然没有专门谈及这一社会经济现象，但在其政治、经济、军事等社会实践中，却运用了传统的家庭分工和社会分工的合理性，并在接受传统家庭分工、社会分工观念的基础上，形成了自己独特的家庭分工、社会分工的思想。其主要表现：一是对家庭和社会分工持平等态度。二是家庭的传统分工就是家庭的自然分工。三是成吉思汗统治时代，才开始了重视农业生产和农业经营。四是在重视农业的同时，成吉思汗还非常重视手工业的发展。

成吉思汗在建立蒙古汗国后，实行了一系列改革，建立领户分封制度就是他当时在蒙古草原上实行的经济、军事、政治三位一体社会制度的大变革。所谓领户分封，就是依照万户、千户、百户、十户的十进位的封建等级形式，将草原牧民，不论其原来是奴隶，还是自由牧民，也不论其原来属于哪一部落，一律分给各个千户那颜作为属民（领户），并通过人身依附关系，把他们束缚在每一个千户领地之内。

早在成吉思汗征战时期，为了解决军需供应，以攻破"坚城"，打败"大敌"，他就迁移大批汉族农民到漠北，委任镇海管理，进行垦殖，这就是成吉思汗所谓"农夫式的军队同服军役的农夫结合起来"的屯田。

成吉思汗作为奠定元朝基础的政治家、军事家和善于运用畜牧业优势的经济思想家，更是重视商业及其发展。成吉思汗对商业及其发展的重视，首先，表现在他对商业的认识上。成吉思汗认为，商人不应是世人鄙视的对象，而应该是人们学习的楷模；商业是增加社会福利，增进人类和平的正当行业；对外贸易是国家的"金麻绳"，是同世界各国友好交往、和睦相处的法宝。其次，成吉思汗对商业及其发展的重视，还表现在他的一系列政策上。如凡进入他的国土内的商人，一律发给凭照，并保护其人身和财产安全，同时予以优视厚待；在政治上提高商人的地位，让富商大贾充任显官和要职。

交通道路历来是人类经济生活和社会经济发展不可缺少的重要设施。正因为如此，早在13世纪前，虽然世界各国处于各自独立的封闭状态，但是，一方面中国的中原王朝为巩固其政治统治、经济剥削，已建立起有大大小小驿站、四通八达的交通道路；另一方面中国北方的游牧民族在"逐水草而居"的生活中，也开辟了许多连接东西南北的马道、车道、人行道。

通过对成吉思汗适应社会分工、实行领户制、扩大屯田规模、重视商人和商业、开辟交通道路等经济思想的分析，可以看出成吉思汗不仅是一位善于运用游牧优势的经济家，而且可以称为将游牧文明转变为游牧文明与农业文明相融合的经济家。

选自《鄂尔多斯学研究》2007年第1期

对办好成吉思汗文化论坛的初步思考

奇·朝鲁

鄂尔多斯学研究会，从提出"成吉思汗文化"概念之初就与东联集团合作编辑出版了一套《成吉思汗文化丛书》，到伊金霍洛旗旗委政府主办这届"成吉思汗文化论坛"，已经5年时间的实践历练，成吉思汗文化概念逐渐被人们所认知并应用于实践，可以说为扩展成吉思汗研究领域搭建了一个新平台，为在鄂尔多斯建成研究成吉思汗文化新高地，为推动成吉思汗文化的传承、研究、发展进入一个新阶段，提升到一个新层次，创造了良好开端。本文结合几年来组织编辑出版丛书和开展研讨活动中的一些感悟，在筹备本届论坛过程中对如何办好成吉思汗文化论坛做了一些初步思考，概括为"五个把握"，即把握功能定位、核心价值、学术创新、发展方向、科学方法。

把握功能定位：论坛的功能定位于文化，是成吉思汗文化的研究、传承和发展。各路专家学者研究认为，成吉思汗文化是中华经典文化之一，是草原文化的典型代表，是中华传统文化重要组成部分。把握核心价值：成吉思汗文化的核心价值，是成吉思汗及其子孙在"走向统一、走向世界、走向文明"进程中形成的一股精神遗产，也是在中华民族形成统一多民族国家的历史过程中形成的共同遗产的一部分。从成吉思汗到忽必烈的"走向统一、走向世界、走向文明"的历史功绩决定了成吉思汗文化的历史地位和现实意义。"统一、爱国、和谐"是中华文化的核心价值，也即成为成吉思汗文化的核心价值。把握学术创新：创新是学术的生命，学术创新又是论坛的动力和活力。学者具备强烈的社会责任感，才会具有与时俱进的创新意识。中国传统文化是历史的积淀，深深地熔铸在中华民族的血液和灵魂之中。创新不是一概否认传统。传统不是现代的对立面而是现代的根基,是创新的基础,是承载时尚走向现代的基因。传承和发展必然伴随着创新,因为创新的主体是人民群众,是一代又一代新人在传承和发展。把握发展方向:我们一定要坚持邓小平理论、"三个代表"重要思想和科学发展观,把握成吉思汗文化与当今中国的经济、政治、生态、社会多位一体科学发展的正确方向。论坛的水平和质量主要体现在论文的水平和质量上,论文的质量又主要在于著作者的敬业精神和能力。把握科学方法:从根本上说,就是要把握唯物的辩证的认识论方法。要历史地唯物辩证地认识成吉思汗及其文化。世界上任何事物都以普遍联系和系统方式而存在,事物的发展始终是系统诸要素相互作用的过程。要用系统辩证的思维方式和求真务实的行为方式去对待成吉思汗文化。

选自《鄂尔多斯学研究》2009 年第 3 期

关于成吉思汗文化的再思考

陈育宁　杨满忠

成吉思汗文化是成吉思汗时代的产物。成吉思汗在他所处的那个时代，由于他的思想、行为的影响及结果而产生形成的文化现象以及这些文化现象的历史发展与延伸，构成了成吉思汗文化的主要内容。具体讲，包括两个方面：一是指成吉思汗时代的巨大历史变革所产生的各种文化现象，包括思想观念、社会制度、科学技术、宗教艺术、典籍文字、民俗习惯等；二是指成吉思汗之后，这些文化现象的传承发展和对成吉思汗的崇拜、祭祀等。

成吉思汗文化是在继承、超越蒙古传统游牧文化的基础上，广泛吸收中原封建文化和其他民族优秀文化的基础上形成的。它的发展大体经历了三个阶段，第一阶段：成吉思汗从蒙古高原崛起，到统一蒙古时期。第二阶段：成吉思汗之后，在成吉思汗文化直接孕育下趋于成熟和完善的宋辽夏金元时期文化在多元文化融合的基础上，进一步地发展、演变，逐步形成成吉思汗文化体系。第三阶段，对成吉思汗的崇拜与祭祀，对成吉思汗文化的继承和拓展，赋予成吉思汗文化以时代的新内容，使其充满发展的生命力。成吉思汗文化形成的因素是多方面的，归纳起来，主要有两大方面，一是自然条件与生产方式的影响，二是社会人文环境的影响。

成吉思汗文化的主要内容：一是哲学思想与宗教信仰。成吉思汗文化的哲学思想与宗教信仰，是成吉思汗文化的核心，它随着成吉思汗从蒙古高原到进入中原、中亚，也经历了一个从原始自然崇拜到萨满教的"天力论""长生天"，再到道教的"敬天爱民"的发展过程。二是治国理念与法制。成吉思汗的治国理念与法制思想，是成吉思汗文化最具有实践价值的内容之一。成吉思汗认为其"天之家族""黄金家族"是"受天而生"的，他们秉承天意，为蒙古民族的统一和发展英勇善战，他们应有的正统地位是蒙古政权、军事实力和民族统一的基础。三是军事思想与制度。成吉思汗的军事思想、军事制度、战略战术及其成就，在成吉思汗文化中具有独特的地位。四是文化艺术与教育。文化艺术与教育是成吉思汗文化的重要组成部分。成吉思汗统一蒙古后，即命塔塔统阿用畏兀儿字拼写蒙古语，从此，蒙古人有了自己的文字。畏兀儿蒙古文为官方文字，一直沿用到忽必烈建元后八思巴文字的产生。畏兀儿蒙古文对传承成吉思汗文化，加强蒙古族的民族凝聚力，促使蒙古民族走向文明做出了重要贡献。五是科学技术。成吉思汗文化中融合了蒙古高原文化、中原文化的科学技术成分，还融合了中亚、西亚的波斯、阿拉伯等国的科学技术内容，与唐、宋相比，更显出中外科学技术交流与融合的特色，主要表现在蒙医学、兵器制造、交通驿站等方面。六是民族风俗。这是成吉思汗文化最直接的表现内容，最能体现民族性，最易传承。民族风俗涉及社会生活的方方面面，最具特色的是祭祀与崇拜、狩猎与竞技、婚俗与葬俗、饮食与服饰。总的来说，成吉思汗文化具有多元文化的一些基本特点，即兼容性、开放性、统一性以及强大的传承力。

成吉思汗文化是在北方游牧文化基础上，以蒙古族传统文化为核心，融合多民族、多地域、多形式文化而形成的，经过不断丰富和发展，成为草原文化的典型和代表，成为中华传统文化的重要组成部分。从成吉思汗时代开始，对成吉思汗文化的关注和研究一直不断，产生了许多重要著作，有的成为蒙古学的经典。与此同时，也形成了对成吉思汗的崇拜和祭祀现象。科学意义上的研究是从近现代开始的，国内外都有许多研究成吉思汗及其文化现象的著作。但对"成吉思汗文化"这样一个命题范畴的研究，还是初步的，或是刚刚开始。对这一命题的研究，将有助于对草原文化深刻内涵的理解，有助于推动中华传统文化的全面研究。

杨满忠，宁夏固原人，宁夏大学西夏学研究院研究员。

选自《鄂尔多斯学研究》2009年第3期

成吉思汗研究

成吉思汗病殂时间地点及葬地

张相文

成吉思汗病殂的时间、地点及其葬地，一直是史学家们争论不休的一个难题。究竟孰是孰非，我觉得问题还是越辩越明。

由于蒙古民族有大汗死后秘葬的习俗，加之成吉思汗又病殂于西夏濒临灭亡的关键时刻，遵照他的遗嘱，在西夏未亡之前"秘不发丧"，因此，有关他的丧葬之事就成为当时乃至以后元朝140多年的宫廷秘密。在此期间，所有的著述，都来自口头传说，而且传说的人又都有忌讳。这样，在有关成吉思汗的史籍中，就出现了各种各样的说法。这些说法给后来研究蒙古史的学者们留下了许多疑问和猜想，也使民间产生了不少传说，有些传说明显带着封建迷信色彩，直接影响到历史研究的真实性。

关于成吉思汗病殂时间：我认为，1227年8月25日，丁亥年七月十二日（己丑）是可信的。其理由有三，一是这一日期的出现，是从成吉思汗最后一次出征西夏开始，一直以时间顺序和历史事件有机衔接、合理延展记录下来的，整个过程无懈可击，不容置疑。二是绝大多数中文史籍都认同这一日期。三是这一日期出自《元史》，《元史》为正史，比野史有较高的可信度。

关于成吉思汗病殂地点：成吉思汗病殂清水县西江是可信的。其理由有二，一是从蒙古军队此次进军路线看成吉思汗病殂地点。从《元史·太祖纪》记述的成吉思汗进攻西夏的经过，清楚看出，其病殂地点无疑在清水县西江。二是成吉思汗灵柩停放的行宫为什么偏偏在忽兰夫人的第二斡耳朵，为什么不在孛儿帖夫人的大斡耳朵，也不在此次随行出征的也遂夫人的第三斡耳朵？正如胡斯振在《成吉思汗逝世与发丧地点辨析》中做了多方面分析后所说：

"……所以我认为，哈老徒释为噶老台泊也不一定可靠。"三是《新元史》载："……至萨里川哈老徒之行宫乃发丧。"《史集》《多桑蒙古史》载："……至怯绿连河源成吉思汗之大斡耳朵始发丧。"我认为，上述史籍所载的发丧地点都是一致的，只是一个地方的两种说法而已。由此可见，"萨里川哈老徒"即"大斡耳朵"，"大斡耳朵"即"大汗行宫"，《元史》中"崩于萨里川哈老徒之行宫"即指"崩于清水县西江的大汗行宫"。

关于成吉思汗葬地：成吉思汗葬地，《蒙古秘史》有意回避，只字未提。对成吉思汗葬地的记载，主要有四种情况：一是卢沟河之侧，即怯绿连河之侧。二是起辇谷。三是不儿罕哈勒敦，即肯特山。四是阿尔泰山阴，肯特山阳名为大鄂托克的地方。上述四个地方，我认为实际指的是一个地方。

我们可以对以上三段文字作一明确结论，即《元史》记载的成吉思汗病殂时间、地点及其葬地都是正确的。成吉思汗病殂时间：1227年8月25日上午，即宋理宗宝庆三年七月十二日上午。成吉思汗病殂地点：金境秦州清水县西江行宫，今甘肃省清水县牛头河附近。成吉思汗安葬地点：蒙古老营大鄂尔多附近的怯绿连河谷，今克鲁伦河源的河谷之中。

张相文，伊金霍洛旗史志办公室主任。

选自《鄂尔多斯学研究》2006年第4期

成吉思汗祭祀刍议

旺楚格

成吉思汗祭祀是蒙古民族最高祭祀形式，是蒙古民族原始文化的集中体现。成吉思汗陵是祭祀成吉思汗圣地，是成吉思汗祭祀最集中的地方。成吉思汗祭祀，在历史的长河中逐渐形成具有形式独特、内容丰富、内涵深刻的蒙古民族传统祭祀文化。成吉思汗祭祀，被国务院列为第一批国家级非物质文化遗产名录。保护、传承、弘扬成吉思汗祭祀文化，具有深远的意义。

成吉思汗祭祀的内涵：鄂尔多斯蒙古族及守灵达尔扈特世代传承的成吉思汗祭奠，完全保留着13世纪的蒙古帝王祭祀仪式。成吉思汗祭奠，包括日祭、月祭、四时大祭、年祭和具有特殊内容的祝福祭、公羔祭、贺希格祭、台吉祭、香火（灶）祭、专题奉祭等。成吉思汗祭祀，在内容上主要表达对长生天、祖先、英雄人物的崇拜；在祭奠形式上再现了蒙古民族古老的火祭、奶祭、酒祭、牲祭、歌祭等形式；在祭祀用具上，表现了草原民族对大自然和动物的艺术审美情趣，便产生了具有浓郁特色的诸多珍贵的祭器。成吉思汗祭奠由圣主成吉思汗宫帐为核心的八白宫祭奠、苏勒德祭奠和与成吉思汗有关的祭祀圣物祭奠等组成。成吉思汗祭奠，除每日例行祭奠外，一年举行数十次专项祭奠。其祭奠形式独特、内容丰富、规模宏大、显示着古老、神秘的传统文化特点。成吉思汗祭祀在长期的历史中不断完善，形成区别于其他地区的鲜明的基本特征，体现了祭祀内容的原始性、祭祀内涵的神秘性、祭祀形式的独特性和祭祀传承的唯一性。这些基本特征，使成吉思汗祭祀在崇拜对象、崇尚内容、思想内涵、表现形式等诸多方面构成了具有系统性、完整性的独具特色的成吉思汗祭祀文化。成吉思汗祭奠，有诸多的祭词。成吉思汗祭奠祭词,大体可分圣主祭词、苏勒德祭词和其他奉祀之神祭词等几个部分。成吉思汗祭奠祭词,起初为元朝宫廷文献。其内容涵盖了蒙古民族古老且原始的历史、文化、风俗、礼仪、观念、信仰、语言、文字、法律等诸多方面,对了解成吉思汗祭祀文化、研究蒙古民族历史文化提供了极其珍贵的资料。成吉思汗祭奠祭词,是成吉思汗祭奠的核心,具有深刻的内涵。人与自然和谐共处,是成吉思汗祭文的基本理念。成吉思汗祭文中崇尚大自然、人与大自然和谐共处的基本思想理念贯穿始终,蒙古族受这一理念的影响,形成崇拜大自然的共同和谐心理。

成吉思汗祭祀的影响力:成吉思汗祭祀,有着强大的影响力。作为成吉思汗祭祀的基础,原始萨满教在历史的进程中早已失去它一开始那种活力,而成吉思汗祭祀作为一种文化,在历史进程中不断完善、不断发展,显示出强大的生命力和无穷的魅力。成吉思汗祭祀,以其巨大的影响力,渗透到蒙古社会的各个方面,对社会产生深刻的影响。成吉思汗祭祀,对蒙古民族思想观念、民俗民间文化、民族礼仪产生深刻影响。共同的心理素质,是构成一个民族共同体的基本要素之一。受成吉思汗祭祀的影响,鄂尔多斯蒙古族树立了开放、包容、奋进的精神,创造了具有浓郁特点的鄂尔多斯和谐文化。蒙古民族在漫长的历史过程中创造了具有鲜明特点的丰富多彩、独特的民俗民间文化。蒙古民族民俗民间文化的一个重要特征,就是传统祭祀渗透于其中。蒙古民族礼仪文化的最珍贵含义,在于人与人之间的和谐、人与自然界的和谐。这种和谐理念的形成,与这个民族长期生活在辽阔的草原、依靠大自然有着一定关系。但是,最关键的因素,来自成吉思汗祭祀影响。

成吉思汗祭祀的传承:成吉思汗祭祀,能够完整地保留古老、原始特点,主要取决于传承。其中一是传承对象的特殊性。成吉思汗八白宫及苏勒德等圣物,是"全体蒙古民族的总神祇",世界上绝无仅有的这些祭祀圣物集中在鄂尔多斯,使鄂尔多斯传统祭祀保留了诸多世界唯一的内涵;另一个是传承人的特殊性。鄂尔多斯蒙古族自古以来肩负守护、祭祀成吉思汗八白宫及苏勒德等圣物的神圣使命，使成吉思汗祭祀广泛传承于鄂尔多斯。特别是作为鄂尔多斯部的组成部分成吉思汗守灵人达尔扈特，近800年来以家族世袭制的形式传承成吉思汗祭祀，使神秘的成吉思汗祭祀在鄂尔多斯完整地保留至今，鄂尔多斯成为世界蒙古民族崇拜的圣地。成吉思汗祭祀的传承，还得益于民间祭祀组织的保障。大蒙古国时期形成的鄂尔多斯部及达尔扈特的祖先"万名贺希格腾"，即成吉思汗护卫队，是成吉思汗祭祀的原始组织形式，世代延续。鄂尔多斯各旗札萨克王爷作为成吉思汗后裔，为保护、传承、祭祀成吉思汗八白宫及苏勒德等祭祀圣物，起到关键作用。中华人民共和国成立后，中央政府兴建成吉思汗陵，鄂尔多斯市几次进行大规模扩建，并建立管理机构，配备国家工作人员，解决祭奠经费，使成吉思汗祭祀得到发展。1956年，将分布于鄂尔多斯各地的成吉思汗八白宫及其他祭祀圣物集中于成吉思汗陵供奉，得到有效保护。2006年，成吉思汗祭祀被国务院列入第一批国家级非物质文化遗产保护名录，2007年，成吉思汗哈日苏勒德（战神）祭祀和查干苏勒德（白旗）祭祀等遗产被列入内蒙古自治区级非物质文化遗产保护名录，为使成吉思汗祭祀文化走进全国、走向世界奠定了基础。

选自《鄂尔多斯学研究》2010年第1期

阿拉格苏勒德初探

旺楚格

苏勒德,意为"徽""旗",汉语称"神矛""纛"。被称为历史伟人成吉思汗缔造的大蒙古国三面旗徽的四斿哈日苏勒德(黑纛),九斿查干苏勒德(白旗)和阿拉格苏勒德(花纛),作为成吉思汗时期的圣物,与成吉思汗八白宫一样被守护、祭祀。据《蒙古源流》记载,1206年建立大蒙古国时,"遂即于斡难河源,竖其九斿之白旗,遣人至德里衮布勒塔黑之地,竖其四斿威灵之旗"。而阿拉格苏勒德则是"成吉思汗大军所举过的阿拉格苏勒德","是孛儿只斤成吉思汗的阿拉格苏勒德","是哈撒儿阿拉格苏勒德"。正德十五年(1520年)以后,北元博迪阿拉克可汗时期,成吉思汗哈日苏勒德跟随成吉思汗八白宫,一直留在鄂尔多斯,由鄂尔多斯万户供奉。从而在鄂尔多斯形成以圣主祭祀和哈日苏勒德祭祀为核心的成吉思汗祭奠。当时大蒙古国查干苏勒德、阿拉格苏勒德由左翼三万户之察哈尔万户供奉。北元末,即1635年,大蒙古国三面旗徽集中在鄂尔多斯供奉。

阿拉格苏勒德的历史变迁:阿拉格苏勒德,是大蒙古国的旗徽之一。在鄂尔多斯供奉阿拉格苏勒德的地方有过三处,即杭锦旗浩绕柴达木、鄂托克前旗查干陶劳盖苏木和乌审旗。它的缨子因用黑白两种颜色的公马鬃制成而称为阿拉格苏勒德(花纛)。阿拉格苏勒德由主苏勒德和四柄副苏勒德组成,因而也叫"四斿阿拉格苏勒德"。

据史料记载,1632年守护阿拉格苏勒德的察哈尔部千余人随林丹汗到鄂尔多斯并留在杭锦后,因牧场狭窄,有的氏族部落带上阿拉格苏勒德的一柄副苏勒德,迁移到查干陶勒盖苏木,并称他们守护的是成吉思汗胞弟、著名神箭手哈布图哈撒儿的阿拉格苏勒德。从而，在查干陶勒盖苏木供奉的阿拉格苏勒德，被称为"哈撒儿阿拉格苏勒德"。从阿拉格苏勒德的形状、祭坛、守护氏族、祭奠程序等各个方面看，在杭锦供奉阿拉格苏勒德和查干陶劳盖供奉的阿拉格苏勒德几乎完全相同。依据历史史料，两者很可能为同一个圣物，即哈撒儿大军举过的大蒙古国阿拉格苏勒德。而乌审旗供奉过的阿拉格苏勒德，属氏族旗徽。

杭锦和查干陶勒盖两地供奉的阿拉格苏勒德同样矛头宽二指、长一尺，尖顶、两刃，用金属制成。在矛头平面上镶有七斗星图案，象征苏勒德是七斗星的化身。矛头下端是叫"查尔"的圆盘，圆盘直径为一尺一寸，圆盘边沿有九九八十一个眼孔，用生山羊皮固定缨子。苏勒德希利彼（柄）为十三尺长，直径约二寸，用柏木制作，外边套上画有一千只慧眼的黄缎"衣"。苏勒德希利彼插在花岗岩龟底座，象征与大地永存。副苏勒德的顶端与主苏勒德一样，"希利彼"（柄）为九尺长，底座为中间有孔的一尺正方石头。

当时在杭锦祭坛中央的主苏勒德四周一丈距离的地方竖立四柄副苏勒德，并用马鬃搓成、用黄绸包着的"呼和纳楚格"（绳子）与主苏勒德连接加固，因此亦称"四胙阿拉格苏勒德"。苏勒德周围建有一面为四丈五尺长、五尺高正方形木条围墙。查干陶勒盖祭坛建有沙柳围墙。苏勒德院墙旁边同样建有毡帐或蒙古包，用以点灯、烧香、存放祭器及守护人居住。成吉思汗陵宫建成后，供奉于查干陶勒盖的哈撒儿阿拉格苏勒德于1956年迁至成吉思汗陵。

阿拉格苏勒德祭典：历史上，阿拉格苏勒德祭典，由旗王府负责，并由达尔扈特守护、祭祀。阿拉格苏勒德祭奠，分例行祭奠、月祭、季祭、虎年威猛大祭等组成。例行祭奠，为每天早晚烧香柏，献长明灯，念诵《阿拉格苏勒德桑》（阿拉格苏勒德颂）和朝拜者随时献哈达、献圣灯、献全羊的祭奠。杭锦阿拉格苏勒德日常祭奠，后来由坐班的嘎拉其达尔扈特或"高尼尔"喇嘛主持。"高尼尔"喇嘛由旗王府下公文委派。阿拉格苏勒德每月有小祭，每季度固定日期举行祭奠。春季祭奠于正月初三举行，夏季祭奠于五月十四日举行，秋季祭奠于九月十二日举行，冬季祭奠于十一月初三举行。冬季祭奠亦称"达斯玛祭奠"。阿拉格苏勒德四时祭奠由旗王府负责主办。四季祭奠中由旗王府各准备三只全羊、三尊圣酒；冬季"达斯玛祭奠"中，旗王府给所属哈然苏木摊派一头牛、九只绵羊、九尊圣酒。每次祭奠中，众人自愿敬献全羊、圣酒、圣灯油等。每逢虎年农历冬中月（十一月）初三，举行阿拉格苏勒德威猛祭奠。千人狩猎，是阿拉格苏勒德威猛祭奠中的一项民俗活动。

阿拉格苏勒德祭祀的深远影响：阿拉格苏勒德祭祀是神秘的成吉思汗祭祀文化的重要组成部分。阿拉格苏勒德祭祀，作为成吉思汗祭祀的重要组成部分，是蒙古民族原始文化的集中体现。传统的阿拉格苏勒德祭奠保留着13世纪形成的蒙古帝王祭祀仪式，也是蒙古民族最高祭祀形式，是人类珍贵的文化遗产。所涉及的内容涵盖了蒙古民族古老且原始的历史、文化、风俗、礼仪等诸多方面，是蒙古民族古老民间习俗的集中体现。阿拉格苏勒德祭奠内涵所体现的人与大自然和谐共处、人与人之间和睦相处和崇尚圣洁的基本思想观念，对蒙古族和谐心理素质的形成和纯朴心灵的产生具有重要影响。阿拉格苏勒德祭祀，是蒙古民族优秀的传统文化，是中华文化的组成部分。应当以阿拉格苏勒德传统祭祀文化为依托，发展文化旅游产业，使传统文化以现代新面孔出现在世人面前，充分体现现代价值。

选自《鄂尔多斯学研究》2011年第1期

成吉思汗研究

传承成吉思汗文化　弘扬达尔扈特精神

苏丽娅　赵　谟

了解认识一个民族或族群，无过于认识其文化。成吉思汗祭祀，是指成吉思汗八白室和苏勒德等成吉思汗所有圣物祭祀的总称，是蒙古民族文化的"活化石""活的典籍"。它是蒙古民族最高的祭祀仪式，对蒙古族早期的文化形成和以后的发展产生了非常重要的影响，是蒙古民族文化的重要组成部分。

成吉思汗祭祀文化传承源远流长：随着成吉思汗眷属的相继去世，蒙古民族祭奉的祭灵白宫和成吉思汗遗物的增多，形成了以成吉思汗白宫为核心的八白宫。八白宫亦称成吉思汗八白室。当成吉思汗的孙子忽必烈统一中国、建立元朝后，才钦定了祭祀仪式的时间、内容和程序，正式组建了一支守护陵寝的特殊部落——鄂尔多斯部。在这个部落中指定追随成吉思汗的主要战将元勋的后代，组成世代承袭，专司供奉、祭祀成吉思汗的群体，称为达尔扈特人。这一时期，确立了完整的组织体系和祭祀形式，成为最具特色的帝王祭祀文化典型代表之一。自1227年成吉思汗病逝，祭祀他的圣灯就从未熄灭，祭祀活动数百年经久不息。

达尔扈特人的精神：达尔扈特人的精神表现在一是对成吉思汗的忠诚。从成吉思汗归天之日起，一支精锐之师便从战功卓著的、最忠诚于成吉思汗的部将及其后代中选拔出来，担任起守护和祭奠"奉祀之神"的使命，这支特殊部队就是达尔扈特，被称为成吉思汗的守陵人。二是坚忍不拔的精神和坚定的信念。达尔扈特人以这样的精神和信念创造了人类祭祀文化的奇迹。三是不怕牺牲、艰苦奋斗的精神。成吉思汗去世后，在1457—1464年，负责守护成吉思汗陵的蒙古鄂尔多斯部落迁居"河套"，成吉思汗陵寝八白宫也随之迁来。17世纪初八白宫供奉在达拉特旗王爱召（伊克昭），此后又迁过几回。几经战乱、几经迁移，达尔扈特人冒着生命危险，时刻守护着成吉思汗陵。这些虔诚的守陵人不管遇到多大的险境，不管白天黑夜，一丝不苟地守护着八白宫，祀之唯谨，不惜牺牲个人的一切，每时每刻都要站岗放哨。达尔扈特人守护着永远的长明灯，是永远的戴孝人，永远的守护者。

成吉思汗祭祀文化，是中华文化的重要组成部分，中华文化博大精深、源远流长，具有鲜明的民族特性，在世界各种文明中独树一帜。成吉思汗祭祀文化是蒙古族传统文化的重要组成部分，更是中华民族传统文化的瑰宝，有着极高的历史价值和现实价值。成吉思汗祭祀文化，能够完整地保留着古老、原始的特点，主要取决于传承。每一种文化都有其核心的象征符号。蒙古民族对成吉思汗的敬仰和崇拜就是草原游牧民族核心文化的象征符号之一。成吉思汗不仅是蒙古民族的英雄，他对中国乃至世界的历史也产生了深刻的影响。对蒙古族人来说，成吉思汗不是宗教而胜似宗教，人们在祭奠中寻找寄托，祈求平安。

将成吉思汗祭祀文化传承、弘扬光大：一是成吉思汗春季查干苏鲁克大典和特殊年份的重大祭祀活动应由鄂尔多斯市政府或自治区政府进行主持祭奠。二是在新的时代，赋予成吉思汗祭祀文化新的内容，使之呈现新的特点。

选自《鄂尔多斯学研究》2012年第1期

浅析成吉思汗陵建筑中透射出的蒙汉文化元素

张明星

成吉思汗陵建筑中渗透的汉文化元素韵味：成吉思汗陵虽为典型的蒙古族风格建筑，却也处处渗透着汉文化艺术的气息。在成吉思汗陵园中有很多蒙古族建筑理念与汉文化中儒道经典传统元素的契合之处，设计者有意识地将汉文化元素渗透于其中，将蒙汉两个民族最精湛的建筑工艺融为一体，造就了既有蒙古族特色，又富含汉族传统文化元素在内的一代帝王成吉思汗陵。

首先，从最能代表蒙古族建筑典范的蒙古包来看，蒙古包建筑中所蕴涵的理念与道家学派代表人物老子的"天人合一"理论不谋而合。道家重视"无为而治"，强调"天人合一"，把自然放在首位，要求人类活动要适应自然法则，顺应大自然的规律，不可违背大自然的规律办事，强调人与自然的和谐相处。而作为游牧文化代表的蒙古包，正是草原游牧民族在长期的社会实践过程中，通过对自然规律的总结，逐水草而居，顺应自然规律的完美体现。不同的两个民族，跨越千年岁月，在人与自然关系的理解上有如此惊人的相似，我们不得不敬服设计建造者的大智大慧，赞叹建筑艺术的交融之美。

其次，对称性是渗透于成吉思汗陵建筑中的一个重要的汉文化元素。众所周知，中国传统文化尤其是以江南园林式建筑为主的汉族建筑非常重视在建筑构造中的对称性，讲究对称美。中国传统文化中的阴阳理论、五行八卦、易经爻辞等都在强调万事万物相生相克、此消彼长与相互对应，这些对称是概念上的对称。而苏州园林、京城四合院、古城西安、北京故宫等经典建筑则强调形式上的对称。蒙古族将这种概念上的对称理解并转化成为形式上的对称，这在成吉思汗陵建筑中有着广泛的体现：陵园入口处的山门景观应该说是遵照对称美来设计的典型，山形牌楼两端、匾上花鸟图案都相对于中轴对称；九十九级台阶两侧的路灯完全采用了中国古典塔状灯饰，在中路两端对称分布；陵宫大殿前的两支苏勒德战旗、两只石狮、陵宫顶端的三个包顶乃至于陵宫大殿里的八根金柱、陵宫顶部八角楼等都在陵园各处呈均匀对称分布。与此同时，山门牌楼顶端中部的金黄塔状包顶、骏马骆驼图案、蓝色琉璃瓦、殿前朱红大门、穹顶等蒙古元素又通常掺杂其中，使得这些建筑因独具蒙汉结合特色而魅力无穷。

再次，汉族建筑中一些常见的汉文化意象在陵园或是大殿中也有广泛分布：如山形牌楼底端的牡丹花、金凤凰，上部的龙形图案、陵宫门前的两尊银白色石狮、朱红店门上的狮子门环、大殿内部的铜麒麟、整个殿内1026条金色飞龙、陵园两角处的碑亭、碑亭内的赑屃，等等，诸如此类意象都是汉族皇家建筑的风格特点，生动体现了汉族建筑文化元素的深邃内涵。如此巨大数量的意象群体广泛分布于成陵的各处，足见成吉思汗陵园对于汉族传统文化的借鉴与吸收，对我国传统建筑艺术经典的传承与发扬。不难看出，成吉思汗陵，作为一个典型的蒙汉融合建筑经典，蒙汉文化在这里融会贯通，乃至于蒙汉两种文化、两种意识形态在这里激情碰撞，向世人见证了一种炫目的艺术形式，为世界留存了一份超越时空的经典。

张明星，鄂尔多斯市委统战部。

选自《鄂尔多斯学研究》2013年第2期

成吉思汗陵文化旅游开发价值探析

潘照东

一代天骄成吉思汗的陵寝，坐落于内蒙古自治区鄂尔多斯市伊金霍洛旗伊金霍洛苏木甘德尔梁上。成吉思汗陵以陵园旅游为特色，近年来进行了文化旅游区的开发，成为内蒙古自治区文化旅游的龙头项目，展示出广阔的发展前景。

成吉思汗陵的草原文化内涵：

一是成吉思汗是草原文化最杰出的代表。成吉思汗，名铁木真，蒙古乞颜部孛尔只斤氏。公元1162年诞生于斡难河畔的草原上，于1206年建立大蒙古国，即大汗位，并获得了"成吉思汗"的尊号。作为草原文化最杰出的代表人物，成吉思汗是伟大的政治家、思想家、军事家。他实现了民族的统一，建立了强大的国家，使蒙古民族从弱小、分裂、贫穷、落后、野蛮迈向统一、富裕、先进、文明、强盛；他推动蒙古民族从部落制迈向军事封建制，实现了历史的进步；他颁行《大札撒》（法令），发布毕里克（训谕），以法治国，推动蒙古民族进入法制社会；他授命创造蒙古文字，推动蒙古民族跨越文明的门槛，开始了有文字记载、以文字教育的时代。因此，蒙古民族的真正形成及其文明史，是从成吉思汗开始的。

二是成吉思汗安葬的草原文化特色。蒙古人崇尚自然，以长生天为父，以大地为母。人出生于母体，去世后埋于地下，使遗体与大地、大自然融为一体。蒙古人是游牧民族，逐水草四季迁徙。为防止逝者被盗掘、受到打扰，故不起坟墓。受萨满教的影响，蒙古人重视对灵魂的祭祀。

三是成吉思汗祭祀的草原文化特色。成吉思汗祭祀，是以陵主成吉思汗祭祀为主体，包括了相关人物、灵物祭祀的完整体系。成吉思汗祭祀经过780多年的传承、演变，形成了具有鲜明特色的仪规，包括诸多的祝词、颂词、祭文、祭歌等，其内容与形式涵盖了蒙古民族历史、文化、观念、信仰、风俗、语言、文字、艺术、工艺等各个方面，塑造了以宫廷文化、祭祀文化、游牧文化、民俗文化融为一体的成吉思汗祭祀文化。四是成吉思汗八白室供奉与陵园建筑的草原文化特色。成吉思汗陵于1956年建成，并将鄂尔多斯各地供奉的八白室及其他成吉思汗祭祀圣物集中安放在新建的陵宫内。成陵坐落于巴音昌霍格草原深处的甘德尔山梁之上，以蓝天碧草之间巍然耸立的三座蒙古包式的陵宫大殿为主体。三座大殿互相连接，像一只展翅腾飞的雄鹰，象征着成吉思汗不畏艰险、勇往直前的英雄主义精神，体现着"一代天骄"帝王陵的雄姿。

成吉思汗陵历史文化价值的挖掘与弘扬：一是陵园旅游的文化认同与价值体现。二是成吉思汗祭祀—文化的传承与文化资源—文化资产—文化资本的转换。

成吉思汗陵旅游开发区的建设与特点："十五"以来，成吉思汗陵新建了旅游开发区。在成吉思汗陵东南面的巴音昌霍格草原上，新建了气壮山河门景区、铁马金帐景观区、蒙古历史文化博物馆、亚欧版图区、中心广场区。气壮山河门景是"山"字形，高达21米的成吉思汗持苏勒德骑马雕像，在蓝天的映衬下高大威武，与两侧分别高18米、16米的山峰组成最具特色的蒙古文化门景，获得中国环境建设设计金奖。铁马金帐以古波斯文献中的绘画为依据，再现了成吉思汗军阵行宫的实景，生铁铸就的将士、骏马、牛、犬栩栩如生，由22头牛拉曳的大汗行宫金碧辉煌，极具视觉冲击力。蒙古历史文化博物馆建筑设计为蒙文"汗"字造型，是目前国内外唯一专题收藏、展示蒙古族历史与文化的博物馆，其中的油画《蒙古历史长卷》，长206米，高2.5米，是目前世界上最长的油画。亚欧版图在地面铺设，面积达10000平方米，再现了大蒙古国——元朝及四大汗国3600万平方公里的广阔疆域。中心广场区建于高坡之上，上面矗立着如同历史丰碑的两部天书，天书上站立两匹骏马。

成吉思汗陵文化旅游开发的前景与选择：首先，强化品牌宣传，提高品牌价值，提高市场认知度。其次，准确市场定位，有效开发市场价值。最后，改善配套服务设施，完善旅游区功能，提高管理水平与服务质量。

选自《鄂尔多斯学研究》2013年第4期

元朝的"守宫"与今日成吉思汗陵的渊源关系

——兼论成吉思汗陵的性质

奇·斯钦

宋辽夏金元时期的"守宫":宋辽夏金元时期的"守宫"并非指一般的"留守宫内"或继承原有"宫分"之意,而是指帝王死后,其生前居住过的斡耳朵由后妃们依次继承,负责掌管和祭祀的制度。成吉思汗去世之后,其四大斡耳朵并没有荒废,原有属民也没有离散。据《元史》记载,成吉思汗四斡耳朵至元代末期,仍旧保留在原地。对于蒙古人,尤其是对于蒙古族统治者来说,保留成吉思汗精神遗产远比保留物质遗产重要得多。蒙古历代君主认为成吉思汗生前是大汗天子,死后一定成圣为神,庇护众庶,福荫子孙。他们希冀皇族兴旺,江山永固,必须供奉有加,祀之唯谨。这就是保存并守护四大斡耳朵的动因所在。只不过四大斡耳朵地处"祖宗根本之地",毗邻宋辽夏金元时期皇帝的"大禁地"而保密程度高,很少有人留下文字记载罢了。提出这种观点并非空穴来风或凭主观臆测,而有其坚实的史料基础和新近的考古学证据。

成吉思汗灵庙的发现:20世纪,外国考古队一批接一批地根据《史集》和《元史》所提供的线索,在蒙古国境内寻找成吉思汗陵墓,但都无功而返。虽然探寻成吉思汗墓地的努力一次一次以失败告终,但无意中也有收获,那就是发现了成吉思汗灵庙遗址。20世纪60年代,蒙古和东德的考古学者在蒙古国肯特省德勒格尔罕县境内,对阿乌拉嘎("A'uruq"——老小营)遗址进行发掘,发现了成吉思汗第一斡耳朵所在。2001年和2004年,蒙古和日本的一支考古队,对该遗址重新挖掘,发现了带有明显的祭祀性质的建筑遗存,并初步确定该建筑为成吉思汗灵庙遗址。

今日成吉思汗陵的性质：成吉思汗陵这一称谓始于清朝《钦定理藩院则例》。《钦定理藩院则例》记："伊克昭盟境内有青吉思汗园寝，鄂尔多斯七旗，向设有看守园寝、承办祭祀之达尔扈特五百户。"我们认为，成吉思汗陵不是陵寝，而是成吉思汗灵宫。另外，成吉思汗八白室中确有"弓箭白室""大吉老白室"（存放成吉思汗两套鞍辔）和"小吉老白室"（存放孛儿帖的两套鞍辔）。这些遗物很可能早已遗失，留存至今的大概是复制品。这些遗物从八白室的建造之日起就是配享的附属品，不能因为有了它们而认定成吉思汗陵为衣冠冢。有关该箱子中藏有骨灰、肚脐、驼毛等说法，或依据传说，或故意渲染，缺乏事实依据。正如著名历史语言学家伯希和所言："所有关于成吉思汗的陵墓在漠南，特别是在鄂尔多斯的传说，显然是后来编造的。这都是把陵墓本身同祭祀已故皇帝的宫帐混淆起来的结果，也是这些宫帐从漠北迁来河套的结果。"

概而言之，元代的成吉思汗四大斡耳朵和明清两代的成吉思汗八白室与今日之成吉思汗陵性质相同，均属成吉思汗灵宫。绵延八百年的成吉思汗祭祀是灵魂祭祀，与中原汉地的帝王陵祭祀有着本质的区别。明清时期、民国时期和中华人民共和国成立后的成吉思汗祭祀是宋辽夏金元时期奠定的守宫制度的延续和传承。

奇·斯钦，鄂尔多斯人，内蒙古社会科学院研究员，鄂尔多斯学研究会专家委员会委员。

选自《鄂尔多斯学研究》2014年第2期

地方学研究

成吉思汗与鄂尔多斯800年的历史渊源

杨 勇

成吉思汗从生到死与鄂尔多斯产生出 800 年绵长奇趣的历史故事，形成与鄂尔多斯缘于生世、续于魂归的不同凡响的关系。而且，这种关系有可能还会延续又一个 800 年，甚至更长。这是一种什么样的关系呢？为什么成吉思汗会与鄂尔多斯发生如此特殊的关系呢？

成吉思汗陵及其历史变迁：成吉思汗在征西夏战争中病逝后，其子孙和将领组成的极少数的护送队伍将其"金身"秘密运回故乡，实行秘葬。成吉思汗的离世，是对草原上全体蒙古族最沉重的打击，是他们不能面对的残酷事实，在天塌地陷的感觉中，蒙古民族开始祭祀成吉思汗的英灵，蒙古汗国开始建立祭祀英灵的宫帐和专门的守护、供奉、祭祀组织。在蒙古族著名的历史著作《蒙古源流》中，对成吉思汗陵的设置记载道："因不能请出其金身，遂建永安之陵寝，即成吉思汗八白宫。"成吉思汗八白宫，就是今天在鄂尔多斯的成吉思汗陵。

成吉思汗祭祀及其文化特征：成吉思汗祭祀是一个完整的蒙古汗国宫廷祭祀体系，以成吉思汗祭祀为核心，有成吉思汗哈日苏勒德祭祀、查干苏勒德祭祀、哈撒尔阿拉格苏勒德祭祀、窝阔台伊金祭祀、别力古台伊金祭祀、托雷伊金祭祀、伊希哈屯祭祀、木华黎金肯巴特尔祭祀、阿拉腾格达斯祭祀、布连耶庆祭祀等。这些都供奉在鄂尔多斯各旗草原上，都有专门的达尔扈特人供奉、祭祀、守护，与成吉思汗祭祀分合有别，在固定的祭祀时间，每年举行数量不等的祭祀活动。虽然祭祀对象各自不同，祭祀仪式却与成吉思汗祭祀基本形式相一致，属于同一时期的同样祭祀体系的信仰崇拜，即 13 世纪长生天信仰理念的成吉思汗祭祀文化体系。

达尔扈特部及其特殊贡献：达尔扈特部，是鄂尔多斯部落一个重要组成部分。鄂尔多斯部是以守护、供奉、祭祀成吉思汗陵而组成的特殊部落，达尔扈特部是其中专司祭祀之职的一个特殊群体。历史上，达尔扈特被称作达尔扈特人，也称达尔扈特部，如果鄂尔多斯部是一个游牧部落，那么达尔扈特部就是属于鄂尔多斯游牧部落的较小的一个蒙古部群。达尔扈特部，在历史上维持着500户的规模，其来源主要有两部分，一部分是在成吉思汗秘葬时，从中军万户的怯薛军（近卫军）中抽调出成吉思汗最亲近的将领子弟组成。还有是从八白宫建立之初直至清代以来陆续从蒙古各部抽调精英补充的部分组成。鄂尔多斯部其实也是如此形式组建而成，所以，无论鄂尔多斯部，还是达尔扈特部，同样都是在担任或专司守护、供奉、祭祀成吉思汗之职的历史和民族使命驱使下，陆陆续续加入进来的全体蒙古部落的精英组织在一起的特殊群体。

成吉思汗陵对鄂尔多斯的影响：成吉思汗陵15世纪中叶进入鄂尔多斯地区，至今400余年，对这一地区的影响深远至极。首先，成吉思汗陵对鄂尔多斯社会历史的影响在于，成吉思汗陵在明中叶驻牧河套地区，至明末这里在大多数史料里即被称为鄂尔多斯地区，逐渐替代了河套的称谓。其次，成吉思汗陵对鄂尔多斯文化的影响在于，在明代中期，特别是在清代实现盟旗制之后，各部落游牧范围相对固定，清政府对蒙古各旗之间活动的限制以及周边地区其他文化的影响和各个时代发展所带来的文化冲击，蒙古部落互相之间的文化呈现出各自的发展轨迹和特点，出现了极大的地区差异。

成吉思汗与鄂尔多斯800年的生死之缘，使鄂尔多斯在13世纪中叶和15世纪中叶两次集中受到成吉思汗文化的直接影响。第一次是成吉思汗最后的战争，留下来大量草原帝国的宫廷文化和古老的游牧部落与游牧人，第二次是成吉思汗陵及13世纪形成的成吉思汗祭祀文化体系整建制地进入鄂尔多斯，永久性地驻牧供奉在鄂尔多斯。这样，鄂尔多斯成了13世纪蒙古族宫廷文化、祭祀文化和古老的游牧文化最具特色、最为完整系统的传承保护地区，祭祀成吉思汗的鄂尔多斯蒙古族历史文化，成为蒙古民族文化中的璀璨明珠！

选自《鄂尔多斯学研究》2015年第1期

评介《成吉思汗箴言选辑》

色 音

杨勇先生从内蒙古自治区鄂尔多斯市寄来了两本书，读完其中的《成吉思汗箴言选辑》受益匪浅。这部著作以图文并茂的形式，向读者介绍了成吉思汗箴言。成吉思汗（1162—1227年），蒙古族乞颜氏，姓孛儿只斤，名铁木真，又作帖木真，是蒙古族历史上伟大的政治家、军事家，是蒙古帝国的缔造者。因出生时正值父亲也速该俘获塔塔儿首领铁木真·兀格，遂被命名为铁木真，以纪念胜利。铁木真1206年统一了蒙古诸部落，被称为大汗，尊号成吉思汗。他出身于蒙古族贵族家庭，具有勇敢、坚韧、深沉、冷静、宽宏大度、豁达、审慎等性格特征。铁木真对待敌人、叛逆是残酷无情的。铁木真爱自己的母亲诃额仑。他自幼丧父，深切地感受到母亲对他们的深情。铁木真与自己的诸弟团结友爱。铁木真爱自己的妻子，对结发妻子孛儿帖有深厚的感情。铁木真爱自己的儿子、孙子们，特别喜爱儿童。铁木真热爱大自然，他在美好的大自然中生长、战斗，建立丰功伟业。他根据自己的人生经历和戎马生涯，说出了许多富有哲理、充满智慧的箴言，其内容主要包括与文臣武将、贵戚和子女交谈的言论，涉及政治、军事、思想文化、伦理道德等诸多领域。公元14世纪的波斯史学家拉施特的著作《史集》、17世纪的蒙古史学家罗卜藏丹津的著作《蒙古黄金史》比较完整地收集和记录了箴言的内容。此外，《蒙古秘史》《世界征服者史》等史籍中也有零星记载。19世纪末20世纪初，后人将箴言辑录成册，冠以《成吉思汗箴言》名传播，是研究成吉思汗哲学思想的第一手资料，《成吉思汗箴言》主要体现了成吉思汗的人本主义思想。

尹晓东主编的《成吉思汗箴言选辑》一书从上述史料中选取了代表性的

箴言，并通过面向全社会征集各类成吉思汗箴言 600 余条，经多位专家学者细致、严格的评审与考证后，最终收录成吉思汗经典箴言 320 余条，具有一定的真实性、可靠性和学术性。书中入选的成吉思汗箴言，采用蒙古、汉两种文字对照形式，和以往出版的同类书籍相比具有一定的创新性。书中将 320 余条成吉思汗经典箴言分为十大类，为了突出有关"治国理政"的主题，将此类列在首位，这有助于借鉴和宣传成吉思汗箴言中的廉洁思想，为当下营造崇廉尚俭的社会氛围服务，能够起到以史为鉴的现实作用，对于年青一代的读者深入了解成吉思汗的思想精粹也会有很直接的帮助。相信那些热爱历史的读者、研究成吉思汗的学者，都能够从这部书中得到他们所期望了解的内容。总之，这部书最大的特点就是对成吉思汗经典箴言所做的系统分类和解读，并以图文并茂、生动形象的方式勾画出来，结合当下廉政建设的需要重点突出了"治国理政""尊重智慧"方面的箴言，这正是本书以史为鉴取向的可贵之处。成吉思汗箴言的历史价值和现实意义，在本书中得到了绝妙的统一，因而都给人以一种耳目一新的感觉。本书的出版可在广大的读者中普及有关成吉思汗文化的知识，让世人更多地了解蒙古族的文化真谛和精髓。

色音，北京师范大学文学院教授。

选自《鄂尔多斯学研究》2015 年第 4 期

构建成陵大旅游格局的理念与建议

杨 勇

成吉思汗陵,是蒙古族最重要的历史文化遗存和成吉思汗帝王祭祀文化的活化石,是国家级非物质文化遗产、全国重点文物保护单位、国家级文化产业示范基地、国家5A级旅游景区。成吉思汗陵是内蒙古龙头旅游景区,是内蒙古最具文化旅游品牌影响力的旅游景区。

成陵旅游的总体现状与存在问题:成吉思汗陵旅游区,现在有两大主体、五个区域,即历史传承的成吉思汗陵园及管委会所属文化旅游产业项目、东联集团投资的成吉思汗陵旅游景区两大主体;由成吉思汗陵园、成吉思汗陵旅游景区、霍洛旅游新镇、草皮滩蒙古浩特和周边牧民的牧家乐五大区块组成。分析成陵旅游现状,在项目上既有历史遗存,也有历史复原;既有传统国有性质,也有民间企业投资;既有规模化运营平台,也有个体式散户经营;既有独立经营项目,也有产权交叉使用状况。这样,成吉思汗陵旅游就存在了诸多矛盾,主要表现在文化旅游产业经营体制上事业与企业共存,旅游规划布局上存在不统一,在旅游项目实施上存在同质化,在市场竞争上存在恶性化,在旅游管理上存在无序性,在旅游发展理念上存在盲目性。在成吉思汗陵旅游发展的总体认识上,存在着缺乏长远的旅游战略发展目标,缺乏统一的市场营销与品牌建设,缺乏统一的成陵大旅游格局。

成陵大旅游的概念:成陵大旅游概念,就是在整个成吉思汗陵形成统一的文化旅游行政区域,具体是指以成陵管委会为行政主体,统一管理成吉思汗陵园及管委会下属的文化旅游项目、霍洛旅游新镇、东联集团投资的成吉思汗陵旅游景区、草皮滩蒙古浩特、周边散落牧家乐旅游项目等。

成陵大旅游格局的理念转变需求：观念转变上的需求；文化保护上的需求；旅游发展上的需求；地区发展上的需求；品牌建设上的需求。

构建成陵大旅游格局的建议：第一，建立统一的成陵大文化旅游产业体系。建立成陵大文化旅游产业统一体系，制定"成陵大文化旅游总体规划"、制定"成陵十三五大文化旅游规划"，统一规划设计、统一项目布局、统一运营管理、统一节庆活动、统一旅游服务、统一导游体系、统一价格体系、统一市场营销、统一宣传口径、统一品牌建设。第二，建立行政与市场有机结合的管理体系。建立成陵旅游行政管理一元化体制，由成陵管委会对霍洛地区行使综合行政管理，统一行政管理职能。将镇政府的行政管理归属于成陵管委会，将成陵管委会文化旅游产业项目的运营管理从行政职能中剥离出去，建立独立法人企业，放在成陵大文化旅游产业市场化体系中独立运营。成陵管委会从行政管理职能而非直接经营管理的角度出发，全面管理成陵文化旅游产业的企业和项目等。实现政企职能分离，政府抓成陵大文化旅游战略规划和事业繁荣发展，抓民族文化传承保护，抓民族地区和谐稳定，抓地区经济社会综合提升发展。第三，建立成陵大文化旅游产业市场化管理运营中心。在成陵大旅游理念的指导下，建立独立法人的文化旅游产业服务管理和运营中心，以平台化的运营思路起到政府与企业、事业与产业的桥梁纽带作用。运营中心对上与成陵管委会进行行政管理对接，对下与两大主体和五大区域全面进行市场化运营管理，遵循市场化、企业化的发展规律构建独立的管理体制，将成陵的两大主体和五个区域纳入统一的旅游服务管理体系；同时实施市场化的运营模式，将每一个区域内的旅游企业、旅游项目、旅游服务、旅游市场、旅游营销、旅游结算、旅游统计、旅游宣传纳入统一市场运营管理体系。

选自《鄂尔多斯学研究》2016 年第 1 期

谈成吉思汗箴言

旺楚格

成吉思汗箴言，蒙古语称"必里克·苏日嘎拉"，其含义为"智慧训言"。成吉思汗箴言，是成吉思汗文化的重要组成部分，是成吉思汗文化内涵的集中表达。陈育宁教授指出，"成吉思汗文化是在继承、超越蒙古传统游牧文化的基础上，广泛吸收中原封建文化和其他民族优秀文化的基础上形成的"，"从中国历史上看，它所产生的影响和作用，与孔子为代表的儒家文化一样，是中华民族具有传统意义的经典文化。孔子为代表的儒家文化更多地表现为哲学思想、道德思想、理想追求，是伟大思想家的产品；成吉思汗文化则更多地表现为哲学、政治、军事、法制、宗教、文化、教育、科技、礼俗思想为一体的综合性和实践性的产品"。成吉思汗箴言，作为成吉思汗文化的核心，体现了成吉思汗思想与精神，被蒙古族看作是最高、最具影响力的"智慧训言"，一代代广泛传承。成吉思汗箴言，作为历史伟人的思想观念的集中体现，不仅在蒙古族当中具有广泛影响，而且在中华民族乃至世界上都有很大影响。

成吉思汗箴言的传承：成吉思汗箴言，是历史发展的产物。在成吉思汗时期以来近800年的历史中，成吉思汗箴言经历了产生、传承、发展的漫长历程。成吉思汗箴言至今仍在世上广泛流传，说明它的生命力极强，并有传承的载体。其传承的载体，主要是历史典籍和蒙古族人民群众的口头相传。

成吉思汗箴言的主要内容及基本思想：以各种形式传承的成吉思汗箴言，涉及治政理念、尊重智慧、用兵谋略、知人善任、坚忍不拔、生活哲理等诸多方面内容。成吉思汗在一生的戎马生涯中，从报仇到统一，从统一到建立政权，从建立政权到治理国家，逐渐悟出了一些道理，在这过程中他的治国理念不断成熟。成吉思汗追求统一的世界观和用法令巩固政权的国家观，对于推动世界历史与世界文明的发展起到重要作用，在世界发展史上具有重要意义。第一，成吉思汗箴言体现了成吉思汗尊重知识、重视智慧的思想，体现了伟人的人生观。成吉思汗在一生的奋斗中，逐渐认识了智慧的重要性及其威力。成吉思汗重视智慧的思想观念，对推动蒙古社会的文明进程产生了深刻的影响。第二，成吉思汗有关修心健身、诚信忠义等内容的箴言体现了成吉思汗的人生观和社会伦理道德观念。第三，成吉思汗有关用兵内容的箴言，体现了杰出的军事家的军事思想。陈育宁教授曾经讲道，成吉思汗的军事思想、军事制度、战略战术等具有鲜明的草原文化特点。成吉思汗不仅把草原游牧民族的传统军事思想及战略战术运用自如，发挥到极致，同时又在不断征战的实践中，吸收中原王朝、中亚、西亚各国战略战术，形成了成吉思汗独特的军事思想体系、完备的军事制度和实践经验，成吉思汗因此而成为世界历史上伟大的军事家、战略家。第四，成吉思汗有关知人善任的箴言，体现了他的人才观与用人机制。第五，成吉思汗不少箴言内容，体现了成吉思汗的英雄观和不屈不挠、勇往直前、敢于取胜的精神。第六，成吉思汗箴言，以生动的言语、深刻的内涵讲述艰苦创业的道理，具有很强的教育意义。第七，成吉思汗的哲学思想是成吉思汗思想体系的重要组成部分。第八，成吉思汗颁布的《大札萨》，当时对蒙古社会的发展起到极大的作用。《大札萨》是成吉思汗掌权治国的法制思想的体现，是蒙古社会走向封建文明的历史产物。

成吉思汗箴言的社会基础：成吉思汗箴言，具有广泛的社会影响，特别是在蒙古民族当中具有极强的影响力，成为人们行为的准则。国内外不少学者一直在研究成吉思汗、研究成吉思汗思想观念，而成吉思汗箴言成为研究的一项重要内容。成吉思汗箴言之所以具有广泛的社会影响力，与成吉思汗的社会地位、思想精神、历史功绩、所创立的伟业有着直接关系。

成吉思汗箴言的文化意义：成吉思汗箴言，是成吉思汗文化的重要组成部分。成吉思汗箴言内涵体现了兼容性、开放性、统一性以及强大的传承力等特点，具有深远的文化意义。蒙古民族形成以来，就有传承训言的习俗，反映了当时蒙古人的价值取向、伦理道德和行为准则。成吉思汗时期以来，成吉思汗的旨令、训谕、教诲、格言等言论广泛流传在民间，成为人们必须遵循的箴言。所传承的成吉思汗箴言，虽然存在不可避免的局限性，但其基本内容仍然反映了成吉思汗那个历史时代的思想和文化，仍然是极有历史价值的文化遗产。所以，对于成吉思汗箴言的深入研究，是研究成吉思汗文化的一个重要内容。成吉思汗箴言，始终是蒙古民族精神生命和群体人格得以发育、生长的根源，也是这种精神生命和群体人格能够绵延不断、演变发展的重要源泉。

选自《鄂尔多斯学研究》2016年第1期

回望成陵四十年　迈向时代新征程

特古斯　旺楚格

成吉思汗陵是全国重点文物保护单位，成吉思汗祭典又是国家级非物质文化遗产。纪念改革开放40周年之际，天骄圣地——成吉思汗陵追忆过去、共谋未来发展。

回眸成吉思汗陵40年的发展历程：回忆1978年，成吉思汗陵处于濒危状态。国家实施的改革开放战略，使成吉思汗陵重新获得生存及发展机遇。改革开放40年来，在党和政府的亲切关怀下，成吉思汗陵经过恢复阶段、发展阶段、重修阶段之后进入了目前的提升阶段，使成吉思汗陵发生了巨大变化，向国内外展示了独具特色的天骄圣地历史文化。

提升阶段主要工作成效：一是成吉思汗祭祀文化影响力扩大。二是成吉思汗文化研究成果丰硕。三是民俗文化活动丰富多彩。四是基础设施提升工程进展顺利。五是文化旅游产业有新举措。

展望今后一个时期发展前景：改革开放40年历程告诉我们，加快发展成吉思汗陵，必须准确定位，准确确定发展目标、工作思路和具体措施。成吉思汗陵旅游区的发展，要贯彻党的十九大精神，以树立高度的民族文化自信为精神动力，围绕"四个中心"，突出抓好"一个核心、一个重点、一个延伸、一个切入点"。即以祭祀文化为核心，打造面向世界的文化品牌；以研究保护为重点，不断注入新的文化内涵；以民俗文化展示为延伸，不断提升民族文化品位；以文化旅游融合为切入点，带动文化旅游产业的快速发展。

特古斯，鄂尔多斯市乌审旗人，鄂尔多斯市委统战部副部长，市民族事务委员会党组书记、主任，蒙古语文工作委员会主任。

选自《鄂尔多斯学研究》2018 年第 4 期

谈成吉思汗灵榇西迁之重大意义

——写在纪念成吉思汗灵榇西迁 80 周年之际

旺楚格

回望历史,深入分析提炼,从中汲取力量,为今后的发展提供动力,是我们正确对待历史的思想方法。80 年前,即 1939 年,在中国历史上发生了一件震惊世界的事件——成吉思汗陵西迁。成吉思汗陵,是著名的历史文化圣地。这里供奉着震撼世界的历史伟人成吉思汗的英灵,传承国家级非物质文化遗产——成吉思汗祭典。

回顾成吉思汗灵榇西迁的难忘历史,感悟到深刻的内涵与重大意义。一是成吉思汗灵榇西迁,彰显了中华民族伟大精神。成吉思汗灵榇西迁期间,国共两党正式提出了"成吉思汗精神",并将成吉思汗精神融入中华民族的伟大精神中,成为各民族团结的力量源泉。成吉思汗灵榇西迁,体现了中华民族的民族大义、爱国之举。它早已超出了成吉思汗灵榇的迁移,成为凝聚中华民族的伟大举动;成为号召各民族人民投入抗战斗争的动员令;成为国共合作的成功典范。成吉思汗灵榇西迁,在中华民族历史上具有重大的历史意义。二是成吉思汗灵榇西迁,拉近了民族之间的关系,加强了中华民族的大团结。成吉思汗灵榇在甘肃供奉 10 年,青海供奉 5 年。在这期间守灵的达尔扈特,受到榆中县人民的关心和关怀,也受到湟中县各族人民的关心和关怀。在各民族大团结的背景下,保证了成吉思汗灵榇西迁期间的安全,保证了西迁期间的各项祭祀仪式照常进行,使成吉思汗圣灯始终没有熄灭,祭祀供品从未中断。当时,榆中县人民在极其困难的情况下,予以无私的帮助,做出卓越的贡献。这一点,守灵达尔扈特永远会记住。回望那一段经历,不由得对西部汉族以及各族群众产生敬佩之情。三是成吉思汗灵榇西迁,提升了成吉思汗的评价,扩大了成吉思汗陵的影响力。西迁，使中华民族正确评价历史伟人成吉思汗走向统一、走向文明、走向世界的历史功绩。中国共产党正式提出成吉思汗是"世界巨人"，使世界正确评价成吉思汗。成吉思汗灵榇西迁，向世界宣布了成吉思汗陵寝在鄂尔多斯市伊金霍洛旗存在的客观事实，让世界认识了成吉思汗陵，使成吉思汗陵在世界范围内扩大了影响力。四是成吉思汗灵榇西迁，彰显了守灵达尔扈特的大无畏精神。成吉思汗守灵达尔扈特，近800年来守护、管理、祭祀成吉思汗陵寝。成吉思汗灵榇西迁期间，守灵达尔扈特怀着对一代天骄成吉思汗的无限虔诚和对民族文化遗产的责任感，对民族振兴、维护国家统一的自信，毅然远离家乡，远离亲戚，艰苦卓绝地完成守灵使命。成吉思汗灵榇西迁长达15年期间，先后有几百名达尔扈特轮流到兴隆山和塔尔寺，他们克服远离家乡的种种困难，甚至以生命的代价保护成吉思汗灵榇及祭物，为保护传承成吉思汗祭典无私奉献，体现了不怕艰辛、勇往直前的大无畏精神。五是成吉思汗灵榇西迁与回归，体现了中国共产党和人民政府关怀少数民族，弘扬民族优秀文化的历史使命。中华人民共和国成立后，成吉思汗灵榇的回归和成吉思汗陵的建设发展，充分体现了党和国家对少数民族的关怀；充分体现了党的民族政策的光辉；充分体现了民族区域自治制度的优越；充分体现了党和国家重视民族传统文化的保护和传承。成吉思汗祭典，是蒙古民族原生文化的集中体现，是民族优秀传统文化，也是人类珍贵的文化遗产。党和国家高度重视民族文化遗产的保护与传承，建立成吉思汗陵园，使成吉思汗灵榇及其珍贵的成吉思汗祭祀文化得到有效保护。同时，成吉思汗灵榇西迁与回归，加大了成吉思汗陵寝的红色文化内涵及爱国主义思想文化内涵。成吉思汗陵寝抗战时期的一段历史，直接体现了爱国主义思想内涵，使成吉思汗陵园成为国家爱国主义教育基地、国家国防教育示范基地和国家海峡两岸交流基地，为今后教育子孙后代将产生深远的意义。

选自《鄂尔多斯学研究》2019年第4期